와인 소믈리에
자격검정 예상문제집

고재윤 | 정영경 | 홍연 | 이효정 | 최윤진

제2판

머리글

와인 문화가 일상생활 속에서 자리 잡으면서 와인 애호가들이 늘어나고, 와인 전문가 소믈리에들의 직업적인 위상도 달라졌다. 최근 연봉 1억 원대의 소믈리에들이 늘어나고 호텔, 미쉐린 레스토랑, 수입업체, 유통업체 간의 스카우트 열풍이 대단하다.

'한병의 와인에는 세상의 어떤 책보다 더 많은 철학이 들어있다.'라는 와인 예찬은 단순한 술을 넘어 사회, 문화, 역사, 종교, 기호적 가치를 담아내고 있으며, 그 속에 소믈리에들이 존재한다. 최근 코로나-19 이후 와인 소비문화가 확산하고 대중화됨에 따라 호텔, 외식, 유통, 수입업체에서의 소믈리에의 역할과 중요성이 더욱 커지고 있다.

소믈리에는 와인에 관한 해박한 지식을 바탕으로 워터, 티, 커피, 맥주, 스피릿을 지식수준을 갖추고 고객에게 최상의 물적, 인적, 시스템적 서비스를 제공하여 고객 만족을 통한 재방문은 물론 자신이 속한 영업장에 경영 성과를 극대화하는 사명감이 있어야 한다. 오늘날의 소믈리에는 고객지향적인 서비스를 수행하기 위해서 워터, 티, 커피, 맥주, 스피릿의 종합적인 음료 전문가로 주장관리는 물론 경영관리의 효율성을 제고시켜야 한다. 특히 음식과 마리아주를 통해 와인뿐만 아니라 다양한 술, 음료들을 매칭하여 고객들에게 추천해주는 능력을 인정받아야 한다. 세계적인 소믈리에가 되기 위해서는 열정과 노력이 필요하며, 특히 와인을 비롯한 티, 커피, 맥주, 스피릿 등에 해박한 지식을 갖추고 고객지향적인 서비스 하는 소양과 자질이 요구되는 시점에 살고 있다.

본서는 국제소믈리에협회(ASI: The Association de la Sommellerie Internationale)의 회원국인 (사)한국국제소믈리에협회(KISA: Korea International Sommelier Association)에서 주관하는 소믈리에 자격증 취득은 물론 매년 개최하는 '한국국가대표 소믈리에 경기대회'를 준비하는 소믈리에를 위한 문제집으로 준비했다. 소믈리에 자격증 등급별로 대학생을 위한 '영 소믈리에(Young Sommelier)', 호텔, 레스토랑 취업을 위한 '인터미디에이터 소믈리에(Intermediator Sommelier)', 한국국가대표 소믈리에 경기대회에 출전할 자격을 얻을 수 있고 와인 전문가로서 인정을 받은 '어드밴스드 소믈리에(Advanced Sommelier)', 최고의 전문가로 인정받은 '마스터 소믈리에(Master Sommelier)'로 구분하여 등급별 꼭 알아야 하는 내용을 중점적으로 다루었으며 학습의 효과를 극대화했다. 또한 등급별 기출 문제를 정리하여 학습의 효율성을 높였다. 본서로 소믈리에 자격증을 취득하려는 응시자들에게 최고의 길잡이 겸 지침서가 될 것을 자부한다.

본서는 2017년에 처음 출간하였지만, 7년 만에 전면 개편했다. 각 와인 생산국가별 정보를 새롭게 정리하였고, 국제소믈리에협회(ASI)에서 3년마다 개최하는 '세계 베스트 소믈리에 경기대회'의 문제 출제 경향을 반영했다. 본서는 1년간의 집필 끝에 완성되었으며, (사)한국국제소믈리에협회(KISA) 소속의 전문 출제위원들이 심혈을 기울여 낸 문제들로 타 문제집과 차별화가 됐다.

2023년 5월
저자 일동

Contents...

01 와인의 기초

01 와인의 역사 10
02 포도 품종과 재배 18
03 양조 46
04 테루아 68
05 와인 테이스팅 86
06 와인과 음식 93
07 와인 기물 103
08 소믈리에와 실무 108
09 와인과 건강 116
10 와인 마케팅 121
11 와인 용어 127
12 기타 음료 138
  (스피릿, 칵테일, 맥주, 전통주, 사케,
  워터, 티, 커피)

02 국가별 와인
- 구세계와인

01 프랑스 174
02 이탈리아 212
03 스페인 229
04 포르투갈 239
05 독일 245
06 기타 유럽 254

03 국가별 와인
- 신세계와인

01 미국 264
02 캐나다 283
03 칠레 290
04 아르헨티나 301
05 호주 313
06 뉴질랜드 328
07 남아프리카공화국 338
08 아시아 343

04 기출문제

영 소믈리에 자격검정 기출문제 360
인터미디에이트 소믈리에 자격검정 기출문제
                                       367
어드밴스드 소믈리에 자격검정 기출문제 375
마스터 소믈리에 자격검정 기출문제 385
ASI Diploma Exam Questionnaire 397
참고문헌 417

05 부록

부록 420

일러두기

- 각 문항의 난이도는 포도의 색과 개수로 구분하였다.

- 와인 테이스팅에서 일반적으로 사용하는 용어의 경우, 원어의 병기를 하지 않았다.

- 원어 병기가 필요한 경우, 각 문항에서 최초 1회만 표기하였다.

- 와인 명칭과 원산지, 포도 품종 등은 해당 지역의 원어 발음에 충실하고자 하였고, 기본적으로 외래어 표기법을 따랐다.

  예를 들어, 샹파뉴(Champagne)의 경우는 영어식 표현인 '샴페인'을 일반적으로 사용하고 있으나, 이 책에서는 샹파뉴의 원산지인 프랑스의 원어 발음에 따라 '샹파뉴'로 표기하였다.
  포도 품종의 경우 해당 품종이 재배되는 지역에서 부르는 발음에 따라 표기하고자 하였으며, 대표적인 예로는 독일의 질바너(Silvaner)와 프랑스의 실바너(Sylvaner)를 들 수 있다.

- 원어의 한글 표기 시 발음은 경음 대신 격음으로 표기하는 것을 원칙으로 하였다. 예를 들어, 테루아(Terroir), 카베르네 소비뇽(Cabernet Sauvignon), 푸이 퓌메(Pouilly-Fumé) 등이 대표적이다.

- 원어에 겹자음이 있는 경우는 한글 표기 시 경음의 발음을 적용하였으며, 샤쓸라(Chasselas), 루싼느(Roussanne) 등이 대표적인 예이다.

와인의 기초

01

01 와인의 역사

01 디오니소스(Dionysos)는 '와인은 신이 인간에게 내려준 최고의 선물'이라고 주장하였다.

▪ X

플라톤(Platon)이 '와인은 신이 인간에게 내려준 최고의 선물'이라고 주장하였으며, 디오니소스는 그리스 신화에 나오는 와인의 신으로 포도나무를 심고 와인을 양조하였다.

02 기원전 3,000년경 이집트에서는 포도 재배와 양조 기술이 발전하여 왕족과 귀족은 물론 서민 계층에 이르기까지 대중적으로 널리 와인을 소비하였다.

▪ X

투탕카멘의 피라미드에서 발견된 유물과 벽화에 따르면, 기원전 3,000년경 이집트에서는 포도 재배와 양조 기술이 상당히 발전하였으나, 와인 소비는 왕족과 귀족 등 지배층을 위한 고급 문화로 여겨졌다는 것을 알 수 있다.

03 문헌에 따르면 한반도에 포도주가 처음 소개된 시기는 삼국시대이다.

▪ X

한반도에 포도주가 처음 소개된 시기는 고려 충렬왕 11년(1285년)이다.

04 1855년 나폴레옹 3세(Napoleon Ⅲ)는 파리 만국박람회를 통해 보르도(Bordeaux)의 와인 등급(Classification) 목록을 발표하며 프랑스 와인의 우수성을 전 세계에 홍보하였다.

▪ ○

나폴레옹 3세는 파리 만국박람회 유치를 통해 프랑스 와인의 우수성을 널리 홍보하고자 하였고, 이를 위해 보르도에서는 당시 와인 가격과 평판을 토대로 1~5등급으로 구분하여 고급와인 목록을 작성하였다.

05 기원전 1,700년경 고대 바빌로니아의 문헌인 「기르가메쉬(Gilgamesh)」에는 와인에 대한 기록이 처음 등장하며 술이 언급된 현존하는 가장 오래된 문헌이다.

■ ○

바빌로니아의 왕 기르가메쉬가 홍수를 대비하여 배를 건조할 때 조선공들에게 화이트 와인과 레드 와인을 대접했다고 서사시에 기록되어 있다.

06 기원전 1,700년경 바빌론 왕조의 함무라비 법전에는 '술버릇이 나쁜 자에게는 와인을 팔지 말라'는 와인 상인에 관한 규정이 기록되어 있다.

■ ○

기원전 1,700년경 바빌론 왕조의 함무라비 법전에는 와인 상인에 관한 규정을 포함하여 와인에 대한 여러 규정이 기록되어 있다.

07 러시아 고고학자들에 의해 기원전 약 6,000년 이전의 것으로 추정되는 포도의 씨가 발굴된 이후, 현재까지 조지아(Georgia)는 가장 오래된 포도 재배 지역으로 여겨진다.

■ ○

스페인 동굴 원시 유적에서 발견된 야생 포도 씨의 흔적과 달리, 조지아에서는 재배한 포도의 씨가 담긴 항아리와 유물 등이 발굴되면서 이 지역에서의 포도 재배와 와인 양조 가능성이 실질적으로 뒷받침되었다.

08 1837년 조선시대 편찬된 「양주방(釀酒方)」에는 각종 술 양조법과 함께 포도주의 양조법에 대하여 기록되어 있다.

■ ○

1837년 편찬된 것으로 알려진 조선시대 문헌 「양주방(釀酒方)」은 곡식, 과일, 꽃 등 각종 재료를 이용한 술 제조법을 한글로 저술한 조리서로 포도주 양조법에 대해서도 기록되어 있다.

01 고대 와인 역사에 관한 설명으로 올바르지 않은 것은 무엇인가?
① 고대에는 여러 신들에게 와인을 바쳤다는 기록이 있으며, 그리스의 디오니소스(Dionysus)와 로마의 바쿠스(Bacchus)에 대한 것이 대표적이다.
② 현재까지 발견된 유적에 따르면 인류 역사상 포도 재배가 가장 먼저 이루어진 지역은 흑해 인근의 조지아(Georgia)로 추정된다.
③ 고대에는 포도 재배 및 와인 양조에 대한 국가 규제가 현재보다 훨씬 엄격하였다.
④ 구석기 시대의 유목민들은 야생 포도를 먹었으므로 와인이 일상적인 음료는 아니었다.

▪ ③

포도 재배 및 와인 양조에 대한 국가 차원의 규제는 현대에 이르러 확립되었고 체계적으로 관리되기 시작하였다.

02 고대 그리스·로마 시대 와인 역사에 관한 설명으로 올바르지 않은 것은 무엇인가?
① 암포라(Amphora)는 그리스 와인 무역에서 와인의 저장과 운반에 사용되었던 용기이다.
② 그리스로 전파된 와인은 선진문물로 인식되며 대중적으로 확산되었다.
③ 로마제국은 유럽 전역에 포도밭을 조성하며 와인 문화를 전파하였다.
④ 로마제국의 멸망 이후 포도원은 완전히 파괴되고 와인 산업은 침체되었다.

▪ ④

로마 멸망 이후에도 수도원을 중심으로 와인의 생산과 보급이 계속 이루어졌다.

03 와인병에 관한 역사적인 사실로 올바르지 않은 것은 무엇인가?
① 로마 시대에는 유리그릇을 일상적으로 사용하였다.
② 17세기부터 단단한 유리의 생산과 코르크 마개의 사용으로 와인 유리병이 보급되었다.
③ 와인병은 와인의 장기 보관과 장거리 운송을 가능하게 하여 무역을 통한 수출시장을 확대시켰다.
④ 와인병의 모양과 색깔은 와인 생산국과 지역의 전통에 따라 차이가 있다.

▪ ①

로마 시대에 유리그릇은 귀족층에서만 한정적으로 사용할 수 있는 고급 용기였다.

04 카롤루스 대제(Carolus Magnus)와 와인 산업에 관한 역사적 사실로 올바르지 않은 것은 무엇인가?
① 포도 재배와 와인 생산을 적극 장려하여 와인 산업 발전에 기여하였다.
② 라인(Rhein) 강 유역의 유명 포도원을 개발하였다.
③ 보르도(Bordeaux) 지역에 지중해 품종 대신 새로운 품종을 도입하였다.
④ 코르통 샤를마뉴(Corton-Charlemagne) 와인의 탄생과 관련이 있다.

▪ ③

카롤루스 대제는 8세기 인물이며, 보르도 지역에 지중해 품종 대신 새로운 품종이 도입된 것은 약 1세기경이다.

05 프랑스 와인 역사에 관한 설명으로 올바르지 않은 것은 무엇인가?
① 12세기 앙리 2세(Henry Ⅱ)에 의해 영국이 아키텐(Aquitaine) 공국을 합병하면서 보르도 와인이 영국 시장에 소개되었다.
② 14세기 아비뇽 유수는 왕권과 교권의 대립으로 발생한 사건이지만 결과적으로 샤토뇌프 뒤 파프(Châteauneuf-du-Pape) 와인이 탄생하는 배경이 되었다.
③ 18세기 원산지통제명칭 제도를 도입하여 체계적인 와인 품질관리를 시작하였다.
④ 19세기 루이 파스퇴르(Louis Pasteur)의 미생물 연구는 근대 와인 양조에 기여하였다.

▪ ③

프랑스에서는 1935년에 원산지통제명칭 제도를 도입하여 포도 재배와 와인 양조과정을 엄격하게 규제함으로써 와인의 품질관리를 시작하였다.

06 한국의 와인 역사에 대한 설명으로 올바른 것은 무엇인가?

① 1969년 생산된 '파라다이스' 와인은 포도를 원료로 한 최초의 국산 와인이다.
② 1985년 출시된 '샤토 몽블르'는 ㈜와인코리아에서 생산한 와인이다.
③ 1987년 대선주조에서 생산한 '그랑쥬아'는 캠벨 얼리로 양조한 정통 스파클링 와인이다.
④ 1970년대 정부에서는 식량부족을 이유로 과실주를 장려하였다.

■ ④

파라다이스는 사과를 원료로 한 와인이며, 샤토 몽블르는 ㈜진로에서 생산한 와인이고, 그랑쥬아는 샤르도네 품종으로 양조한 스파클링 와인이다.

07 로마 시대 노예들에게 지급한 최하급 와인으로 포도의 껍질, 씨, 줄기를 전부 압착하여 양조한 와인은 무엇인가?

① 포스카(Poska)
② 카에쿠반(Caecuban)
③ 로라(Lora)
④ 서렌틴(Surrentine)

■ ③

로마 시대 귀족들은 투명하고 깨끗한 화이트 와인을 주로 마셨으며, 포도의 껍질과 함께 양조한 레드 와인 스타일의 '로라'는 주로 노예들이 마시는 술이었다.

08 필록세라(Phylloxera)에 관한 역사적인 사실로 올바르지 않은 것은 무엇인가?

① 1863년 영국과 프랑스 남부 지방에서 필록세라 감염 사례가 처음 보고되었다.
② 1868년 국가위원회는 녹황색 진딧물을 포도밭 전멸의 원인으로 지목하고 '필록세라 바스타트릭스(Phylloxera vastatrix)'라는 이름을 붙였다.
③ 1870년 프랑스 정부는 필록세라 퇴치법으로 접목법(Grafting)을 프랑스 전역에서 시행하는 법안을 통과시켰다.
④ 1880년대 프랑스의 와인 생산량은 필록세라로 인해 이전 생산량의 절반까지 감소했다.

■ ③

접목법은 1870년대 말까지 프랑스 남부 지방에서만 일부 시행되었으며, 결국 다른 대책들이 효과를 거두지 못하자 1881년 보르도 국제회의에서 필록세라 퇴치법으로 공식 선택되었다. 1900년대에 이르러서야 프랑스 전체 포도밭의 약 3분의 2가 미국 품종의 뿌리로 접목된 포도나무로 다시 식재되었다.

09 미국 와인에 관한 역사적인 사실로 올바르지 않은 것은 무엇인가?

① 1564년 미국 플로리다 지역에서 비티스 비니페라(Vitis vinifera) 품종을 식재하여 최초로 와인을 생산하였다.
② 1769년 프란시스코 수도회 신부가 캘리포니아 지역에 조성한 포도원에 처음 식재한 포도 품종은 미션(Mission)이며, 생산된 와인은 수도원에서 미사주와 테이블 와인으로 사용하였다.
③ 1800년대 전후로 상업적인 와인 생산이 본격적으로 시작되었으나 1920년부터 1933년까지 시행된 금주법(The Prohibition)으로 인해 상업적 생산이 위축되었다.
④ 캘리포니아 주립대학 데이비스 캠퍼스(UC Davis)의 연구는 와인의 품질 향상에 기여하였으며, 토양과 기후에 따른 지역 명칭을 제시하였다.

■ ①

미국 최초의 와인은 유럽 품종이 아닌 토착 품종 스커퍼농(Scuppernong)으로 양조된 것으로 추정된다.

01 그리스·로마 신화에서 포도나무 재배와 와인 양조에 관여하는 것으로 알려진 '와인의 신(酒神)'은 누구인가?

■ 디오니소스(Dionysus) 또는 바쿠스(Bacchus)

그리스 신화에서 디오니소스는 포도나무를 심고 와인을 만드는 것으로 묘사되었으며, 로마 신화에서는 바쿠스가 신세를 진 인간에게 보답하기 위해 산에 포도밭을 만들어주어 와인 생산을 도왔다고 전해진다.

02
고대 그리스의 와인 무역에서 와인을 저장하고 운반하는데 주로 이용했던 것으로 크기와 모양이 다양하며 입구 안쪽에 송진을 바르고 나무마개로 막아 변질을 막았던 용기의 명칭은 무엇인가?

■ 암포라(Amphora)

암포라는 1세기경 오크통이 등장하기 전까지 와인을 비롯하여 올리브 오일이나 곡물 등을 저장하고 운반하는데 널리 사용한 용기였다. 지역과 제작자에 따라 크기와 모양이 다양한 편이나 대부분은 25~30L 용량이었다. 바닥이 뾰족하고 몸통은 위로 갈수록 넓어지며 양쪽에 손잡이가 있어 와인을 가득 채운 상태에서는 두 사람이 한쪽씩 잡고 운반할 수 있었다. 뾰족한 바닥 때문에 똑바로 세우기 어려웠기 때문에 이동을 위해 세우거나 보관할 때는 아래쪽에 버팀대를 받치거나 모래를 깔고 그 위에 세웠다.

03
1976년 5월 24일 프랑스 파리에서 스티븐 스퍼리어(Steven Spurrier)가 주최한 프랑스 와인과 캘리포니아 와인의 블라인드 테이스팅 행사는 예상을 뒤엎는 놀라운 결과를 단독 보도했던 시사주간지 「타임(Time)」에 의해 전 세계에 알려졌다. 이후 캘리포니아 와인의 세계적인 명성을 가져오게 된 이 사건은 당시 타임지 기사의 제목으로 불리며 널리 알려졌는데, 이것은 무엇인가?

■ 파리의 심판(Judgement of Paris)

당시 「타임」지 기자였던 조지 테이버(George M. Taber)가 그리스 신화에서 목동 파리스(Paris)가 가장 아름다운 여신에 대해 판정을 내렸던 에피소드인 'Judgement of Paris'를 당시 기사의 제목으로 대신하면서, 이후 이 사건이 '파리의 심판'으로 불리게 되었다.

04
로마 시대 최상급 와인으로 알려진 팔레르눔(Falernum)은 현재의 라티움(Latium)과 캄파니아(Campania) 접경 인근의 팔레르누스 산(Mount Falernus) 경사지대의 포도원에서 생산되었다. 당시 팔레르눔 와인 양조에 사용한 품종 중 하나로 추정되며, 현재 팔레르노 델 마씨코(Falerno del Massico) DOC 레드 와인에 주로 사용되는 토착 품종은 무엇인가?

■ 알리아니코(Aglianico)

팔레르눔 또는 팔레르니안 와인(Falernian wine)은 고대 로마 시대에 생산되었던 고급 와인으로, 특히 기원전 121년은 집정관 루시우스 오피미우스(Lucius Opimius)의 이름을 딴 오피미안 빈티지(Opimian Vintage)로 알려지며 100여 년간 즐길 수 있을 만큼 품질이 특별했던 것으로 유명했다. 당시 로마의 많은 문학작품에서도 최상급 와인으로 간주하며 언급되었으나, 로마제국의 멸망과 함께 사라진 것으로 알려져 있다. 팔레르누스 산은 현재 이탈리아 캄파니아의 몬테 마시코(Monte Massico) 지역으로 팔레르노 델 마씨코 DOC 와인이 생산되는데, 레드 와인의 주품종은 알리아니코, 화이트 와인의 주품종은 팔랑기나(Falanghina) 등이 대표적이다.

05
1666년 퐁탁스 헤드(Pontac's Head)라는 레스토랑을 열어 와인과 음식을 판매하면서 영국 런던의 사교계에서 유명세를 떨치며 프랑스 보르도 와인의 명성을 이끌었던 와이너리는 어디인가?

■ 샤토 오브리옹(Château Haut-Brion)

아르노 드 퐁탁(Arnaud de Pontac)은 포도 재배와 생산 방식의 개선을 통해 와인의 품질을 높였을 뿐만 아니라, 와인 라벨링과 한정 수량을 통한 고급화 전략 등 적극적인 마케팅을 통해 샤토 오브리옹의 가치와 명성을 끌어올린 인물이다. 당시 런던의 사교계에서 주로 소비했던 가벼운 스타일의 클라레(Claret)와 달리 진하고 풍부한 맛의 레드 와인으로 차별화에 성공하면서, 이후 고급 보르도 와인의 전성기를 열었다고 할 수 있다.

02 포도 품종과 재배

01 카베르네 소비뇽(Cabernet Sauvignon)은 프랑스 보르도(Bordeaux)가 원산지인 적포도 품종이지만 현재는 전세계적으로 광범위하게 재배하는 국제 품종 중 하나이다.

■ ○

02 19세기 중·후반 유럽 포도밭에서 필록세라(Phylloxera) 피해가 극심했는데 미국종과 유럽종을 접붙이기하여 당시의 피해를 극복했다.

■ ○

미국 포도종(Vitis labrusca)의 뿌리 부분(Rootstock)과 유럽 포도종(Vitis vinifera)의 가지 부분(Scion)을 접붙이기함으로써 포도나무가 필록세라에 대해 내성을 갖도록 하여 당시 피해를 극복했다.

03 타닌(Tannin)은 포도의 과육과 껍질, 씨, 줄기에 들어있는 폴리페놀 화합물로 화이트 와인보다 레드 와인에 함량이 높다.

■ X

타닌은 포도의 껍질, 씨, 줄기에 들어있는 폴리페놀 화합물로 과육에는 포함되어 있지 않다. 크기가 작은 타닌 분자는 쓴맛을 낸다.

04 카베르네 소비뇽(Cabernet Sauvignon)은 타닌(Tannin)이 풍부해서 와인에 떫은 맛을 부여하고 색이 진하며 오크 숙성에 적합하고 병입 후 장기간 숙성에 유리하다는 특징을 가진 적포도 품종이다.

■ ○

05 프랑스에서 청포도 품종인 세미용(Sémillon)의 주요 산지는 부르고뉴(Bourgogne)이다.

■ X

프랑스에서 세미용의 주요 산지는 보르도(Bordeaux)이며, 호주, 아르헨티나, 뉴질랜드 등에서도 재배한다.

06 적포도 껍질에 존재하는 안토시아닌(Anthocyanin) 색소와 타닌(Tannin)의 축적에는 태양열 에너지가 필요하기 때문에 적포도 품종은 청포도 품종에 비해 상대적으로 일조량이 많은 더운 지역에서 좋은 품질로 재배된다.

■ ○

07 보트리티스 시네레아(Botrytis cinerea)는 아침과 저녁의 습도와 낮의 일조량이 확보되는 지역에서 포도 껍질에 번식하며, 카베르네 소비뇽(Cabernet Sauvignon)과 같은 껍질이 두꺼운 적포도 품종에 주로 많이 발생한다.

■ X

보트리티스 시네레아는 안개 낀 습한 아침과 일조량이 확보되는 건조한 오후가 계속 반복되는 환경에서 포도 표면에 번식하는 회색곰팡이의 일종이다. 이 곰팡이가 번식한 포도는 수분이 증발하여 당도가 높고 독특한 귀부(Noble Rot) 포도의 풍미를 갖게 되며 스위트 스타일의 와인으로 양조한다. 보트리티스 시네레아는 껍질이 얇은 청포도 품종에 주로 번식하는데, 대표적으로 프랑스 보르도(Bordeaux) 지방 소테른(Sauternes)의 세미용(Sémillon), 헝가리 토카이(Tokaji)의 푸르민트(Furmint), 독일의 리슬링(Riesling) 등을 들 수 있다.

08 아이스 와인 생산에는 포도나무에 매달린 상태에서 언 포도를 사용해야 하고 캐나다 아이스 와인의 대표 품종은 소비뇽 블랑(Sauvignon Blanc), 독일 아이스 와인의 대표 품종은 리슬링(Riesling)이다.

■ X

캐나다 아이스 와인의 대표 품종은 비달(Vidal)이다.

09 1830년경 미국 캘리포니아(California)에서 재배되기 시작한 적포도 품종인 진판델(Zinfandel)은 레드 와인 또는 블러쉬(Blush) 와인으로 양조되며, 이탈리아 동남부 풀리아(Puglia) 지역의 프리미티보(Primitivo)와 같은 품종으로 품종의 기원 지역은 크로아티아(Croatia)이다.

■ ○

캘리포니아를 대표하는 품종 중 하나인 진판델은 2000년대 DNA 분석에 의해 크로아티아의 츨예낙 카쉬텔얀스키(Crljenak Kaštelanski)가 기원인 것으로 밝혀졌다.

10 페드로 지메네스(Pedro Giménez) 품종은 스페인 쉐리(Sherry) 와인 양조에 사용하는 페드로 히메네스(Pedro Ximénez)와 같은 품종이다.

■ X

페드로 지메네스(Pedro Giménez)는 아르헨티나의 청포도 품종이고, 스페인의 쉐리 와인 양조에 사용하는 청포도 품종인 페드로 히메네스(Pedro Ximénez)와는 서로 다른 품종이다.

11 미국 동부 지역에서 재배하는 하이브리드(Hybrid) 청포도 품종으로 세이벨(Seibel) 5656과 레이용 도르(Rayon d'Or)와의 교배종은 세이벨(Seibel) 4986이다.

■ X

레이용 도르 또는 세이벨 4986과 세이벨 5656을 교배한 품종은 세이블 블랑(Seyval Blanc)이다.

12 오스트리아의 대표 품종인 츠바이겔트(Zweigelt)는 1922년 생로랑(Saint-Laurent)과 블라우프랭키쉬(Blaufrankisch)를 동종교배(Cross)하여 개발한 청포도 품종으로 드라이 와인 또는 트로켄베렌아우스레제(Trockenbeerenauslese), 스트로바인(Strohwein) 등 스위트 와인으로 양조한다.

■ X

츠바이겔트는 오스트리아의 대표 적포도 품종이다.

13 포도밭의 넓이를 나타내는 단위로 헥타르(Hectares)와 에이커(Acres)를 주로 사용하는데, 이 두 단위 중 에이커가 더 넓은 단위이며, 1 에이커는 대략 축구장 1개의 넓이이다.

■ X

1 헥타르는 10,000m²이고 대략 축구장 한 개의 넓이이며 2.5에이커로 헥타르는 에이커보다 큰 단위다. 1 에이커는 약 4,047m²다.

14 독일 모젤(Mosel)과 프랑스 샹파뉴(Champagne)의 포도나무 수형관리 방식(Vine Training System)은 고블렛(Goblet) 또는 덤불(Bush) 형태이다.

■ X

고블렛 또는 덤불 형태는 일조량이 많고 더운 지역에서 열매가 포도나무 잎 그늘에 달려서 햇빛에 지나치게 노출되지 않도록 보호하는데 유리한 수형관리 방식이다. 독일 모젤이나 프랑스 샹파뉴는 서늘한 기후로 포도 성숙을 위해 일조량을 충분히 확보해야 하므로 고블렛 형태의 수형관리는 적당하지 않다.

15 물이 부족하면 포도나무는 수분 스트레스를 받아 포도알이 작고 껍질은 얇으며 풍미가 농축된다.

■ X

물이 부족하면 포도나무는 수분 스트레스를 받아 포도알이 작고 껍질은 두꺼운 열매를 맺으며 수확량은 줄어들고 풍미 성분은 농축된다.

16 물이 많이 부족하면 포도나무가 생식 생장을 멈추어 포도 열매의 품질이 나빠질 수 있다.

■ ○

가뭄에 적당한 내성을 가진 포도나무는 수확량이 적고 풍미 성분이 농축된 포도를 생산하므로 어느 정도까지는 물이 부족한 것이 포도 품질에 긍정적으로 작용하지만, 물이 많이 부족하면 포도나무는 생식 생장을 멈추어 포도를 생산하지 않고 생존을 위해 최소한의 영양 생장만 한다.

17 루비 카베르네(Ruby Carbernet)는 온도가 높고 건조한 캘리포니아(California) 센트럴 밸리(Central Valley)에서 잘 자라며 카베르네 소비뇽(Cabernet Sauvignon)과 카르메네르(Carménère)의 교배종이다.

■ X

루비 카베르네는 1960년대 미국 캘리포니아에서 많이 재배되었고 캘리포니아 주립대학 데이비스 캠퍼스(UC Davis)의 해롤드 올모(Harold Olmo) 교수가 카베르네 소비뇽과 카리냥(Carignan)을 교배하여 만들었다.

18 벨쉬리슬링(Welschriesling)은 오스트리아의 대표 청포도 품종으로 바하우(Wachau)와 크렘스탈(Kremstal), 캄탈(Kamptal) 지역이 주요 산지이고 감귤류 향과 핵과류, 흰 후추 향이 특징적인 품종이다. 가벼운 바디와 미네랄이 두드러지는 스타일과 복합적인 향신료향이 느껴지고 숙성이 필요한 묵직한 스타일로 양조한다.

■ X

위 설명에 해당하는 품종은 그뤼너 펠트리너(Grüner Veltliner)이다.

19 카다르카(Kadarka)는 헝가리 토카이(Tokaji) 귀부(Noble Rot) 와인 양조에 푸르민트(Furmint)와 블렌딩하여 사용하고 꿀, 훈제, 린덴 플라워(Linden Flower), 엘더플라워(Elderflower) 등의 향을 나타내는 품종이다.

■ X

카다르카는 헝가리의 적포도 품종이다. 위 설명에 해당하는 품종은 하르쉬레벨류(Hárslevelü)로 드라이 와인, 귀부 와인, 플로르(Flor)의 작용과 함께 산화적 오크 숙성을 거친 와인 등으로 양조한다.

20 비티스 비니페라(Vitis vinifera)에 속하는 품종과 비티스 리파리아(Vitis riparia)에 속하는 품종을 서로 교배하여 얻은 품종은 크로스(Cross) 품종이다.

■ X

동종교배는 크로스, 이종교배는 하이브리드(Hybrid)라고 한다. 비티스 비니페라에 속하는 품종과 비티스 리파리아에 속하는 품종을 교배하면 이종교배(Hybrid) 품종이다.

21 봄에 비가 많이 내린 경우 포도잎에 곰팡이가 번식하여 백분병(Powdery Mildew)의 위험이 증가하므로 포도밭에 유황(Sulfur)을 더 많이 살포하지만 와인 풍미에 영향을 주지는 않는다.

■ X

포도나무 질병을 방지하기 위해 포도밭에 유황을 많이 살포하면 와인 발효 도중 효모에 의한 황화수소(H_2S)생성이나 와인 숙성 중 황 화합물 생성이 증가할 수 있는데, 이들 물질은 극 미량으로도 와인 풍미에 부정적인 영향을 미치는 이취 성분들이다.

22 포도나무는 꺾꽂이를 통해 번식시키는데, 이 과정을 반복하면 포도나무가 테루아(Terroir)에 적응하면서 같은 품종이라도 특성이 조금씩 다른 클론(Clone)을 형성할 수 있으며, 이런 현상은 포도 재배에서 부정적인 현상이다.

▪ X

클로닝(Cloning)은 같은 품종 내에서 우수한 특성의 포도나무를 선발하여 재배 또는 보존하는 좋은 방법이다. 포도나무가 꺾꽂이를 통해 유전적으로 복제되는 과정에서, 환경에 적응하면서 같은 포도 품종인데 DNA에 약간의 변이가 일어나서, 발현되는 형질 특성이 다른 클론을 형성하기도 한다. 포도 묘목을 선택할 때 같은 품종이라도 형질 특성이 우수하고 토양에 맞는 클론을 선택하여 사용할 수 있다.

23 포도나무의 질병 중 백화현상(Chlorosis)은 칼륨, 질소, 인산 등 토양의 3대 미네랄이 부족하여 발생하며 잎이 밝은 노란색으로 변하여 광합성이 감소하므로 포도의 수확량이 감소한다.

▪ ○

24 유럽연합(EU)에서 바이오다이내믹(Biodynamic) 포도 재배 인증을 받으려면 보르도 믹스(Bordeaux Mix)는 사용할수 없고 프레퍼레이션 500(Preparation 500)을 사용해야 한다.

▪ X

EU에서는 바이오다이내믹 농법에서 황산구리와 산화칼슘의 혼합 용액인 보르도 믹스는 노균병(Downey Mildew)을 방제하기 위해 소량 허용하고 아황산염 잔존량은 100ppm까지 허용하며 프레퍼레이션 500을 사용해야 한다. 프레퍼레이션 500은 거름을 소뿔에 채운 것을 말하며 겨울에 땅 속에 묻고 봄이 되면 파내어 뿔 속의 거름을 꺼내서 빗물과 섞어서 포도밭에 뿌린다.

선택형

01 유럽의 와인을 생산하는 대부분의 포도 품종들은 어떤 종(種)에 속하는가?
① 비티스 라브루스카(Vitis labrusca)
② 비티스 베르란디에리(Vitis berlandieri)
③ 비티스 비니페라(Vitis vinifera)
④ 비티스 리파리아(Vitis riparia)

■ ③

02 카베르네 소비뇽(Cabernet Sauvignon) 품종에 대한 설명으로 올바르지 않은 것은 무엇인가?
① 프랑스 보르도(Bordeaux)가 원산지이다.
② 세미용(Sémillon)과 카베르네 프랑(Cabernet Franc)의 동종교배(Cross)로 만들어졌다.
③ 껍질이 두껍고 색이 진하며 타닌(Tannin)이 풍부하고 산도가 좋다.
④ 오크 숙성을 하면 부드러운 타닌과 바닐라, 초콜릿 향을 나타낼 수 있다.

■ ②

카베르네 소비뇽은 소비뇽 블랑(Sauvignon Blanc)과 카베르네 프랑의 동종교배로 만들어졌다.

03 와인 생산국과 대표 품종의 연결이 올바르지 않은 것은 무엇인가?
① 이탈리아 – 산지오베제(Sangiovese)
② 아르헨티나 – 말벡(Malbec)
③ 뉴질랜드 – 소비뇽 블랑(Sauvignon Blanc)
④ 한국 – 고슈(Koshu)

■ ④

고슈(Koshu)는 일본 야마나시(Yamanashi)의 대표 품종이다.

04 와인 생산국과 대표 품종의 연결이 올바르지 않은 것은 무엇인가?
① 포르투갈 – 카르메네르(Carménère)
② 호주 – 쉬라즈(Shiraz)
③ 이탈리아 – 네비올로(Nebbiolo)
④ 스페인 – 템프라니요(Tempranillo)

■ ①

카르메네르(Carménère)는 칠레의 대표적인 적포도 품종이다.

05 양조용 포도 재배에 적합한 자연 환경 요건으로 올바르지 않은 것은 무엇인가?
① 연평균 기온 10~20℃
② 연일조량 1,250~1,500시간
③ 연강우량 500~800mm
④ 토양은 배수가 잘 되는 기름진 땅

■ ④

양조용 포도 재배 최적지는 북위 30~50°, 남위 20~40°이며, 연일조량 1,250~1,500시간, 연강우량 500~800mm, 토양은 배수가 잘 되고 미네랄은 많으나 유기물은 적은 척박한 땅이 좋다.

06 샤르도네(Chardonnay) 품종에 대한 설명으로 올바르지 않은 것은 무엇인가?
① 전세계 와인산지에서 고루 재배될 정도로 어떤 기후에도 잘 적응하고 각 지역의 테루아(Terroir)를 잘 드러내 준다.
② 키메리지안(Kimmeridgian) 토양에서 재배되는 샤르도네는 석회질 토양에서 오는 미네랄 풍미가 와인에서 두드러진다.
③ 양조자의 의도대로 섬세하고 가벼운 스타일부터 리(Lees) 숙성이나 오크 숙성을 거친 묵직한 스타일, 스파클링 와인까지 다양한 스타일로 양조할 수 있는 품종이다.
④ 껍질이 얇아서 보트리티스 시네레아(Botrytis cinerea)가 잘 번식하기 때문에 프랑스 보르도(Bordeaux)에서 귀부(Noble Rot) 와인 양조에 이용하는 경우가 많다.

■ ④

프랑스 보르도에서 귀부 와인 양조에 쓰이는 품종은 세미용(Sémillon)과 소비뇽 블랑(Sauvignon Blanc)이다.

07 카베르네 소비뇽(Cabernet Sauvignon) 와인에 대한 설명으로 올바르지 않은 것은 무엇인가?
① 프랑스 보르도(Bordeaux)에서 다른 적포도 품종과 블렌딩하여 와인을 양조한다.
② 호주에서는 GSM 블렌딩에 사용하여 와인을 양조한다.
③ 미국 나파 밸리(Napa Valley)에서는 단일 품종 또는 메리티지(Meritage) 스타일로 와인을 양조한다.
④ 이탈리아 토스카나(Toscana)의 볼게리(Bolgheri) 와인 양조에 사용한다.

■ ②

호주 GSM 블렌딩 와인에는 그르나슈(Grenache), 쉬라즈(Shiraz), 무르베드르(Mourvèdre)를 사용하고, 호주에서 쉬라즈와 카베르네 소비뇽을 블렌딩한 와인은 생산된다.

08 프랑스 보르도(Bordeaux)가 주산지가 아닌 품종은 어느 것인가?
① 샤르도네(Chardonnay)
② 메를로(Merlot)
③ 카베르네 소비뇽(Cabernet Sauvignon)
④ 카베르네 프랑(Cabernet Franc)

■ ①

샤르도네는 프랑스 부르고뉴(Bourgogne)의 주품종이다.

09 청포도 품종이 아닌 것은 무엇인가?
① 게뷔르츠트라미너(Gewürztraminer)
② 오세루아(Auxerrois)
③ 비달(Vidal)
④ 바코 누아(Baco Noir)

■ ④

바코 누아(Baco Noir)는 캐나다에서 많이 재배하는 하이브리드(Hybrid) 적포도 품종이다.

10 와인 산지와 대표 품종의 연결이 올바르지 않은 것은 무엇인가?
① 프랑스 보졸레(Beaujolais) – 가메(Gamay)
② 독일 모젤(Mosel) – 리슬링(Riesling)
③ 미국 캘리포니아(California) – 진판델(Zinfandel)
④ 프랑스 부르고뉴(Bourgogne) – 세미용(Sémillon)

■ ④

부르고뉴의 대표 품종은 피노 누아(Pinot Noir)와 샤르도네(Chardonnay)이다.

11 포도 품종명이 아닌 것은 무엇인가?
① 바르바레스코(Barbaresco)
② 바르베라(Barbera)
③ 브루넬로(Brunello)
④ 몬테풀치아노(Montepulciano)

■ ①

바르바레스코는 이탈리아 피에몬테(Piemonte)의 와인 산지명이다.

12 좋은 품질의 포도를 재배하기 위한 포도밭 환경은 품종과 기후에 따라 다르다. 포도의 품질을 좌우하는 포도밭 환경에 대한 설명으로 올바르지 않은 것은 무엇인가?
① 주변에 기후를 조절해줄 수 있는 강이나 호수, 바다가 있으면 유리하다.
② 서늘한 지역에서는 포도밭이 고도가 높은 곳에 위치할수록 유리하다.
③ 포도나무의 생장과 포도의 성숙에 필요한 일조량이 확보되어야 한다.
④ 서늘한 기후에서 적당한 경사지에 위치한 포도밭은 일조량 확보에 유리하다.

■ ②

고도가 100m 올라갈 때마다 온도가 약 0.5~1℃씩 낮아지므로 더운 지역에서는 포도밭의 고도가 높은 것이 유리하다. 경사도는 토양의 배수에 유리하고 서늘한 기후에서 단위 면적당 일조량이 많이 확보되는 장점이 있다. 일조량은 포도나무의 생장과 포도의 성숙에 필수적이나 지나치면 포도나무의 영양 생장과 생식 생장의 균형이 깨져서 포도 품질은 저하된다. 포도밭 주변에 강과 호수, 바다 등 큰 물이 존재하면 포도밭의 기후를 조절해주는 효과가 있어서 유리하다.

13 필록세라(Phylloxera)에 대한 설명으로 올바르지 않은 것은 무엇인가?
① 포도나무 뿌리에 기생하는 해충으로 진딧물의 일종이다.
② 1863년 프랑스에서 필록세라가 공식 확인되었다.
③ 1881년 미국종(Vitis labrusca) 뿌리와 유럽종(Vitis vinifera) 가지를 접붙여서 심는 것이 프랑스에서 필록세라 퇴치법으로 제시되었다.
④ 유럽종의 대목(Rootstock)이 필록세라에 대한 내성을 가지고 있다.

■ ④

필록세라는 녹황색 1mm 정도 크기인 진딧물의 일종이다. 19세기에 미국에서 옮겨져 들어온 포도나무 뿌리에 기생하는 해충인 필록세라 진딧물의 영향으로 유럽 포도원에 심겨져 있던 비티스 비니페라 종은 포도나무가 고사(枯死)하기에 이르렀다. 현재까지 필록세라로부터 유럽 포도종의 뿌리를 보호할 수 있는 약은 개발되지 않았지만, 필록세라에 저항력이 있는 미국종의 뿌리를 대목으로 사용하고 유럽종의 가지 부분인 접수(Scion)를 접붙이기함으로써 필록세라에 대한 내성을 포도나무가 갖도록 하는 방법으로 피해를 방지하고 있다. 필록세라는 현재까지 퇴치되지 않았다.

14 포도에 보트리티스 시네레아(Botrytis cinerea)라는 곰팡이가 번식해서 생기는 현상은 무엇인가?
① 필록세라(Phylloxera)   ② 노균병(Downy Mildew)
③ 백분병(Powdery Mildew) ④ 귀부(Noble Rot)

■ ④

15 수확을 끝낸 후 포도나무 가지치기(Pruning)를 하는 목적은 무엇인가?
① 포도와 와인의 품질을 향상시키고 이듬해의 수확량을 조절하기 위해서
② 가지의 길이를 제한하면서 포도밭에 심겨진 포도나무 열 사이에서의 작업 편의성을 위해서
③ 깔끔한 포도밭을 유지하고 미관상 보기 좋게 하기 위해서
④ 단위 면적당 수확량을 증가시켜 더 많은 와인을 생산하기 위해서

■ ①

포도 수확을 끝낸 후 시행하는 겨울 가지치기의 목적은 이듬해 수확량을 조절하여 포도의 품질을 향상시켜서 좋은 와인을 생산하는 것이다. 한편, 포도생육기간(Growing Season) 중의 가지치기는 포도나무의 영양 생장과 생식 생장의 균형을 통해 목표로 하는 포도의 수확량과 품질을 달성하기 위함이고, 포도나무의 일조량과 통기성 조절을 목적으로 하는 캐노피관리(Canopy Management)까지 포함한다. 좋지 않은 품질의 포도송이를 속아내는 작업도 포도생육기간 중의 가지치기에 포함되며, 수확 작업의 편의성도 가지치기를 할 때 고려 사항이 될 수 있다.

16 포도 품종에 대한 설명으로 올바르지 않은 것은 무엇인가?
① 소비뇽 블랑(Sauvignon Blanc)은 대표적인 아로마틱 품종으로 오크 향을 배제하여 양조해야 한다.
② 메를로(Merlot)는 테루아(Terroir)에 따라 삼나무, 유칼립투스, 블랙커런트, 바닐라, 오크 등 다양한 향을 나타내는 품종이다.
③ 리슬링(Riesling)은 프랑스 알자스(Alsace)에서는 독일 모젤(Mosel)에 비해 상대적으로 무거운 바디의 드라이 화이트 와인으로 양조한다.
④ 샤르도네(Chardonnay) 품종은 드라이 화이트 와인을 생산할 때 청포도 품종 중 가장 다양한 양조 방식을 적용할 수 있다.

■ ①

산도와 미네랄이 충분하고 포도 성숙이 양호한 지역에서는 아로마틱 품종에도 오크 숙성을 적용할 수 있다.

17 적포도 품종이 아닌 것은 무엇인가?
① 알레아티코(Aleatico)   ② 시라(Syrah)
③ 루싼느(Roussanne)   ④ 모나스트렐(Monastrell)

■ ③

알레아티코는 이탈리아 중부의 적포도 품종이다. 적포도 품종인 무르베드르(Mourvèdre)를 스페인에서는 모나스트렐, 호주에서는 마타로(Mataro)라고 한다. 루싼느는 청포도 품종으로 프랑

스 론(Rhône)강 유역에서부터 남쪽에 걸쳐 재배되고 완숙한 포도알의 껍질은 적갈색을 띠는 부분이 존재하며, 마르산느(Marsanne)와 함께 북부의 에르미타주(Hermitage) 및 생조셉(St.-Joseph)과 남부의 샤토뇌프 뒤 파프(Châteauneuf-du-Pape)에서 생산되는 와인의 블렌딩 품종으로 유명하다.

18 적포도 품종은 무엇인가?
① 뮐러 투르가우(Müller-Thurgau)
② 가르가네가(Garganega)
③ 샤쓸라(Chasselas)
④ 프티 베르도(Petit Verdot)

■ ④

뮐러 투르가우는 리슬링(Riesling)과 마들렌 로얄(Madeleine Royale)의 동종교배(Cross)로 얻어진 품종으로 부드러운 신맛과 뮈스카(Muscat) 품종과 유사한 향의 독일 청포도 품종이다. 샤쓸라는 스위스의 대표 청포도 품종으로 과일향과 미네랄 풍미를 지니는 드라이 와인으로 양조한다. 가르가네가는 이탈리아 북동부 베네토(Veneto) 지역의 청포도 품종이다. 프티 베르도는 프랑스 보르도(Bordeaux)에서 블렌딩에 사용하는 적포도 품종으로 다른 품종들보다 더 늦게 익으며 색과 맛이 진하다.

19 청포도 품종이 아닌 것은 무엇인가?
① 샤르도네(Chardonnay) ② 코르테제(Cortese)
③ 트레비아노(Trebbiano) ④ 보발(Bobal)

■ ④

보발은 스페인 남동부의 적포도 품종으로 산도가 높고 두꺼운 껍질과 풍부한 타닌(Tannin), 짙은 색이 특징이며, 건조한 대륙성 기후에서 재배하기에 적합하다. 트레비아노는 이탈리아의 청포도 품종으로 프랑스에서는 위니 블랑(Ugni Blanc)으로 불린다. 코르테제도 이탈리아 청포도 품종이다.

20 이탈리아 피에몬테(Piemonte)에서 스위트 스파클링 와인 양조에 사용하는 품종은 무엇인가?
① 브라케토(Brachetto) ② 네비올로(Nebbiolo)
③ 바르베라(Barbera) ④ 돌체토(Dolcetto)

■ ①

브라케토는 이탈리아 피에몬테 스위트 스파클링 와인인 브라케토 다퀴(Brachetto d'Acqui) DOCG를 만드는 적포도 품종이다.

21 피노 그리(Pinot Gris)에 대한 설명으로 올바르지 않은 것은 무엇인가?
① 엷은 핑크색에 회색이 감도는 포도 껍질의 색에서 품종의 이름이 유래하였다.
② 다른 청포도 품종에 비해 상대적으로 포도 껍질 색이 진한 편으로 와인의 색에도 영향을 준다.
③ 피노 계열의 포도로 피노 샤르도네(Pinot Chardonnay)라고 부르기도 한다.
④ 이탈리아 북부에서는 피노 그리지오(Pinot Grigio)로 알려져 있다.

▪ ③

피노 그리는 프랑스 부르고뉴(Bourgogne)가 원산지인 청포도 품종으로 현재는 프랑스와 독일, 미국, 뉴질랜드 등에서 재배되고, 드라이 또는 스위트 스타일로 양조한다. 포도의 색은 먼지처럼 보이는 회색(gray/gris)을 띤 핑크색이고 피노 누아(Pinot Noir)의 돌연변이 품종이지만 샤르도네(Chardonnay)와는 무관하다. 과거 프랑스 알자스(Alsace)에서 토케 피노 그리(Tokay Pinot Gris)라고도 불렸고 이탈리아의 피노 그리지오와 같은 품종이다.

22 프랑스의 피노 누아(Pinot Noir)를 다른 국가에서 부르는 명칭으로 올바르지 않은 것은 무엇인가?
① 독일 – 슈패트부르군더(Spätburgunder)
② 이탈리아 – 피노 네로(Pinot Nero)
③ 오스트리아 – 블라우부르군더(Blauburgunder)
④ 스페인 – 피노 부르군더(Pinot Burgunder)

▪ ④

스페인에서는 피노 네그로(Pinot Negro)라 부른다.

23 게뷔르츠트라미너(Gewürztraminer)에 대한 설명으로 올바르지 않은 것은 무엇인가?
① 묵직한 바디의 산도가 낮은 드라이, 오프 드라이, 스위트 와인으로 양조한다.
② 게뷔르츠(Gewürz)는 '향신료의(Spiced)'라는 뜻으로 아로마가 풍부한 트라미너(Traminer)라는 의미이다.
③ 독일 모젤(Mosel)의 대표적인 청포도 품종으로 완숙한 포도는 껍질이 엷은 핑크색이다.
④ 와인은 장미, 리치(Lychee), 생강, 계피, 향신료 등의 향을 가진다.

▪ ③

게뷔르츠트라미너는 프랑스 알자스(Alsace)와 이탈리아, 독일의 팔츠(Pfalz)가 주요 산지다.

24 포르투갈 포트(Port) 와인 양조에 사용하는 청포도 품종은 무엇인가?
① 투리가 나씨오날(Touriga Nacional)
② 틴투 카웅(Tinto Cão)
③ 부알(Bual)
④ 투리가 프란카(Touriga Franca)

■ ③

부알 또는 말바지아 피나(Malvasia Fina)는 드물지만 포트 와인 양조에 사용하는 청포도 품종이며, 마데이라(Madeira) 와인 양조에 사용한다. 나머지 품종들은 적포도 품종이다.

25 나머지와 다른 하나의 포도 품종은 무엇인가?
① 산지오베제(Sangiovese)
② 브루넬로(Brunello)
③ 카나이올로(Canaiolo)
④ 프루놀로(Prugnolo)

■ ③

이탈리아 토스카나(Toscana)의 주품종은 산지오베제이고 브루넬로와 프루놀로는 산지오베제와 동일한 품종이다. 카나이올로 또는 카나이올로 네로(Canaiolo Nero)는 토스카나 키안티(Chianti)에서 산지오베제와 함께 키안티 블렌딩(Chianti Blending)에 사용하는 품종이다.

26 포도나무를 접붙이기 할 때 포도나무의 뿌리 부분을 무엇이라 하는가?
① 접수(Scion)
② 대목(Rootstock)
③ 원가지(Cordon)
④ 신초(Spur)

■ ②

27 개화(Flowering) 시기에 기온이 낮으면 꽃이 피지 않는 현상은 무엇인가?
① 발아(Bud Break)
② 그린 하베스트(Green Harvest)
③ 꽃떨이(Coulure)
④ 쿨루라(Kouloura)

■ ③

발아는 새순이 트는 것을 말하고 그린 하베스트는 수확량을 2차적으로 조절하고 포도의 품질을 높이기 위해서 포도송이를 솎는 작업을 말한다. 꽃떨이는 개화 시기에 기온이 낮거나 일조량이 부족하고 비가 많을 때 꽃이 피지 않는 현상으로 수정과 착과도 일어나지 않는다. 쿨루라는 바람이 심한 그리스 산토리니(Santorini)에서 땅바닥에 붙은 낮은 바구니 모양으로 포도나무의 수형을 관리하는 방식을 말하며, 포도가 그 안에 맺히도록 하여 강한 바람으로부터 보호하고자 함이다.

28. 적산온도(積算溫度, Accumulated Temperature)에 대한 설명으로 올바르지 않은 것은 무엇인가?

① 프랑스 샹파뉴(Champagne)는 Region Ⅰ에 해당한다.
② 포도 재배 지역의 기후 구분표의 기준이다.
③ 프랑스 보르도(Bordeaux)는 Region Ⅲ에 해당한다.
④ 포도생육기간(Growing Season) 동안 일 평균 기온 50℉(20℃) 이상인 날의 초과 온도를 누적한다.

▪ ③

애머린과 윙클러 스케일(Amerine & Winkler Scale)은 캘리포니아 주립대학 데이비스 캠버스(UC DAVIS)의 애머린 교수와 윙클러 교수가 1944년에 발표한 포도 재배 지역의 기후 구분표의 기준인 적산온도를 말한다. 포도생육기간인 4월 1일부터 10월 31일까지 214일 중 일 평균 기온이 50℉(10℃)를 넘는 날만 추출하고, 이 추출한 날들의 일 평균 기온에서 50(℉)을 뺀 수를 모두 누적해서 해당 지역의 적산온도를 얻는다. 이렇게 얻어진 적산온도를 기준으로 포도 재배 지역을 서늘한 지역인 Region Ⅰ부터 더운 지역인 Region Ⅴ까지로 분류하며, 이 방식은 포도 재배 지역의 기후 구분을 현재까지 가장 과학적으로 분류한 것으로 알려져 있다. 프랑스 샹파뉴는 Region Ⅰ, 보르도는 Region Ⅱ에 해당한다.

29. 캐노피 관리(Canopy Management)의 목적으로 올바르지 않은 것은 무엇인가?

① 포도생육기간(Growing Season) 중 포도잎의 밀집도 관리
② 일조량 및 광합성 조절
③ 통풍과 병충해 위험 조절
④ 수확 후 가지치기(Pruning)

▪ ④

캐노피 관리는 수확 후 가지치기를 위해서 하는 것이 아니다. 캐노피 관리는 포도생육기간 중 가지와 잎, 열매를 관리하는 것으로 생육기간 중 포도잎의 밀집도와 가지 모양을 관리하여 포도가 받는 일조량과 통풍, 병충해 위험, 수확량, 포도의 품질을 결정한다.

30 포도나무의 생장과 포도의 성숙에 따른 열매의 성분 변화에 대한 설명으로 올바르지 않은 것은 무엇인가?

① 착색(Véraison)부터 수확까지는 약 2개월이 필요하며 이 때부터 포도의 당분이 증가하고 산도가 감소하며 포도알이 커지고 껍질에 색소가 축적된다.
② 겨울이 지나고 기온이 20℃ 이상으로 올라가야 포도나무가 수액을 만들어서 새순(Bud)이 트면서 포도생육기간(Growing Season)이 시작된다.
③ 안토시아닌(Anthocyanin) 색소와 풍미 성분은 수확 전 1개월간 많이 축적되고 타닌(Tannin)은 착색 이전에도 축적된다.
④ 착과(Fruit Set)부터 착색까지는 6주 이상 걸리며 이 기간에 포도알은 초록색이며 크기가 작고 딱딱하다.

■ ②

기온이 10℃ 이상으로 올라가면 새순이 트면서 포도생육기간이 시작된다. 양조용 포도는 착색 이후 더운 지역에서는 하루에 0.4Brix 정도로 당도가 빠르게 증가한다.

31 덥고 건조한 지역의 포도 재배에 대한 설명으로 올바르지 않은 것은 무엇인가?

① 일반적으로 모래 토양이 유리하다.
② 포도잎의 기공을 통한 증산작용으로 포도나무의 수분이 부족할 수 있다.
③ 강우량이 부족하면 관개가 필요하다.
④ 토양의 수분이 빠르게 증발한다.

■ ①

덥고 건조한 지역은 포도밭의 상대습도가 낮아서 토양의 수분 증발과 포도잎 기공을 통한 수분의 증산작용이 증가해서 포도나무는 수분을 더 필요로 한다. 따라서 강우량이 부족하면 관개가 필요하고 일반적으로는 배수가 덜 되는 진흙 토양이 모래 토양보다 유리할 수 있다.

32 지구 온난화에 의한 기후 변화가 포도 재배 지역과 포도나무에 미치는 영향과 대응책에 대한 설명으로 올바르지 않은 것은 무엇인가?

① 강우량이 감소한 지역에서는 포도나무의 가뭄에 대한 내성이 요구되고 효율적인 관개(Irrigation)가 필요하다.
② 겨울 기온이 상승하면 포도나무의 발아 시기가 빨라지고 수확은 늦어져 포도생육기간(Growing Season)이 길어진다.
③ 캐노피 관리(Canopy Management), 재배 품종, 포도밭의 지리적 조건, 와인 스타일 변화를 시도한다.
④ 온실가스가 포도나무 병충해의 종류를 변화시킨다.

■ ②

겨울 기온이 높으면 포도나무의 생육이 일찍 개시될 뿐 아니라 포도 재배 과정에서 포도나무를 관리해야 하는 각 시기와 수확 시기도 앞당겨지므로 포도생육기간이 길어지는 것은 아니다. 지구온난화는 포도 재배 지역의 평균 기온 증가와 강우량 분포를 변화시키고 주품종도 바뀔 수 있다. 높은 고도나 위도가 높은 지역에 포도밭을 조성하고 포도밭의 방향도 햇빛을 덜 받도록 조정하며 캐노피 관리 방식과 와인 스타일 변화도 시도한다. 포도나무의 가뭄에 대한 내성을 증가시키고 포도밭 물 사용의 효율을 높여서 현재 조성되어 있는 포도밭의 지속가능성을 높인다.

33 리슬링(Riesling)에 관한 설명으로 올바른 것은 무엇인가?

① 독일에서 아이스 와인을 위해서는 주스 당도가 110~128° Öchsle가 요구된다.
② 구에 블랑(Gouais Blanc)과 실바너(Sylvaner), 야생 포도의 교배종이다.
③ 독일에서 리슬링의 재배 면적이 가장 넓은 지역은 라인가우(Rheingau)이다.
④ 요하니스베르크 리슬링(Johannisberg Riesling), 라인 리슬링(Rhein Riesling), 바이써 리슬링(Weisser Riesling), 벨쉬리슬링(Welschriesling)으로도 불린다.

■ ①

리슬링은 구에 블랑, 트라미너(Traminer), 야생 포도의 교배종이다. 모젤(Mosel)의 리슬링 재배 면적은 2020년 기준으로 5,422헥타르로 독일에서 가장 넓다. 오스트리아 남동쪽과 이탈리아 북부, 크로아티아, 동유럽에서 재배하는 벨쉬리슬링은 리슬링과는 다른 품종이다.

34 그리스의 청포도 품종이 아닌 것은 무엇인가?
① 아이다니(Aidani)   ② 아씨르티코(Assyrtiko)
③ 아티리(Athiri)   ④ 아기오르기티코(Agiorgitiko)

■ ④

그리스의 적포도 품종은 아기오르기티코, 크라사토(Krassato), 리아티코(Liatiko), 만딜라리아(Mandilaria/Mandelaria/Mantilari/Amorghiano), 코시팔리(Kotsifali), 림니오(Limnio) 등이 있다. 그리스의 청포도 품종은 아씨르티코와 아티리, 아이다니, 사바티아노(Savatiano), 모스코필레로(Moschofilero) 등이 있다.

35 나머지와 다른 하나의 포도 품종은 무엇인가?
① 센시벨(Cencibel)   ② 울 데 레브르(Ull de Llebre)
③ 틴토 델 파이스(Tinto del Pais)   ④ 칸노나우(Cannonau)

■ ④

스페인의 대표 적포도 품종인 템프라니요(Tempranillo)를 스페인에서는 틴토 델 파이스라고 부르기도 한다. 스페인 리베라 델 두에로(Ribera del Duero)에서는 틴토 피노(Tinto Fino), 카탈루냐(Cataluña)에서는 울 데 레브르, 카스티야 라 만차(Castilla-La Mancha)에서는 센시벨로도 부르고, 포르투갈의 도우루 밸리(Douro Valley)에서는 틴타 로리쓰(Tinta Roriz) 또는 아라고네스(Aragonez)로 부른다.

36 접붙이기(Grafting)를 할 때, 포도나무의 병충해에 대한 내성과 포도 품종의 특징을 나타내는 부분을 올바르게 연결한 것은 무엇인가?
① 병충해 내성-대목 / 포도 품종 특징-대목
② 병충해 내성-대목 / 포도 품종 특징-접수
③ 병충해 내성-접수 / 포도 품종 특징-접수
④ 병충해 내성-접수 / 포도 품종 특징-대목

■ ②

37 포도나무 수형관리(Vine Training) 및 가지치기(Pruning) 방식에 대한 설명으로 올바르지 않은 것은 무엇인가?

① 스퍼 프루닝(Spur Pruning)을 하면 서늘한 기후 지역에서 서리 피해를 방지하는데 유리하다.
② 스퍼 프루닝을 하면 원가지(Cordon)에 남긴 신초(Spur)에서 나온 1년생 가지에 포도가 열린다.
③ 케인 프루닝(Cane Pruning)을 하면 남겨둔 결과모지(Cane)에서 새로 나온 1년생 가지에 포도가 열린다.
④ 수세가 왕성한 포도 품종이나 온화한 기후에서는 스퍼 프루닝(Spur Pruning)을 적용한다.

■ ①

영양 생장이 왕성하여 수세가 우거지는 포도 품종이나 온화한 기후에서 재배하는 경우는 신초를 남기는 스퍼 프루닝을 적용하고, 서늘한 기후로 봄의 냉해가 염려되는 기후에서는 포도나무가 좀 더 추위에 잘 견딜 수 있도록 결과모지를 남기는 케인 프루닝을 적용한다. 포도나무의 수형은 스퍼 프루닝을 하면 코르동(Cordon) 형태로 관리할 수 있고 케인 프루닝을 하면 기요(Guyot) 형태로 관리할 수 있다.

38 포도나무 질병 중 곰팡이에 의한 질병이 아닌 것은 무엇인가?

① 노균병(Downy Mildew)
② 흑균병(Black Rot)
③ 피어스병(Pierce's Disease)
④ 백분병(Powdery Mildew)

■ ③

피어스병은 세균인 포도피어슨병균(Xylella fastidiosa)이 샤프슈터(Sharpshooter)라는 곤충을 매개로 포도나무를 감염시켜 발생하는 질병이다. 노균병은 포도나무 솜털병곰팡이(Plasmopara viticola)에 의한 질병이고 백분병은 포도 흰가루병균(Uncinula necator)이라는 곰팡이에 의한 질병이며 흑균병은 귀나르디아 비드웰리(Guignardia bidwellii)라는 곰팡이에 의한 질병이다.

39 지구 온난화에 의한 기후 변화와 관련된 설명으로 올바르지 않은 것은 무엇인가?

① 20세기 동안 유럽 대륙의 기온이 2~5℃ 상승하였고 미국 캘리포니아(California)와 호주, 남부 유럽의 강우량이 증가하였다.
② 산지별로 재배를 허용하는 품종을 교체하거나 같은 품종이라 해도 달라진 품종 특성에 따른 와인 스타일의 변화를 시도한다.
③ 서늘한 기후의 대표 지역인 독일 모젤(Mosel)지역에서 아이스 와인을 생산하지 못하는 일이 발생한다.
④ 온실가스의 이산화탄소가 포도나무에 피해를 입히는 병충해의 종류를 변화시킨다.

■ ①

20세기 동안 미국 캘리포니아와 호주, 남부 유럽의 강우량은 감소하였고 가뭄으로 인한 자연발화 산불이 포도 재배 지역에 피해를 주는 일도 있었다. 전반적으로 포도의 산도는 낮아지고 당도가 증가하였다. 단기적으로는 높은 기온과 가뭄 피해를 줄이기 위해 캐노피 관리 방식을 바꾸어 일조량을 조절하고 관개(Irrigation)를 적용한다. 장기적으로는 재배 지역의 주품종 및 와인 스타일 규정 변화를 시도한다. 프랑스 보르도(Bordeaux)에서는 기후 변화에 따라 보르도 레드 및 화이트 와인 양조에 새로운 6개 품종의 사용을 승인하였는데, 이들 품종은 보르도보다 상대적으로 더운 기후에서 재배하는 품종들이다. 포도나무는 높은 기온과 가뭄 또는 늘어난 강우량에 적응을 해야 하는데, 포도 품종마다 다른 적응력을 보일 것이므로 품종별로 예측되는 기후변화 모델과 적응 모델을 따로 구축해야 한다.

01 짙은 색과 진한 풍미, 풍부한 타닌(Tannin)을 지니고 자두와 블랙베리 등 검은 과일과 후추 향이 두드러지며 숙성된 경우 동물이나 가죽 향을 느낄 수 있는 품종으로 호주 및 프랑스 론(Rhône) 북부 레드 와인의 주품종은 무엇인가?

■ 쉬라즈(Shiraz) 또는 시라(Syrah)

02 흰꽃, 감귤류, 핵과류, 석유 등 향이 특징적이고 산도와 미네랄 풍미가 와인에 구조감을 부여하며, 독일의 라인강과 모젤강 유역에서 많이 재배하는 대표 청포도 품종은 무엇인가?

■ 리슬링(Riesling)

03 와인의 색은 주로 녹색이 서린 담황색이고 깎은 잔디, 부싯돌, 아스파라거스, 구즈베리, 백향과(패션 프루트) 등의 향이 특징적이며 껍질이 얇은 품종으로 프랑스의 보르도(Bordeaux), 루아르(Loire)와 뉴질랜드에서 많이 재배되고 미국 캘리포니아(California)에서 '퓌메 블랑(Fúme Blanc)'으로 라벨에 표기하기도 하는 품종은 무엇인가?

■ 소비뇽 블랑(Sauvignon Blanc)

04 프랑스 보르도(Bordeaux)의 귀부(Noble Rot) 와인과 호주 헌터 밸리(Hunter Valley)의 드라이 화이트 와인 양조에 사용하는 품종은 무엇인가?

■ 세미용(Sémillon)

세미용은 보르도의 귀부 와인, 호주 헌터 밸리의 드라이 화이트 와인 양조에 사용되며, 소비뇽 블랑(Sauvignon Blanc) 및 뮈스카델(Muscadelle)과 블렌딩하여 보르도 드라이 화이트 와인 양조에도 사용한다. 포도 껍질이 얇아서 회색곰팡이의 일종인 보트리티스 시네레아(Botrytis cinerea)가 포도 표면에 번식하여 귀부(Noble Rot) 포도가 되기 쉽다.

05 미국 동부에서 많이 재배되고 추운 날씨에 잘 견디는 특성을 가지고 있으며 콩코드(Concord), 카토바(Catawba), 나이아가라(Niagara) 등의 품종이 속한 미국이 원산지인 포도종(種, Species) 명칭은 무엇인가?

■ 비티스 라브루스카(Vitis labrusca)

06 피노 누아(Pinot Noir)와 생소(Cinsault)를 교배한 남아프리카공화국의 대표 적포도 품종은 무엇인가?

■ 피노타주(Pinotage)

피노타주는 1920년대 중반 스텔렌보쉬(Stellenbosch) 대학의 아브라함 페롤드(Abraham Perold) 교수가 피노 누아와 생소를 교배한 적포도 품종이다.

07 프랑스 보르도(Bordeaux)와 남서부 카오르(Cahors)의 주품종으로 현재 아르헨티나의 대표 품종으로 널리 알려져 있고 짙은 색상과 풍부한 타닌(Tannin)을 지닌 품종은 무엇인가?

■ 말벡(Malbec)

08 카베르네 프랑(Cabernet Franc)과 소비뇽 블랑(Sauvignon Blanc)을 교배한 품종은 무엇인가?

■ 카베르네 소비뇽(Cabernet Sauvignon)

09 프랑스 푸이 퓌쎄(Pouilly-Fuissé)와 푸이 퓌메(Pouilly-Fumé)의 포도 품종을 각각 쓰시오.

■ 푸이 퓌쎄는 샤르도네(Chardonnay), 푸이 퓌메는 소비뇽 블랑(Sauvignon Blanc)

10 지중해 연안에서 널리 재배되는 스페인 원산의 적포도 품종으로 프랑스 론(Rhône)의 레드 와인, 루씨용(Roussillon)의 뱅 두 나튀렐(Vin Doux Naturel), 프로방스(Provence)의 로제 와인 양조에 블렌딩하여 사용하고, 스페인의 프리오라트(Priorat)에서는 수령이 오래된 포도나무(Old Vine)에서 수확하여 단일 품종 와인을 양조하기도 하는 품종은 무엇인가?

■ 그르나슈 누아(Grenache Noir) 또는 가르나차(Garnacha)

11 프랑스 남서부 마디랑(Madiran)의 토착 품종으로 우루과이를 비롯한 남미 대륙에서도 많이 재배하는 적포도 품종은 무엇인가?

■ 타나(Tannat)

12 리슬링(Riesling)과 마들렌 로얄(Madeleine Royale)을 동종교배(Cross)한 청포도 품종으로 산뜻한 과일 향이 특징적이고 산도는 낮은 가벼운 스타일이며 독일과 이탈리아 북부가 주요 산지인 품종은 무엇인가?

■ 뮐러 투르가우(Müller-Thurgau)

뮐러 투르가우는 독일 가이젠하임(Geisenheim)의 포도 육종 연구소에서 헤르만 뮐러(Herman Müller) 박사가 1882년에 리슬링과 실바너(Sylvaner)의 동종교배(Cross)로 개발한 청포도 품종으로, 후속 유전자 분석 연구에 의해 리슬링과 마들렌 로얄을 교배(Cross)한 것으로 밝혀졌으며, 스위스, 헝가리, 룩셈부르크, 오스트리아에서도 재배한다.

13 프랑스 보르도(Bordeaux) 블렌딩 품종의 하나로 프랑스 루아르(Loire)의 시농(Chinon)과 소뮈르(Saumur), 소뮈르 샹피니(Saumur-Champigny)에서는 단일 품종 와인으로, 캐나다에서는 아이스 와인으로 양조하는 적포도 품종은 무엇인가?

■ 카베르네 프랑(Cabernet Franc)

14 이탈리아 원산의 청포도 품종으로 산도는 높고 당도는 낮은 편이고 프랑스에서는 위니 블랑(Ugni Blanc)이라 불리며, 코냑(Cognac)과 알마냑(Armagnac) 생산에 허용된 품종은 무엇인가?

■ 트레비아노(Trebbiano)

15 독일과 오스트리아에서 바이쓰부르군더(Weissburgunder)라고 부르며, 독일에서는 드라이 화이트 와인으로 주로 양조되고 오스트리아에서는 트로켄베렌아우스레제(Trockenbeerenauslese)로 양조되는 품종의 명칭은 무엇인가?

■ 피노 블랑(Pinot Blanc) 또는 피노 비앙코(Pinot Bianco)

피노 블랑은 프랑스 알자스(Alsace)와 독일, 이탈리아, 오스트리아에서 널리 재배되고 스파클링 와인, 드라이 와인, 스위트 와인으로 양조되며 드라이 화이트 와인의 경우 가벼운 스타일부터 오크 숙성을 거친 와인까지 다양한 스타일로 양조한다. 이탈리아에서는 피노 비앙코라고 부른다.

16 스페인의 리오하(Rioja)에서는 드라이 화이트 와인, 카탈루냐(Cataluña)에서는 주로 카바(Cava) 양조에 사용하는 청포도 품종은 무엇인가?

■ 마카베오(Macabeo) 또는 비우라(Viura)

마카베오 또는 비우라(Viura)는 스페인의 청포도 품종으로 산도는 낮고 꽃과 신선한 과일 향이 특징이며 늦수확과 오크 숙성을 통해 꿀과 견과류 향을 나타낸다. 스페인 리오하의 대표 청포도 품종이고 카탈루냐에서는 카바 와인 양조에 사용한다.

17 스페인 카탈루냐(Cataluña)에서 비우라(Viura)를 부르는 품종명은 무엇인가?

■ 마카베오(Macabeo)

18 스페인 안달루시아(Aldalucía)에서 가장 많이 재배하는 품종은 무엇인가?

■ 팔로미노(Palomino)

청포도 품종인 팔로미노는 안달루시아에서 가장 많이 재배하는 품종이자 쉐리(Sherry) 와인 양조의 주품종으로 쉐리 와인 산지인 헤레스(Jerez) DO의 경우는 전체 포도밭의 95%에서 팔로미노가 재배된다.

19 포도나무의 수형관리 방식(Vine Training System) 중 독일 모젤(Mosel) 등 경사가 심한 포도밭에서 버팀목(Stake)을 사용하여 각각의 포도나무를 경사지에 바로 세워 고정하고 두 개의 결과모지(Cane)를 남겨서 하트형으로 모양을 잡아 고정하는 방식은 무엇인가?

■ 모젤(Mosel/Mosel Arch) 방식 또는 힐 포스트(Hill Post) 방식

20 포도나무의 수형관리 방식(Vine Training System) 중 프랑스 코트 뒤 론(Côtes du Rhône) 지역 등 일조량이 많고 건조하며 바람도 강한 지역에서 많이 적용하는 방식은 무엇인가?

■ 고블렛(Goblet) 또는 덤불(Bush)

별도의 지지구조물(Trellis) 없이 포도나무 밑둥(Trunk)의 꼭대기 헤드 부분에 신초(Spur)를 2~4개 남기는 가지치기(Pruning)를 하는 방식으로, 포도가 잎의 그늘에 매달린 폐쇄형 캐노피(Closed Canopy)를 유지함으로써 포도가 필요 이상의 햇빛에 노출되지 않도록 하여 산도를 유지할 수 있고 강한 바람으로부터 보호할 수 있다.

21 프랑스 샤랑트(Charente)에서 생테밀리옹(Saint-Émilion) 또는 생테밀리옹 데 샤랑트(Saint-Émilion des Charente)라고 부르는 청포도 품종의 이탈리아 명칭은 무엇인가?

■ 트레비아노(Trebbiano)

이탈리아 원산의 청포도 품종인 트레비아노 또는 위니 블랑(Ugni Blanc)은 프랑스 샤랑트에서는 생테밀리옹 또는 생테밀리옹 데 샤랑트라고 부르며 프랑스 코냑(Cognac)과 알마냑(Armagnac) 생산을 위한 품종으로 허용되어 있다.

22 프랑스 론(Rhône) 남부 뮈스카 드 봄므 드 브니즈(Muscat de Beaumes-de-Venise) AOC의 스위트 주정강화 와인 양조에 사용하는 청포도 품종은 무엇인가?

■ 뮈스카 블랑 아 프티 그랭(Muscat Blanc à Petit Grains)

23 크레망 달자스(Crémant d'Alsace)와 프란치아코르타(Franciacorta), 캐나다 아이스 와인 양조에 공통으로 사용하는 품종은 무엇인가?

■ 피노 블랑(Pinot Blanc) 또는 피노 비앙코(Pinot Bianco)

피노 블랑은 피노 누아(Pinot Noir)의 돌연변이 품종으로 이탈리아에서는 피노 비앙코, 독일과 오스트리아에서는 바이쓰부르군더(Weissburgunder)라고 부른다. 독일에서는 드라이 화이트 와인, 오스트리아에서는 트로켄베렌아우스레제(Trockenbeerenauslese), 프랑스 알자스에서는 크레망, 이탈리아에서는 프란치아코르타, 캐나다에서는 아이스 와인으로 주로 양조한다.

24 이탈리아 베네토(Veneto)의 발폴리첼라 클라시코(Valpolicella Classico)와 아마로네(Amarone) 와인 양조에 주로 사용하는 포도 품종 세가지를 쓰시오.

■ 코르비나/코르비노네(Corvina/Corvinone), 론디넬라(Rondinella), 몰리나라(Molinara)

25 쥐랑송(Jurançon)과 파슈랑 뒤 빅빌(Pacherenc du Vic-Bilh) 등 프랑스 남서부의 대표 청포도 품종으로 늦수확하여 핵과류 향이 두드러지는 풍부한 질감의 스위트 와인을 만드는 품종은 무엇인가?

■ 프티 망상(Petit Manseng)

26 프랑스 쥐라(Jura)의 토착 적포도 품종 두 개를 쓰시오.

■ 풀사르(Poulsard) 또는 플루싸르(Ploussard), 트루쏘(Trousseau)

프랑스 쥐라의 토착 적포도 품종은 풀사르(플루싸르)와 트루쏘, 청포도 품종은 사바냥(Savagnin)이다.

27 프랑스 루아르(Loire)에서 피노 드 라 루아르(Pineau de la Loire)로 부르는 품종은 무엇인가?

■ 슈냉 블랑(Chenin Blanc)

28 슬로베니아 서부 및 크로아티아의 고대 품종으로 특히 이탈리아 프리울리 베네치아 줄리아(Friuli-Venezia Giulia)의 콜리 오리엔탈리 델 프리울리(Colli Orientali del Friuli) DOC에서 레드 와인을 생산하는 적포도 품종은 무엇인가?

■ 레포스코(Refosco) 또는 레포스키(Refoschi)

레포스코는 이탈리아 콜리 오리엔탈리 델 프리울리 DOC의 적포도 품종명 또는 품종의 그룹명이다.

29 스페인 리아스 바이샤스(Rías Baixas)의 대표 청포도 품종은 무엇인가?

■ 알바리뇨(Albariño)

30 독일 아르(Ahr)와 바덴(Baden)의 대표 적포도 품종은 무엇인가?

■ 슈패트부르군더(Spätburgunder)

31 독일 미텔라인(Mittelrhein), 나에(Nahe), 팔츠(Pfalz)의 대표 청포도 품종은 무엇인가?

■ 리슬링(Riesling)

32 그리스 원산의 청포도 품종으로 포르투갈의 맘지(Malmsey)와 같은 품종은 무엇인가?

■ 말바지아(Malvasia/Malvazia)

말바지아는 지중해 연안에서 많이 재배되었고 현재는 포르투갈과 이탈리아, 스페인이 주요 산지다. 드라이 와인, 스위트 와인, 주정강화 와인의 양조에 사용되고, 포르투갈의 마데이라(Madeira)에서 주정강화 와인에 사용하는 맘지와 같은 품종이다.

33 지구 온난화로 포도 재배 지역의 기후 변화에 대처하기 위해 2021년 1월 프랑스 국립 원산지품질통제기구(Institut National de l'Origine et de la Qualité, INAO)는 프랑스 보르도(Bordeaux) 와인에 6개의 새로운 품종의 사용을 승인하였다. 승인된 4개의 적포도 품종과 2개의 청포도 품종을 쓰시오.

■ 적포도 품종은 마르슬란(Marselan), 투리가 나씨오날(Touriga Nacional), 카스테(Castets), 아리나르노아(Arinarnoa), 청포도 품종은 알바리뉴(Alvarinho), 릴리오릴라(Liliorila)

이들 품종은 최대 10%까지 와인 블렌딩에 사용하고 최대 5%까지 포도밭에 재배할 수 있다. 마르슬란은 1961년 프랑스에서 카베르네 소비뇽(Cabernet Sauvignon)과 그르나슈(Grenache)를 교배한 품종이고 카스테는 보르도에서 과거 재배되었던 품종이다. 아리나르노아는 1956년 프랑스에서 타나(Tannat)와 카베르네 소비뇽을 교배한 품종이고 릴리오릴라도 1956년 프랑스에서 바로크(Baroque)와 샤르도네(Chardonnay)를 교배한 품종이다. 프티 망상(Petit Manseng)은 최종 승인은 얻지 못했다.

01 리슬링(Riesling) 품종의 기본적인 특징과 와인 스타일의 다양성 사이의 관계를 설명하고, 뛰어난 품질의 리슬링 와인을 생산하는 독일과 프랑스 재배지역을 각 한 곳 씩 예를 들어 와인의 스타일을 비교하여 설명하시오.

리슬링은 독일이 원산지이며 주요 재배 국가는 독일과 미국, 프랑스, 오스트리아, 호주 등이다. 리슬링은 수확 시점에서 산도가 높고 당도는 낮으며 껍질이 얇은 품종 특징을 가지고 있다. 기후와 토양 등 테루아(Terroir)와 포도의 수확시기, 양조 스타일, 숙성 정도에 따라 스파클링 와인과 드라이 화이트 와인, 스위트 와인, 아이스 와인, 귀부 와인으로 양조한다. 레몬색부터 황금색까지 넓은 색깔 범위와 꽃과 감귤류, 핵과류, 석유, 꿀, 왁스 등을 특징적인 풍미로 가지고 있고 중간 정도 바디감을 나타낸다. 높은 산도 덕분에 뛰어난 숙성 잠재력을 가지고 있고 스위트 와인은 단맛과 신맛의 균형이 좋고 스파클링 와인으로 양조하기에도 유리한 품종이다. 껍질이 얇아 귀부(Noble Rot) 현상을 일으키기 쉽기 때문에 귀부 와인 양조에 사용하고, 서늘한 기후에서는 늦수확(Late Harvest) 포도로 스위트 와인을 양조한다.

독일의 모젤강과 라인강 유역에서 생산되는 드라이 리슬링 와인은 알코올 도수가 낮고 산도와 토양에서 오는 미네랄 풍미를 보여주는 산뜻하고 견고한 스타일이고, 프랑스 알자스(Alsace) 드라이 리슬링 와인은 상대적으로 알코올 도수가 높고 무거운 바디감과 복합적인 향을 보여주는 스타일이다. 호주의 클레어 밸리(Clare Valley)와 에덴 밸리(Eden Valley)의 드라이 리슬링은 과일 풍미와 석유 향이 좀더 두드러진다. 가격대와 와인스타일의 스펙트럼이 매우 넓으며 구세계와 신세계에서 모두 재배가 가능하기 때문에 와인을 처음 접하는 사람과 와인 경험이 많은 사람 모두 원하는 가격대와 스타일의 리슬링 와인을 찾을 수 있다는 다양성이 보장되는 품종이다.

02 포도원에서 포도나무의 가지치기(Pruning)는 1년에 2회 실시한다. 각 시기별로 가지치기의 목적을 서술하시오.

첫째, 포도 수확을 끝낸 후 겨울에 실시하는 가지치기는 이듬해의 포도 수확량을 조절함으로써 포도와 와인의 품질을 향상시키기 위한 것이다. 겨울 가지치기는 수형관리 방식(Vine Training System)에 따라 스퍼 프루닝(Spur Pruning), 케인 프루닝(Cane Pruning), 헤드 프루닝(Head Pruning) 등으로 구분하고 이에 따라 지지 구조물(Trellis)도 달라진다.

둘째, 여름에 실시하는 가지치기는 열매를 덮고 있는 잎의 밀집도를 조정하여 포도나무의 일조량과 통풍, 병충해 위험을 조절하고 포도 수확량의 2차적인 조절을 통해 목표로 하는 포도의 품질과 성숙도를 달성하는 것을 목적으로 한다. 즉, 포도생육기간(Growing Season) 중 포도나무의 영양 생장과 생식 생장의 균형을 통해 좋은 품질의 포도를 수확하기 위한 것으로 캐노피 관리(Canopy Management)가 주축을 이루며 좋지 않은 품질의 포도송이를 솎아내는 작업과 수확작업의 편의성도 염두에 두고 진행한다.

03 프랑스 론(Rhône) 북부 AOC인 코트 로티(Côte-Rôtie)와 에르미타주(Hermitage)에서 시라(Syrah)에 블렌딩이 허용된 청포도 품종의 종류와 블렌딩 비율을 쓰고, 시라와 청포도 품종을 블렌딩 함으로써 레드 와인의 색, 향, 맛 등 품질에 미칠 수 있는 긍정적인 효과와 그 이유를 기술하시오.

AOC 규정에 의하면 코트 로티에서는 비오니에(Viognier)를 20%까지, 에르미타주에서는 마르산느(Marsanne) 및 루싼느(Roussanne)를 15%까지 시라로 양조하는 레드 와인에 블렌딩 할 수 있다. 이 지역들에서는 전통적으로 시라와 청포도 품종을 함께 재배 및 수확하거나 함께 양조했는데, 이처럼 소량 혼합한 청포도 품종이 시라로 양조한 레드 와인의 품질에 미치는 긍정적인 효과들은 다음과 같다. 첫째, 적포도의 안토시아닌(Anthocyanin) 색소와 레드 와인의 색을 안정화시키는 효과다. 청포도 품종에 존재하는 플라보노이드(Flavonoid) 화합물 중 무색의 폴리페놀 화합물들은 적포도 품종의 안토시아니딘(Anthocyanidin)과 결합하여 안토시아닌 색소의 색을 진하게 하고 안정화시키는 보조색소(Copigment)로 작용한다. 비오니에 품종에는 이 무색의 플라보노이드 화합물의 함량이 높기 때문에 시라로 양조한 레드 와인의 색을 오히려 진하게 하는 효과를 기대할 수 있다. 둘째, 맛과 질감 개선에 의한 와인 구조감 조정 효과다. 비오니에 와인의 특징인 유질감, 높은 알코올 농도, 낮은 산도가 시라로 양조한 레드 와인의 질감을 부드럽게 하고, 서늘한 지역 및 서늘한 빈티지의 경우 시라 와인의 높은 산도 및 거친 타닌(Tannin)을 완화하는 효과를 기대할 수 있다. 셋째, 향 보완 및 향 복합성 부여 효과다. 비오니에 품종의 특징인 꽃, 꿀 등의 향이 시라의 묵직한 검붉은 과일향과 더해져서 와인이 복합적이고 생동감 있는 향을 갖는 효과를 기대할 수 있다.

03 양조

01 적포도 품종으로는 레드 와인만 양조할 수 있고, 화이트 와인은 양조할 수 없다.

■ X

적포도 품종의 껍질을 제거하거나 껍질 속 성분이 추출되지 않도록 약하게 착즙하면 화이트 와인을 양조할 수 있다.

02 청포도 품종으로 양조한 와인에는 색소가 없다.

■ X

청포도 품종으로 양조한 와인에도 소량의 플라보노이드(Flavonoid) 색소가 존재하고 껍질 접촉을 많이 할수록 색소가 많아진다. 다만, 청포도 품종에는 적포도 품종의 색 성분인 안토시아닌(Anthocyanin) 색소가 거의 존재하지 않는 것이다.

03 와인 양조 과정 중 알코올 발효는 포도의 당분이 효모의 작용으로 알코올로 변하는 과정이다.

■ ○

04 젖산 발효(Malolactic Fermentation)는 젖산균의 작용으로 사과산이 젖산으로 변하여 와인의 신맛이 부드러워지는 와인 양조 과정이다.

■ ○

05 와인은 숙성 과정을 통해서 와인의 성분이 다양한 반응을 거쳐 변화한다.

■ ○

06 와인의 색은 포도 품종에 의해서만 결정된다.

■ X

와인의 색은 사용한 포도 품종만으로 결정되는 것이 아니라 포도 껍질 색소의 추출 정도와 포도 재배 지역의 기후도 와인 색을 결정한다.

07 알코올 발효와 젖산 발효(Malolactic Fermentation)는 레드 와인과 화이트 와인에서 필수적으로 거치는 양조 과정이다.

■ X

레드 와인과 화이트 와인은 모두 알코올 발효를 거친다. 그러나 산이 부드러워지는 젖산 발효는 레드 와인에서는 보편적인 과정이며, 화이트 와인은 산미가 중요하므로 선택적으로 실시한다.

08 와인을 양조하는 것은 포도의 성분을 와인의 성분으로 전환하는 것이며, 양조 과정에서 미생물의 발효와 다양한 화학반응이 일어난다.

■ ○

09 현대적인 와인 양조 방식에서 화이트 와인의 알코올 발효 온도는 레드 와인의 알코올 발효 온도보다 낮은 것이 일반적이다.

■ ○

현대적인 와인 생산에서 알코올 발효 온도는 레드 와인은 18~30℃, 화이트 와인은 10~18℃로 유지하는 것이 일반적이다.

10 스페인의 주정강화 와인인 쉐리(Sherry)는 여러 단의 오크통을 쌓은 솔레라 시스템(Solera System)에서 산화적 숙성을 진행한다.

■ ○

쉐리 와인은 알코올 발효 후에 솔레라 시스템을 이용하여 산화적 숙성과 빈티지 블렌딩을 동시에 진행한다. 그 과정에서 오래된 와인과 새로운 와인이 순차적으로 블렌딩 되어 와인의 숙성 정도와 품질이 균일해진다. 오래 숙성한 와인을 병입을 위해 오크통에서 뽑아내고 생긴 빈 공간을 새 와인으로 채워가는 방법이므로 출시되는 쉐리 와인은 빈티지가 없다.

11 와인 발효가 미생물의 작용이라는 것이 증명된 시기는 19세기 중반이다.

■ ○

19세기 중반 루이 파스퇴르(Louis Pasteur)가 기존의 실험을 보완하여 발효가 살아있는 미생물의 작용임을 증명함으로써 발효가 화학 작용인지 미생물의 작용인지에 대한 논란에 종지부를 찍었다.

12 포도에 귀부(Noble Rot)를 일으키는 곰팡이인 보트리티스 시네레아(Botrytis cinerea)는 습도가 높은 기후에서 잘 발생하고, 청포도 품종보다는 적포도 품종에 더 쉽게 번식한다.

■ X

보트리티스 시네레아 곰팡이는 수확기 아침에는 안개가 끼고 오후에는 건조하고 맑은 날씨가 유지되어 포도의 수분이 증발할 수 있는 기후 조건이 충족되어야 발생하며, 적포도 품종보다는 리슬링(Riesling), 세미용(Sémillon)과 같은 껍질이 얇은 청포도 품종에 잘 번식한다.

13 프랑스의 보졸레 누보(Beaujolais Nouveau)는 탄산침용(Carbonic Maceration) 방식으로 양조한다.

■ ○

14 화이트 와인과 레드 와인을 혼합해서 로제 와인을 만드는 방법은 프랑스 샹파뉴(Champagne)에서 로제 샹파뉴를 양조할 때와 프랑스 프로방스(Provence)에서 로제 와인을 양조할 때 허용된다.

■ X

프랑스 샹파뉴에서 로제 샹파뉴를 양조할 때만 허용된다.

15 샹파뉴(Champagne) 양조 과정 중 데고르주망(Dégorgement)은 2차 알코올 발효를 통해 와인에 탄산가스를 생성시키는 것을 뜻한다.

■ X

샹파뉴 양조에서 2차 알코올 발효를 통해 와인에 탄산가스를 생성시키는 과정을 프리스 드 무쓰(Prise de Mousse)라고 하고, 설탕과 효모, 와인의 혼합용액인 리쾨르 드 티라주(Liqueur de Tirage)를 병에 주입하는 것을 티라주(Tirage)라고 한다. 데고르주망은 병 입구 쪽에 모인 효모 찌꺼기를 제거하는 과정으로, 병 입구 부분을 영하 20~30℃의 소금물에 담가 얼린 후 병의 뚜껑을 열어서 탄산가스의 압력으로 얼어있는 효모찌꺼기 덩어리를 제거한다.

16 펫낫(Pétillant Naturel, Pét Nat)은 병 속에서 2차 알코올 발효가 진행되고 있는 스파클링 와인을 효모찌꺼기를 제거하지 않고 출시한 것이다.

▪ X

펫낫은 1차 알코올 발효가 완전히 끝나지 않은 상태의 와인을 병입한 스파클링 와인으로 상대적으로 탄산가스의 압력이 낮고 효모찌꺼기가 병에 존재할 수 있으며 병마다 품질 편차가 있을 수 있다.

17 독일의 아이스 와인은 영하 7도 이하의 추운 새벽에 포도가 언 상태로 수확하며, 수확 즉시 압착해 당분과 산도가 고도로 농축된 주스로 양조하는 스위트 와인이다.

▪ ○

독일은 영하 7도 이하, 캐나다는 영하 8도 이하의 온도에서 수확해야 한다.

18 아메리칸 오크통을 만드는 참나무의 종(Species)은 퀘르쿠스 로부르(Quercus robur)이다.

▪ X

아메리칸 오크통을 만드는 참나무의 종은 퀘르쿠스 알바(Quercus alba), 프렌치 오크통과 동유럽의 오크통을 만드는 참나무의 종은 퀘르쿠스 로부르이다.

01 와인 양조를 위한 포도의 수확시기를 결정할 때 가장 중요한 기준은 무엇인가?
① 포도즙의 당도　　　　　② 포도껍질의 색깔
③ 포도알의 크기　　　　　④ 포도잎의 색깔

▪ ①

수확 시기를 결정하는 가장 중요한 기준은 포도즙의 당도이며, 포도즙의 당도 또는 무게를 측정하여 와인의 잠재 알코올 함량을 예측할 수 있다.

02 포도에서 타닌(Tannin)을 함유하고 있지 않은 부분은 어디인가?
   ① 껍질   ② 과육
   ③ 줄기   ④ 씨

■ ②

포도 열매는 껍질과 과육, 씨로 구성되어 있다. 껍질에는 색소와 향 성분, 맛 성분, 타닌이 분포하고 과육에는 수분과 당, 유기산, 맛 성분이 분포하며 씨에는 쓴 맛이 나는 오일과 타닌이 함유되어 있다. 줄기는 풋내 성분과 타닌을 함유하고 있다.

03 수확한 포도에서 와인의 스타일과 특성을 결정하는 것은 무엇인가?
   ① 클론(Clone)   ② 테루아(Terroir)
   ③ 양조(Vinification)   ④ 품종(Variety)

■ ③

포도의 특성과 개성은 품종, 클론, 재배 지역, 재배 지역의 테루아가 결정하고 수확한 포도로 생산하는 와인의 스타일과 특성은 와인 양조가 결정한다.

04 포도와 와인에서 가장 많은 비중을 차지하는 성분은 무엇인가?
   ① 알코올   ② 물(Water)
   ③ 타닌(Tannin)   ④ 당분

■ ②

포도와 와인에 가장 많이 함유된 성분은 물이고 그 다음으로 많은 성분은 포도는 당분, 와인은 알코올이며, 유기산, 향, 미네랄 등 풍미 성분과 타닌은 총 5% 이내의 미량 성분이다.

05 로제 와인의 양조 과정을 올바르게 설명한 것은 무엇인가?
   ① 청포도를 이용하여 제한적으로 껍질 접촉을 하여 양조한다.
   ② 청포도를 이용하여 최대한 껍질 접촉을 하여 양조한다.
   ③ 적포도를 이용하여 제한적으로 껍질 접촉을 하여 양조한다.
   ④ 적포도를 이용하여 최대한 껍질 접촉을 하여 양조한다.

■ ③

06 와인의 오크 숙성에 대한 설명으로 올바르지 않은 것은 무엇인가?
① 바닐린(Vanillin)과 타닌(Tannin)이 오크통에서 와인으로 우러나온다.
② 숙성 도중 미세한 양의 와인이 증발하고 산소가 들어갈 수 있다.
③ 오크 숙성을 거친 와인은 바닐라, 커피, 토스트, 나무 등 향을 갖게 된다.
④ 오크통의 크기가 클수록 와인은 오크의 영향을 더 많이 받는다.

■ ④

오크통의 크기가 크면 와인의 용량 대비 오크통과의 접촉 면적이 줄어들어서 오크의 영향을 덜 받는다.

07 화이트 와인이 가장 오래 숙성되었을 때 나타나는 색은 무엇인가?
① 갈색
② 황금색
③ 볏짚색
④ 엷은 노란색

■ ①

와인의 숙성 정도를 색으로 확인할 경우, 와인의 숙성이 진행됨에 따라 화이트 와인은 엷은 노란색 → 볏짚색 → 짙은 노란색 → 황금색 → 호박색 → 갈색으로 변화한다.

08 레드 와인이 가장 오래 숙성되었을 때 나타나는 색은 무엇인가?
① 갈색
② 벽돌색
③ 가넷색
④ 루비색

■ ①

와인의 숙성 정도를 색으로 확인할 경우, 와인의 숙성이 진행됨에 따라 레드 와인은 짙은 자주색 → 루비색 → 가넷색 → 벽돌색 → 갈색으로 변화한다.

09 전통적인 와인 양조 방식에 비해 현대적인 와인 양조 방식에서, 상대적으로 덜 우선시 하는 것은 무엇인가?
① 빈티지별로 균일한 와인 품질
② 양조 및 숙성 시설의 위생
③ 와인메이커의 기술
④ 테루아(Terroir)를 강조하는 와인 특징

■ ④

전통적 와인 생산에서는 테루아를 와인에 반영하는 것을 상대적으로 우선시 하고, 현대적 와인 생산에서는 양조 기술로 발효과정을 관리하고 양조 시설의 위생을 관리하여 균일한 와인 품질을 유지하는 것에 상대적으로 더 중점을 둔다.

10 젖산 발효(Malolactic Fermentation)에 대한 설명으로 올바르지 않은 것은 무엇인가?
① 레드 와인에서 필수적인 양조 과정이며 화이트 와인에는 적용되지 않는다.
② 와인의 사과산이 젖산으로 전환되는 과정이다.
③ 발효 과정에서 이산화탄소가 발생한다.
④ 젖산균이 주도하는 발효이다.

■ ①

화이트 와인도 추구하는 와인 스타일에 따라 젖산 발효를 거치기도 한다.

11 야생 효모나 곰팡이, 세균의 번식을 억제하여 알코올 발효가 안정적으로 진행되도록 하고, 와인의 산화와 변색을 방지하기 위해 와인 양조 과정 중 첨가하는 물질은 무엇인가?
① 이산화탄소
② 이산화황(SO_2)
③ 상업용 효모 배양액
④ 주석산

■ ②

아황산염 용액 형태로 와인 양조 중 첨가하는 이산화황은 주스 또는 와인의 변색과 산화를 방지하고 불필요한 미생물의 번식을 억제하여 와인의 품질 안정성을 확보하기 위해 사용된다.

12 레드 와인을 양조할 때 알코올 발효가 끝난 이후까지 침용(Maceration) 시간을 늘리기도 하는데, 이 때 기대되는 효과는 무엇인가?
① 찌꺼기가 가라앉으며 와인이 맑아진다.
② 산화로 인해 타닌(Tannin)이 더 부드러워진다.
③ 타닌과 색소가 더 많이 추출된다.
④ 알코올 도수가 낮아진다.

■ ③

껍질과 와인이 접촉하는 침용 시간을 늘리면 적포도의 껍질 속에 존재하는 안토시아닌(Anthocyanin)과 타닌이 더 많이 추출된다. 알코올 성분이 추출을 촉진하는 효과도 있으므로 알코올 발효 후 침용 시간을 늘리면 껍질 속의 성분을 더욱 많이 추출할 수 있다.

13 귀부 와인의 양조에 주로 사용하는 포도 품종이 아닌 것은 무엇인가?
① 푸르민트(Furmint)   ② 리슬링(Riesling)
③ 세미용(Sémillon)   ④ 모스카토(Moscato)

■ ④

푸르민트는 헝가리 토카이(Tokaji) 아쑤(Aszú) 와인의 주품종이고 리슬링은 독일의 트로켄베렌아우스레제(Trockenbeerenauslese) 와인의 품종, 세미용은 프랑스 보르도(Bordeaux) 소테른(Sauternes) 와인의 품종이다.

14 생산국과 주정강화 와인을 올바르게 연결한 것은 무엇인가?
① 스페인 – 포트(Port)   ② 이탈리아 – 쉐리(Sherry)
③ 포르투갈 – 마르살라(Marsala)   ④ 포르투갈 – 마데이라(Madeira)

■ ④

와인에 주정을 첨가하여 알코올 도수를 높인 주정강화 와인은 스페인의 쉐리, 포르투갈의 포트, 마데이라, 이탈리아 시칠리아의 마르살라 등이 대표적이다.

15 주정강화 와인이 아닌 것은 무엇인가?
① 프랑스의 뱅 두 나튀렐(Vin Doux Naturel)
② 프랑스의 뱅 존(Vin Jaune)
③ 포르투갈의 마데이라(Madeira)
④ 스페인의 쉐리(Sherry)

■ ②

프랑스 쥐라(Jura)의 뱅 존은 주정강화 없이 산화적 숙성(Oxidative Aging)을 거친 드라이 와인이며 숙성 중 와인 표면에 플로르(Flor)가 작용하여 독특한 풍미를 가진다. 플로르는 와인이 공기에 노출될 때 호기성인 산막효모(Film Yeast)가 와인 표면에 번식한 것을 말한다.

16 와인의 산화적 숙성(Oxidative Aging)과 무관한 것은 무엇인가?
① 탄산침용(Carbonic Maceration)   ② 솔레라(Solera) 시스템
③ 플로르(Flor)   ④ 브알(Voile)

■ ①

탄산침용은 이산화탄소가 채워진 밀폐탱크에 포도를 송이째 넣고 침용하는 양조방법이다. 솔레라 시스템은 쉐리(Sherry) 와인의 산화적 숙성 방식이고 플로르와 브알은 와인의 산화적 숙성 시 와인 표면에 번식한 효모의 막을 부르는 명칭이다.

17 디저트 와인보다는 식전주로 적당한 것은 무엇인가?
① 뱅 두 나뒤렐(Vin Doux Naturel)　② 포트 와인(Port Wine)
③ 뱅 존(Vin Jaune)　④ 귀부 와인(Noble Rot Wine)

■ ③

18 와인의 알코올 발효에 대한 설명으로 올바르지 않은 것은 무엇인가?
① 포도의 당분이 효모에 의해 알코올로 전환되는 과정이다.
② 알코올과 함께 이산화탄소가 발생한다.
③ 당분 함량 대비 생성되는 최대 알코올의 비율은 약 50%이다.
④ 효과적으로 알코올 발효가 일어나려면 발효가 끝날 때까지 산소를 많이 공급해줘야 한다.

■ ④

알코올 발효가 효과적으로 이루어지려면 발효 초기에 효모가 증식할 때까지만 산소를 공급해주고 효모 증식이 끝나면 산소를 차단해주어야 효모가 알코올을 잘 생성할 수 있다. 산소를 계속 공급하면 효모는 알코올 발효보다는 호흡 과정을 통해 에너지를 얻으므로 알코올은 잘 생성하지 않는다. 효모가 포도의 모든 당분을 알코올로 발효를 한다면, 포도당 분자량의 약 50%가 에탄올로 전환되고 나머지는 이산화탄소로 발생된다. 따라서 포도즙 100g 중 당 함량이 약 24%라면 알코올은 약 12%가 얻어진다.

19 와인의 알코올 발효에 대한 설명으로 올바른 것은 무엇인가?
① 모든 와인은 양조 과정 중 알코올 발효를 한 번만 거친다.
② 포도 표면의 야생 효모로는 알코올 발효를 할 수 없다.
③ 와인의 양조 과정에서 알코올 발효와 침용은 차례로 거쳐야 하며 동시에 진행할 수 없다.
④ 포도의 당분이 충분하고 상업용 효모를 접종해도 포도의 품질이 좋지 않으면 와인의 알코올 발효가 중간에 멈출 수 있다.

■ ④

스파클링 와인은 일반적으로 두 번의 알코올 발효를 거친다. 상업적으로 판매하는 사카로미세스(Saccharomyces) 효모를 접종하지 않더라도 포도 표면에 존재하는 소수의 사카로미세스 효모에 의해 알코올 발효가 일어날 수 있다. 알코올 발효와 침용은 순차적으로 할 수도 있고 발효와 동시에 진행할 수도 있다. 포도의 품질이 좋지 않으면 효모의 활성을 유지하는데 필요한 영양소가 부족하거나 불균형을 이룰 수 있어서 와인의 알코올 발효가 중간에 멈출 위험이 있다.

20 양조 과정을 일컫는 용어와 풀이의 연결이 올바르지 않은 것은 무엇인가?
① 마세라시옹(Macération) – 침용
② 수티라주(Soutirage) – 와인 옮겨 담기
③ 우이야주(Ouillage) – 와인 채워 넣기
④ 샵탈리자시옹(Chaptalisation) – 이산화황(SO_2) 처리과정

■ ④

샵탈리자시옹은 당분의 첨가 과정을 의미한다.

21 로제 와인의 양조법이 아닌 것은 무엇인가?
① 세니에(Saignée)
② 직접 압착(Direct Press)
③ 블렌딩(Blending)
④ 샤르마(Charmat)

■ ④

샤르마는 스파클링 와인 양조 방식 중 하나다.

22 오렌지 와인의 양조 과정을 올바르게 설명한 것은 무엇인가?
① 청포도를 이용하여 껍질 접촉을 하지 않고 양조한다.
② 청포도를 이용하여 껍질 접촉을 하여 양조한다.
③ 적포도를 이용하여 껍질 접촉을 하지 않고 양조한다.
④ 적포도를 이용하여 껍질 접촉을 하여 양조한다.

■ ②

23 전송이 발효(Whole Bunch Fermentation)법의 긍정적인 효과가 아닌 것은 무엇인가?
① 줄기가 공기 순환을 도와서 발효액의 온도를 낮춰 준다.
② 발효 후 또는 발효 도중 압착 과정에서 와인의 분리가 수월하다.
③ 줄기에서 타닌(Tannin)이 추출된다.
④ 줄기에서 풋내 성분이 추출된다.

■ ④

전송이 발효법은 포도송이의 줄기를 제거하지 않고 발효하는 방법으로 타닌이 부족한 경우 와인의 타닌 함량을 높이거나 더운 지역에서 과숙한 포도로 양조하는 와인에 신선함을 부여할 수 있다. 포도 줄기가 공간을 확보해 주기 때문에 공기 순환이 잘 되어 발효액의 온도를 내려주는 효과가 있고, 발효가 끝난 후 또는 발효 도중에 압착을 할 때 압착 효율을 증가시켜 준다. 다만, 줄기와 와인이 지나치게 접촉을 많이 하는 경우 거친 타닌과 풋내 성분들이 너무 많이 추출되어 와인 풍미에 부정적인 영향을 줄 수 있으므로 전송이의 사용 비율이나 접촉 시간을 적절히 조절해야 한다.

24 와인의 향과 맛에 영향을 주는 미생물이 아닌 것은 무엇인가?
① 보트리티스(Botrytis) 곰팡이
② 브레타노미세스(Brettanomyces) 효모
③ 페니실리움(Penicillium) 곰팡이
④ 사카로미세스(Saccharomyces) 효모

■ ③

보트리티스 곰팡이가 번식한 귀부(Noble Rot) 포도로 귀부 와인을 만든다. 브레타노미세스 효모는 와인 양조 과정의 오염 미생물로 와이너리 위생 관리가 허술한 경우 심한 오염으로 와인 품질을 떨어뜨린다. 사카로미세스 효모는 와인의 알코올 발효를 주도하는 미생물이다. 페니실리움 곰팡이는 감귤류와 빵에 주로 번식하고 푸른곰팡이 치즈와 페니실린 항생제 생산균이다.

25 와인의 미세 부유물을 제거하는 청징(Fining) 과정에서 와인에 첨가하는 청징보조제(Fining Agent)로 사용하는 물질이 아닌 것은 무엇인가?
① 규조토(Diatomic Earth)
② 알부민(Albumin)
③ 이산화황(SO_2)
④ 벤토나이트(Bentonite)

■ ③

청징보조제로 사용하는 벤토나이트, 카제인(Casein), 알부민(달걀흰자), 젤라틴(Gelatin), 규조토 등은 와인에 존재하는 미세한 불용성 및 수용성 입자를 흡착하거나 결합하여 침전시킨다.

26 와인의 오크 숙성에 대한 설명으로 올바르지 않은 것은 무엇인가?
① 나무의 조직이 치밀하면 와인의 증발이 적고 타닌(Tannin) 성분의 용출이 빠르다.
② 미세산소주입(Micro-Oxygenation) 조건에서 타닌 분자가 중합되어 와인의 타닌이 부드러워진다.
③ 통을 가득 채우지 않으면 와인의 산화와 플로르(Flor) 번식, 초산균의 번식을 초래한다.
④ 와인의 특성이 강하고 구조가 견고하면 새 오크통에서 장기간 숙성하는 것을 적용할 수 있다.

■ ①

오크통을 제작한 나무의 조직이 치밀하면 와인의 증발은 적고 오크 성분의 용출이 느려 상대적으로 섬세한 오크 풍미를 얻을 수 있다. 플로르는 와인이 공기에 노출될 때 호기성인 산막효모(Film Yeast)가 와인 표면에 번식한 것을 말한다.

27 샴파뉴(Champagne) 양조 과정에서 병 속에서 2차 발효와 숙성이 끝난 후 효모찌꺼기를 병 입구 쪽에 모으는 작업의 명칭은 무엇인가?
① 르뮈아주(Remuage)   ② 퀴베(Cuvée)
③ 도자주(Dosage)   ④ 티라주(Tirage)

■ ①

퀴베는 와인 발효나 블렌딩을 위해 사용하는 큰 탱크나 통이고 도자주는 데고르주망(Dégorgement) 후 와인 양을 채우고 당도를 조정하는 과정 또는 당의 양이다. 티라주는 프리스 드 무쓰(Prise de Mousse) 과정을 위해 뱅 드 레제르브(Vin de Réserve)에 설탕과 효모를 주입하는 작업이다.

28 전통 방식(Traditional Method)으로 양조하지 않은 스파클링 와인은 무엇인가?
① 프란치아코르타(Franciacorta)   ② 프로세코(Prosecco)
③ 크레망(Crémant)   ④ 카바(Cava)

■ ②

프로세코는 2차 발효를 주로 밀폐탱크에서 하는 이탈리아 베네토(Veneto) 지역의 스파클링 와인이다.

29 의도적으로 와인과 산소를 접촉시켜서 산화적 숙성(Oxidative Aging)을 거친 와인이 아닌 것은 무엇인가?

① 이탈리아의 아마로네(Amarone) ② 프랑스의 뱅 존(Vin Jaune)
③ 포르투갈의 마데이라(Madeira) ④ 스페인의 쉐리(Sherry)

■ ①

이탈리아의 아마로네는 포도를 건조하여 양조한 와인으로 산화적 숙성을 거치지 않는다.

30 포도를 수확한 후 건조시켜 일정량의 수분을 증발시킨 후 양조한 와인이 아닌 것은 무엇인가?

① 프랑스의 뱅 드 파이으(Vin de Paille)
② 이탈리아의 빈 산토(Vin Santo)
③ 이탈리아의 아마로네(Amarone)
④ 프랑스의 방당주 타르디브(Vendange Tardive)

■ ④

프랑스 알자스(Alsace)의 방당주 타르디브는 수확 후 건조하지 않고 포도나무에 매달린 채로 탈수(Passerillage)된 늦수확 포도로 양조한다.

31 건조 포도로 양조한 와인들 중 스위트 스타일이 아닌 것은 무엇인가?

① 빈 산토(Vin Santo) ② 아마로네(Amarone)
③ 레치오토(Recioto) ④ 사모스 넥타(Samos Nectar)

■ ②

아마로네는 건조 포도로 양조하고 잔당을 12g/L 이하로 남긴 비교적 드라이한 와인으로 스위트 스타일이 아니다.

32 와인 생산의 최근 트렌드로 볼 수 없는 것은 무엇인가?
① 알코올 도수가 높거나 스위트 스타일로 양조하는 추세다.
② 유기농(Organic)과 바이오다이내믹(Biodynamic) 포도 재배를 지향하는 추세다.
③ 지속가능(Sustainable)한 와인 양조에 대한 관심이 증가하는 추세다.
④ 인공지능과 센서, 드론, 인공위성 등 4차 산업혁명 시대의 첨단 기술을 사용하여 포도밭을 관리하는 추세다.

■ ①

알코올 도수는 높지 않고 드라이한 스타일로 양조하는 것이 최근의 와인 생산 추세다.

33 와인 양조 과정의 용어와 풀이의 연결이 올바르지 않은 것은 무엇인가?
① 데부르바주(Débourbage) – 포도를 압착한 주스의 고형물을 가라앉혀 맑은 주스를 얻는 과정
② 르몽타주(Remontage) – 발효조의 아래쪽에서 와인을 뽑아서 발효액 상부에 떠 있는 캡(Cap) 위에 뿌려 적셔주는 작업
③ 에그라빠주(Égrappage) – 발효가 끝난 후 포도껍질과 효모찌꺼기 등 고형물을 가라 앉힌 후 윗부분의 와인을 다른 용기에 옮기는 작업
④ 피자주(Pigeage) – 발효 도중 발효액 상부에 떠오르는 캡(Cap)을 눌러서 발효액 속으로 가라 앉히는 작업

■ ③

에그라빠주는 줄기를 제거하는 과정이고 발효가 끝난 후 포도껍질과 효모찌꺼기 등 고형물을 가라 앉힌 후 윗부분의 와인을 다른 용기에 옮기는 과정은 수티라주(Soutirage)다.

34 와인 양조 과정의 용어와 풀이의 연결이 올바르지 않은 것은 무엇인가?
① 프레쒸라주(Pressurage) – 포도 또는 머스트(Must)를 압착하여 주스 또는 와인을 얻는 과정
② 풀라주(Foulage) – 발효 시작 전 수확한 포도에서 줄기를 제거하는 과정
③ 바토나주(Bâtonnage) – 바닥에 가라앉은 효모찌꺼기와 와인을 저어서 접촉시키는 과정
④ 엘르바주(Élevage) – 와인의 알코올 발효가 끝난 후부터 병입 전까지의 과정

■ ②

풀라주는 포도를 파쇄하는 과정이고 포도알과 줄기를 분리하는 과정은 에그라빠주(Égrappage)다.

35 와인의 양조법 중 미세산소주입(Micro-Oxygenation)법을 적용하는 목적과 효과가 아닌 것은 무엇인가?
① 타닌(Tannin)의 질감을 부드럽게 해준다.
② 알코올 발효 과정 초기 효모의 증식에 도움을 준다.
③ 와인의 향을 개선하고 숙성된 풍미 발현에 도움을 준다.
④ 와인의 산화 방지로 숙성 잠재력을 높여준다.

■ ④

산소는 와인을 산화시키므로 와인의 숙성 잠재력을 높여줄 수는 없고 같은 품질의 와인이라면 좀 더 빨리 숙성된 와인의 풍미를 느낄 수 있도록 해주는 효과가 있다.

36 와인 양조 중 이산화황(SO_2)의 사용과 관련한 설명으로 올바르지 않은 것은 무엇인가?
① 청포도 착즙 후 첨가하여 주스의 갈변을 막는다.
② 와인이 산소와 많이 접촉하는 양조 과정에서 첨가하여 와인 성분의 산화를 막는다.
③ 주스나 와인의 산도가 높아서 pH가 낮으면 첨가량을 늘려야 한다.
④ 젖산 발효(Malolactic Fermentation)가 끝난 후 첨가하여 잔존하는 젖산균을 죽인다.

■ ③

이산화황은 주스나 와인의 갈변 또는 변색을 방지하고 와인 성분의 산화를 방지하며 오염균의 번식을 방지한다. 와인 양조 과정과 병입 후 와인의 품질과 미생물 안정성을 확보할 목적으로 아황산염 용액으로써 첨가한다. 주스나 와인의 산도가 높아서 pH가 낮으면 활성형인 이산화황으로 존재하는 비율이 높으므로 같은 효과를 위한 아황산염의 필요량은 적어진다.

37 플로르(Flor)의 작용없이 산화적 숙성(Oxidative Aging)만 거친 쉐리(Sherry) 와인은 무엇인가?
① 피노 쉐리(Fino Sherry)
② 만사니아(Manzanilla)
③ 아몬티야도(Amontillado)
④ 올로로소(Oloroso)

■ ④

38 와인 양조 과정에서 와인이 산소와 접촉할 때 번식하는 호기성 세균으로 와인의 에탄올을 식초산으로 변화시키는 미생물은 무엇인가?
① 보트리티스(Botrytis)
② 브레타노미세스(Brettanomyces)
③ 아세토박터(Acetobacter)
④ 사카로미세스(Saccharomyces)

■ ③

초산균의 일종인 아세토박터는 호기성 세균이므로 와인이 산소와 접촉하면 번식하고 알코올을 산화시켜서 식초산으로 전환하여 와인 품질에 좋지 않은 영향을 끼치는 미생물이다.

39 프랑스 보르도(Bordeaux)의 현대 와인 양조 아버지로 불리는 에밀 페노(Emile Peynaud) 교수의 제자가 아닌 사람은 누구인가?
① 스테판 드러농쿠르(Stéphane Derenoncourt)
② 자크 부아쓰노(Jacques Boissenot)
③ 미셸 롤랑(Michael Rolland)
④ 장 클로드 베루에(Jean-Claude Berrouet)

■ ①

스테판 드러농쿠르는 프랑스 보르도의 양조 컨설턴트이지만, 에밀 페노의 제자는 아니다.

40 프랑스 부르고뉴(Bourgogne)의 여성 와인메이커로 도멘 드 라 로마네 콩티(Domaine de la Romanée-Conti)의 와인 양조와 경영에 참여했으며 미국의 와인 평론가 로버트 파커(Robert Parker)가 '남성 우월적인 프랑스 와인업계에서 가장 먼저 두각을 나타낸 여성'이라고 평한 사람은 누구인가?
① 안느 클로드 르플레브(Anne-Claude Leflaive)
② 랄루 비즈 르루아(Lalou Bize Leroy)
③ 클리코 퐁사르당(Clicquot Ponsardin)
④ 엠마누엘 후제(Emmanuel Rouget)

■ ②

랄루 비즈 르루아는 부르고뉴의 여성 와인메이커로 도멘 드 라 로마네 콩티의 수석 와인메이커이자 공동 경영자였고, 현재는 도멘 르루아(Domaine Leroy)를 비롯한 가족 소유의 와이너리와 네고시앙 비즈니스, 포도 재배, 와인 양조를 하고 있다. 2015년 59세로 타계한 안느 클로드 르플레브는 2006년 디캔터 잡지에서 '최고의 화이트 와인메이커'로 선정한 프랑스 부르고뉴와 루아르(Loire)의 여성 와인메이커이다. 클리코 퐁사르당은 퓌피트르(Pupitre)를 개발하여 샹파뉴 양조의 데고르주망(Dégorgement) 과정을 획기적으로 개선한 여성이다. 엠마누엘 후제는 앙리 자이에(Henri Jayer)의 포도 재배법과 와인 양조법을 전수받은 남성 와인메이커이다.

01 아래 와인 양조 과정은 레드 와인과 화이트 와인의 양조과정 중 무엇인가?

> 포도 수확 – 줄기 제거 – 압착 – 발효 – 숙성 – 정제 – 병입

■ 화이트 와인

화이트 와인은 발효 이전에 압착을 하여 주스를 발효한다.

02 레드 와인의 양조 과정에서 알코올 발효 도중 또는 이후에 색소와 타닌(Tannin)을 추출하기 위해 포도껍질과 와인을 접촉시키는 것을 무엇이라고 하는가?

■ 침용(Maceration) 또는 퀴베종(Cuvaison)

03 레드 와인의 색을 주로 결정하는 색소 성분은 무엇인가?

■ 안토시아닌(Anthocyanin)

레드 와인의 주된 색 성분은 적포도 품종의 포도 껍질로부터 추출된 안토시아닌 색소이다.

04 와인 품질 보존과 양조 과정에서 와인의 산화방지, 오염균의 번식 억제 효과를 위해 와인 양조 과정과 병입 시점에 사용하는 첨가물은 무엇인가?

■ 이산화황(SO_2, SulfurDioxide)또는 아황산염(Sulfite)

05 레드 와인의 양조 과정에서 껍질과 함께 발효를 끝낸 후, 압력을 가하지 않고 중력에 의해 흘러나온 것을 (A) 와인이라 하고, 압착하여 얻은 것을 (B) 와인이라고 한다. A, B에 해당하는 용어를 순서대로 쓰시오.

■ A : 프리런(Free-Run), B : 프레스드(Pressed)

06 수확한 포도를 파쇄하지 않고 송이째 밀폐 탱크에 넣고 이산화탄소를 채워 수 일간 부분적인 알코올 발효가 일어나도록 한 후 압착하여 알코올 발효를 끝내는 방식으로, 보졸레 누보(Beaujolais Nouveau) 와인처럼 색이 엷고 타닌(Tannin)이 적으며 과일 향이 풍부한 부드러운 스타일의 레드 와인을 얻는 양조법의 명칭은 무엇인가?

■ 탄산침용(Carbonic Maceration)법 또는 CO_2침출법

포도를 송이째 밀폐 탱크에 넣고 이산화탄소를 채워 수 일간 방치하면 포도알 내부에서 알코올이 생성되면서 껍질이 터지거나 부드러워진다. 전체적으로 약 2% 정도의 알코올이 생성되면 압착하고 알코올 발효를 끝내는 탄산침용법은 색과 타닌 등 껍질 속 성분의 추출이 적은 스타일의 레드 와인으로 양조되며, 주로 보졸레 누보 와인을 양조할 때 적용하는 침용법이다.

07 와인 양조 과정에서 알코올 발효 중에 포도껍질이 탄산가스에 의해 위로 밀려 올라가서 발효액의 윗 부분에 뭉쳐있는 것을 무엇이라고 하는가?

■ 샤포(Chapeau) 또는 캡(cap)

08 와인의 알코올 발효가 끝난 후 중력에 의해 가라앉은 효모찌꺼기와 고형물(앙금)을 와인에서 분리하기 위해 와인을 새로운 탱크 또는 배럴로 옮기고 고형물은 제거하는 과정을 무엇이라고 하는가?

■ 수티라주(Soutirage) 또는 랙킹(Racking)

랙킹은 중력에 의해 가라앉은 와인의 고형물과 효모찌꺼기를 제거하는 과정으로 윗부분의 와인을 새로운 용기로 옮기는 것으로 매번 와인의 손실이 있을 수 있다. 고급 레드 와인의 경우, 랙킹을 여러 번 반복하고 여과를 거치지 않기도 한다.

09 샴파뉴 양조 과정 중 르뮈아주(Remuage) 수작업을 위해 사용하는 기구의 명칭은 무엇인가?

■ 퓌피트르(Pupitre)

샴파뉴 양조에서 2차 발효와 숙성을 위해 눕혀 놓았던 와인병을 조금씩 회전시키면서 거꾸로 세워서 효모찌꺼기를 병 입구에 모으는 르뮈아주를 수작업으로 하는 경우에는, 병을 거꾸로 꽂을 수 있는 퓌피트르를 사용한다.

10 밀폐탱크에서 2차 알코올 발효를 진행하고 이산화탄소로 가압하면서 와인의 효모찌꺼기를 여과하여 제거하고 병입하는 스파클링 와인 양조법은 무엇인가?

■ 샤르마 방식(Charmat Method) 또는 밀폐탱크 방식(Closed Tank Method)

11 병 속에서 2차 알코올 발효를 진행한 후 와인을 밀폐탱크로 옮겨 이산화탄소로 가압하면서 와인의 효모찌꺼기를 여과하여 제거하고 새로운 병에 와인을 병입하는 스파클링 와인 양조법은 무엇인가?

■ 트랜스퍼 방식(Transfer Method)

12 플로르(Flor)의 작용으로 상대적으로 산소와 덜 접촉하며 숙성한 쉐리(Sherry) 와인으로, 색이 옅고 맛은 매우 드라이한 것은 무엇인가?

■ 피노 쉐리(Fino Sherry)

13 세계 3대 주정강화와인 중 하나이며, 가열 탱크 또는 가열된 방에서 산화적 숙성(Oxidative Aging)을 거치는 포르투갈의 와인 명칭은 무엇인가?

■ 마데이라(Madeira)

14 와인 양조에 대한 전문성과 많은 경험을 바탕으로 새로운 양조 기술을 공유하며 와인을 양조하는 사람들로 전세계를 누비며 경우에 따라 1년 이내에 북반부과 남반구를 오가는 사람들을 부르는 명칭은 무엇인가?

■ 플라잉 와인메이커(Flying Winemaker)

15 수확한 포도의 산도가 너무 낮은 경우 일부 지역에서는 유기산을 첨가하는데, 이 때 첨가하는 유기산은 무엇인가?

■ 주석산(Tartaric Acid)

포도의 산도가 부족한 경우 규정에 의해 유기산 조정을 위해 주석산을 첨가할 수 있다. 주석산은 포도에 가장 많이 함유된 유기산이고 와인 숙성 중 주석산염으로 침전하기도 한다. 주석산과 사과산은 포도 유기산의 약 90%를 차지한다.

16 프랑스 샹파뉴(Champagne) 양조에서 르뮈아주(Remuage)를 위해 사용하는 자동화된 현대식 기계는 무엇인가?

■ 자이로팔레트(Gyropalette)

17 프랑스 샹파뉴(Champagne) 양조에 사용하는 퀴베(Cuvée)와 타이으(Taille) 주스의 착즙 기준(L/kg)을 쓰시오.

- 퀴베는 4,000kg의 포도에서 처음 착즙한 2,050L의 주스, 타이으는 그 다음 착즙한 500L의 주스

4,000kg의 포도에서 처음 착즙한 2,050L의 섬세한 풍미의 주스가 퀴베이고 이 중 중간 부분에서 얻은 최고급 주스를 쾨르 드 퀴베(Coeur de Cuvée)라고 한다. 그 다음 착즙한 500L의 주스를 타이으라 하고 산도는 낮으나 과일향이 풍부한 주스다. 4,000kg의 포도에서 2,550L의 주스를 얻은 이후의 주스는 레베쉬(Rébeche)라고 하고 샹파뉴 양조에는 사용할 수 없다.

01 일반적으로 화이트 와인을 레드 와인보다 낮은 온도에서 발효하는 이유를 기술하시오.

껍질 속 성분을 추출하려면 온도가 높은 것이 유리한데 화이트 와인은 껍질 속 성분을 추출하지 않으므로 상대적으로 낮은 온도에서 발효할 수 있다. 또한, 화이트 와인의 향 성분들은 레드 와인의 향 성분들에 비해 가볍기 때문에 발효 온도를 낮추어 이런 향 성분들이 휘발되지 않도록 한다.

02 샹파뉴 양조 과정에서 리쾨르 드 티라주(Liqueur de Tirage)와 리쾨르 덱스페디시옹(Liqueur d'Expedition)의 사용 목적과 사용하는 양조 과정, 주성분을 기술하시오.

리쾨르 드 티라주와 리쾨르 덱스페디시옹은 샹파뉴 양조 과정에서 와인에 주입하는 당이 포함된 용액들이다. 샹파뉴 양조의 프리스 드 무쓰(Prise de Mousse) 과정에서는 2차 알코올 발효를 위해 샹파뉴 병에 뱅 드 레제르브(Vin de Réserve)라 불리는 다양한 빈티지의 와인들이 블렌딩된 베이스 와인과 당과 효모, 효모 영양소의 혼합 용액인 리쾨르 드 티라주를 주입한다. 2차 알코올 발효와 쉬르 리(Sur Lie) 숙성이 끝나면 샹파뉴 병에서 효모찌꺼기를 제거하는 데고르주망(Dégorgement) 과정을 거친 후 샹파뉴의 당도를 드라이(Brut)~스위트(Doux)로 조정하는 도자주(Dosage) 과정을 거친다. 이때 샹파뉴의 당도 조정을 위해 사용하는 당액(또는 농축 포도 주스)과 와인의 혼합액이 리쾨르 덱스페디시옹이다.

03 스위트 와인을 양조하는 원리를 기술하고 각 원리 별로 스위트 와인의 대표적인 예를 제시하시오.

스위트 와인은 포도의 당이 효모에 의해 모두 알코올로 전환되지 못하고 와인에 잔당으로 남거나, 알코올 발효가 끝나고 양조 마지막 단계에서 와인에 당을 첨가함으로써 단맛이 있는 스타일로 양조한 와인이다. 알코올 발효가 끝나기 전에 이산화황(SO_2) 또는 주정을 첨가하여 효모를 사멸, 멸균 여과로 제거, 효모가 스스로 생성한 알코올에 의해 사멸하면 와인의 알코올 발효가 도중에 멈추고 당이 남아있게 된다. 주정을 첨가하여 알코올 발효를 도중에 멈추는 예는 포르투갈의 포트(Port) 와인, 프랑스 남부 론 밸리(Southern Rhône Valley)의 뮈스카 드 봄므 드 브니즈(Muscat de Beaumes-de-Venise) 와인 등이다. 주정 첨가 없이 알코올 발효가 도중에 멈추는 대부분의 경우는 포도즙의 당도가 높은 경우로 아래와 같이 세분할 수 있다.

1) 늦수확 포도 : 프랑스 알자스(Alsace)의 늦수확(Vendange Tardive) 와인 등
2) 귀부 포도 : 독일의 트로켄베렌아우스레제(Trockenbeerenauslese) 와인, 프랑스 알자스의 셀렉시옹 드 그랭 노블(Sélections de Grains Nobles) 와인, 프랑스 소테른(Sauternes) 와인 등
3) 언 포도 : 캐나다나 독일의 아이스 와인
4) 건조 포도 : 이탈리아 토스카나(Toscana)의 빈 산토(Vin Santo), 베네토(Veneto)의 레치오토(Recioto) 등

04 와인의 타닌(Tannin)이 어디에서 유래하는지, 또한 타닌이 와인의 풍미와 품질에 미치는 영향을 기술하시오.

타닌은 포도 뿐 아니라 식물에 광범위하게 존재하는 폴리페놀 화합물 중 하나이다. 포도의 씨, 껍질, 줄기 또는 오크통의 재료가 되는 참나무에도 존재하고 와인 양조 과정을 통해 추출되어 와인 성분으로 존재한다. 와인에 타닌이 많은 경우 입 속에서 덜 익은 감을 먹었을 때와 같이 마르고 텁텁한 떫은 맛이 느껴지는데, 타닌 분자가 혀나 점막 표면에서 마찰을 일으키는 수렴성 때문이다. 병입 후 와인의 타닌은 항산화 작용을 하므로 와인의 품질 유지 및 숙성 잠재력과 직접적인 관계가 있다. 와인의 다른 성분과 균형을 이룰 경우 타닌은 와인의 구조감과 여운, 풍미의 복합성에 기여한다.

05 프랑스에서 특정 지역의 크레망(Crémant)으로 라벨에 표기하려면 어떤 규정을 지켜서 생산해야 하는지를 기술하고, 프랑스 크레망 산지 8곳의 AOC 명칭을 쓰시오.

포도는 손 수확을 해야 하고 포도밭 단위 면적 당 포도 수확량은 각 AOC에서 정하는 양을 초과할 수 없다. 와인은 전통방식(Traditional Method)으로 양조하고 최소 9개월간 쉬르 리(Sur Lie) 숙성을 거치며 최종 병입 후 12개월 이후에 판매할 수 있다. 프랑스 크레망 산지 AOC 명칭은 Crémant d'Alsace, Crémant de Bordeaux, Crémant de Bourgogne, Crémant de Die, Crémant du Jura, Crémant de Limoux, Crémant de Loire, Crémant de Savoir다.

06 쉬르 리(Sur Lie) 숙성이 무엇인지, 또한 리(Lees/Lie)가 와인 풍미에 미치는 영향과 그 원리, 바토나주(Bâtonnage)의 역할에 대해 기술하시오.

리는 '지게미, 찌꺼기', 즉, 죽은 효모 세포를 말하고 여기에 포도 유래의 작은 입자들도 포함된다. 쉬르는 불어로 '~의 위에, ~의 표면에' 라는 뜻이며 쉬르 리 숙성은 와인을 리와 접촉하며 수개월 동안 숙성하는 것을 말한다. 죽은 효모 세포는 세포벽의 자가분해에 의해 세포 내에 있던 당과 아미노산, 핵산물질이 세포 밖, 즉 와인으로 유리되며, 이런 성분들이 와인에 감칠맛과 빵, 곡물, 견과류, 효모 등 복합적인 향과 부드러운 질감, 바디를 부여한다. 자가분해 산물들 중 단백질은 와인의 타닌(Tannin)과 결합해서 타닌의 질감을 부드럽게 해주고 글루타치온(Glutathione) 등 항산화 물질은 산소와 결합하여 숙성 도중 와인의 산화를 방지한다. 쉬르 리 숙성 도중 리가 숙성 용기 바닥에 장시간 방치되면 환원 조건이 형성되어서 썩은 달걀 냄새인 황화수소(H_2S)및 이취를 유발하는 메르캅탄(Mercaptan) 등 황화합물들이 생성될 수 있으므로 와인과 리를 저어서 혼합하는 바토나주를 적용해서 부정적인 냄새의 발생을 피하고 와인과 리, 산소의 접촉을 원활하게 해준다.

07 와인 양조 시 타닌(Tannin)의 질감 개선을 위해 미세산소주입(Micro-Oxygenation)을 적용한다. 미량의 산소에 의해 타닌의 질감이 부드러워지는 이유와 이를 적용하는 양조 단계, 산소를 주입하는 방법을 기술하시오.

미세산소주입법은 타나(Tannat) 품종의 거친 타닌의 질감을 부드럽게 하기 위해 1991년 프랑스 마디랑(Madiran)의 와인메이커 패트릭 뒤쿠르노(Patrick Ducournau)가 개발하였다. 산소는 와인의 타닌 분자들을 중합시켜 큰 분자를 형성하므로 입 속에서 느끼는 타닌의 질감이 부드러워진다. 또, 큰 분자의 타닌이 침전하면 와인에 존재하는 과잉의 타닌이 제거된다. 미세산소주입은 주로 와인의 숙성 과정에 적용하며, 젖산 발효(Malolactic Fermentation) 전에 실시하면 타닌의 조직감 개선과 함께 젖산균 생육 촉진 효과를 기대할 수 있다. 압력 조절기와 탱크 바닥의 분사기를 사용해서 미량의 산소를 천천히 와인에 주입해서 산소를 와인에 용해시키거나 오크통 숙성을 하면 미세산소주입 조건에서 와인을 숙성할 수 있다.

04 테루아

01 테루아(Terroir)는 라틴어 토양(Terra)에서 유래한 프랑스어로, 포도의 특징을 결정짓는 자연적 요소를 의미하며, 같은 품종이라도 테루아의 차이로 포도와 와인의 개성이 달라질 수 있다.

◾ ○

02 더운 지역에서는 고도가 높을수록 서늘한 기온을 확보할 수 있다.

◾ ○

일반적인 기후 조건에서 포도밭의 고도가 100m 높아지면 기온은 0.5~1.0℃ 내려간다.

03 일반적으로 배수가 잘 되는 토양이 포도 재배에 유리하다.

◾ ○

04 서늘한 지역은 일조량 확보를 위해 평지에 포도밭을 조성하는 것이 유리하다.

◾ X

서늘한 지역은 햇빛이 닿는 단면적을 최대한 확보하기 위해서 경사면에 포도밭을 조성하는 것이 유리하다. 독일 모젤(Mosel) 지역의 높은 경사면에 자리잡은 포도밭들이 그 대표적인 예이다.

05 포도 재배 조건 중 일조량은 당도와 산도에 영향을 준다. 즉 일조량이 적으면 당도가 떨어지고 산도가 높으며, 일조량이 많으면 당도가 높고 산도가 낮다.

◾ ○

일조량은 포도의 색소와 당분 축적을 결정하므로 포도 재배 시 일조량은 충분해야 한다.

06 진흙 토양은 차가운 토양이고 모래 토양은 따뜻한 토양이다.

■ ○

토양이 수분이 많으면 토양 온도가 낮다. 배수가 느린 진흙 토양은 차가운 토양으로, 배수가 빠른 모래 토양은 따뜻한 토양으로 구분한다. 서늘한 기후에서는 배수가 잘 되는 토양이 포도 재배에 유리하다.

07 이탈리아 피에몬테(Piemonte)는 강우량이 풍부한 해양성 기후이고 큰 일교차로 인해 발생하는 가을철 안개가 포도 성분의 농축에 도움이 된다.

■ X

이탈리아 피에몬테는 일교차와 연교차가 크고 강우량이 부족한 대륙성 기후이고 큰 일교차로 인해 발생하는 가을철 안개가 포도 성분의 농축에 도움이 된다.

08 샤르도네(Chardonnay)와 피노 누아(Pinot Noir)는 프랑스 부르고뉴(Bourgogne)의 석회질 토양, 카베르네 소비뇽(Cabernet Sauvignon)은 보르도(Bordeaux)의 자갈 섞인 토양이 재배에 적합한 편이다.

■ ○

09 호주, 칠레, 아르헨티나에서 일조량 확보에 유리한 포도밭의 방향은 동쪽에서 남쪽이다.

■ X

일조량 확보에 유리한 포도밭의 방향은 북반구는 동쪽에서 남쪽, 남반구는 동쪽에서 북쪽이다.

10 부식토(Humus) 함량이 높은 토양보다는 배수가 잘 되고 미네랄이 풍부하며 유기물이 적은 토양일수록 더 좋은 품질의 포도를 생산할 수 있다.

■ ○

포도밭 토양은 배수는 잘 되고 심토의 함수력(Water Holding Capacity)은 높으며, 표토와 심토에 걸쳐서 다양한 미네랄이 풍부하게 분포하는 것이 좋다. 부식토 함량이 높아서 유기물이 필요 이상으로 많으면, 포도나무의 생식 성장에 비해 영양 생장이 활발해지므로 열매보다 잎이 무성해지게 되고 포도의 성분 농축은 감소해서 엷은 풍미의 와인이 생산된다. 표토나 표면에 가까운 위치에 물과 유기물 영양소가 많으면 포도나무는 뿌리를 깊이 내리지 않게 되고 그 때문에 깊은 쪽의 다양한 미네랄을 이용하지 못하게 된다. 척박한 토양이라 함은 토양의 미네랄 부족을 뜻하기 보다는 유기물이 많지 않은 토양을 의미한다.

11 모래 토양이 유리한 포도 재배 지역은 상대적으로 서늘한 기후이다.

■ ○

모래 토양은 배수가 잘되고 모래 입자가 열을 보유할 수 있어 토양이 따뜻하므로 추운 기후에서 상대적으로 더 유리한 토양이다.

12 진흙 토양이 유리한 포도 재배 지역은 상대적으로 서늘한 기후이다.

■ X

진흙 토양은 토양이 물을 머금고 있기 때문에 토양의 온도가 낮다. 따라서 덥고 건조한 지역에서 유리한 토양이다.

13 프랑스 보르도(Bordeaux)의 그라브(Graves)는 자갈과 모래 토양, 포므롤(Pomerol)은 진흙 토양, 생테밀리옹(St.-Émilion)은 석회질 토양 등 각 지역의 특징적인 토양은 각 지역 와인의 개성을 결정한다.

■ ○

포도나무는 일반적으로 석회질 성분과 입자 크기가 서로 다른 자갈, 모래, 진흙이 섞인 토양에서 좋은 품질의 포도를 생산하며, 자갈이 섞인 토양은 지열 조정 역할을 한다.

14 프랑스 부르고뉴(Bourgogne)의 포도밭은 경사지 중 높은 고도에 위치할수록 좋은 포도밭이다.

■ X

부르고뉴를 비롯하여 너무 높은 고도나 지나치게 가파른 경사지에 위치한 포도밭은 표토가 얇아서 가장 좋은 테루아를 가진 포도밭이라고는 할 수 없다. 강우량이 많은 지역은 표토의 유실 정도가 더욱 심하다. 표토의 토양 유실을 막기 위해 경사도가 심한 지역이나 높은 고도에서는 축대를 쌓거나 아래쪽의 토양을 가져와서 다시 덮어주는 작업으로 표토 유실을 보완한다.

15 프랑스 보르도(Bordeaux) 지롱드(Gironde) 강 좌안의 자갈(Gravel) 토양과 독일 모젤(Mosel)의 점판암(Slate)이 포도나무에 미치는 영향은 유사하다.

■ ○

셰일(Shale)의 변성암인 점판암은 자갈과 마찬가지로 배수에 유리하고 열을 보유하는 성질이 있어서 서늘한 모젤 지역에서 포도나무가 열을 확보하는데 기여한다.

16 포도 재배에서 열매 성숙기에 강우량이 많으면 포도의 산도는 상대적으로 내려가서 포도의 당도에 대한 산도의 비율은 낮아진다.

■ X

열매 성숙기에 강우량이 많으면 포도의 수분 함량 증가로 열매 크기는 커지지만 모든 성분의 농도는 내려간다. 당도와 산도 함량의 상대적인 비율을 따진다면, 산도는 상대적으로 높아지고 당도는 상대적으로 낮아져서 당도에 대한 산도의 비율은 높아진다.

17 토양의 입자 크기로 대표되는 물리적 성질은 토양의 성분으로 대표되는 화학적 성질보다 포도 품질에 더 큰 영향을 끼친다.

■ ○

포도밭 토양의 가장 중요한 조건은 배수이므로 자갈, 모래, 진흙 등 토양의 입자, 즉 물리적 성질이 가장 중요하다. 석회질 토양, 철분 토양, 유기물 함량 등 토양의 성분, 즉 화학적 성질도 중요하지만 물리적 성질이 더욱 중요하다.

18 토양을 진흙 함량에 따라 분류할 경우 진흙이 12.5~25.0% 함유된 토양은 '사토'라고 한다.

■ X

진흙 12.5% 이하를 사토, 진흙 12.5~25.0%는 사양토, 진흙 25.0~37.5%는 양토, 진흙 37.5~50.0%는 식양토, 진흙 50.0% 이상의 경우는 식토라고 한다.

19 프랑스 보르도(Bordeaux) 생테밀리옹(St.-Émilion)의 토양은 묵직한 푸른색 점토(Blue Clay)이다.

■ X

위 설명은 포므롤(Pomerol)의 토양에 대한 설명이며 특히 페트뤼스(Pétrus) 포도밭은 이 푸른색 점토가 표토까지 올라와서 육안으로 식별 가능하여 '단추구멍(Buttonhole)'이라고 부르기도 한다. 일반적으로 이런 진흙 토양에서 비롯된 와인의 특성은 색과 풍미가 진하고 풍만하다.

20 미국 나파 밸리(Napa Valley)의 와인 산지 중 고도가 높은 경사면의 포도밭은 계곡의 바닥 평지의 포도밭보다 일 평균 기온이 더 낮다.

■ X

미국 나파 밸리는 계곡의 바닥 평지의 포도밭이 안개의 영향으로 일 평균 기온이 더 낮고 산쪽으로 올라간 경사면에 위치한 포도밭은 안개층 위쪽에 분포하여 일 평균 기온이 더 높다.

21 스페인의 리아스 바이샤스(Rías Baixas)는 연강우량 1,500mm 이상임에도 불구하고 풍부한 일조량과 배수가 잘 되는 토양으로 테루아(Terroir)가 균형을 이루어 알바리뇨(Albariño) 품종으로 좋은 와인을 생산할 수 있다.

■ ○

스페인 북부 리아스 바이샤스는 연강우량 1,500mm 이상이며, 포도생육기간(Growing Season)에도 비가 내리는데 풍부한 일조량과 배수가 잘 되는 토양이 이런 습한 테루아를 보완한다. 또, 파라(Parra) 형태의 포도나무 수형 관리로 알바리뇨 품종으로 좋은 와인을 생산할 수 있다.

01 와인의 품질에 영향을 미치는 자연적인 요인이 아닌 것은 무엇인가?
① 일조량
② 강우량
③ 관개
④ 기온

■ ③

관개는 인위적인 요인이다.

02 포도밭 근처에 바다, 강, 호수 등 비교적 큰 규모의 물이 존재할 때 예측되는 긍정적인 효과가 아닌 것은 무엇인가?

① 강물이 햇빛을 반사하여 포도밭의 일조량 확보에 도움이 된다.
② 물의 비열(Specific Heat)이 높기 때문에 주변 포도밭의 기온이 천천히 올라가고 느리게 내려가는 효과를 기대할 수 있다.
③ 더운 지중해성 기후에서는 난류에 의해 기온을 높이는 효과를 기대할 수 있다.
④ 일교차가 큰 지역은 아침에 안개를 형성하여 포도밭의 상대습도가 높게 유지되므로 포도 표면의 보트리티스 시네레아(Botrytis cinerea) 번식이 유리하다.

■ ③

지중해성 기후인 미국 나파 밸리(Napa Valley)의 경우 한류인 캘리포니아 해류(California Current)가 나파 밸리 남쪽부터 기온을 낮추는 효과가 있고 프랑스 보르도의 경우 난류인 멕시코 만류(Gulf Stream)가 기온을 높이는 효과가 있다.

03 미세기후(Microclimate)를 결정하는 요인이 아닌 것은 무엇인가?
① 안개 ② 포도밭의 상대습도
③ 캐노피 관리 ④ 포도밭의 거름

■ ④

포도밭의 미세기후는 포도밭의 상대습도, 바람의 방향과 포도나무의 통풍 정도, 포도밭의 땅을 덮은 식물, 토양의 입자와 성분에 따른 배수 정도와 함수력(Water Holding Capacity), 고도, 안개, 포도나무의 캐노피 관리(Canopy Management) 등에 좌우된다. 포도밭의 거름은 토양의 비옥도와 직접적인 관련이 있으므로 미세기후와는 무관하며, 포도나무의 영양 생장에 큰 영향을 끼친다.

04 더운 기후를 보완할 수 있는 테루아(Terroir)로 올바르지 않은 것은 무엇인가?
① 강, 호수, 바다 가까운 지역 ② 높은 고도
③ 충분한 일조량 ④ 큰 일교차

■ ③

강, 호수, 바다 등 큰 물의 기온 조절 효과와 높은 고도의 낮은 기온과 큰 일교차, 서늘한 바람, 북반구의 북향, 남반구의 남향 포도밭 조성 등이 더운 기후를 보완할 수 있는 테루아이다.

05 최근 기후 변화로 새로운 와인 산지로 부상하는 곳이 아닌 곳은 어디인가?
① 벨기에　　　　　　　　② 남아프리카공화국
③ 영국　　　　　　　　　④ 캐나다

■ ②

기후 변화로 벨기에, 네덜란드, 룩셈부르크, 덴마크, 스웨덴, 영국이 새로운 와인 산지로 주목받고 있고, 기존 와인 생산국인 중국과 독일, 캐나다도 과거보다 북쪽 와인 산지가 실험적으로 개발되고 있다.

06 프랑스 와인 산지와 토양을 올바르게 연결한 것은 무엇인가?
① 그라브(Graves) – 백악질
② 부르고뉴(Bourgogne) – 자갈이 섞인 모래
③ 포므롤(Pomerol) – 철분이 많은 진흙
④ 샹파뉴(Champagne) – 점판암질

■ ③

프랑스 보르도의 그라브는 자갈 토양, 부르고뉴는 이회토(Marl Soil), 샹파뉴는 백악질(Chalky) 토양이고, 점판암질(Slate) 토양은 독일 모젤(Mosel)이 대표적이다.

07 기후와 포도 품질에 대한 설명으로 올바르지 않은 것은 무엇인가?
① 착과(Fruit Set) 이전 개화기의 추운 날씨는 포도 품질과 수확량에 영향이 거의 없다.
② 여름 장마는 포도 잎과 열매에 노균병(Downy Mildew)을 일으킬 수 있고 기온이 낮을수록 더 위험하다.
③ 수확기의 많은 비는 포도 열매의 손상을 초래할 수 있다.
④ 프랑스 부르고뉴(Bourgogne)에서는 우박 피해를 줄이기 위해 인공강우(Cloud Seeding)를 시도한다.

■ ①

개화기 추운 날씨는 불안정한 착과로 이어지며 포도 품질과 수확량에 크게 영향을 끼친다.

08 프랑스 부르고뉴(Bourgogne)의 테루아(Terroir)에 대한 설명으로 올바른 것은 무엇인가?
① 부르고뉴 북쪽의 코트 드 뉘(Côtes de Nuits)는 여름이 덥고 겨울이 온난한 지중해성 기후이다.
② 포도밭의 토양은 석회암질(Limestone)의 점토다.
③ 가장 좋은 포도밭들은 대부분 50~100m 고도에 위치한다.
④ 부르고뉴 남쪽의 마코네(Mâconnais)는 연교차가 커서 봄철 서리 위험이 있다.

■ ②

부르고뉴의 기후는 준대륙성(Semi-Continental) 기후로 남쪽으로부터 지중해성 기후의 영향을 받고 북쪽으로부터 대륙성 기후의 영향을 받으며 서쪽으로부터 해양성 기후의 영향을 받으므로 북쪽의 코트 드 뉘는 대륙성 기후의 성격인 더운 여름과 추운 겨울 기후를 보인다. 부르고뉴에는 석회암질의 진흙 토양, 즉, 진흙과 석회암이 1:9로 혼합된 진흙석회암(Clay-Limestone) 토양이 많이 분포한다. 부르고뉴의 좋은 포도밭들은 서리와 차가운 서풍을 피하고 일조량이 확보되는 고도 200~350m의 경사면에 위치한다. 부르고뉴 남쪽의 마코네는 북쪽인 코트 드 뉘에 비해 기온이 높고 강우량이 적고 봄철 서리 위험이 없다.

09 독일 모젤(Mosel)의 서늘한 기후를 보완해 주는 테루아(Terroir) 요소에 대한 설명으로 올바르지 않은 것은 무엇인가?
① 포도밭의 경사도는 배수와 일조량 확보에 유리하다.
② 점판암질(Slate) 토양은 해가 진 후 포도나무에 복사열을 제공한다.
③ 강물은 햇빛을 반사하여 포도나무에 일조량을 제공한다.
④ 강물의 영향으로 안개가 끼고 포도밭의 상대습도가 높다.

■ ④

안개와 높은 상대습도는 서늘한 기후를 보완하는 테루아라고는 볼 수 없다.

10 토양과 와인 산지의 연결이 올바르지 않은 것은 무엇인가?
① 갈레 룰레(Galets Roulés) - 이탈리아 몬탈치노(Montalcino)
② 키메리지안(Kimmeridgian) - 프랑스 샤블리(Chablis)
③ 점판암(Slate) - 독일 모젤(Mosel)
④ 테라 로싸(Terra Rossa) - 호주 쿠나와라(Coonawarra)

■ ①

갈레 룰레는 프랑스 남부 론(Rhône)의 샤토뇌프 뒤 파프(Châteauneuf-du-Pape)의 크기가 큰 자갈 토양이다.

11 토양의 물리적 성질에 대한 설명으로 올바르지 않은 것은 무엇인가?
① 사토(Sand)와 양토(Loam) 중 배수가 잘 되는 것은 모래이다.
② 미사토(Silt)의 토양 입자는 모래와 진흙 중간 크기이고 포도나무 뿌리의 물 흡수는 모래 토양보다 유리하다.
③ 양토는 입자의 크기가 서로 다른 토양이 동일한 비율로 혼합되어 있기 때문에 좋은 품질의 포도 재배에 최적이다.
④ 점토(Clay)는 배수가 잘 안되고 기후와 토양의 성분이 재배되는 포도의 품질을 결정한다.

■ ③

양토는 모래와 미사, 진흙이 동일한 비율로 섞인 토양으로 유기물이 풍부한 경우는 포도나무의 지나친 영양 생장으로 포도 품질이 좋지 않으므로, 양토라는 이유로 좋은 품질의 포도 재배에 최적이라고 볼 수 없다. 토양은 입자 크기에 따라 사토, 미사토, 점토로 구분하고 각 입자의 비율에 따라 토양의 물리적 성질이 결정된다. 입자가 큰 사토는 배수가 빠르고 점토는 배수가 느리다. 점토는 덥고 강우량이 부족한 기후에서는 포도 재배에 유리하게 작용하고 특히, 석회암질(Limestone) 점토는 기후에 따라 토양의 수분 함량이 적절히 유지되며 칼슘 성분이 포도 품질에 긍정적인 영향을 주기 때문에 점토라도 뛰어난 품질의 포도 재배가 가능하다. 즉, 같은 물리적 성질의 토양이라도 토양의 성분과 기후에 따라 포도 재배 적합성은 달라진다.

12 토양의 화학적 성질에 대한 설명으로 올바른 것은 무엇인가?
① 석회암질(Limestone) 토양은 칼슘이 풍부한 산성 토양이다.
② 철분이 풍부할수록 포도 품질이 좋다.
③ 토양의 pH는 5.5~8.5가 적당하다.
④ 같은 성분일 경우, 강우량이 많은 지역은 표토의 산성도가 낮다.

■ ③

석회암질 토양은 칼슘이 풍부하고, 칼슘과 마그네슘이 풍부한 토양은 염기성 토양이다. 철분은 석회암질 토양에서는 부족할 수 있고 산성 토양에서는 과잉일 수 있다. 토양에 철분이나 알루미늄이 너무 많으면 포도나무가 필요로 하는 인이나 칼슘, 마그네슘을 포도나무가 이용하는 것을 방해하는 부정적인 영향을 끼칠 수 있다. 토양의 성분이 같을 경우, 비가 많은 지역은 토양의 칼슘과 마그네슘이 비에 씻겨 표토에서 제거되기 때문에 표토의 pH가 내려가므로 산성도가 높아진다.

13 석회암질(Limestone) 토양이 분포하는 대표적인 와인 산지가 아닌 곳은 어디인가?
① 프랑스 샤토뇌프 뒤 파프(Châteauneuf-du-Pape)
② 프랑스 코트 드 뉘(Côtes de Nuits)
③ 이탈리아 몬탈치노(Montalcino)
④ 호주 쿠나와라(Coonawarra)

■ ①

프랑스 남부 론의 샤토뇌프 뒤 파프는 화강암질(Granite)의 크기가 큰 자갈(Galets Roulés) 토양이다. 프랑스 코트 드 뉘의 이회토(Marl Soil), 이탈리아 몬탈치노의 알바레제(Albarese)와 호주 쿠나와라의 테라 로싸(Terra Rossa)는 석회암질 토양이다. 그외, 프랑스 샹파뉴(Champagne)의 백악질(Chalky) 토양과 샤블리(Chablis)의 키메리지안(Kimmeridgian) 토양도 석회암질 토양이고 생테밀리옹(St.-Émilion)도 석회암이 기반암이다.

14 바람의 명칭이 아닌 것은 무엇인가?
① 미스트랄(Mistral)   ② 존다(Zonda)
③ 시에르소(Cierzo)   ④ 푄(Föhn)

■ ④

푄 현상은 습도가 높아 무거운 공기가 산맥을 넘기 전 비를 뿌리고 건조하고 가벼워진 공기가 산맥을 넘어오는 현상으로 산맥 너머에는 비그늘(Rain Shadow) 지역을 형성한다. 미스트랄은 프랑스 마씨프 상트랄(Massif Central)과 알프스 산맥 사이를 통과해서 론(Rhône) 계곡으로 부는 서늘하고 건조한 북풍이고, 존다는 푄 현상에 의해 아르헨티나 안데스 산맥에서 동쪽으로 부는 뜨겁고 건조한 서풍이다. 시에르소는 피레네 산맥(Pyrenees)에서 스페인의 에브로 밸리(Ebro Valley)를 통과해서 지중해로 부는 서늘하고 건조한 북서풍이다.

15 스페인 프리오라트(Priorat) DOQ (Denominació d'Origen Qualificade)의 토양은 무엇인가?

① 실렉스 토양(Silex Soil)   ② 테라 로싸(Terra Rossa)
③ 리코레야(Llicorella)   ④ 이회토(Marl Soil)

■ ③

리코레야는 붉은색 또는 검은색 점판암질(Slate) 토양에 운모(Mica)가 섞여서 열을 반사하는 성질을 가지고 있는 스페인 프리오라트의 토양이다. 실렉스 토양은 규산(Silica) 성분이 많고 부싯돌(Flint)이 섞여 있는 토양으로 프랑스 루아르(Loire) 푸이 퓌메(Pouilly Fumé)의 토양이다. 테라 로싸는 석회암질의 기반암 위에 산화철 성분에 기인하는 붉은색 표토가 분포하는 퇴적토의 한 종류이며, 호주 쿠나와라(Coonawarra) 지역의 토양이다. 이회토는 석회암질(Limestone)과 진흙이 35~65% 비율로 혼합된 토양으로 프랑스 부르고뉴(Bourgogne)와 이탈리아 피에몬테(Piemonte)의 토양이다.

16 포도 재배와 토양의 관계에 관한 설명으로 올바르지 않은 것은 무엇인가?

① 화강암질(Granite) 토양은 칼슘과 마그네슘이 상대적으로 부족하여 포도의 산도가 상대적으로 낮다.
② 토양에 진흙이 적당히 섞이면 토양의 수분 함량이 유지되어 포도나무에 적절히 물을 공급해 줄 수 있다.
③ 현무암질(Basalt) 토양은 칼슘과 마그네슘이 풍부하여 뿌리의 물 흡수를 방해할 수 있다.
④ 토양의 칼륨은 포도의 산 축적을 증가시킨다.

■ ③

현무암질 토양은 포도나무 뿌리가 필요로 하는 칼슘과 마그네슘이 풍부한 염기성 토양으로 이들 미네랄이 물에 녹은 상태로 잘 흡수된다.

17 테루아(Terroir) 중 토양에 대한 설명으로 올바르지 않은 것은 무엇인가?

① 토양은 인위적으로 일부 조정이 가능한 테루아다.
② 지질시대는 토양의 물리적 성질만을 좌우한다.
③ 토양의 배수와 함수력(Water Holding Capacity)은 토양의 물리적 및 화학적 성질이 좌우한다.
④ 포도 재배에 좋은 척박한 토양은 유기물이 적고 미네랄이 풍부한 토양을 뜻한다.

■ ②

지질시대는 토양 형성 과정 및 오랜 세월 동안의 풍화 작용을 통해 토양의 성분과 입자를 결정하므로 토양의 화학적 물리적 성질을 모두 좌우한다. 토양의 pH와 유기물 조성, 미네랄 조성은 포도밭의 비료로 일부 인위적으로 조정 가능하다. 토양의 배수는 1차적으로 토양의 물리적 성질인 입자가 가장 크게 좌우하고 입자가 동일하더라도 화학적 성질인 토양 성분에 따라 배수 정도와 함수력은 달라진다. 포도 재배에 유리한 척박한 토양의 의미는 유기물이 적다는 것을 의미하고 무기물인 미네랄은 풍부한 것이 유리하다.

18 석회암질(Limestone) 토양의 특성으로 올바르지 않은 것은 무엇인가?

① 토양의 배수가 비교적 잘 되므로 점토라도 좋은 품질의 포도를 재배할 수 있다.
② 토양의 함수력(Water Holding Capacity)이 좋아서 건조한 기후에서 유리하다.
③ 토양의 칼슘은 포도의 질병에 대한 저항성을 높이고 산 축적을 증가시킨다.
④ 토양이 산성이고 단단하여 포도나무 뿌리가 깊게 파고들지 못한다.

■ ④

석회암질 토양은 pH7 이상으로 산성 토양이 아니며, 탄산 칼슘이 토양의 pH를 유지시켜주는 완충역할을 한다. 석회암질은 포도나무 뿌리가 깊게 파고들 수 있는 토양이고, 점토라도 비교적 배수가 잘 되고 함수력은 뛰어나다. 따라서 건조한 기후에서 표토에 물이 없더라도 포도나무가 심토의 석회암 층으로 뿌리를 깊이 뻗으면 물을 빨아들일 수 있다. 칼슘 양이온은 포도 열매에 음이온을 띠는 산이 축적되는 것을 촉진하고, 포도 껍질에 칼슘이 축적되면 껍질이 튼튼해져서 포도의 질병에 대한 저항성이 높아진다.

19 양토(Loam)에 대한 설명으로 올바르지 않은 것은 무엇인가?
① 모래(Sand)와 미사(Silt), 진흙(Clay)이 고루 혼합된 토양이다.
② 좋은 품질의 양조용 포도 재배에는 불리하다.
③ 상대적으로 부엽토(Humus)가 많아 유기물이 풍부하다.
④ 모래, 미사, 진흙의 비율에 따라 양토의 종류를 세분한다.

■ ②

양토는 모래와 미사, 진흙이 섞인 토양으로, 같은 비율로 섞여있더라도 토양 중 유기물의 함량과 기후에 따라 포도 재배에 유리할 수도 불리할 수도 있다. 양토는 사토에 비해 표토에 부엽토가 많이 존재해서 유기물이 풍부하고, 유기물 함량이 높은 경우는 포도나무의 영양 생장이 지나치게 왕성하므로 수확량 조절과 캐노피 관리를 통해 포도의 품질을 확보한다. 양토는 모래의 비율이 높으면 사질양토(Sandy Loam), 진흙의 비율이 높으면 점토질양토(Clay Loam) 등으로 세분한다.

20 화산 활동과 관련이 없는 토양은 무엇인가?
① 조리(Jory)   ② 투포(Tuffeau)
③ 현무암질(Basalt)   ④ 응회암질(Tuff)

■ ②

투포 토양은 프랑스 루아르(Loire)의 투렌(Touraine) 지역의 토양으로 사암(Sand Stone)과 얕은 바다였던 곳의 퇴적물이 쌓인 백악질(Chalky) 토양이 혼합된 토양이므로 화산 활동과 관련이 없다. 현무암은 용암이 지표면에서 빨리 굳은 화산암(Volcanic Rock)으로 칼슘과 마그네슘, 철분이 많은 염기성 암석이다. 미국 오리건(Oregon) 윌라메트 밸리(Willamette Valley)의 조리 토양은 현무암이 풍화된 토양으로 철분이 많은 붉은 색 토양이다. 응회암은 화산재가 쌓여서 굳어진 퇴적암으로 이탈리아 캄파니아(Campania), 미국 나파 밸리(Napa Valley)의 하웰 마운틴(Howel Mountain) 지역의 토양이다.

01 와인은 포도 품종과 와인 양조를 통해 특성과 스타일이 결정되지만 같은 품종 또는 같은 클론(Clone)이라도 포도 재배 지역이 다르면 기후와 토양 차이로 포도의 특성이 다를 수 있다. 각 포도 재배 지역의 기후와 토양 등을 뜻하는 말은 무엇인가?

■ 테루아(Terroir)

와인의 기본적인 스타일과 개성은 포도 품종, 재배 지역, 재배 지역의 테루아, 와인 양조가 결정한다.

02 양조용 포도의 재배에 영향을 주는 3대 기후 요소는 무엇인가?

■ 일조량(햇빛), 온도(기온), 강우량

포도나무는 생육을 위해 햇빛과 물이 필요하고, 10℃ 이상에서 순이 트며, 생육 기간 동안의 일조량과 기온, 강우량에 따라 포도 재배 과정의 모든 결정과 포도 품질이 결정된다.

03 지구상의 넓은 지역 또는 거대한 공간에 걸쳐 파악한 대기의 평균적 상태를 뜻하고 열대, 온대, 한대, 건조기후 등으로 분류하며, 미세기후(Microclimate)와 대조되는 기후 분류의 명칭은 무엇인가?

■ 대기후(Macroclimate)

04 프랑스 보르도(Bordeaux)와 부르고뉴(Bourgogne) 중 석회암질(Limestone) 점토가 분포한 와인 산지는 어디인가?

■ 부르고뉴

보르도의 대표 토양은 자갈(Gravel) 토양이고 부르고뉴의 대표 토양은 석회암질 점토다.

05 프랑스에서 키메리지안(Kimmeridgian) 토양이 분포한 대표적인 와인 산지는 어디인가?

■ 샤블리(Chablis)

06 프랑스 와인 산지로 서쪽의 피레네 산맥(Pyrénées)과 북쪽의 마씨프 상트랄(Massif Central) 산맥, 남쪽의 알베르(Albères) 산으로 둘러 쌓이고 동쪽은 지중해와 접한 지형으로 여름 기온이 높고 겨울이 온화하며 프랑스에서 가장 덥고 가장 건조한 기후이다. 아글리(Agly) 강, 테트(Têt) 강, 테크(Tech) 강과 산맥 쪽에서 부는 북풍이 뜨거운 지중해성 기후를 조절하는 이 와인 산지는 어디인가?

■ 프랑스 루씨용(Roussillon)

07 원래 단어가 뜻하는 토양의 개념을 넘어 포도를 만들어내는 토양과 기후, 지리 및 지형 조건, 일조량, 바람 등 자연 환경을 모두 포함하며, 포도 열매의 특성과 품질에 영향을 주는 재배 환경을 일컫는 용어는 무엇인가?

■ 테루아(Terroir)

08 1900년대 중반 미국 캘리포니아 주립대학 데이비스 캠퍼스(UC Davis) 연구진에 의해 제안된 포도나무 생육에 필요한 열량을 나타내기 위한 지표로, 포도 재배 지역의 기후 분류 시 기준이 되는 누적된 온도 값을 무엇이라고 하는가?

■ 적산온도(Degree Days, Winkler Index, Amerine & Winkler Scale)

UC 데이비스의 애머린(Amerine) 교수와 윙클러(Winkler) 교수는 포도나무의 생장이 이루어지는 기간인 4월 1일부터 10월 31일까지 214일 중 일 평균기온이 50°F (10℃) 이상일 때 50°F (10℃)를 초과하는 온도만큼을 7개월간 누적하여 적산온도를 산출하고 이를 기준으로 포도 재배 지역의 기후를 I~V로 분류하였다.

09 프랑스 부르고뉴(Bourgogne)의 코트 드 뉘(Côtes de Nuits)와 코트 드 본(Côte de Beaune)의 테루아를 비교할 때 기후의 다양성보다 토양의 다양성이 더 두드러지는 곳은 어디인가?

■ 코트 드 본(Côte de Beaune)

부르고뉴의 코트 드 뉘는 토양보다 기후의 다양성이 더 두드러지고 코트 드 본은 기후보다 토양의 다양싱이 더 두드러진다.

10 프랑스 샹파뉴(Champagne)의 토양에 포함된 다공성의 방해석(Calcite) 과립은 고대 바다 조류의 껍질에서 유래한다. 이 조류의 이름은 무엇인가?

■ 코꼬리트(Coccolites, Coccolithe)

고대 바다 조류인 코꼬리트의 껍질에서 유래한 방해석 과립은 샹파뉴의 백악질(Chalky) 토양에서 발견되며 다공성 물질이기 때문에 토양으로부터 물이 배어 나오지 않으면서도 입자 내부 공간에 물을 붙잡아 둘 수 있다.

11 프랑스 루씨용(Roussillon) 지역에서 뜨거운 지중해성 기후를 완화하고 포도나무의 병충해와 질병 위험을 감소시켜 루씨용 테루아(Terroir)의 구성 요소로 작용하는 북풍의 명칭은 무엇인가?

■ 트라몽탄(Tramontane)

차갑고 건조한 북풍인 트라몽탄은 루씨용의 테루아를 구성하는 바람으로 피레네 산맥(Pyrenees/Pyrénées)과 마씨프 상트랄(Massif Central) 사이를 관통해서 지중해 쪽으로 부는 바람의 이름이다. 강물과 함께 루씨용의 뜨거운 지중해성 기후를 완화시키고 포도나무의 병충해와 질병 위험을 감소시킴으로써 루씨용의 유기농 및 바이오다이내믹(Biodynamic) 포도 재배에 매우 중요한 역할을 한다. 미스트랄(Mistral)은 역할은 같지만 마씨프 상트랄 산맥과 알프스 산맥 사이를 관통해서 론(Rhône) 계곡으로 부는 북풍이다.

01 포도 재배에 영향을 주는 요소 중의 하나라고 할 수 있는 토양 중, 진흙과 자갈이 많은 토양이 포도 및 와인 특성에 미치는 영향을 비교하여 설명하시오.

자갈이 많은 토양은 낮에 자갈이 열을 흡수하고 밤에 열을 천천히 방출하므로 포도나무가 생육에 필요한 열을 더 많이 확보할 수 있기 때문에 포도의 당분 축적에 유리하고 타닌(Tannin)이 많고 알코올 도수가 높은 상대적으로 무거운 바디의 와인을 생산할 수 있다. 진흙이 많은 토양은 일반적으로 배수가 느려서 토양의 수분이 토양 온도를 낮추기 때문에 포도의 성숙이 지연되어 산(Acids) 축적에 유리하고 와인은 타닌이 적고 알코올 도수가 낮은 상대적으로 가벼운 바디를 나타낸다.

02 미세기후(Microclimate)가 무엇인지 쓰고 미세기후를 만드는 테루아의 요소들과 포도 재배 기술, 미세기후가 포도와 와인의 어떤 것들에 영향을 주는지를 쓰시오.

미세기후는 주변 환경과 다른 국소지역의 기후를 뜻하며 미세기후가 다른 경우 포도와 와인 특성이 달라질 수 있다. 같은 기후를 가진 같은 포도밭이라도 포도밭의 고도와 방향, 경사도, 안개와 상대습도 등 물의 영향, 일교차, 바람의 온도와 통과 방향, 토양의 입자와 조성, 포도나무의 캐노피 관리(Canopy Management) 등에 차이가 있는 경우 실제 포도나무의 재배 환경이 달라질 수 있다. 미세기후가 다르면 포도의 당분과 산, 풍미성분, 색소 등 열매의 성분이 달라지고 포도 수확 시기에 영향을 주며 그에 따라 와인의 알코올과 산도, 색, 풍미, 바디, 숙성 잠재력과 품질이 달라질 수 있다.

03 테루아(Terroir)의 어원과 좁은 의미와 넓은 의미에서의 정의, 자연적 및 인위적 세부적인 구성 요소들을 쓰고, 테루아가 포도 재배와 와인 품질에 미치는 영향, 테루아가 구세계와 신세계에서 갖는 의미를 비교하여 서술하시오.

테루아란 원래 '땅, 토양'을 뜻하는 라틴어 Terr에서 유래한 프랑스어이다. 좁은 의미에서는 포도밭이 위치한 지역의 지형과 기후, 토양을 뜻하고 넓은 의미에서는 포도와 와인의 특성을 결정하는 포도 재배와 와인 양조 과정의 자연적 조건과 인위적인 결정을 모두 포함하기도 한다. 포도밭이 위치한 곳의 지리적 조건으로 위도, 고도, 산맥, 물 등이 있고, 지형 조건으로는 포도밭의 방향과 경사 등, 기후 조건으로는 일조량과 강우량, 기온, 안개, 상대습도, 바람, 일교차, 연교차, 미세기후 등이 있다. 토양의 입자가 결정하는 물리적 특성과 성분이 결정하는 토양의 화학적 특성, 표토와 심토의 깊이와 모암의 종류, 강우량과 바람에 의한 표토의 유실 정도 등의 토양 조건도 테루아를 구성하는 자연적 요소에 해당한다. 자연적 요소에 따라 상대적으로 결정하게 되는 포도나무 수형관리, 캐노피 관리(Canopy Management), 관개, 비료, 가지치기, 유기농 재배, 바이오다이내믹(Biodynamic) 등 포도 재배 기술과 와인 수확부터 병입까지 양조 과정에서의 모든 결정, 포도 재배자와 와인메이커의 철학 등은 인적 요소로 볼 수 있다. 테루아를 하늘(天)과 땅(地), 사람(人)으로 설명하기도 한다. 테루아는 포도나무의 건강, 병충해에 대한 저항과 포도생육기간(Growing Season)의 길이, 수확량, 영양 생장과 생식 생장의 균형, 포도 열매의 당분, 산, 미네랄, 타닌(Tannin), 풍미 성분의 축적, 포도 표면의 미생물 분포를 결정하므로 테루아는 포도의 특성뿐 아니라 와인의 특성과 품질도 결정한다. 테루아를 기준으로 포도밭의 등급을 정하는 곳도 있고, 다른 곳과 구별되는 독특한 개성을 포도가 갖는 경우 테루아로 재배 지역을 구분하는 곳도 있다. 일반적으로 구세계 와인이 신세계 와인보다 테루아의 영향을 더 많이 받는다고 보는데, 신세계 와인은 구세계에서 적용하는 블렌딩 기술과 함께 포도 품질의 장단점을 양조 과정에서 보완하는 경우가 상대적으로 많기 때문이다.

04 적당한 기온과 일조량, 일교차가 포도 나무의 광합성과 호흡의 균형, 포도의 당분 및 산 축적에 미치는 영향과 그 원리를 서술하시오.

좋은 품질의 포도를 얻기 위해서는 적당한 온도와 일조량이 반드시 필요하고 일교차가 있는 것이 유리하다. 포도나무는 햇빛이 있는 낮에는 광합성을 통해 당분과 산, 풍미 등 여러 가지 성분들을 생성하여 축적함과 동시에 호흡을 통해 당분을 분해하고, 밤에는 광합성이 일어나지 않으므로 당분을 소모하는 호흡만 일어난다. 광합성과 호흡은 최적 온도 범위가 있는데, 일조량이 지나치면 기온이 너무 올라가서 광합성 관련 효소의 활성이 감소하기 때문에 광합성 효율이 낮아질 수 있고, 포도 성숙기의 기온이 너무 높으면 유기산 분해 효소가 활성화되어 유기산이 분해되므로 산 축적에 불리하다. 일교차가 커서 밤 기온이 낮으면 밤 동안의 호흡량이 감소하여 성분들의 분해가 감소하므로 낮 동안 포도에 축적된 성분들을 유지할 수 있다. 따라서 일조량이 많고 기온이 지나치게 높고 일교차가 적은 기후는 포도의 성분 축적에 불리하다. 적당한 기온과 일조량, 큰 일교차는 광합성 효율은 높고 성분의 분해는 감소하기 때문에 포도 성분의 축적에 유리하다.

05 와인 테이스팅

01 와인의 향은 1차, 2차, 3차 아로마로 구분하며, 숙성을 통해 융합된 향을 부케(Bouquet)라고 한다.

○

02 와인 테이스팅 시, 와인은 시음용 잔에 가득 채워 향을 맡는 것이 좋다.

X

와인을 시음용 잔에 ¼ 정도를 따르고 테이스팅을 한다.

03 와인 테이스팅은 시각 → 후각 → 미각의 순으로 한다.

○

04 동일한 와인이라 할지라도, 빈티지가 좋은 와인일수록 시음 적기에 이르는 시간이 대체로 짧은 편이다.

X

일반적으로 빈티지가 좋은 와인일수록 숙성 기간이 길어질 수 있다.

05 호스트 테이스팅은 와인을 주문한 사람이 하는 것이 일반적이지만 와인에 대해 잘 알고 있는 사람 또는 소믈리에(Sommelier)에게 일임하는 것도 무방하다.

○

06 스파클링 와인을 테이스팅 할 경우에는 기포가 지속적으로 올라오는지 여부를 확인한다.

○

07 알코올과 당분이 많을수록 점성이 높으며 '와인의 눈물'도 뚜렷하게 관찰된다.

■ ○

'와인의 눈물' 또는 '와인의 다리'는 모세관 현상에 의한 마랑고니 효과(Marangoni effect)와 관련이 있다.

08 와인에서 느껴지는 수렴성은 포도 껍질과 줄기, 오크통에서 추출된 타닌(Tannin)에 기인한다.

■ ○

09 와인잔을 세척할 때 계면 활성제 성분의 세척제를 사용하면 잔에 표면장력이 생기지 않아 '와인의 눈물'이 잘 생기지 않을 수 있다.

■ ○

10 코달리(Caudalie)는 와인을 삼키거나 뱉은 후에 입안에서 향이 지속되는 시간을 측정하는 단위이다.

■ ○

11 주로 최근 빈티지나 숙성이 많이 진행되지 않은 와인에서 타닌(Tannin)이나 산이 거칠고 과다하게 느껴질 때 로부스트(Robust)하다고 표현한다.

■ X

와인용어 중 어그레시브(Aggressive)라는 표현은 타닌이나 산이 과다하거나 조화롭지 않아서 유쾌하지 않은 기분을 주는 와인을 말한다. 로부스트는 풍미가 강하고 풍부하며 알코올 도수가 높은 풀바디 와인을 묘사할 때 쓰는 표현이다.

01 와인을 테이스팅 할 때, 입안에서 느껴지는 무게감을 나타내는 용어는 무엇인가?
① 아로마(Aroma) ② 균형(Balance)
③ 바디(Body) ④ 여운(Finish)

■ ③

바디는 입안에서 묵직하게 느껴지는 정도를 의미하며, 가벼운 무게감을 가진 경우는 '라이트바디'라고 하고 묵직한 무게감을 가진 경우는 '풀바디'라고 한다.

02 와인의 1차 아로마에 해당되지 않는 것은 무엇인가?
① 레몬 ② 아카시아
③ 체리 ④ 바닐라

■ ④

와인의 1차 아로마는 주로 포도 품종 고유의 향을 나타내는데 레몬, 체리, 라즈베리, 블랙베리, 아카시아, 바이올렛 등의 향이 대표적이며, 2차 아로마는 발효과정에서 생기는 향으로 사과, 바나나, 파인애플, 버터, 요거트의 향이 대표적이다. 3차 아로마는 숙성하면서 생기는 향으로 버섯, 바닐라, 가죽, 사향, 감초, 토스트, 초콜릿, 커피의 향 등이다.

03 와인이 변질되었을 때 나타나는 냄새가 아닌 것은 무엇인가?
① 곰팡이 냄새 ② 식초 냄새
③ 썩은 달걀 냄새 ④ 야생 동물 냄새

■ ④

곰팡이 냄새, 식초 냄새, 썩은 달걀 냄새는 와인이 변질 되었을 때 나타날 수 있으나 야생동물 냄새는 와인의 숙성을 통해 나타나는 향으로 와인의 결함은 아니다.

04 와인의 떫은맛의 원인이 아닌 것은 무엇인가?
① 거의 익지 않은 청포도에서 나오는 과즙
② 화이트 와인을 장기간 오크통에 보관하는 경우
③ 레드 와인의 양조과정 중 지나친 침용이 이루어지는 경우
④ 와인 양조시 포도의 씨가 으깨진 경우

■ ①

05 와인의 향 표현 중 곰팡이 냄새를 의미하는 용어는 무엇인가?
① Earthy
② Moldy
③ Nutty
④ Rough

■ ②

Earthy는 와인에서 진흙, 토양, 버섯향 등이 날 때 쓰는 표현이고, Nutty는 와인에서 견과류 향이 느껴질 때의 표현이며, Rough는 미감이 거칠고 알코올 성분이 튀는 와인을 묘사할 때 쓰는 표현이다.

06 와인 테이스팅에서 후각을 통해 감지할 수 있는 결점 중 유황 냄새가 나는 원인은 무엇인가?
① Acetic Acid
② TDN
③ TCA
④ SO_2

■ ④

07 와인 테이스팅에 대한 설명으로 올바르지 않은 것은 무엇인가?
① 흰색 배경에서 와인의 투명도, 색농도, 침전물 등을 관찰한다.
② 와인잔을 기울여 색상 및 밀도를 확인한다.
③ 처음에는 잔을 흔들지 않은 상태로 이취 여부를 확인한다.
④ 와인의 스월링은 기포와 점도, 침전물을 확인하기 위한 방법이다.

■ ④

스월링은 와인잔을 흔들어 향을 맡는 것으로, 향의 강도, 품종의 특성, 오크의 특성, 섬세함과 부케의 지속성 등을 파악하기 위함이다. 와인의 기포와 점도, 침전물의 상태는 와인의 시각적 관찰 요소이다.

08 와인의 오크 숙성에서 오는 풍미를 묘사한 용어들이 아닌 것은 무엇인가?
① Coconut, Sweet, Vanilla
② Mint, Blackcurrant, Geranium
③ Toast, Charred, Smoky
④ Caramel, Clove, Cedar

■ ②

Mint, Blackcurrant, Geranium 향은 오크 숙성으로 부여되는 향이 아니다.

01 와인을 테이스팅 할 때, 향의 발산을 촉진시키기 위해 와인잔을 여러 차례 돌리는 과정을 무엇이라고 하는가?

■ 스월링(Swirling)

스월링은 와인잔을 흔들어 향을 맡는 것으로, 향의 강도, 품종의 특성, 오크의 특성, 섬세함과 부케의 지속성 등을 파악하기 위함이다.

02 와인 테이스팅을 마친 후 입 안에 계속 유지되는 맛과 향을 무엇이라고 하는가?

■ 피니시(Finish) 또는 뒷맛(Aftertaste) 또는 여운

일반적으로 피니시가 짧은 와인은 삼키거나 뱉은 후 금방 사라지는 반면, 피니시가 긴 와인은 주된 풍미가 오래도록 지속된다.

03 와인의 숙성과정에서 융합되어 나타나는 복합적인 향을 무엇이라 부르는가?

■ 부케(Bouquet)

04 주로 내추럴와인에서 나타나는 마굿간 냄새, 말안장 냄새, 쥐오줌 냄새는 어떤 미생물로부터 기인하는가?

■ 브레타노미세스(Brettanomyces) 효모

05 독일와인에서 잔여당분이 18~45g/L에 해당하는 미디엄 스위트 스타일을 표현하는 용어는 무엇인가?

■ 파인헤르프(Feinherb) 또는 리블리히(Lieblich)

06 레드 와인과 화이트 와인의 색을 결정하는 주요 색소 성분을 각각 쓰시오.

■ 레드 와인 : 안토시아닌(Anthocyanin), 화이트 와인 : 플라보노이드(Flavonoid)

01 와인의 신맛 성분인 유기산의 대표적인 종류를 쓰고, 이러한 유기산이 와인의 품질과 숙성에 미치는 영향에 대해 서술하시오.

와인의 신맛 성분인 대표적인 유기산으로는 주석산, 사과산, 젖산, 구연산, 호박산 등이 있다. 유기산은 와인의 산도와 구조감, 지속성 등에 기여하며 숙성 잠재력을 높여준다. 화이트 와인과 스파클링 와인에는 생기와 청량감을 배가시켜주는 요소로 작용하며, 스위트 와인의 경우에는 맛의 균형과 조화에 중요한 요소이다. 또한 유기산은 와인과 음식 페어링에 있어 식욕을 돋워주는 등 긍정적인 요소로 작용한다. 유기산 중 주석산은 다른 성분과 결합하여 주석산염으로 침전물을 형성하기도 한다.

02 화이트 와인과 레드 와인의 적정 시음 온도가 다른 이유를 쓰시오.

화이트 와인의 경우 온도가 너무 높으면 알코올이 두드러지고 가벼운 향이 휘발해서 생동감이 없어지고 밋밋해지며, 레드 와인이 너무 차면 타닌(Tannin)의 쓴맛이 더 강하고 거칠게 느껴지며 부케가 발산되지 않는다. 일반적으로 와인은 온도가 낮으면 신선하고 생동감있게 느껴지며, 쓴맛과 수렴성이 강해지는 반면, 온도가 높으면 향 발산이 잘되고 알코올은 두드러지나 전반적으로 부드러운 미감을 갖는다. 보통 스파클링 와인은 6~8℃, 화이트 와인은 9~14℃, 레드 와인은 13~18℃의 온도에서 제공된다.

03 시간이 지날수록 레드 와인의 색이 엷어지는 이유를 쓰시오.

적포도 색소인 안토시아닌(Anthocyanin)이 산소와 결합하여 중합체를 형성하고 타닌(Tannin)과 함께 침전하기 때문에 와인의 색은 엷어진다. 색을 통해 와인의 숙성 정도를 파악하기도 하는데 레드 와인의 색은 짙은 보라색에서 벽돌 색깔을 거쳐 갈색으로 변한다.

04 '와인의 눈물' 또는 '와인의 다리'가 형성되는 원리를 쓰시오.

와인의 눈물을 과학적인 용어로 마랑고니(Marangoni) 효과 또는 모세관 현상(Capillary phenomenon)이라고 한다. 와인의 눈물이 형성되는 원리인 표면장력과 계면장력 현상에 의한 것을 '마랑고니'라고 한다. 그리고 와인이 글라스 벽에 막을 형성하면 주성분인 알코올과 물 중에서 알코올이 빨리 증발한다. 이럴 때 물의 표면장력과 굴절률이 증가하면서 미세한 물방울 형태를 띠게 되고, 이 물방울이 모이면 무게를 견디지 못하고 중력에 의해 글라스 벽을 따라 흘러내리는데 이것을 모세관 현상이라고 한다. 또한 와인의 잔여당분이 높은 경우 점성이 높아져 와인의 눈물이 형성되기도 한다.

05 리슬링 품종의 와인에서 휘발유(Petrol) 향으로 표현되는 TDN(Trimethyl-dihydro-naphthalene) 성분이 생성될 수 있는 조건에 대해 서술하시오.

리슬링 품종에서 나타나는 페트롤 향의 주된 원인인 TDN이 많이 생성되는 것은 주로 포도 재배 및 양조 환경에서 기인하며 세부적인 내용은 아래와 같다.
1) 특정 클론의 특성
2) 따뜻한 기후와 수분 부족으로 인한 스트레스가 많은 포도 재배 환경
3) 배양 효모의 사용, 다소 높은 온도의 숙성 환경
4) 스크류캡(Screwcaps) 밀봉

06 화이트 와인의 주석산염(Tartrate) 결정에 대해 설명 하시오.

와인이 차가운 온도에 노출되면 포도의 주석산이 칼륨과 결합하여 중주석산칼륨(potassium bitartrate)이라는 화합물을 형성한다. 이는 와인의 병 바닥에 굴러다니거나 코르크 마개 바로 밑 부분에 투명한 크리스탈 결정체로 붙어 있다. 이 결정은 무미, 무해한 부산물이며 와인의 향, 맛 또는 품질에는 영향을 미치지 않는다.

독일이나 오스트리아와 같은 기온이 낮은 지역에서 생산되는 와인들은 보통 주석산의 농도가 높기 때문에 결정이 생겨날 확률이 높지만 대부분은 병입 전에 이런 화학염분들을 걸러내거나 정제해서 제거한다. 하지만 완전히 제거되지 않았을 경우 와인의 온도가 급격히 낮아지게 되면 주석산염 결정이 생기게 된다.

06 와인과 음식

01 와인 서비스에 있어서, 일반적으로 생선요리에는 화이트 와인, 육류요리에는 레드 와인을 페어링한다.

◦

02 코스 요리에 한 가지 와인을 페어링하는 경우에는 가장 먼저 나오는 음식에 맞추어 와인을 주문한다.

X

코스 요리에 한 가지 와인을 페어링하는 경우에는 메인코스 위주로 와인을 주문한다.

03 음식과 와인의 페어링 기본원칙 중에 '신토불이 원칙'에 따르면 특정 지역의 음식에는 그 지역의 와인을 선택하는 것이 좋다.

◦

04 같은 식재료라 할지라도 소스와 조리방법 등에 의해 페어링되는 와인이 달라질 수 있다.

◦

05 독일의 베렌아우스레제(Beerenauslese) 와인은 과일 파이나 아몬드 쿠키와 잘 어울린다.

◦

독일의 프래디카츠바인(Prädikatswein) 중 베렌아우스레제 와인은 디저트 와인으로 달콤한 과일 파이나 아몬드 쿠키와 잘 어울린다.

06 블루 치즈는 드라이 레드 와인과 가장 잘 어울린다.

■ X

블루 치즈는 짠맛이 강한 편이기 때문에 스위트 와인과 잘 어울린다.

07 연어와 참치처럼 붉은살 생선은 가벼운 레드 와인 또는 로제 와인과도 어울린다.

■ ○

08 생굴에는 풀바디 레드 와인 또는 스위트 와인이 어울린다.

■ X

굴요리는 샤블리(Chablis), 뮈스카데(Muscadet)와 같은 드라이 화이트 와인과 잘 어울린다.

09 오르되브르(Hors d'Oeuvre)에는 가벼운 화이트 와인 또는 스파클링 와인이 어울린다.

■ ○

훈제연어, 새우 칵테일, 거위간요리 등이 채소와 곁들여 나오는 오르되브르는 식욕을 돋우어 줄 수 있는 신선한 산도를 지닌 화이트 와인 또는 스파클링 와인과 잘 어울린다.

10 캐비어(Caviar)에는 프랑스의 샹파뉴(Champagne) 또는 러시아의 보드카(Vodka)가 잘 어울린다.

■ ○

11 로크포르(Roquefort) 치즈는 소테른(Sauternes) 와인과 잘 어울린다.

■ ○

12 타닌(Tannin)이 풍부한 레드 와인은 짠맛이 강한 음식과 페어링 하면 와인의 쓴맛이 부각된다.

■ ○

13 송로버섯(Truffle) 요리는 숙성된 레드 와인과 잘 어울린다.

■○

송로버섯 요리는 숙성된 피노 누아(Pinot Noir) 또는 메를로(Merlot), 이탈리아의 네비올로(Nebbiolo) 와인과 잘 어울린다.

14 음식의 짠맛은 와인의 날카로운 산도를 부드럽게 상쇄시키는 역할을 한다.

■○

15 비프 타르타르(Beef Tartare)에는 프랑스 부르고뉴(Bourgogne)의 몽라셰(Montrachet)나 뫼르소(Meursault) 와인이 잘 어울린다.

■○

그릴에 구운 육류 요리에는 오크 숙성의 레드 와인이 잘 어울리는 반면, 비프 타르타르와 같이 익히지 않은 육류 요리에는 섬세한 화이트 와인이 잘 어울린다.

16 고다(Gauda), 에담(Edam) 치즈는 피노 누아(Pinot Noir), 가메(Gamay) 품종의 와인과 잘 어울린다.

■○

고다, 에담 치즈처럼 반경질 치즈에는 풀바디 레드 와인보다는 가벼운 레드 와인이나 화이트 와인이 적합하다.

01 참치 또는 연어 요리와 어울리지 않는 와인은 무엇인가?
① 보졸레 누보(Beaujolais Nouveau) ② 로제 와인
③ 풀바디 레드 와인 ④ 라이트바디 레드 와인

▪ ③

02 라이트바디의 화이트 와인과 가장 어울리지 않는 식재료는 무엇인가?
① 굴 ② 대합조개
③ 넙치 ④ 연어

▪ ④

연어는 기름기가 많기 때문에 풀바디 화이트 와인 또는 라이트바디 레드 와인과 잘 어울린다.

03 레드 와인과 가장 잘 어울리는 음식은 무엇인가?
① 고등어 요리 ② 통조림 음식
③ 달걀이 많이 들어간 요리 ④ 육류 요리

▪ ④

04 와인과 음식의 페어링 사례로 적절하지 않은 것은 무엇인가?
① 로스트 비프와 레드 와인
② 블루 치즈와 스위트 와인
③ 흰살생선 요리와 화이트 와인
④ 비네가 드레싱을 곁들인 샐러드와 레드 와인

▪ ④

일반적으로 식초가 들어간 샐러드에는 레드 와인을 추천하지 않으며 음식맛도 저해된다.

05 치즈와 와인 페어링이 올바르게 짝지어진 것은 무엇인가?
① 까망베르(Camembert) – 라이트바디 레드 와인
② 모짜렐라(Mozzarella) – 풀바디 레드 와인
③ 블루 치즈(Blue Cheese) – 드라이 레드 와인
④ 크림 치즈(Cream Cheese) – 주정강화 와인

■ ①

하드(Hard) 치즈일수록 타닌(Tannin)이 풍부한 레드 와인과 어울리며, 크림이 많고 풍미가 강한 소프트(Soft) 치즈는 산도가 높고 가벼운 와인과 잘 어울린다.

06 한식과 와인의 페어링으로 적절하지 않은 것은 무엇인가?
① 생선회 – 화이트 와인　② 빈대떡 – 스파클링 와인
③ 삼겹살 – 스위트 와인　④ 갈비찜 – 레드 와인

■ ③

쇠고기와 양고기처럼 붉은 육류는 타닌(Tannin)이 풍부한 레드 와인과 어울리고, 돼지고기, 닭고기는 흰색 육류이므로 라이트바디 레드 와인이나 화이트 와인이 어울린다. 삼겹살은 흰색 육류이므로 화이트 와인, 로제 와인, 라이트바디 레드 와인과 어울린다.

07 스틸톤(Stilton) 치즈와 어울리지 않는 와인은 무엇인가?
① 포트(Port)　② 카비네트(Kabinett)
③ 아이스와인(Icewine)　④ 소테른(Sauternes)

■ ②

블루치즈에는 달콤하고 알코올 도수가 높은 와인이 어울린다. 카비네트는 독일의 프래디카츠바인(Prädikatswein) 중 비교적 당도가 낮은 편이다.

08 향신료와 로즈마리를 곁들인 양갈비에 가장 어울리는 와인은 무엇인가?
① 보졸레(Beaujolais)
② 포트(Port)
③ 샤싸뉴 몽라셰(Chassagne–Montrachet)
④ 크로즈 에르미타주(Crozes–Hermitage)

■ ④

양갈비의 강한 풍미에는 크로즈 에르미타주와 같은 론 지역의 강한 풍미의 풀바디 와인이 어울린다.

09 가리비 요리에 어울리지 않는 와인은 무엇인가?
① 푸이 퓌메(Pouilly-Fumé) ② 상세르(Sancerre)
③ 샤블리(Chablis) ④ 키안티(Chianti)

■ ④

키안티는 이탈리아 레드 와인으로 해산물 요리보다는 육류 또는 이탈리아 요리인 피자, 파스타 요리와 잘 어울린다.

10 염소젖 치즈와 가장 이상적인 조합으로 여겨지는 와인은 무엇인가?
① 바롤로(Barolo) ② 뱅 존(Vin Jaune)
③ 돌체토(Dolcetto) ④ 상세르(Sancerre)

■ ④

11 음식과 와인의 페어링에 대한 설명으로 올바르지 않은 것은 무엇인가?
① 와인의 타닌(Tannin)은 육류의 단백질과 결합하여 수렴성을 상쇄시킨다.
② 산도가 높은 음식은 산도가 낮은 와인의 맛을 밋밋하게 만든다.
③ 음식의 염도는 산도 높은 와인의 날카로움을 상쇄시킨다.
④ 스위트 와인에는 그보다 더 당도가 높은 디저트가 어울린다.

■ ④

스위트 와인의 당도가 디저트 보다 낮으면 와인이 가진 산도가 부각될 수 있으므로 디저트 보다 당도 높은 와인을 선택하는 것이 적합하다.

12 와인과 음식의 페어링으로 적절하지 않은 것은 무엇인가?
① 프랑스 에르미타주(Hermitage) 레드 와인과 로스트 치킨
② 호주 쉬라즈(Shiraz) 와인과 그릴드 페퍼 양갈비 스테이크
③ 아르헨티나 말벡(Malbec) 와인과 비프 스테이크
④ 포르투갈 포트(Port) 와인과 피칸파이

■ ①

에르미타주는 풀바디 레드 와인으로 양갈비, 비프 스테이크 등 기름지고 무거운 육류요리와 어울리며, 로스트 치킨은 라이트바디 레드 와인이나 풀바디 화이트 와인과 어울린다.

13 신토불이의 원칙에 따른 음식과 와인의 페어링에서 프랑스 알자스(Alsace) 와인과 가장 어울리지 않는 음식은 무엇인가?

① 슈크루트(Choucroute)
② 뮌스터 치즈(Munster Cheese)
③ 타르트 플람베(Tarte Flambee)
④ 뵈프 부르기뇽(Boeuf Bourguignon)

■ ④

부르기뇽(Bourguignon)은 프랑스 부르고뉴(Bourgogne)식의 조리법으로 레드 와인을 사용해 만든 요리이므로 알자스 와인보다는 부르고뉴 와인과 궁합이 좋다.

14 치즈와 와인 페어링의 연결이 올바르지 않은 것은 무엇인가?

① 샤우르스(Chaource) 치즈 – 샹파뉴(Champagne)
② 고다(Gauda) 치즈 – 보졸레 빌라주(Beaujolais Village)
③ 스틸톤(Stilton) 치즈 – 바르바레스코(Barbaresco)
④ 꽁떼(Comte) 치즈 – 뱅 존(Vin Jaune)

■ ③

스틸톤 치즈는 블루 치즈로 맛과 향이 강하여 포트(Port) 와인과 같은 달콤하고 강한 주정강화 와인이나 귀부(Noble Rot) 와인과 잘 어울린다.

15 식후주로 많이 제공하는 와인 브랜디는 무엇인가?

① 코냑(Cognac)
② 칼바도스(Calvados)
③ 위스키(Whisky)
④ 살구 리큐르(Apricot Liqueur)

■ ①

와인을 증류시켜 만든 브랜디인 코냑(Cognac)은 소화를 돕기 위해 마시는 식후주로 많이 이용된다.

16 치즈와 와인 페어링의 연결이 올바르지 않은 것은 무엇인가?
① 염소젖 치즈 – 상세르(Sancerre)
② 페코리노 로마노(Pecorino-Romano) – 샴파뉴(Champagne)
③ 파르미지아노 레지아노(Parmigiano-Reggiano) – 키안티 클라시코(Chianti Classico)
④ 스틸톤(Stilton) – 포트(Port) 와인

▪ ②

페코리노 로마노는 이탈리아 로마(Rome) 지역에서 생산되는 양젖 치즈로 단단한 식감과 깊은 풍미를 지녀 맛이 풍부한 화이트 와인이나 숙성된 레드 와인을 페어링하는 것이 좋다.

17 음식과 와인의 페어링 사례로 어울리지 않는 것은 무엇인가?
① 학센(Haxen) – 독일 모젤(Mosel) 와인
② 하몽(Jamon) – 스페인 비뉴베르데(Vinho Verde) 와인
③ 달팽이(Escargot) – 프랑스 샤블리(Chablis) 와인
④ 푸아그라(Foie gras) – 프랑스 소테른(Sauternes) 와인

▪ ②

하몽은 돼지 뒷다리의 넓적다리 부분을 통째로 잘라 소금에 절여 동굴과 같은 저장고에서 약 6 개월에서 2년 정도 건조·숙성시켜 만든 스페인의 대표적인 생햄이다. 주로 멜론과 곁들여 먹으 며 스페인 레드 와인과 잘 어울린다.

01 와인과 음식의 조화를 의미하며 프랑스어로 '결혼'의 의미를 지닌 용어는 무엇인가?

▪ 마리아주(Mariage)

02 블루 치즈와 잘 어울리는 와인 스타일은 무엇인가?

▪ 스위트 와인(Sweet Wine)

블루 치즈에는 로크포르(Roquefort), 고르곤졸라(Gorgonzola), 스틸톤(Stilton) 등이 있으며 스 위트 와인과 잘 어울린다.

03 음식과 와인의 조화 원칙 중, 특정 지역의 음식에 그 지역의 와인을 선택하여 마시는 것은 무슨 원칙에 해당되는가?

■ 신토불이 원칙

04 프랑스 가정요리인 코크 오 바이올렛(Coq au Violet) 요리에 사용되는 와인은 무엇인가?

■ 보졸레 누보(Beaujolais Nouveau) 또는 보졸레(Beaujolais)

코크 오 바이올렛은 프랑스 보졸레 지역에서 만들어지는 코크 오 뱅(Coq au Vin) 요리의 일종으로 보졸레 와인으로 요리하는 것이 특징이다.

05 오르되브르(Hors d'Oeuvre)에 어울리는 와인 스타일은 무엇인가?

■ 라이트바디 화이트 와인 또는 스파클링 와인

오르되브르는 전채요리로써 식욕을 돋우기 위한 가벼운 요리이므로 와인도 가벼운 화이트 와인이나 스파클링 와인이 좋다.

06 이탈리아 파르미지아노 레지아노(Parmigiano-Reggiano) 치즈에 잘 어울리는 와인을 추천하시오.

■ 바롤로(Barolo) 또는 바르바레스코(Barbaresco) 또는 아마로네 델라 발폴리첼라(Amarone della Valpolicella) 등 풀바디 이탈리아 레드 와인

07 스페인 리오하(Rioja) 또는 리베라 델 두에로(Ribera del Duero) 지역의 와인과 잘 어울리는 스페인의 대표적인 양젖 치즈는 무엇인가?

■ 만체고(Manchego)

스페인의 만체고는 가열 압착 치즈로 특히 리오하 또는 리베라 델 두에로의 풀바디 레드 와인과 잘 어울린다.

01 음식과 와인의 조화를 위한 기본 원칙에 대해 쓰시오.

와인과 요리의 조화에 정해진 법칙이 있는 것은 아니지만 장소와 시간, 문화 등에 따라 달라진다. 그러나 대체로 기본 원리를 알고 와인과 요리를 선택하는 것이 좋다. 화이트 와인의 산미가 생선의 맛과 조화되기 때문에 생선과 화이트 와인이 어울리고 레드 와인의 타닌(Tannin)이 육류의 기름기를 잘 조절해주기 때문에 서로 어울린다. 하지만 모든 생선에 화이트 와인, 육류에는 레드 와인이 어울리는 것은 아니다. 요리에 사용된 소스에 따라서 와인이 바뀔 수 있고, 품종이나 숙성도, 산지에 따라서도 그에 맞는 요리는 다양해진다. 또한 각자의 입맛에 따라 와인과 요리의 조화는 기본 원칙과 다를 수도 있다. 일반적으로 기본 원칙은 신토불이 원칙, 유사성 원칙, 당도·산미의 원칙, 상호보완의 원칙, 패밀리 원칙, 후회의 원칙이 있다.

02 음식과 와인의 조화를 위한 기본 원칙 중 색의 조화에 대해 쓰시오.

유사성의 원리를 적용하여 붉은색의 음식은 레드 와인, 흰색 음식은 화이트 와인이 좋다. 쇠고기, 사슴고기, 양고기는 타닌(Tannin)이 풍부한 레드 와인과 어울리며 돼지고기, 닭고기는 흰색 육류이므로 드라이한 화이트 와인과 어울린다. 생선요리는 일반적으로 화이트 와인과 어울리지만, 참치, 연어 등 붉은색의 생선은 영 레드 와인이나 로제 와인이 적당하다.

03 와인과 치즈의 조화에 대해 설명하시오.

연성치즈는 가볍게 톡 쏘는 화이트 와인이나 로제 와인, 가벼운 영 레드 와인과 어울리며, 크림이 많은 치즈는 산도가 강한 와인과 잘 어울린다. 경성치즈는 타닌(Tannin)이 풍부한 레드 와인과 어울린다. 치즈 역시 음식과 마찬가지로 특정 지역 와인에는 그 지역 치즈가 잘 어울린다.

07 와인 기물

01 타스트뱅(Tastevin)은 와인의 색과 맛을 보기 위한 시음용 도구이다.

■ ○

와인의 색과 맛을 보기 위한 시음용 도구로 은으로 만들어졌으며, 와인의 투명도와 색을 자세히 관찰할 수 있게 움푹 들어간 홈이 있다.

02 와인잔을 세척할 경우, 가능한 세제를 많이 사용하여 최대한 깨끗이 닦는 것이 가장 좋다.

■ X

세제가 와인잔에 남아 있는 경우 와인의 맛에 영향을 줄 수 있기 때문에 되도록 세제를 많이 사용하지 않는 것이 좋다.

03 와인을 마실 때에 와인잔의 모양이나 재질이 다르더라도 향과 맛을 느끼는데에는 아무런 차이가 없다.

■ X

와인 맛을 제대로 즐기기 위해서는 와인잔의 선택도 매우 중요하다. 좋은 잔은 민무늬로 투명해야 하며 얇고 가벼운 것이 좋다.

04 와인의 품질 향상과 유지를 위한 3대 발명품은 유리병과 유황, 코르크이다.

■ ○

05 와인의 스크류캡은 코르크보다 산소차단력이 우수해서 와인의 숙성을 더 천천히 진행시킨다는 장점 때문에 선호도가 높아지고 있으나 일부 와인 마니아들은 여전히 코르크를 선호한다.

■ ○

06 와인의 에어레이션(Aeration)은 풍미 개선을 위해 와인을 일부러 공기에 노출시키는 과정을 말하며 디캔팅(Decanting)과는 차이가 있다.

■ ○

07 올드 빈티지 와인의 디캔팅(Decanting)에는 크고 넓은 디캔터(Decanter) 보다는 입구가 좁고 크기가 작은 디캔터가 좋다.

■ ○

올드 빈티지 와인은 오랜 숙성으로 인해 향과 맛이 섬세한 상태이므로 공기 접촉이 많은 큰 디캔터 보다는 침전물만 거를 수 있는 입구가 좁고 크기가 작은 디캔터가 필요하다.

08 와인 바스켓은 숙성이 오래된 와인을 셀러에서 테이블로 안정적으로 옮기기 위해 사용하는 기물로써 병을 거의 수평으로 유지하면서 와인의 침전물이 움직이지 않도록 해준다.

■ ○

레드 와인을 서브할 때 사용하는 것으로 와인을 뉘어 놓을 수 있는 손잡이가 달린 바구니를 말하며 파니에(Panier)라고도 한다.

09 코르크의 길이는 와인의 종류와 상관없이 모두 53mm로 동일하다.

■ X

코르크 마개의 길이와 지름은 와인의 종류에 따라 다르다. 코르크의 길이가 길수록 병의 밀폐성이 높아지기 때문에 숙성 기간이 긴 고급 와인에 주로 사용되며, 이에 반하여 장기간 숙성이 필요없는 와인은 3cm 정도의 짧은 것으로도 충분하다.

10 와인병 바닥의 움푹 들어간 부분을 콜러레트(Collerette)라고 한다.

■ X

와인병 바닥의 움푹 들어간 부분은 펀트(Punt)라고 한다.

01 최상의 저장용 셀러의 조건이 아닌 것은 무엇인가?
① 60~70% 습도
② 12~13℃의 일정한 온도
③ 김치를 보관중인 김치냉장고
④ 직사광선 차단

■ ③

김치냉장고의 음식물 냄새가 와인에 스며들 수 있으므로 와인과 음식물을 함께 보관해서는 안 된다.

02 코르크에 대한 설명으로 올바르지 않은 것은 무엇인가?
① 와인의 병마개로 사용되며 외부의 공기를 차단해 준다.
② 온도의 변화에도 수축하거나 쉽게 부풀어 오르지 않는다.
③ 장기 보관용 와인의 코르크 길이는 단기 보관용에 비하여 짧다.
④ 25~30년 이상의 올드 빈티지 와인은 코르크를 교체하는 경우도 있다.

■ ③

장기 보관용 코르크의 길이는 대게 5~5.3cm정도로 길며, 단기 보관용 와인의 코르크 길이는 보통 3.8cm 정도로 짧은 것이 일반적이다.

03 스파클링 와인 서비스를 위한 잔은 무엇인가?
① 포트(Port)
② 플루트(Flute)
③ 코피타(Copita)
④ 고블렛(Goblet)

■ ②

포트는 포트 와인, 코피타는 쉐리(Sherry) 와인, 고블렛은 일반적으로 워터 글라스(Water Glass)로 사용된다.

04 코르크를 대체하는 와인병마개로 사용할 수 있는 재질은 무엇인가?
① 고무
② 놋쇠
③ 유리
④ 나일론

■ ③

비노락(Vinolock) 또는 비노실(Vinoseal) 브랜드로 잘 알려진 유리 마개는 유리 소재에 플라스틱을 둘러 유리병에 단단히 고정되도록 제작되었다.

05 코르크 마개의 장점이 아닌 것은 무엇인가?
① 압축성으로 방수가 가능하다.
② TCA 오염으로부터 안전하다.
③ 전통적인 서비스에서 선호된다.
④ 와인숙성에 적합하다.

■ ②

코르크는 TCA(Tri-Chloro Anisole)에 의한 오염으로 부쇼네(Bouchonné)가 생길 수 있으며, 그런 경우에 다른 향미가 사라지고 곰팡이 냄새, 젖은 마분지 냄새와 같은 특성이 나타난다.

06 일반 와인병의 크기에 따른 명칭으로 올바르지 않은 것은 무엇인가?
① 3L - 더블 매그넘(Double Magnum)
② 375mL - 드미 부테이으(Demi bouteille)
③ 1.5L - 매그넘(Magnum)
④ 5L - 레오보암(Réhoboam)

■ ④

레오보암은 4.5L 샹파뉴 병이다.

07 코르크에 관한 내용으로 올바르지 않은 것은 무엇인가?
① 장기 보관용 고급와인은 일반적으로 천연 코르크를 사용하고 길이는 보통 5~5.3cm 정도이다.
② 18세기에 TCA가 부쇼네(Bouchonné)의 주된 원인이라는 것이 밝혀졌다.
③ 코르크는 주로 수령 25~30년의 코르크 나무에서 껍질을 벗겨서 만든다.
④ 지중해 연안이 원산지이며 포르투갈, 스페인 등지에서 고품질의 코르크가 생산된다.

■ ②

TCA가 부쇼네의 주된 원인으로 밝혀진 것은 20세기 이후이다.

01 오래 숙성된 와인의 침전물을 거르기 위해 와인을 다른 용기에 옮겨담는 과정을 무엇이라 하는가?

■ 디캔팅(Decanting)

02 와인잔에서 체온이 와인에 전달되는 것을 막기 위한 손잡이 부분의 명칭은 무엇인가?

■ 스템(Stem)

03 프랑스 부르고뉴(Bourgogne)에서 유래된 기물로써 일반적으로 은 또는 은도금 소재로 속이 깊지 않은 납작한 모양으로 과거에는 소믈리에가 와인 테이스팅 시 사용하였으나 현재는 상징적이거나 장식적인 용도로 이용되는 것은 무엇인가?

■ 타스트뱅(Tastevin)

04 샴파뉴(Champagne) 서비스에 가장 적합한 폭이 좁고 깊은 와인잔의 명칭은 무엇인가?

■ 플루트(Flute)

05 주로 파티 등에서 샴파뉴(Champagne)를 서비스하기 위한 와인잔으로 보올(Bowl)이 납작한 모양을 한 잔의 명칭은 무엇인가?

■ 쿠페(Coupe)

06 숙성이 오래된 와인을 셀러에서 테이블로 안정적으로 옮기기 위해 사용하는 것으로 병을 거의 수평으로 유지하면서 와인의 침전물이 움직이지 않도록 해주는 기물의 명칭은 무엇인가?

■ 와인 바스켓(Wine Basket) 또는 파니에(Panier)

07 독일 프랑켄(Franken) 지방에서 전통적으로 사용하는 납작한 형태의 와인병 명칭은 무엇인가?

■ 복스보이텔(Bocksbeutel)

08 소믈리에와 실무

01 일반적으로 드라이 와인보다는 스위트 와인을 먼저 서비스하고, 묵직한 레드 와인보다는 가벼운 화이트 와인을 먼저 서비스하는 것이 좋다.

▪ X

일반적으로 스위트 와인보다는 드라이 와인을 먼저 서비스한다.

02 'Sommelier'의 기원은 유럽에서 왕족과 귀족들의 식음료를 관리 및 보관하던 사람이었으나 현재는 호텔이나 레스토랑에서 와인을 전문적으로 담당하는 사람을 지칭한다.

▪ ○

03 영 빈티지의 와인은 반드시 디캔팅(Decanting)을 하는 것이 좋다.

▪ X

디캔팅은 본래 올드 빈티지 와인의 침전물을 거르기 위한 목적으로 사용되는 방법이고, 강하고 거친 풍미를 지닌 영 빈티지의 와인의 경우에는 에어레이션(Aeration)을 통해 풍미를 개선할 수 있으나 모든 와인에 해당되는 것은 아니다.

04 소믈리에(Sommelier)는 레스토랑에서 와인 관련 업무만을 하는 사람을 말한다.

▪ X

소믈리에는 레스토랑에서 와인 서비스 업무 외에도 와인의 추천, 구매, 보관 등 일체의 활동을 담당할 뿐만 아니라 고객응대와 주장관리 업무를 한다.

05 호스트 테이스팅(Host Tasting)은 주문한 와인을 미리 시음해 와인의 변질 유무를 확인하는 과정이다.

▪ ○

06 레드 와인 또는 로제 와인의 경우 와인 쿨러(Cooler)를 사용하지 않는 것이 일반적이다.

▪ X

화이트 와인과 로제 와인은 서비스 온도가 낮기 때문에 와인 쿨러를 사용하지만 레드 와인의 경우 와인 쿨러를 사용하지 않는 것이 일반적이다.

07 에어레이션(Aeration) 시점은 와인의 스타일에 따라 약간씩 차이가 있지만, 일반적으로 와인의 농도가 진하고 풀바디한 와인의 경우에는 공기와의 접촉시간을 충분히 가지는 것이 좋다.

▪ ○

08 토니 포트(Tawny Port)는 서비스할 때 반드시 디캔팅(Decanting)을 해야 한다.

▪ X

일반적으로 토니 포트는 오랜 숙성 기간을 거쳐 병입되는 와인으로 침전물이 많지 않기 때문에 반드시 디캔팅을 필요로 하는 것은 아니다.

01 가장 낮은 온도로 서비스하는 와인은 무엇인가?
① 레드 와인 ② 화이트 와인
③ 로제 와인 ④ 스파클링 와인

▪ ④

스파클링 와인은 서비스 전에 칠링하여 낮은 온도(6~8℃)로 서비스한다.

02 소믈리에의 복장이나 용모로 적합하지 않은 것은 무엇인가?
① 흰 와이셔츠 ② 짙은 향수
③ 검은 조끼와 재킷 ④ 검은 앞치마

▪ ②

03 고객 서비스에 적합한 와인은 무엇인가?
① 와인 라벨에 와인 얼룩이 남은 경우
② 코르크가 병입구 위로 솟아오른 와인
③ 지나치게 높은 온도에서 보관한 와인
④ 뉘어서 보관한 와인

■ ④

지나치게 높은 온도에서 와인을 보관하면 와인이 변질될 수 있으며 그러한 경우에 코르크가 병입구 위로 솟아오르거나 와인이 분출되어 라벨을 손상시킬 수 있다.

04 와인 디캔팅(Decanting)의 목적은 무엇인가?
① 와인의 온도를 낮추기 위해
② 스파클링 와인의 기포 수를 줄이기 위해
③ 올드 빈티지 와인의 침전물을 분리하기 위해
④ 타닌(Tannin) 성분을 더욱 강조하기 위해

■ ③

디캔팅은 오래된 와인의 병 밑에 가라앉은 침전물을 분리하기 위해 디캔터(Decanter)에 와인을 옮겨 따르는 작업이다.

05 레스토랑의 한 테이블에 동석한 4명의 고객에게 와인 서비스를 할 때, 올바른 순서는 무엇인가?

| a : 50세 여성 | b : 60세 남성 |
| c : 55세 남성 | d : 30세 여성(호스트) |

① d-a-b-c
② d-a-b-c-d
③ a-d-b-c
④ a-d-b-c-a

■ ②

호스트가 와인 테이스팅을 먼저 한 후에 동석한 고객 중 여성에게 먼저 서비스하며, 그 다음으로 나이가 많은 고객에게 서비스하는 것이 일반적이다. 가장 마지막에는 호스트의 잔을 다시 채운다.

06 와인 오픈 서비스에 관한 설명으로 올바르지 않은 것은 무엇인가?
① 와인을 오픈할 때는 병을 눕히거나 빙빙 돌리지 않는다.
② 와인의 라벨은 소믈리에를 향하게 한다.
③ 병에서 코르크를 제거한 후 냅킨으로 병 입구를 닦는다.
④ 코르크는 냄새를 맡아보고 이상 유무를 확인한 후 작은 접시 위에 얹어서 호스트 앞에 놓는다.

■ ②

와인의 라벨은 고객을 향하게 한다.

07 소믈리에의 자질로 적합하지 않은 것은 무엇인가?
① 알코올 음료에 대한 지식만 갖추면 된다.
② 음식과 와인의 조화를 공부해야 한다.
③ 고객의 취향을 잘 파악해야 한다.
④ 와인 테이스팅 능력이 있어야 한다.

■ ①

소믈리에는 와인뿐만 아니라 모든 식음료에 대한 지식을 갖추고, 와인 테이스팅 능력, 와인 서비스 및 고객 응대 능력 등을 고루 갖추어야 한다.

08 와인 서비스에 관한 설명으로 올바르지 않은 것은 무엇인가?
① 호스트에게 와인을 주문받는다.
② 와인을 오픈 후 고객에게 라벨을 확인시키고 서비스한다.
③ 코르크는 와인을 주문한 고객에게 보여 준다.
④ 서비스는 호스트를 기준으로 시계방향으로 한다.

■ ②

고객에게 와인 라벨을 확인시킨 후 오픈하여야 한다.

09 와인 구매와 보관에 관한 설명으로 올바르지 않은 것은 무엇인가?
① 레스토랑에서는 고객의 선호도, 가격조건, 수급상황 등을 고려하여 와인을 준비해야 한다.
② 입고된 와인은 효율적 판매와 제공을 위해 음식 메뉴별로 분류해 보관해야 한다.
③ 와인 숙성에 적합한 장소에 보관해야 한다.
④ 판매될 와인을 사전에 테이스팅하여 와인의 특성을 파악해 두는 것이 좋다.

■ ②

입고된 와인은 와인 스타일이나 산지별로 보관하는 것이 일반적이다.

10 와인 리스트 작성 방법으로 올바르지 않은 것은 무엇인가?
① 와인 리스트는 용도별, 산지별, 품종별로 구분하여 작성할 수 있다.
② 프로모션 와인처럼 자주 변경되는 와인은 와인 리스트에 기재하지 않는 것이 원칙이다.
③ 일관성 있게 관리하되 시장의 동향을 반영하도록 한다.
④ 와인 판매를 위한 상업적인 도구이므로 예산과 마케팅 전략을 반영하도록 한다.

■ ②

프로모션 와인을 와인 리스트에 기재하여 주기적으로 새로운 와인을 고객에게 선보여 다양성을 추구하고 식상함을 피하는 것이 좋다.

01 유럽에서 왕족과 귀족들의 식음료를 관리 및 보관하던 사람이었으나 현재는 호텔이나 레스토랑에서 와인을 전문적으로 담당하는 사람을 지칭하는 용어는 무엇인가?

■ 소믈리에(Sommelier)

02 국제소믈리에협회(Association de la Sommellerie Internationale, ASI)에 정식 가입되어 있는 한국을 대표하는 소믈리에 협회의 명칭은 무엇인가?

■ 한국국제소믈리에협회 또는 KISA(Korea International Sommelier Association)

03 올드 빈티지 와인의 병 밑에 가라앉은 침전물을 분리하기 위해 와인을 다른 용기에 옮겨 따르는 작업을 무엇이라고 하는가?

■ 디캔팅(Decanting)

04 강하고 거친 풍미를 지닌 영 빈티지 와인 또는 숙성이 덜 된 고급와인의 경우, 풍미를 개선하고자 와인을 일부러 공기와 접촉시키는 것을 무엇이라고 하는가?

■ 에어레이션(Aeration)

05 우리나라 최초의 국가대표 소믈리에로서 2004년 그리스에서 개최된 '세계 베스트 소믈리에 대회(Best Sommelier of the World)'에 출전한 소믈리에의 이름은 무엇인가?

■ 편정범 소믈리에

06 우리나라에서 소믈리에(Sommelier)를 정식 직업으로 분류한 해는 언제인가?

■ 2001년

07 영국 출신 소믈리에로 MS(Master Sommelier)와 MW(Master of Wine)를 모두 취득한 최초의 소믈리에 국제소믈리에협회(Association de la Sommellerie International, ASI)에서 주최한 '2010 세계 베스트 소믈리에 대회(Best Sommelier of the World 2010)'에서 우승하고 2019년에 타계한 인물은 누구인가?

■ 제라르 바셋(Gerard Basset)

01 와인의 보관조건에 대해 쓰시오.

첫째, 와인은 오랜 시간 빛에 노출되면 산화가 빠르게 일어나 맛과 색이 변질되므로 직사광선이 없는 곳에 보관한다. 둘째, 최적 보관온도는 일정하게 해야하며 약 12~15℃ 사이가 적절하다. 셋째, 약 75%의 습도가 일정하게 유지되는 곳에 보관한다. 넷째, 강한 냄새가 있는 곳은 피한다. 다섯째, 외부의 진동이 적은 곳에 보관한다.

02 소믈리에의 자질에 대해 쓰시오.

첫째, 소믈리에는 와인뿐만 아니라 증류주, 워터, 커피, 홍차, 사케, 전통주, 맥주 등 모든 음료에 대해 해박한 지식을 갖고 있어야 한다. 둘째, 식음료 전반에 대한 지식을 바탕으로 적절한 와인을 추천하고 서비스할 수 있어야 한다. 셋째, 테이스팅 능력을 통해 와인을 선별하고 추천할 수 있는 자질이 필요하다. 넷째, 숙련된 기술을 습득하여 최적의 상태로 와인을 서비스할 수 있어야 한다.

03 디캔팅(Decanting)과 에어레이션(Aeration)의 목적을 비교해서 설명하시오.

디캔팅은 올드 빈티지 와인의 침전물을 거르기 위한 목적으로 사용되는 방법이고, 에어레이션은 병 속의 와인을 공기와 접촉시킴으로써 와인의 풍미를 개선할 수 있게 한다.

04 고객이 다음 두 병의 와인을 레스토랑에 가지고 왔을 때 서비스 순서를 정하고 그 이유를 서술하시오.

샤토 무통 로칠드 2000   샤토 오브리옹 2002

2002년 빈티지를 먼저 서비스하고 2000년 빈티지를 나중에 서비스한다. 2002년 빈티지는 많은 비로 인해 작황이 좋지 않아 타닌(Tannin)이 부족하고 과실 풍미가 약해서 농축미가 떨어지기 때문에 숙성 잠재력이 부족해 먼저 서비스하는 것이 좋다. 2000년 빈티지는 뛰어난 빈티지로 견고한 타닌과 과실 풍미가 풍부하고 농축미가 좋고 숙성잠재력이 높으므로 시간을 두고 서비스할 수 있는 와인이다.

09 와인과 건강

01 와인은 건강에 좋은 성분을 함유하고 있기 때문에 많이 마실수록 좋다.

▪ X

적당히 마시면 생활에 활력을 주지만, 지나치게 많이 마시면 오히려 건강을 해칠 수 있다.

02 와인은 스트레스 해소와 긴장 완화에 도움이 될 수 있다.

▪ ○

03 프렌치 패러독스(French Paradox)는 프랑스인이 미국인보다 동물성지방의 섭취가 많음에도 불구하고 비만이 적은 것을 말한다.

▪ X

프렌치 패러독스(French Paradox)는 프랑스인이 미국인보다 동물성지방의 섭취가 많음에도 불구하고 심장질환에 의한 사망률이 낮은 것을 말한다.

04 와인에 있는 폴리페놀(Polyphenols)은 포도 과육에 많이 들어있으며 레드 와인의 폴리페놀 함량이 화이트 와인보다 많다.

▪ X

폴리페놀은 포도의 껍질, 씨, 줄기에 많이 함유되어 있다.

05 특히 레드 와인에 풍부한 폴리페놀(Polyphenols)은 항산화 작용과는 관계없다.

▪ X

폴리페놀 성분은 항산화 작용을 하므로 인체 세포의 산화 스트레스를 감소시킨다.

06 1991년 미국 CBS의 방송 '60minutes'에서 프랑스인이 미국인보다 동물성지방의 섭취가 많음에도 불구하고 심장질환에 의한 사망률이 낮은 이유는 프랑스인의 와인 소비량이 많기 때문이라는 것이 널리 알려지는 계기가 되었다.

프렌치 패러독스(French Paradox)는 육류 위주의 고지방 식사를 하는 프랑스인의 심장병 발병률이 현저하게 낮은 현상으로, 이러한 현상은 와인을 많이 음용하는 프랑스인들의 식문화에 기인한다.

07 고대 이집트에서는 파피루스(Papyrus)에 기록된 와인 처방전이 발견되었다.

08 미국질병관리본부(Centers for Disease Control and Prevention, CDC)에서는 건강에 해를 끼치지 않는 알코올의 1일 적정 섭취량으로 표준음용량(Standard Drink Size, 알코올 12% 기준 약 150mL)을 제시하는데 남성은 하루에 2잔 이하, 여성은 1잔 이하를 권고한다.

09 14세기 프랑스 외과의사 앙리 드 몽드빌(Henri de Mondeville, 1260~1320)은 환자들에게 와인 처방을 하였다.

10 국제식품규격위원회(Codex)에서는 와인, 주스 등 다양한 식품에 포함된 이산화황(SO_2)이 10ppm이상일 경우 반드시 표시하도록 강제하고 있는데 이것은 알레르기를 유발시킬 수 있기 때문이다.

이산화황(SO_2)은 인체에서 빠르게 소모되기 때문에 일반적으로는 크게 문제되지 않지만 과다 섭취할 경우 천식 또는 알레르기 등의 질환자에게 이상 반응이 나타날 수 있다.

01 와인 라벨에 표기되는 내용 중, 건강과 관련되지 않은 것은 무엇인가?
① 임산부 알코올 섭취에 대한 경고
② 1일 적정 섭취량 권고 표시
③ 이산화황(SO_2) 사용 여부
④ 가정용, 업소용 구분 표시

■ ④

02 와인이 건강에 미치는 영향으로 올바르지 않은 것은 무엇인가?
① 와인의 폴리페놀(Polyphenols)은 항산화 작용을 한다.
② 와인의 사과산, 주석산, 구연산 등의 유기산은 식욕을 저하시킨다.
③ 젖산과 글리세린(Glycerin)은 소화불량과 변비에 효과적이다.
④ 스트레스성 우울증 치료와 진정작용에 도움을 줄 수 있다.

■ ②

와인의 유기산은 식욕을 촉진시킨다.

03 와인의 기능성 성분에 대한 설명으로 올바르지 않은 것은 무엇인가?
① 레드 와인의 붉은색은 안토시아닌(Anthocyanin) 색소 때문이다.
② 와인의 항산화 작용으로 인해 많이 마실수록 건강에 이롭다.
③ 와인의 폴리페놀(Polyphenols) 성분은 고밀도 콜레스테롤을 증가시킬 수 있다.
④ 일부 무기질의 흡수를 도울 수 있다.

■ ②

04 와인은 (A) 음료로, (B) 작용을 하며 소화촉진, 이뇨작용, 진정효과가 있다. A와 B에 들어갈 알맞은 단어는 무엇인가?
① A : 약산성, B : 산화
② A : 약산성, B : 항산화
③ A : 약알칼리성, B : 산화
④ A : 약알칼리성, B : 항산화

■ ④

05 갱년기 이후 여성의 골밀도 증가에 도움이 되며, 주석산과 결합 시 침전물을 형성하기도 하는 와인의 성분은 무엇인가?
① 비타민 ② 철분
③ 칼슘 ④ 타닌(Tannin)

■ ③

01 와인에 함유된 안토시아닌(Anthocyanin), 타닌(Tannin) 등이 포함된 화합물로 건강에 유해한 활성 산소의 작용을 억제하는 성분은 무엇인가?

■ 폴리페놀(Polyphenols)

02 와인의 효능에 대해 "적절한 시간에 적당한 양의 와인을 마시면 질병을 예방하고 건강을 유지할 수 있으며, 소화가 잘 되고 머리도 맑아지며 아름다워진다."라고 말한 고대 그리스 의학자의 이름은 무엇인가?

■ 히포크라테스(Hippocrates)

03 레드 와인에 꿀, 오렌지와 계피, 정향, 팔각 등의 향신료를 추가하여 약한 불에 끓여 마시는 음료를 무엇이라 하는가?

■ 뱅쇼(Vin Chaud) 또는 글뤼바인(Glühwein) 또는 멀드 와인(Mulled Wine)

01 프렌치 패러독스(French Paradox)에 대해 설명하시오.

프렌치 패러독스를 우리말로 하면 '프랑스인의 역설'이라고 할 수 있으며, 프랑스인들이 동물성 지방을 다른 나라 국민들에 비해 많이 섭취함에도 심장질환에 의한 사망률이 오히려 낮다는 연구결과가 나오면서 와인이 프랑스인의 심장질환에 의한 사망률을 낮춰주는 원인이라는 연구결과에서 온 표현이다.

02 와인의 폴리페놀(Polyphenols) 성분을 설명하고 건강에 미치는 긍정적인 영향에 대해 간략히 설명하시오.

와인 속 폴리페놀은 카테킨(Catechin), 라스베라트롤(Rasveratrol), 타닌(Tannin), 안토시아닌(Anthocyanin) 등이 대표적이며, 포도의 껍질과 줄기, 씨에 많이 들어있다. 이 중 안토시아닌은 와인의 색을 결정하고 타닌은 와인의 수렴성을 결정한다. 껍질 접촉을 하지 않는 화이트 와인보다는 레드 와인에 풍부하다. 폴리페놀이 풍부한 와인을 마시면 항산화 작용을 통해 인체에 유해한 활성 산소의 작용을 억제하고 자유기(Free Radical)을 제거하며 세포의 산화 스트레스를 낮춰줄 수 있다.

10 와인 마케팅

01 미국의 와인 평론가 로버트 파커(Robert Parker)는 와인을 평가할 때 100점 만점을 기준으로 한다.

▪ ○

02 영화 '와인 미라클(Bottle Shock)'은 스택스 립 와인 셀러스(Stag's Leap Wine Cellars)를 배경으로 한 영화이다.

▪ X

영화 와인 미라클은 샤토 몬텔레나(Chateau Montelena)를 소재로 한 영화이다.

03 와인 애호가로 알려진 세계적인 골퍼 그렉 노먼(Greg Norman)은 호주 빅토리아(Victoria)에 위치한 자신의 와이너리에서 생산하는 와인에 백상어를 디자인하여 '백상어 와인 노먼 시리즈'를 출시하였으며, 아놀드 파머(Arnold Palmer)는 미국 캘리포니아(California)에 위치한 자신의 와이너리에서 '아놀드 파머 와인'을 생산하고 있다.

▪ ○

04 영화 '필라델피아(Philadelphia)'에 도멘 생미셸(Domain Ste. Michelle) 와인이 등장한다.

▪ ○

05 리델(Riedel)의 와인글라스 중 뉴욕(New York) 현대미술관에 영구 보관 중인 와인잔은 '소믈리에 부르고뉴 그랑 크뤼 글라스(Sommelier Bourgogne Grand Cru Glass)'다.

▪ ○

선택형

01 매년 유명한 화가의 그림을 와인 라벨 디자인으로 채택하는 와인은 무엇인가?
① 샤토 무통 로칠드(Château Mouton Rothschild)
② 샤토 라피트 로칠드(Château Lafite Rothschild)
③ 오퍼스 원(Opus One)
④ 로버트 몬다비(Robert Mondavi)

■ ①

02 비즈니스 테이블에서 와인 매너로 올바르지 않은 것은 무엇인가?
① 와인 테이스팅은 반드시 호스트가 해야 하며 소믈리에가 하는 것은 허용하지 않는다.
② 와인은 여성부터 따른 후에 남성, 그리고 호스트는 가장 나중에 따른다.
③ 와인잔은 스템(Stem) 부분을 잡는 것이 좋다.
④ 더 이상 와인을 마시지 않을 때는 와인잔을 치우라고 해도 된다.

■ ①

와인 테이스팅에 있어서 호스트 테이스팅은 와인을 주문한 사람이 하는 것이 일반적이지만 와인에 대해 잘 알고 있는 사람 또는 소믈리에에게 일임하는 것도 무방하다. 와인은 여성부터 따른 후에 남성, 그리고 호스트는 가장 나중에 따른다. 와인잔은 스템 부분을 잡는 것이 좋지만 특별한 전문 테이스팅을 위한 자리가 아니면 보울(Bowl)을 잡아도 된다. 또한 소믈리에가 와인을 따를 때는 와인잔을 들지 않고 테이블 위에 놓은 채 받는다.

03 최근 아시아에서 포도재배 면적량이 가장 많이 증가한 국가는 어디인가?
① 일본   ② 인도
③ 한국   ④ 중국

■ ④

OIV 통계자료에 의하면, 2020년 기준 세 번째로 포도재배 면적이 넓은 국가는 중국이다.

04 세계 3대 귀부(Noble Rot) 와인이 아닌 것은 무엇인가?
① 헝가리 토카이(Tokaji)
② 캐나다 아이스와인(Icewine)
③ 독일 트로켄베렌아우스레제(Trockenbeerenauslese)
④ 프랑스 소테른(Sauternes)

■ ②

05 1976년 파리의 심판(Judgement of Paris)에서 화이트 와인 부문에 우승한 와인은 무엇인가?
① 샤토 생미셸(Chateau Ste. Michelle)
② 샤토 몬텔레나(Chateau Montelena)
③ 스택스 립 와인 셀러스(Stag's Leap Wine Cellars)
④ 베린저 화이트 진판델(Beringer White Zinfandel)

■ ②

파리의 심판은 1976년 5월 26일 스티븐 수페리에(Steven Spurrier)에 의해 프랑스에서 열린 프랑스 와인과 미국 캘리포니아(California) 와인 시음회이다. 이 시음회에서 레드 와인 부문에서는 스택스 립 와인 셀러스 1973, 화이트 와인 부문에서는 샤토 몬텔레나 1973이 각각 1위를 하였다. 이 시음회를 소재로 한 영화는 '와인 미라클(Bottle Shock)'이다.

06 여름에 가장 잘 어울리는 와인은 무엇인가?
① 프랑스 보르도(Bordeaux) 레드 와인
② 프랑스 프로방스(Provence) 로제 와인
③ 포르투갈 빈티지 포트(Port) 와인
④ 호주 바로싸밸리(Barossa Valley) 쉬라즈(Shiraz) 와인

■ ②

로제 와인은 맛이 가볍고 신선하므로 화이트 와인과 같이 차게 해서 마시는 것이 좋다. 외국의 노천카페나 해변에서 시원하게 해서 마시는 로제 와인은 '바캉스 와인'이라고 불리며 여름에 자주 마시는 와인 중의 하나다.

07 명사(名士)와 관련 와인의 연결이 올바르지 않은 것은 무엇인가?
① 샹베르탱(Chambertin) – 나폴레옹
② 볼리유 빈야드 센트리 셀라(Beaulieu Vineyard Century Cellars) – 루즈벨트 대통령
③ 페트뤼스(Petrus) – 엘리자베스 2세 여왕
④ 폴 로저(Pol Roger) – 토마스 제퍼슨 대통령

■ ④

폴 로저는 영국의 처칠(Churchill) 수상이 즐겨 마셨던 와인으로 '처칠 샴페인'이라는 애칭을 갖고 있으며, 처칠 수상 사후에는 퀴베 윈스턴 처칠 경(Cuvée Sir Winston Churchill)을 만들어 추모하였다. 토마스 제퍼슨 대통령은 샤토 오브리옹(Château Haut-Brion)을 즐겨 마셨다.

08 영화 제목과 영화 속의 와인에 대한 연결로 올바르지 않은 것은 무엇인가?
① 필라델피아(Philadelphia) – 도멘 생미셸(Domaine Ste. Michelle)
② 니키타(La Femme Nikita) – 태탱저(Taittanger)
③ 바베트의 만찬(Babette's Feast) – 뵈브 클리코(Veuve Clicquot)
④ 와인 미라클(Bottle Shock) – 스택스 립 와인 셀러스(Stag's Leap Wine Cellars)

■ ④

영화 '와인 미라클'은 미국 나파 밸리의 샤토 몬텔레나(Chateau Montelena)를 소재로 한 영화이다. 샤토 몬텔레나 샤르도네(Chateau Montelena Chardonnay) 1973은 1976년 '파리의 심판'에서 1위를 하였다.

09 바이오다이내믹(Biodynamic) 와인이 아닌 것은 무엇인가?
① 도멘 르루아(Domaine Leroy)
② 도멘 드 라 로마네 콩티 에셰죠(Domaine de la Romanée-Conti-Échézeaux)
③ 도멘 르플레브(Domaine Leflaive)
④ 도멘 마르셀 라피에르 모르공(Domaine Marcel Lapierre Morgon)

■ ④

마르셀 라피에르 모르공은 유기농 와인이다.

01 2008년 중국 북경 올림픽 공식 와인으로 지정된 와이너리는 어디인가?

■ 군정(Junding) 와이너리

군정 와이너리는 중국 연태시에 인접한 봉래시에 위치하며, 군정(君頂)은 군자만 마실 수 있는 최고급 와인이라는 의미이다.

02 미국 와인평론가 로버트 파커(Robert Parker)가 '이탈리아 와인 혁명의 시작'이라고 극찬한 피에몬테(Piemonte) 지역의 와인 가문은 무엇인가?

■ 가야(Gaja)

가야는 1859년 지오반니 가야(Giovanni Gaja)가 와이너리를 설립한 이후 4대에 걸쳐 바르바레스코(Barbaresco) 지역에서 와인을 생산하고 있다.

03 프랑스 보르도(Bordeaux) 지역의 샤토 무통 로칠드(Château Mouton Rothschild)는 매년 유명한 화가의 그림을 와인 라벨 디자인으로 채택하고 있는데, 2013년 라벨의 그림을 그린 한국 화가의 이름은 무엇인가?

■ 이우환

01 프랑스 보졸레 누보(Beaujolais Nouveau) 와인을 마케팅 전략 측면에서 서술하시오.

보졸레 지역에서는 그 해 수확한 포도로 갓 생산된 와인을 통에서 바로 부어 마시는 전통이 있었는데, 이러한 전통을 지역 축제로 승화시켜 1951년 11월에 처음으로 보졸레 누보 축제가 개최되었다. 보졸레 누보는 그때까지만 해도 프랑스 리옹(Lyon)의 저렴한 레스토랑이나 파리의 작은 비스트로에서 유리 물병인 카라프(Carafe)에 담겨져 팔리던 대중적인 와인이었다.

보졸레 누보가 지금과 같이 널리 알려지게 된 배경에는 조르쥐 뒤뵈프(Georges Duboeuf)의 노력이 있었다. 조르쥐 뒤뵈프는 당시 '빨리 마셔야 하는 가벼운 와인'이라는 보졸레 누보의 약점을 역발상으로 전환하여 '그 해 수확한 포도로 갓 생산하여 마시는 신선한 햇와인' 이라는 이미지로 보졸레 누보에 대한 마케팅을 펼친다. 이 마케팅은 대성공을 거두어 보졸레 누보는 세계적으로 널리 알려지게 된다. 보졸레 누보의 마케팅이 이렇게 성공하게 되자 프랑스 정부는 1985년부터 매년 11월 셋째 목요일 자정을 보졸레 누보 판매 개시일로 지정한다.

'누보(Nouveau)'는 '새로운(New)'이라는 의미로 수확 후 짧은 숙성 기간 동안 양조 후 출시하는 신선한 와인이란 뜻이다. 따라서 충분한 숙성을 통해 얻을 수 있는 장점 대신 신선하고 향긋하여 가볍게 즐길 수 있는 장점을 내세운다.

특히 보졸레 누보 와인은 포도를 으깨지 않고 알맹이 그대로 발효조에 투입하여 3~4일 동안 침용하는 탄산 침용법(Carbonic Maceration)으로 양조하는데, 짧은 침용 기간으로 인해 포도 껍질의 타닌(Tannin)이 덜 추출되어 바디는 가볍고 색상도 밝으며 신선하고 향긋한 과일향이 풍부한 와인을 얻을 수 있다. 또한 발효 시 생성되는 사과산의 발생을 절반 이하로 줄일 수 있어 와인은 보다 부드러워진다.

11 와인 용어

01 식욕을 돋구는 식전주를 아페리티프(Apéritif)라고 한다.
■ ○

02 에티켓(Étiquette), 에티케트(Etikett), 에티케타(Etichetta) 등은 와인병의 라벨을 뜻한다.
■ ○

03 와인을 만드는 사람을 와인메이커(Winemaker) 또는 셀러 마스터(Cellar Master)라고 한다.
■ ○

04 계피나 정향 등 향신료를 넣어서 따뜻하게 해서 마시는 와인을 독일에서는 글뤼바인(Glühwein), 프랑스에서는 뱅 쇼(Vin Chaud), 미국에서는 멀드 와인(Mulled Wine)이라고 부른다.
■ ○

05 프랑스 샹파뉴(Champagne)의 전통 방식(Traditional Method)으로 양조한 스파클링 와인이면 지역과 관계없이 라벨에 샹파뉴 방식(Champagne Method)으로 표기할 수 있다.
■ X

샹파뉴 이외의 지역에서는 샹파뉴의 전통 방식으로 양조했더라도 스파클링 와인의 라벨에 샹파뉴 방식으로 표기할 수 없고, 전통 방식 또는 클래식 방식(Classic Method)으로 표기해야 한다.

06 프랑스 샹파뉴(Champagne) 라벨 표기에서 브뤼(Brut)는 드미섹(Demi-Sec)보다 잔여 당분이 적어서 더 드라이한 것을 의미한다.

▪ ○

샹파뉴에 잔여 당분이 12g/L 이하면 브뤼이고 32~50g/L 이면 드미섹이므로, 브뤼가 드미섹보다 잔여 당분이 적다.

07 여러 포도 품종이나 빈티지의 와인, 서로 다른 포도밭의 포도, 서로 다른 숙성을 거친 와인 등을 블렌딩(Blending)하는 것을 프랑스어로 아쌍블라주(Assemblage)라고 한다.

▪ ○

아쌍블라주는 주로 프랑스 보르도(Bordeaux)와 샹파뉴(Champagne)에서 사용하는 양조 방식이다.

08 오크통 생산자를 쿠퍼리지(Cooperage)라고 한다.

▪ ○

09 보틀 시크니스(Bottle Sickness)는 병 숙성 중 미생물 오염으로 와인이 변질된 현상을 말한다.

▪ X

보틀 시크니스 또는 보틀 쇼크(Bottle Shock)는 병입(Bottling), 래킹(Racking), 펌핑(Pumping) 시 또는 병입한 와인의 장거리 이동으로 와인이 다량의 산소와 접촉하여 일시적으로 와인의 향이 느껴지지 않고 와인의 균형이 깨지는 현상으로 수일에서 수개월 이후 원상태로 복원되는 일시적인 품질 저하 현상이다.

10 독일 프래디카츠바인(Prädikatswein)의 당도 구분 중 트로켄베렌아우스레제(Trockenbeerenauslese, TBA)의 '트로켄(Trocken)'은 와인의 당도가 드라이함을 의미한다.

▪ X

트로켄베렌아우스레제의 '트로켄'은 포도나무에 매달린 포도가 '건조'되었음을 의미한다.

11 독일에서 아인첼라게(Einzellage)는 단일 포도밭(Single Vineyard)을 뜻한다.

▪ ○

12 포도원을 소유하고 자신의 포도를 재배하는 와인 생산자를 뜻하는 프랑스어 용어는 프로프리에테어 레콜탕(Propriétaire Récoltant)이다.

■○

13 이탈리아에서 아마로(Amaro)는 쓴맛, 아보카토(Abboccato)와 아마빌레(Amabile)는 단맛을 표현하는 용어다.

■○

01 와인을 뜻하는 용어로 올바르지 않은 것은 무엇인가?
① 비티스(Vitis) ② 뱅(Vin)
③ 바인(Wein) ④ 비뉴(Vinho)

■①

비티스는 포도나무의 속(Genus) 명칭이다. 와인을 프랑스에서는 뱅, 독일에서는 바인, 포르투갈에서는 비뉴라고 한다.

02 레드 와인을 부르는 명칭으로 올바르지 않은 것은 무엇인가?
① 비노 틴토(Vino Tinto) ② 비노 로자토(Vino Rosato)
③ 로트바인(Rotwein) ④ 뱅 루즈(Vin Rouge)

■②

레드 와인을 프랑스에서는 뱅 루즈, 독일에서는 로트바인, 스페인에서는 비노 틴토라고 하며, 비노 로자토는 이탈리아에서 로제 와인을 부르는 말이다.

03 국가별 스파클링 와인을 일컫는 용어로 올바르지 않은 것은 무엇인가?
① 프랑스 – 뱅 무쐬(Vin Mousseux)   ② 스페인 – 카바(Cava)
③ 독일 – 젝트(Sekt)   ④ 이탈리아 – 크레망(Crémant)

■ ④

이탈리아의 스파클링 와인을 일컫는 용어는 스푸만테(Spumante)다.

04 프랑스어로 포도 수확연도(Vintage)를 의미하는 용어는 무엇인가?
① 밀레짐(Millésime)   ② 야르강(Jahrgang)
③ 아나타(Annata)   ④ 퀸타(Quinta)

■ ①

수확연도를 프랑스에서는 밀레짐, 독일에서는 야르강, 이탈리아에서는 아나타라고 하며, 퀸타는 포르투갈에서 포도밭 또는 와이너리를 뜻한다.

05 오크통을 뜻하는 용어로 올바르지 않은 것은 무엇인가?
① 바리크(Barrique)   ② 벙(Bung)
③ 캐스크(Cask)   ④ 피에스(Pièce)

■ ②

벙은 오크통의 구멍을 막는 마개다.

06 와인의 맛 표현에서 드라이와 동일하게 사용하지 않는 용어는 무엇인가?
① 쥐스(Süss)   ② 섹(Sec)
③ 세코(Secco)   ④ 트로켄(Trocken)

■ ①

쥐스는 독일에서 스위트를 의미한다.

07 포도즙이나 와인의 부유물을 제거하는 과정의 명칭으로 올바르지 않은 것은 무엇인가?
① 청징(Fining)   ② 여과(Filtration)
③ 리(Lees)   ④ 정제(Clarification)

■ ③

리는 효모찌꺼기로 제거해야 하는 침전물이다.

08 스페인에서 와인 생산자를 의미하는 용어는 무엇인가?
① 보데가(Bodega)　　　　② 비냐(Vigna)
③ 포데레(Podere)　　　　④ 파토리아(Fattoria)

■ ①

이탈리아에서 비냐는 포도밭, 포데레는 포도원, 파토리아는 포도농장을 의미하는 용어다.

09 포도밭을 의미하는 용어로 올바르지 않은 것은 무엇인가?
① 비냐(Viña)　　　　　② 바인베르크(Weinberg)
③ 비뇨블(Vignoble)　　④ 메종(Maison)

■ ④

메종은 와이너리를 의미한다. 포도밭을 스페인에서는 비냐 또는 비녜도(Viñedo), 포르투갈에서는 비냐(Vinha), 독일에서는 바인베르크, 프랑스에서는 비뇨블이라고 한다.

10 포도즙의 당도 측정 단위를 뜻하는 용어로 올바르지 않은 것은 무엇인가?
① 프루프(Proof)　　　　② 보메(Baumé, °Bé)
③ 웩슬레(Öchsle, °Oe)　④ 브릭스(Brix, °Bx)

■ ①

프루프는 알코올 음료의 알코올 함량을 나타내는 단위다.

11 프랑스의 샤토(Château)와 같은 의미로 와인 라벨에 사용하는 용어로 올바르지 않은 것은 무엇인가?
① 카스텔로(Castello)　② 슐로스(Schloss)
③ 카스티야(Castilla)　④ 카스티요(Castillo)

■ ③

카스티야는 스페인의 광역자치주 이름으로 와인 산지인 카스티야 라 만차(Castilla-La Mancha)가 위치한 지방이다. 카스텔로는 이탈리아에서, 슐로스는 독일에서, 카스티요는 스페인에서, 샤토는 프랑스에서 성(Castle)을 의미하며, 와인 산업에서는 와이너리를 의미한다.

12 와이너리 또는 와인 생산자를 의미하는 용어로 올바르지 않은 것은 무엇인가?
① 보데가(Bodega) ② 칸티나(Cantina)
③ 포지오(Poggio) ④ 바인켈러라이(Weinkellerei)

■ ③

포지오는 이탈리아에서 작은 언덕을 뜻하며 보데가는 스페인에서, 칸티나는 이탈리아에서, 바인켈러라이는 독일에서 각각 와이너리 또는 와인 생산자를 의미한다.

13 와인병을 뜻하는 용어로 올바르지 않은 것은 무엇인가?
① 가하파(Garrafa) ② 부테이으(Bouteille)
③ 보테(Botte) ④ 플라쉐(Flasche)

■ ③

보테는 이탈리아에서 나무통의 의미한다. 와인병을 의미하는 용어는 포르투갈에서는 가하파, 프랑스에서는 부테이으, 이탈리아에서는 보틸리아(Bottiglia), 독일에서는 플라쉐다.

14 와인 용어에 대한 설명으로 올바르지 않은 것은 무엇인가?
① 와인 숙성 중 증발한 와인만큼을 병 또는 오크통에 채우는 것은 울라주(Ullage)다.
② 지상에 있는 와인 저장 공간을 프랑스 보르도(Bordeaux)에서는 쉐(Chai)라고 한다.
③ 포도원 내 양조시설, 와인 저장고, 관리인 숙소가 있는 건물은 샤토(Château)다.
④ 주스 또는 와인을 압착하고 남은 껍질, 씨, 펄프 등 찌꺼기는 마르(Marc)다.

■ ①

울라주는 와인이 증발하여 생기는 와인 용기의 빈 공간을 말하고, 와인 숙성 중 증발한 와인 만큼을 병 또는 오크통에 채우는 것은 우이아주(Ouillage)다.

15 가장 작은 용량의 와인병 명칭은 무엇인가?
① 제로보암(Jéroboam) ② 매그넘(Magnum)
③ 스프리트(Split) ④ 발타자르(Balthazar)

■ ③

보르도의 병 크기별 명칭은 카르(Quart) 또는 스프리트는 0.188L, 드미 부테이으(Demi Bouteille)는 0.375L, 스탠다드 또는 부테이으(Bouteille)는 0.75L, 매그넘은 1.5L, 더블 매그넘은 3L, 제로보암은 4.5L, 엠페리알(Imperial)은 6L, 살마나자르(Salmanazar)는 9L, 발타자르는 12L, 나뷔쇼도노조(Nabuchodonosor)는 15L, 살로몽(Salomon)은 18L다. 프랑스 샹파뉴(Champagne)에서는 3L 병을 제로보암, 4.5L 병을 레오보암(Réhoboam), 6L 병을 메튀젤라(Methuselah)라고 부른다.

16 대용량의 비교적 저렴한 와인을 의미하는 용어로 올바르지 않은 것은 무엇인가?
① 캐스크(Cask) 와인　　② 저그(Jug) 와인
③ 벌크(Bulk) 와인　　④ 리쿠오로소(Riquoroso) 와인

■ ④

리쿠오로소는 이탈리아에서 주정강화 스위트 와인을 부르는 명칭이다.

17 프랑스 부르고뉴(Bourgogne)의 포도밭 관련 용어에 대한 설명으로 올바르지 않은 것은 무엇인가?
① 클리마(Climat)란 기후라는 의미로, 동일한 테루아를 갖는 포도밭의 특정 구역을 뜻한다.
② 모노폴(Monopole)은 단일 포도밭의 포도로 생산한 와인일 경우 라벨에 표기한다.
③ 크뤼(Cru)는 특정 포도밭, 그 포도로 생산한 와인, 포도밭의 등급 등을 뜻한다.
④ 클로(Clos)는 포도밭의 경계를 담으로 표시했던 것에서 유래한 용어로, 구획되어진 특정 포도밭을 뜻한다.

■ ②

모노폴은 소유주가 하나인 포도밭을 뜻한다. 프랑스 부르고뉴에서 독특한 테루아를 갖는 포도밭의 특정 구역의 명칭인 리유디(Lieu-dit)도 와인 라벨에 표기할 수 있다. 파스레어(Parcelaire)는 포도밭을 토양 특성에 따라 나눈 작은 구획을 뜻한다.

18 프랑스 샹파뉴(Champagne)에서 재배한 포도를 구입해서 와인을 양조하는 형태의 샹파뉴 생산자를 일컫는 용어는 무엇인가?
① 레콜탕 마니퓔랑(Récoltant Manipulant, RM)
② 코페라티브 드 마니퓔랑(Coopérative de Manipulation, CM)
③ 네고시앙 마니퓔랑(Négociant Manipulant, NM)
④ 소시에테 드 레콜탕(Société de Récoltants, SR)

■ ③

프랑스 샹파뉴의 레콜탕 마니퓔랑은 생산자 소유의 포도밭에서 재배한 포도를 95% 이상 사용해서 샹파뉴를 생산해야 한다. 코페라티브 마니퓔랑은 협동조합에 가입한 재배자의 포도를 모아서 협동조합에서 샹파뉴를 생산한다. 소시에테 드 레콜탕은 재배자 단체가 공동으로 샹파뉴를 생산하는 형태다.

19 와인 오크통의 용량을 큰 것부터 작은 것으로 올바르게 나열한 것은 무엇인가?

① 톤노(Tonneau) – 바리크(Barrique) – 피에스(Pièce)
② 톤노(Tonneau) – 푸드르(Poudre) – 바리크(Barrique)
③ 푸드르(Poudre) – 톤노(Tonneau) – 피에스(Pièce)
④ 푸드르(Poudre) – 바리크(Barrique) – 톤노(Tonneau)

■ ③

와인 오크통의 용량은 프랑스 보르도(Bordeaux)의 바리크 225L, 부르고뉴(Bourgogne)의 피에스 228L, 보르도의 톤노 900L, 푸드르 2,000~12,000L다.

20 포도 착즙 후 남은 찌꺼기를 발효시켜서 증류한 술 또는 와인을 압착한 후 남은 찌꺼기를 증류한 술이 아닌 것은 무엇인가?

① 마르(Marc)
② 바가세이라(Bagaceira)
③ 그라파(Grappa)
④ 피스코(Pisco)

■ ④

칠레의 피스코는 와인을 증류한 것이고 다른 보기들은 포도 착즙 후 남은 찌꺼기를 발효한 후 또는 와인 압착 후 남은 찌꺼기를 증류한 술이다.

21 와인 관련 프랑스어 용어의 설명으로 올바르지 않은 것은 무엇인가?

① 콜라주(Collage) – 와인의 부유물을 부레풀(Isinglass), 달걀 흰자 등으로 제거하는 청징 작업
② 데뷔타주(Debuttage) – 포도 나무의 서리 피해 방지를 위해 덮었던 흙을 제거하는 것
③ 뮈타주(Mutage) – 와인에 미세산소주입(Micro-Oxygenation)을 적용하는 과정
④ 레뷔르(Levure) – 효모

■ ③

뮈타주는 알코올 발효를 멈추기 위해 와인에 주정을 첨가하는 것이고 미세산소주입은 미크로뷜라주(Microbullage)다.

01
유럽연합(EU) 기준으로 잔여 당분 4g/L 이하로 단맛이 없는 와인을 의미하는 용어는 무엇인가?

■ 드라이(Dry)

와인은 단맛의 정도에 따라 드라이(Dry), 미디엄 드라이(Medium Dry), 미디엄(Medium), 스위트(Sweet) 와인으로 구분한다. EU 규정(2002년 기준)에 의하면 드라이 와인은 잔여 당분이 4g/L 이하인 와인이다.

02
샤르도네(Chardonnay) 품종 만으로 양조한 샴파뉴(Champagne)의 라벨에 표기되는 용어는 무엇인가?

■ 블랑 드 블랑(Blanc de Blancs)

03
피노 누아(Pinot Noir) 또는 피노 뫼니에(Pinot Meunier) 품종으로 양조한 화이트 샴파뉴(Champagne)의 라벨에 표기되는 용어는 무엇인가?

■ 블랑 드 누아(Blanc de Noirs)

04
1.5L 용량의 와인병 명칭은 무엇인가?

■ 매그넘(Magnum)

05
'샤토(Château)에서 병입한'이라는 의미의 프랑스어 용어를 쓰시오.

■ 미 장 부테이으 오 샤토(Mise en Bouteille au Château)

06
수령이 높은 포도나무인 올드 바인(Old Vine)을 뜻하는 프랑스어는 무엇인가?

■ 비에이으 빈느(Vieille Vignes)

비에이으(Vieille)는 '오래된, 낡은'을 의미하고 빈느(Vignes)는 '포도나무'를 의미하므로 비에이으 빈느는 수령이 오래된 포도나무를 뜻한다.

07 과거 영국에서 프랑스 보르도(Bordeaux) 지방의 가벼운 레드 와인을 일컫던 용어는 무엇인가?

■ 클라레(Claret)

08 조지아(Georgia)의 전통 와인 양조법에 사용되는 황토 항아리의 명칭은 무엇인가?

■ 크베브리(Qvevri/Kvevri)

조지아의 전통 크베브리 와인 양조법은 유네스코 세계문화유산에 등재되어 있다.

09 프랑스 생테밀리옹(Saint-Émilion)의 샤토 발랑드로(Château Valandraud)처럼 작은 포도밭에서 단위 면적 당 수확량을 낮추고 소규모 양조공간에서 소량 생산하는 뛰어난 품질의 와인을 일컫는 용어는 무엇인가?

■ 차고/가라지(Garage) 와인

10 샴페인 병의 입구 부분을 칼등으로 쳐서 오픈하는 기술을 뜻하는 프랑스어 용어는 무엇인가?

■ 사브라주(Sabrage)

사브라주는 샴페인 병을 기울이고 사브르 아 샴페인(Sabre à Champagne)의 칼등으로 병 입구 부분을 쳐서 샴페인 병을 오픈하는 기술이다.

11 양조시설이 없는 포도 재배자의 포도를 협동조합에서 양조하여 네고시앙(Négociant)에게 판매하거나 협동조합 명의로 와인을 생산하는 생산자를 부르는 프랑스어 명칭은 무엇인가?

■ 코페라티브(Coopérative) 또는 캬브 코페라티브(Cave Coopérative)

12 주로 레드 와인을 오픈하기 전에 셀러에서 와인을 가져와서 실온으로 유지하는 것을 의미하는 프랑스어는 무엇인가?

■ 샹브레(Chambrer)

13 프랑스 샹파뉴(Champagne)의 엑스트라 드라이(Extra Dry)와 도자주 제로(Dosage Zéro)의 당도(g/L)를 쓰시오.

■ 엑스트라 드라이(Extra Dry)는 12~17g/L, 도자주 제로(Dosage Zéro)는 3g/L 이하
샹파뉴의 당도는 도자주 제로(Dosage Zéro) 또는 브뤼 나튀르(Brut Nature)는 3g/L 이하, 엑스트라 브뤼(Extra Brut)는 0~6g/L, 브뤼(Brut)는 12g/L 이하, 엑스트라 드라이(Extra Dry)는 12~17g/L, 섹(Sec)은 17~32g/L, 드미섹(Demi-Sec)은 32~50g/L, 두(Doux)는 50g/L 이상이다.

12 기타 음료

스피릿 Spirits

01 위스키(Whisky)는 켈트 민족이 사용하던 고어 'Uisce Beatha'에서 유래한 것이다.

▪ ○

위스키(Whisky 또는 Whiskey)라는 단어는 켈트 민족이 사용하던 갤릭(Gaelic)어에서 유래한 것으로 알려져 있다. 원래 증류주는 라틴어로 Aqua Vitae(생명의 물)라 불렸는데, 이것이 갤릭어로 번역되면서 Uisce Beatha(생명의 물)가 되었다.

02 X.O. 등급의 코냑(Cognac)은 숙성기간이 가장 짧은 오드비(Eau-de-Vie)를 기준으로 최소 6년 이상 숙성해야 한다.

▪ X

2018년에 개정된 Bureau National Interprofessionnel du Cognac(BNIC)의 공식 기준에 따르면 X.O. 등급의 코냑은 숙성기간이 가장 짧은 오드비를 기준으로 최소 10년 이상 숙성해야 한다.

03 브라질의 카샤싸(Cachaça)는 당밀(Molasses)을 발효한 후 증류하여 만든다.

▪ X

럼(Rum)은 당밀을 발효시켜 만드는 반면, 카샤싸는 신선한 사탕수수즙을 발효한 후 증류하여 만든다.

04 증류주인 보드카(Vodka)는 감자와 곡물 외 다른 원료로 제조할 수 없다.

▪ X

현재 보드카는 여러 나라에서 감자, 곡류, 당밀, 과일 등을 주원료로 제조된다. 다만 슈넬하르트 협정(Schnellhardt Compromise)에 따라 감자와 곡물, 당밀 외 다른 원료를 사용한 경우에는 이를 라벨에 표기해야 한다.

05 테킬라(Tequila)는 멕시코의 화산지대인 하리스코(Jalisco)에 자생하는 블루 아가베(Tequilana Weber Azul) 주스를 51% 이상 원료로 양조하여 증류한 술로 멕시코 전역에서 생산되는 대표적인 전통주다.

▪ X

테킬라는 지정된 5개 주(Jalisco, Michoacan, Guanajuato, Nayarit, Tamaulipas)에서 만든 술만 테킬라로 법적 보호를 받을 수 있으며 그 외 지역에서 유사하게 만드는 술은 메즈칼(Mezcal)로 부른다.

01 싱글 몰트 위스키(Single Malt Whisky)가 아닌 것은 무엇인가?
① Ragganmore ② Glenkinchie
③ Oban ④ Dimple

▪ ④

02 아이리시 위스키(Irish Whisky)가 아닌 것은 무엇인가?
① Jameson ② Glenkinchie
③ Bulleit Rye ④ Tullamore Dew

▪ ③

03 캐나디안 위스키(Canadian Whisky)가 아닌 것은 무엇인가?
   ① Crown Royal   ② Wiser's
   ③ Canadian Club   ④ Gilbey's

   ■ ④

04 진(Gin)의 브랜드가 아닌 것은 무엇인가?
   ① Tanqueray   ② Havana Club
   ③ Hendrick's   ④ Gordon's

   ■ ②

05 테킬라(Tequila)의 브랜드가 아닌 것은 무엇인가?
   ① Don Julio   ② Jose Cuervo
   ③ Sarpa   ④ Patron

   ■ ③

01 5대 위스키(Whisky) 생산국을 쓰시오.

   ■ 아일랜드, 스코틀랜드, 미국, 캐나다, 일본

02 테킬라(Tequila)의 분류 중에 프렌치 오크 또는 화이트 오크 배럴이나 캐스크에서 최소 2개월 숙성 과정을 거쳐 부드럽게 만든 것을 이르는 명칭은 무엇인가?

   ■ 레포사도(Reposado)

03 일본 위스키(Whisky)의 아버지라고 불리는 사람은 누구인가?

■ 타케쓰루 마사타카(竹鶴 政孝)

04 습지 식물의 유기물질이 땅속에 축적되어 만들어지는 것으로 스카치 위스키(Scotch Whisky) 제조 시 몰트를 건조시킬 때 사용하는 연료로 사용되어 스카치 위스키 고유의 스모키한 향을 부여하는 것은 무엇인가?

■ 이탄 혹은 피트(Peat)

05 코냑(Cognac) 양조 시 사용되는 주요 포도 품종은 무엇인가?

■ 위니 블랑(Ugni Blanc)

칵테일 Cocktail

01 코디알(Cordial)은 증류주에 당분과 과즙, 꽃, 약초 등 초근목피의 침출물로 향미를 더한 것이다.

▪ ○

02 쉐이킹(Shaking) 기법은 계란, 우유, 크림, 당분이 많은 리큐르 등으로 칵테일을 만들 때 많이 사용하는 조주 기법이다.

▪ ○

03 칵테일의 기본 5대 요소는 향(Flavour), 맛(Taste), 방법(Method), 잔(Glass), 장식(Garnish)이다.

▪ X

칵테일의 기본 5대 요소로는 색, 향, 맛, 장식, 만드는 방법이 해당된다.

04 슬로 진(Sloe Gin)은 진(Gin)에 야생자두(Sloe Berry)의 성분을 첨가한 리큐르이다.

▪ ○

05 아메르 피콘(Amer Picon)은 아티초크(Artichoke)를 원료로 사용한 리큐르이다.

▪ X

아메르 피콘은 오렌지 껍질을 가미한 프랑스의 식전주이고, 아티초크를 원료로 사용한 리큐르로는 시나(Cynar)가 대표적이다.

선택형

01 진(Gin) 베이스 칵테일이 아닌 것은 무엇인가?
① 롱 아일랜드 아이스티 ② 드라이 마티니
③ 싱가폴 슬링 ④ 블랙 러시안

■ ④

02 보드카(Vodka) 베이스 칵테일이 아닌 것은 무엇인가?
① 코스모폴리탄 ② 애플 마티니
③ 블루 하와이 ④ 키스 오브 파이어

■ ③

03 위스키(Whisky) 베이스 칵테일이 아닌 것은 무엇인가?
① 코스모폴리탄 ② 요코하마
③ 맨해튼 ④ 뉴욕

■ ②

04 리큐르(Liqueur)의 여왕이라고 불리며, 프랑스의 수도원의 이름을 가지고 있는 것은 무엇인가?
① 드람뷔(Drambuie) ② 샤르트뢰즈(Chartreuse)
③ 베네딕틴(Benedictine) ④ 캄파리(Campari)

■ ②

05 맨해튼(Manhattan) 조주 시 사용하는 기물은 무엇인가?
① 쉐이커(Shaker) ② 믹싱 글라스(Mixing Glass)
③ 전기 블렌더(Blender) ④ 주스 믹서(Juice Mixer)

■ ②

단답형

01 다음 레시피에 해당하는 칵테일 이름을 쓰시오.

- 글라스 : 소서형 샴파뉴 글라스
- 조주기법 : 쉐이킹
- 재료 : 달걀 흰자 1개, 드라이 진 1oz, 우유 1oz, 그레나딘 시럽 1tsp

■ 핑크 레이디(Pink Lady)

02 다음 레시피에 해당하는 칵테일 이름을 쓰시오.

- 글라스 : 칵테일 글라스
- 조주기법 : 쉐이킹
- 재료 : 브랜디 1oz, 트리플섹 1oz, 레몬 주스 1/4oz

■ 사이드 카(Side Car)

03 잔 주위에 설탕이나 소금 등을 묻혀서 만드는 조주기법을 이르는 명칭은 무엇인가?

■ 프로스팅(Frosting) 또는 리밍(Rimming)

04 칵테일 기법 중 믹싱 글라스에 얼음과 술을 넣고 바 스푼으로 잘 저어서 잔에 따르는 방법은 무엇인가?

■ 휘젓기(Stirring)

05 칵테일 조주 시 술이나 부재료, 주스의 용량을 재는 기구로 스테인리스 스틸 소재가 많이 쓰이며, 삼각형 30mL와 45mL의 컵이 등을 맞대고 있는 기구를 이르는 명칭은 무엇인가?

■ 지거(Jigger)

맥주 Beer

01 인디아 페일 에일(India Pale Ale, IPA)은 19세기 초 영국의 호지슨(Hodgson)이 페일 에일(Pale Ale) 맥주에 홉(Hop)을 다량으로 첨가하여 처음 생산한 맥주이다.

◼ ◯

19세기 초 영국의 호지슨이 처음으로 생산한 인디아 페일 에일은 방부 효과가 있는 홉을 페일 에일에 다량으로 첨가하여 영국에서 인도까지 긴 항해에도 불구하고 맥주를 상하지 않고 신선하게 수송하기 위한 것이었다.

02 2022년 기준, 국제트라피스트협회(International Trappist Association)가 공식적으로 인정한 수도원 맥주(Trappist Beer) 양조장은 총 12개이다.

◼ ◯

03 벨기에 맥주인 복(Bock)은 블렌딩하지 않은 타입 외에도 숙성 정도가 서로 다른 맥주를 섞거나 설탕이나 과일 등을 첨가하는 블렌딩 타입이 있으며, 괴즈(Gueuze), 크릭(Kriek), 파로(Faro) 등이 대표적이다.

◼ X

벨기에 브뤼셀(Brussles) 인근에서 주로 생산하는 람빅(Lambic) 맥주에 대한 설명이며, 복은 독일 아인베크(Einbeck) 지역에서 유래한 높은 알코올 도수의 맥주이다.

04 'Hoppy'라는 용어는 맥주에서 홉(Hop)의 특징과 개성이 뚜렷이 드러나는 인디아 페일 에일(India Pale Ale, IPA) 맥주에서 주로 사용하는 용어이다.

◼ ◯

'Hoppy'는 맥주에서 홉의 특징이 강한 것을 표현하는 용어로 특유의 산뜻한 과일과 화사한 꽃, 풀과 씁쓸한 풍미 등이 대표적이다.

05 미국에서 맥주의 색을 측정하는 단위 중 하나인 SRM(Standard Reference Method)은 수치가 높을수록 색이 진한 맥주를 의미하며, 10 SRM의 맥주는 5 SRM의 맥주보다 색이 두 배만큼 어두운 것을 의미한다.

■ X

SRM은 맥주의 색을 측정하는 단위로 SRM 수치가 높을수록 색이 진한 맥주이지만, 수치와 색상의 관계가 비선형적이기 때문에 10 SRM의 맥주가 5 SRM의 맥주보다 비례적으로 두 배만큼 어두운 것은 아니다.

01 상면 발효(Top Fermentation) 방식으로 양조된 맥주가 아닌 것은 무엇인가?
① 에일(Ale)
② 포터(Porter)
③ 복(Bock)
④ 스타우트(Stout)

■ ③

흑맥주의 일종인 복은 하면 발효(Bottom Fermentation) 방식으로 양조하여 짙은 색을 띠고 풍미가 짙으며 단맛을 지닌 약 7% 도수의 맥주이다.

02 맥주 용어에 대한 설명으로 연결이 올바르지 않은 것은 무엇인가?
① Head Retention : '거품 생성력'을 의미하는 용어로 맥주 속 이산화탄소의 포화량과 관련이 있다.
② International Bittering Units : 맥주의 쓴맛을 나타내는 단위로 맥주의 쓴맛에 영향을 미치는 이소알파산(Iso-Alpha Acid)의 농도를 나타낸다.
③ Lovibond : 맥주의 색을 측정하는 단위로 1 파운드의 맥아(Malt)를 이용해서 1 갤런의 맥주를 만들었을 때 나오는 색을 의미한다.
④ Standard Reference Method : 맥주의 색을 측정하는 단위로 SRM이 높을수록 색이 진한 것을 의미하나 비선형적이기 때문에 수치에 따라 색의 정도가 비례하지 않는다.

■ ①

헤드 리텐션(Head Retention)은 '거품 유지력'을 지칭하는 것으로 '거품 생성력'과는 다르다. 맥주에서는 단순히 거품이 많이 생기는 것보다 조밀한 거품이 맥주 상층에 오래 유지되는 것이 중요하다.

03 맥주와 생산지의 연결이 올바르지 않은 것은 무엇인가?
① La Trappe – 네덜란드
② Samuel Smith's – 미국
③ Chimay Trappiste – 벨기에
④ Coopers – 호주

■ ②

사무엘 스미스(Samuel Smith's)는 영국의 맥주이다.

04 쾰쉬(Kölsch) 맥주에 대한 정의로 올바르지 않은 것은 무엇인가?
① 독일 쾰른(Köln) 지역의 지정된 양조장에서만 양조한다.
② 맥주의 색상이 밝은 색을 띠어야 한다.
③ 하면 발효(Bottom Fermentation) 방식으로 양조한다.
④ 맥아(Malt)의 비중이 11~14%를 차지해야 한다.

■ ③

쾰쉬 맥주는 상온에서 상면 발효(Top Fermentation) 방식으로 양조하여 에일(Ale)과 같은 풍부한 과일 풍미를 지니면서도 저온 숙성을 통해 라거(Lager)처럼 맑고 밝은 색상을 갖는 것이 특징이다.

05 세종(Saison) 맥주에 대한 설명으로 올바르지 않은 것은 무엇인가?
① 농번기인 여름에 소비하기 위한 것으로 농사일이 끝난 가을과 겨울에 양조하였다.
② 여름 맥주로 가볍고 산뜻하며 청량한 느낌을 갖는 것이 특징이다.
③ 여름의 고온을 견딜 수 있는 10% 이상의 높은 알코올 도수가 특징적이다.
④ 벨기에 북부 플랜더스(Flanders) 및 왈롱(Wallon) 지역에서 주로 생산했던 맥주이다.

■ ③

농사일 중에 마시기 위한 것이었기에 원래 3.5% 정도의 부드러운 알코올을 지닌 에일(Ale) 맥주였으나, 근래에는 5~8%의 제품으로 생산되기도 한다.

01 맥주에서는 조밀한 거품이 맥주 상층에 오래 유지되는 것이 중요한데, 이러한 '거품 유지력'을 지칭하는 용어는 무엇인가?

■ 헤드 리텐션(Head Retention)

맥주 거품의 생성은 맥주 속 이산화탄소의 포화량에 달려있는데, 단순히 거품이 많이 생기는 것보다 조밀한 거품이 맥주 상층에 오래 유지되는 것이 중요하며 이를 헤드 리텐션이라고 한다.

02 국제적으로 맥주의 쓴맛을 나타내는 단위를 지칭하는 용어는 무엇인가?

■ IBU(International Bittering Units)

맥주의 쓴맛에 기여하는 이소알파산(Iso-Alpha Acid)의 농도를 나타내는 단위로 1 IBU는 1ppm의 이소알파산을 의미한다.

03 13세기부터 벨기에 브뤼셀(Brussels)과 인근 지역에서 발전하였으며, 야생 효모로 천천히 발효시켜 '야생 맥주(Wild Beer)' 또는 특유의 시큼한 맛으로 인해 '사워 맥주(Sour Beer)'라고도 부르는 맥주의 명칭은 무엇인가?

■ 람빅(Lambic)

람빅은 13세기부터 벨기에 브뤼셀과 인근 지역에서 주로 양조해온 맥주이다. 야생 효모와 토착 미생물에 노출하는 발효 과정을 거친다는 점에서 배양 효모로 양조하는 일반 맥주와 다르며, 그 과정에서 매우 드라이하고 뚜렷한 신맛이 나타나고 와인이나 시드르(Cidre)와 같은 특성과 독특한 풍미를 지닌다.

04 일본의 기린 맥주(Kirin Brewery)를 설립한 인물은 누구인가?

■ 윌리엄 코플랜드(William Copeland)

기린 맥주는 1870년 노르웨이계 미국인 윌리엄 코플랜드가 설립한 스프링 밸리 양조장(Spring Valley Brewery)을 기원으로 하는 일본 최초의 맥주 회사이다. 이후 일본 양조장(Japan Brewery)을 거쳐, 1907년 미쓰비시(Mitsubishi) 그룹으로 인수되어 '기린 맥주'로 상호를 바꾸며 현재에 이르렀다.

05 국제 트라피스트 협회(International Trappist Association)에서 공식 인증한 수도원 맥주를 가장 많이 생산하는 국가는 어디인지 쓰시오.

■ 벨기에

2023년 기준, 6개 양조장이 벨기에에 위치한다.

전통주 Korea Traditional Liquor

01 현재 탁주 제조에 널리 사용되는 백국균은 황국균에서 변이되었다.

▪ X

백국균은 황국균이 아닌 흑국균에서 변이되었다.

02 전분을 함유한 곡물에 우량한 당화효소 생성균을 인위적으로 번식시켜 가락누룩 형태로 제조한 것을 입국이라 한다.

▪ X

입국이 아닌 조효소제에 대한 설명이다.

03 1966년 8월 우리나라 정부는 탁·약주 제조에 쌀의 사용을 금지하고 수입 밀가루를 주원료로 사용하도록 하였다.

▪ ○

04 덧술이란 본 담금에 앞서 술의 안정적인 발효를 위해 효모를 배양하여 증식시킨 것을 말한다.

▪ X

덧술이 아닌 밑술에 관한 설명이다.

05 주세법상 소규모 주류 제조장에서 제조할 수 있는 술은 탁주, 약주, 청주, 과실주, 맥주다.

▪ ○

01 주세법 및 전통주 등의 산업진흥에 관한 법률에서 규정하고 있는 전통주의 정의에 해당하지 않는 것은 무엇인가?
① 무형문화재가 제조한 술
② 전통 양조 도구로 제조한 술
③ 식품명인이 제조한 술
④ 지역 특산주

■ ②

02 누룩에 대한 설명으로 올바르지 않은 것은 무엇인가?
① 누룩의 분류에서 곡물의 낱알이 흩어져 있는 상태의 누룩을 흩임누룩(산국)이라 한다.
②「증보산림경제」에는 여름 삼복에 누룩을 만들면 벌레가 생기지 않아 누룩을 디디기에 좋다고 되어 있다.
③ 얇게 제조한 누룩은 짧은 시간에 숙성되어 누룩의 색상이 좋고, 외측 수분이 빨리 증발되어 당화력이 높아지며, 술의 향미가 깊어지고 술지게미가 많이 생기지 않는다.
④ 성형할 때 단단히 밟지 않으면 누룩이 발효될 때 부풀어 오른 공극에 의해 미생물이 번식하여 부패하기 쉽다.

■ ③

얇게 제조한 누룩은 외측 수분이 빨리 증발되어 당화력이 낮아질 수 있고 술의 향미가 깊지 않으며 술지게미가 많이 생긴다.

03 최근 술의 원료로 팽화미를 사용하는 이유로 올바르지 않은 것은 무엇인가?
① 팽화미란 쌀을 상온과 상압으로 유지하다가 급격히 고온과 고압을 가하여 팽창시킨 호화(알파화) 전분을 함유한 쌀이다.
② 팽화미를 막걸리 제조에 이용하면 씻고 찌고 식히는 과정을 거치지 않고 직접 양조용수에 담금한 후 발효시킬 수 있다.
③ 양조용수와 폐수량, 인건비, 시설 유지비, 에너지 절감이 가능하다.
④ 발효기간이 단축되고 주정 수율 향상과 술지게미 감소가 가능하다.

■ ①

팽화미란 쌀을 고온과 고압으로 유지하다가 급격히 상온과 상압으로 조절하여 팽창시킨 호화(알파화)된 쌀 전분이다.

04 증류식 소주 중 상압증류주의 관능적인 특징이 아닌 것은 무엇인가?
① 강렬한 맛　　　　　② 농후한 맛
③ 섬세한 풍미　　　　④ 탄내(가열취)

■ ③

섬세한 풍미는 감압증류주의 특징이다.

05 식품 명인과 술 이름의 연결이 올바르지 않은 것은 무엇인가?
① 우희열 – 한산소곡주　　② 양대수 – 추성주
③ 김택상 – 삼해약주　　　④ 이기숙 – 감홍로

■ ③

김택상 명인이 제조한 술 이름은 삼해소주이다.

01 막걸리의 관능평가에서 술을 흔들었을 때 입자의 굵기, 침전물의 뭉친 정도를 통해서 평가하는 항목은 무엇인가?

■ 탁도

02 술을 어떻게 따르며, 어떻게 마시는가 하는 주법의 차이에 따라 전 세계는 크게 세 가지 문화권으로 분류할 수 있는데, 우리나라를 포함하여 마시는 사람끼리 술잔을 주고받거나 돌려마시는 문화권은 무엇인가?

■ 수작(酬酌) 또는 수작 문화권

03 발효제인 국(麴)은 당화를 위한 효소 생산이 목적이다. 병행복발효에서 전분의 당화작용에 관여하는 액화 및 당화 효소 세 가지는 무엇인가?

■ 알파 아밀라아제(α-amylase), 베타 아밀라아제(β-amylase), 글루코 아밀라아제(Glucoamylase)

04 알코올 함량이 15%인 발효가 끝난 술덧 1L가 있다. 이를 증류하여 300mL의 증류원주를 받았다면 이 원주의 알코올 함량은 대략 몇 %인가?

■ 50%

계산식 : 15%÷0.3＝50%

05 막걸리 양조에서 발효가 끝난 원주의 균질화와 알코올 도수 조정을 위한 물 첨가 및 부족한 맛의 보충을 위해 첨가물을 넣어 재가공하는 공정을 무엇이라 하는가?

■ 제성

사케 Sake

01 니혼슈(日本酒)의 지리적 표시가 가장 먼저 지정된 산지는 야마가타(山形)이다.

■ X

일본 최초로 지리적 표시가 지정된 니혼슈 산지는 2005년 12월 22일에 지정된 GI 하쿠산(白山)이고, GI 야마가타(山形)는 2016년 12월 16일에 세 번째로 지정되었다.

02 니혼슈(日本酒)에서 무로카나마겐슈(無濾過生原酒)란 여과, 열처리, 와리미즈(割水)를 실시하지 않은 것을 말한다.

■ ○

03 죠소우(上槽) 공정에서 후나시보리(槽搾り)는 후쿠로츠리(袋吊り)에 비해 많은 시간과 정성을 들이는 추출법이며, 모로미(醪)를 넣은 자루를 걸어두고 압력없이 자연적으로 떨어지는 술만을 담아내는 방법이다.

■ X

후나시보리는 모로미를 넣은 자루를 후네(槽)라는 통 안에 쌓아올려 자루 자체의 무게로 천천히 술을 짜다가 마지막에 위에서 압력을 가해 짜내는 방법이다. 반면에 후쿠로츠리(袋吊り)는 모로미를 넣은 자루를 위에 걸어 압력없이 자연적으로 떨어지는 술만을 담아내는 방법으로 '시즈쿠사케(雫酒)', '토빈카코이(斗瓶囲い)'라고도 부른다.

04 일본 사케서비스연구회(Sake Service Institute, SSI)의 사케 분류법에 의하면, 소슈(爽酒) 타입의 니혼슈(日本酒)는 감칠맛과 깊은 맛이 특징이고 차게 마시는 경우가 많다.

■ X

소슈 타입의 니혼슈는 깔끔하고 상쾌한 주질과 청량함이 특징이고, 감칠맛과 깊은 맛이 특징인 것은 준슈(醇酒) 타입이다.

05 니혼슈(日本酒) 제조에 사용되는 국균은 황국균인 아스퍼질러스 오리제(Aspergillus oryzae)가 대표적이다.

■ ○

황국균인 아스퍼질러스 오리제는 니혼슈, 간장, 된장 등의 제조에 주로 사용된다. 일본 오키나와(沖繩)의 아와모리(泡盛) 소주 제조에는 흑국균인 아스퍼질러스 루추엔시스(Aspergillus luchuensis)가 사용된다.

01 지역별 대표 주조호적미(酒造好適米)의 연결로 올바르지 않은 것은 무엇인가?
① 나가노현(長野県) – 미야마니시키(美山錦)
② 야마가타현(山形県) – 오마치(雄町)
③ 효고현(兵庫県) – 야마다니시키(山田錦)
④ 니가타현(新潟県) – 고햐쿠만고쿠(五百万石)

■ ②

야마가타현의 대표 주조호적미는 데와산산(出羽燦々)이고, 오마치는 오카야마현(岡山県)의 대표 주조호적미이다.

02 좋은 슈보(酒母)의 조건으로 올바르지 않은 것은 무엇인가?
① 효모가 대량으로 증식되어야 한다.
② 효모의 생육에 악영향을 미치는 미생물(잡균)이 없어야 한다.
③ 쌀의 전분이 활발히 당화되어야 한다.
④ 유산을 충분히 함유하여야 한다.

■ ③

슈보는 효모를 배양하여 증식시키는 공정이고, 쌀 전분의 활발한 당화는 모로미(醪) 공정에서 요구된다.

03 니혼슈(日本酒)의 지리적 표시에 의해 보호되는 명칭이 아닌 것은 무엇인가?
① 하쿠산(白山) ② 교토(京都)
③ 니혼슈(日本酒) ④ 니가타(新潟)

■ ②

04 니혼슈(日本酒)의 특정 명칭 '다이긴죠슈(大吟醸酒)'의 정의 중 하나로 올바른 것은 무엇인가?
① 정미보합(精米歩合) 60% 이하
② 원료는 쌀, 쌀누룩만 사용
③ 양조 알코올의 첨가량은 백미 중량의 10%까지 가능
④ 코우지마이(麹米) 25% 이상 사용

■ ③

05 니혼슈(日本酒)의 주 발효 형태로 쌀, 쌀누룩, 효모를 동시에 넣어 당화와 알코올 발효를 한 공정에서 진행하는 형태는 무엇인가?
① 단발효 ② 복발효
③ 단행복발효 ④ 병행복발효

■ ④

01 니혼슈(日本酒)를 부르는 명칭 중, 신슈(新酒)를 한번 열처리하여 저장고에서 여름 동안 잘 숙성시킨 뒤 초가을에 판매하는 부드럽고 깊은 감칠맛을 내는 가을 계절주를 무엇이라 하는가?

■ 히야오로시(ひやおろし) 또는 아키아가리(秋上がり)

02 니혼슈(日本酒) 제조에서 양조 알코올을 첨가하는 목적 세 가지를 쓰시오.

■ 향미의 조절, 비용 절감, 부패 방지

03 일본 오키나와현(沖繩県)의 증류주인 아와모리(泡盛)의 주원료는 무엇인가?

■ 쌀

04 니혼슈(日本酒) 제조에서 모로미(醪)를 짤 때 사용하는 도구로 직사각형 욕조 모양의 구조로 위에서 누름돌이 내려오는 장치가 되어있는 것은 무엇인가?

■ 후네(槽)

05 슈보(酒母) 제조는 유산을 얻는 방식에 따라 두 가지로 분류할 수 있는데, 자연적으로 생성된 유산을 얻는 방식을 사용하여 상대적으로 시간과 비용이 많이 들지만 농후한 주질의 깊은 맛의 니혼슈(日本酒)를 생산할 수 있는 슈보는 무엇인가?

■ 키모토케이(生酛系) 슈보

반면, 소쿠죠케이(速釀系) 슈보는 직접 유산을 첨가하는 방식으로 슈보의 육성기간이 짧고 비용이 적게 들며 일정한 품질의 깔끔한 주질의 술을 얻을 수 있는 장점이 있어 현재 제조되는 니혼슈의 90%가 이 방법을 사용한다.

워터 Water

01 워터 소믈리에의 기본적인 역할은 호텔, 레스토랑, 백화점, 워터 바에서 필요한 다양한 먹는샘물을 선정, 구매, 보관, 저장, 관리하면서 고객이 원하는 먹는샘물을 추천해 주고 서비스하는 업무를 책임지는 것이다.

■ ○

02 스웨덴의 화학자 옌스 야코브 베르셀리우스(Jons Jakob Berzelius)는 잉글랜드 물리학자이면서 화학자로 원자론의 창시자인 존 돌턴(John Dalton)의 연구를 기반으로 물 분자의 수소와 산소 비율이 2:1이라는 사실을 입증하여 H_2O로 규정했다.

■ ○

03 용천수는 형태에 따라 병출천(迸出泉), 지상천(池狀泉), 습지천(濕地泉)으로 분류할 수 있으며, 병출천은 암석, 용암의 균열에서 나오는 샘물로, 여기서 유래한 샘물은 열하천(裂罅泉)이 있다.

■ ○

04 먹는샘물에 표시되는 미네랄 워터(Mineral Water)와 내추럴 미네랄 워터(Natural Mineral Water)의 차이점은 미네랄 워터는 오존처리 등의 일부 화학적인 과정을 거쳐 병입한 먹는샘물이고, 내추럴 미네랄 워터는 일체의 화학처리 없이 병입한 먹는샘물이다.

■ ○

05 규산(Silica, SiO_2)이 많이 함유된 먹는 샘물을 섭취하면 피부, 머리카락, 손톱 등 상피조직과 뼈, 콜라겐을 형성하므로 인체 건강에 도움을 준다.

■ ○

01 캐나다의 어린이를 위한 먹는 샘물은 무엇인가?
① 스파(Spa)
② 휘슬러(Whistler)
③ 힐돈(Hildon)
④ 와일드알프 베이비 워터(Wildalp Baby Water)

■ ②

어린이를 위한 먹는 샘물은 육각수 형태, 물 분자 구조가 작고, TDS가 적은 특징을 갖고 있으며, 유아용 분유와도 잘 섞이면서 면역력을 높여준다. 스파는 벨기에, 힐돈은 영국, 와일드알프 베이비 워터는 오스트리아의 어린이를 위한 먹는 샘물로 유명하다.

02 우물(Well)의 대표적인 먹는 샘물이 아닌 것은 무엇인가?
① 하와이안 스프링(Hawaiian Spring)
② 타우(Tau)
③ 힐돈(Hildon)
④ 하이랜드 스프링(Highland Spring)

■ ①

하와이안 스프링(Hawaiian Spring)은 미국의 자분정이다.

03 음식과 먹는샘물의 조화로 어울리지 않는 것은 무엇인가?
① 전채요리- 볼드 워터
② 쇠고기 스테이크 - 클래식 워터
③ 오리고기- 에퍼베슨트 워터
④ 닭고기 - 라이트 워터

■ ③

에퍼베슨트 워터는 채소 요리, 산나물, 샐러드에 잘 어울린다.

04 워터 테이스팅 용어에 대한 설명으로 올바르지 않은 것은 무엇인가?

① 가벼움(Lightness) - 가볍거나 무거운 느낌을 맛으로 구분하는 것으로 경도에 의해 나타난다.
② 청량감(Freshness) - 맑고 시원하기를 의미하며, 상쾌한 맛으로 인식된다.
③ 투명도(Clarity) - 물은 깨끗해야 하며, 밝고 투명하여 부유물이 없어야 한다.
④ 거품정도(Effervescence) - 먹는샘물을 따를 때 거품의 크기와 질을 관찰한다.

■ ①

가벼움은 물의 밀도에서 오는 무게감을 말한다.

05 세계 10대 먹는샘물과 생산국가의 연결로 올바르지 않은 것은 무엇인가?

① 게롤슈타이너(Gerolsteiner) - 이탈리아
② 마운틴 밸리 스프링(Mountain Valley Spring) - 미국
③ 티난트(Ty Nant) - 영국
④ 아이스랜딕 글래시얼(Icelandic Glacial) - 아이슬란드

■ ①

세계 10대 먹는샘물은 ① 에비앙(Evian ; 프랑스), ② 피지(Fiji ; 피지), ③ 게롤슈타이너(Gerolsteiner ; 독일), ④ 페라렐레(Ferrarelle ; 이탈리아), ⑤ 페리에(Perrier ; 프랑스), ⑥ 산펠레그리노(San Pellegrino ; 이탈리아), ⑦ 마운틴 밸리 스프링(Mountain Valley Spring ; 미국), ⑧ 티난트(Ty Nant ; 영국), ⑨ 볼빅(Volvic ; 프랑스), ⑩ 아이스랜딕 글래시얼(Icelandic Glacial ; 아이슬란드)이다.

01 프랑스 오베르뉴 화산 자연 공원(Auvergne Volcanoes Regional Nature Park)에서 생산되는 광천수로 '회색 화산암'을 의미하는 작은 마을 이름에서 유래된 세계 10대 먹는샘물 브랜드는 무엇인가?

■ 볼빅(Volvic)

02 '광천수계의 샴파뉴'라고 불리며, 차별화된 병 디자인으로 먹는 샘물의 고급화를 선도한 프랑스 남부 프로방스(Provence) 근처 베르게즈(Vergeze) 마을에 수원지가 있는 먹는샘물은 무엇인가?

■ 페리에(Perrier)

03 이탈리아 나폴리(Napoli)에서 생산되는 천연탄산수인 페라렐레(Ferrarelle)는 탄산가스 함유량에 따른 물의 분류에서 무엇에 속하는가?

■ 에퍼베슨트 워터(Effervescent Water)

먹는샘물은 탄산가스의 함유량에 따라 에퍼베슨트 워터(Effervescent Water ; 0~2.5mg/L, 서비스 온도 13℃), 라이트 워터(Light Water ; 2.5~5mg/L, 서비스 온도 14℃), 클래식 워터(Classic Water ; 5~7.5mg/L, 서비스 온도 16℃), 볼드 워터(Bold Water ; 7mg/L 이상, 서비스 온도 17℃)로 구분한다.

04 호주 태즈매니아(Tasmania)의 대표적인 먹는샘물 두 개를 쓰시오.

■ 케이프 그림(Cape Grim), 클라우드 주스(Cloud Juice)

05 중국의 대표적인 먹는샘물 세 개를 쓰시오.

■ 라오샨(Laoshan), 티벳 스프링(Tibet Spring), 아르샨(Aershan)

티 Tea

01 천년을 이어온 차의 고향, 보성은 우리나라의 차나무 시배지로 유명하다.

■ X

우리나라 차의 시배지는 경남 하동이다.

02 차는 산차(山茶)과의 목본성 상록 활엽식물로 학명은 카멜리아 시넨시스 쿤츠(Camellia sinensis(L.) Kuntze)로 불리는 차나무로 한정한다.

■ ○

03 녹차는 위조 – 살청 – 유념 – 2차 살청 – 건조 방식으로 제조한다.

■ ○

04 황차는 민황 과정을 거치는 것으로 고온의 살청을 통해 효소를 활성화하고 여러 가지 페놀의 산화 과정을 이용한다.

■ ○

05 보이차를 공차로 선정한 시기는 명나라 시대이다.

■ X

보이차를 공차로 선정한 시대는 청나라 옹정 10년이다.

01 홍차의 제조방법 중에 1930년 윌리엄 맥커쳐(William McKercher)가 발명한 내용으로 올바르지 않은 것은 무엇인가?
① 위조(Withering) – 분쇄(Crushing) – 압쇄(Tearing) – 컬링(Curling) 방법을 사용한다.
② 전 세계 홍차의 50% 이상이 CTC방법을 사용한다.
③ 주로 중국에서 많이 사용하여 대중화가 된 홍차 제조 방법이다.
④ 제조시간은 짧고, 색과 향은 강하며, 가격도 저렴하면서 일정 수준 이상의 품질을 유지하면서 대량생산도 가능하다.

■ ③

중국은 전통적인 제다 방법을 사용하고, CTC방법은 인도, 스리랑카 등에서 사용한다.

02 중국 대홍포에 대한 설명으로 올바르지 않은 것은 무엇인가?
① 복건성 북쪽의 무이산에서 생산되는 최고급 홍차이다.
② 1941년 임복천의 조사에 의하면 1927년에 천심사 스님이 만들었다는 기단이 기록되어 있다.
③ 재배장소에 따라 정암차, 반암차, 주차로 구분한다.
④ 봄에 채집한 찻잎을 사용하는데 4월 20일~5월 10일경이다.

■ ①

대홍포는 복건성 북쪽의 무이산에서 생산되는 최고급 청차이다.

03 차를 만드는 공정 중 햇볕에 건조하는 것을 무엇이라고 하는가?
① 쇄청   ② 살청
③ 채엽   ④ 유념

■ ①

04 보이차의 정의에 대한 설명으로 올바르지 않은 것은 무엇인가?
① 중국 정부가 제정한 보이차는 운남성 소엽종이고 햇볕에 말린 쇄청모차여야 한다.
② 반드시 지역명과 쇄청모차의 원료를 밝혀야 한다.
③ 생차 또는 숙차로 발효 방법을 기술해야 한다.
④ 보이차의 저장연도, 빈티지를 반드시 밝혀야 한다.

■ ①

중국 정부가 제정한 보이차는 운남성 대엽종이고 햇볕에 말린 쇄청모차이다.

05 일본의 녹차 종류와 설명으로 올바르지 않은 것은 무엇인가?
① 전차(煎茶, 센차) - 싹이 자라 단단해진 잎이나 줄기 등으로 만든 차
② 호지차(ほうじ茶, 호우지차) - 전차를 강한 불로 덖어 만든 구수한 맛과 향이 특징인 차
③ 현미차(玄米茶, 겐마이차) - 쪄서 건조시킨 현미를 녹차에 섞어 구수한 향과 맛을 낸 차
④ 옥로차(玉露茶, 교쿠로차) - 햇차의 새싹이 올라올 무렵 차광재배를 해서 찻잎의 떫은맛을 줄이고 감칠맛을 늘린 차

■ ①

새싹이 자라 단단해진 잎이나 줄기 등으로 만든 차는 번차(番茶, 반차)다.

01 세계 3대 홍차의 생산 국가와 명칭을 쓰시오.

■ 중국의 기문(Keemun), 스리랑카의 우바(Uva), 인도의 다즐링(Darjeeling)

02 일본 녹차 중 차광재배한 찻잎을 채집하여 증청 방식으로 가공한 후 맷돌에 갈아서 만드는 것으로 중국 송나라에서 전래되어 일본에서 꽃을 피운 일본 녹차의 명칭은 무엇인가?

■ 말차(抹茶)

03 중국 복건성(福建省) 무이산에서 생산되는 무이암차 중 하나로 명나라 왕후의 병을 낫게 한 보답으로 황제가 차나무에 붉은 비단옷을 하사하였다고 하여 붙여진 청차의 이름은 무엇인가?

■ 대홍포

04 인도 북동부 히말라야 산맥의 네팔과 부탄, 시킴(Sikkim) 접경지대에서 생산되며 밝고 옅은 오렌지색을 띠며 가볍고 섬세한 맛과 머스캣(Muscat) 향이 특징을 지닌 '홍차의 샴파뉴'라고 불리우는 홍차의 명칭은 무엇인가?

■ 다즐링(Darjeeling)

05 보이차의 4대 차산은 만송, 노반장, (   ), 석귀이다. 괄호 안에 들어갈 정답을 쓰시오.

■ 빙도

커피 Coffee

01 커피의 아라비카(Arabica) 종은 아프리카 콩고 원산으로 해발고도 200~800m에서 주로 재배하며 대표 품종으로는 티피카(Typica), 버본(Bourbon), 카투라(Caturra) 등이 있다.

▪ X

아라비카 종은 에티오피아 원산으로 해발 900~2,000m의 고지대에서 주로 재배하며, 로부스타(Robusta) 종의 원산이 아프리카 콩고이다.

02 콜롬비아는 1799년부터 커피를 재배하였으며 브라질에 이어 세계 2위의 커피 생산국으로 부드럽고 향기로운 풍미의 커피로 잘 알려져 있다.

▪ X

2020년 국제커피기구(International Coffee Organization)의 통계 기준으로 세계 2위의 커피 생산국은 베트남이며, 콜롬비아는 세계 3위의 생산 규모를 갖고 있다.

03 코스타리카 커피는 아라비카(Arabica) 종으로 부드러우면서도 강한 바디와 함께 화산 지대에서 오는 스모키 풍미가 은은하게 느껴지는 것이 특징으로, 동부의 산타 로사(Santa Rosa)와 서부의 산 마르코스(San Marcos)가 주요 커피 산지이다.

▪ X

해당 내용은 과테말라 커피와 산지에 대한 설명이다.

04 커피의 스크린 사이즈(Screen Size)는 생두(Green Bean)의 크기를 의미하며, 1 스크린 사이즈는 폭을 기준으로 1/64 인치(약 0.4mm)이다.

▪ ○

커피 등급 분류의 기준 중 하나인 스크린 사이즈는 생두의 크기를 의미하며, 1 스크린 사이즈는 폭을 기준으로 1/64 인치(약 0.4mm)다. 기본적으로 생두의 크기가 클수록, 즉 스크린 사이즈가 클수록 등급이 높다.

05 커피 추출 도구 중 사이폰(Syphon 또는 Siphon)은 미국의 커피회사 브랜드 이름에서 유래한 것으로서 유리 챔버(Chamber) 안의 물을 가열하여 생긴 증기압을 통해 커피를 추출한다.

■ X

사이폰은 일본의 커피회사 브랜드 이름에서 유래한 것으로, 정식 명칭은 '진공 커피 포트(Vacuum Coffee Pot)'다. 물을 담는 하부 챔버와 커피가루를 담는 상부 챔버로 구성되며 하부의 물을 가열하여 생긴 증기압에 의해 상부의 커피가 추출되는데, 대체로 향과 맛이 강하지만 바디감이 부드러운 커피를 만들어준다.

01 주요 커피 생산국과 그에 대한 설명으로 올바르지 않은 것은 무엇인가?
① 예멘 – 커피를 상업적으로 가장 먼저 재배한 국가이며, 커피의 수출을 담당하던 항구 도시 모카(Mocha)로 잘 알려져 있다.
② 베트남 – 세계 2위의 커피 생산국으로 주로 로부스타(Robusta) 종을 생산하며 인스턴트 커피에 많이 사용된다.
③ 케냐 – 세계적으로 유명한 블루 마운틴(Blue Mountain) 지역이 있으며, 생산량은 많지 않으나 맛이 깔끔하고 견과류 향이 나며 전반적으로 균형이 잘 잡힌 편이다.
④ 엘 살바도르 – 주로 고지대에서 생산되며 수확량은 많지 않으나 토착 버번(Bourbon) 품종이 내는 달콤하고 상큼한 맛이 특징적이다.

■ ③

블루 마운틴 지역은 자메이카에 위치한 유명한 커피 산지이다.

02 인도네시아의 길링 바사(Gilling Basah)에 대한 설명으로 올바르지 않은 것은 무엇인가?

① 수마트라(Sumatra) 섬 지역의 전통적인 커피 가공 방식이다.
② 수분 함량 30~40% 정도일 때 파치먼트(Parchment)를 제거하고 생두(Grean Bean) 상태로 약 2~3일간 건조한다.
③ 가공의 특성상 선명한 푸른색을 띠며 신맛이 뚜렷하며 신선한 과일향과 가벼운 바디감이 특징이다.
④ 생두의 수분 함량이 높아 부드럽고 쉽게 손상되는 경향이 있다.

■ ③

길링 바사는 인도네시아 수마트라(Sumatra) 지역의 전통적인 커피 가공 방식으로, 가공 과정에서 신맛이 감소하고 단맛과 바디감이 증가하며 특유의 발효취와 흙 내음을 지닌다. 주로 에스프레소 블렌드에 어울린다.

03 수확한 커피 체리의 과육을 제거하지 않은 상태로 일정 수분 함량에 도달할 때까지 건조하여 풍부한 아로마와 단맛을 갖지만 미생물과 외부환경에 노출되므로 맛이 깔끔하지 않고 품질이 균일하지 않을 수 있는 커피 가공 방식은 무엇인가?

① 내추럴 방식(Natural Process)
② 워시드 방식(Washed Process)
③ 펄프드 내추럴 방식(Pulped Natural Process)
④ 무산소 발효 방식(Anerobic Process)

■ ①

건식법으로도 불리는 내추럴 방식은 수확 후 과육을 제거하지 않은 열매를 그대로 건조대에 펼쳐 놓고 일정 수분 함량에 도달할 때까지 자연 건조시키는 방식이다. 과육과 껍질에서 다양하고 풍부한 풍미를 흡수하지만, 건조 과정이 길어 미생물과 외부 환경에 많이 노출되므로 부패하지 않게 열매를 고르게 건조하는 것이 품질에 중요하다.

04 2차 크랙이 본격적으로 일어나기 직전까지 로스팅하여 부드러운 갈색(SCAA 분류 #65)을 띠며 신맛이 점차 옅어지고 단맛이 두드러지기 시작하는 로스팅 단계의 명칭은 무엇인가?
① 시나몬 로스팅(Cinnamon Roasting)
② 하이 로스팅(High Roasting)
③ 풀 시티 로스팅(Full City Roasting)
④ 이탈리안 로스팅(Italian Roasting)

■ ②

하이 로스팅은 2차 크랙이 본격적으로 시작되는 시티 로스팅(City Roasting) 직전의 단계이다. 색도가 점차 진해져서 부드러운 갈색을 띠고 신맛이 점차 감소하고 단맛이 증가하여 맛의 균형이 좋은 편으로 핸드 드립 용도나 부드러운 커피 추출에 주로 사용된다.

05 커피의 등급 분류 방식이 다른 커피 생산국은 어디인가?
① 브라질
② 멕시코
③ 엘 살바도르
④ 코스타리카

■ ①

브라질은 결점두 개수에 의해 등급을 분류하며, 나머지 생산국들은 커피 재배지의 해발고도에 따라 등급을 분류한다.

01 커피의 대표적인 세 가지 종의 명칭을 쓰시오.

■ 아라비카(Arabica), 로부스타(Robusta), 리베리카(Liberica)

02 세계 3대 명품으로 평가받는 세 가지 커피 명칭을 쓰시오.
[예시. 에티오피아 예가체프(Ethiopia Yirgacheffe)]

■ 자메이카 블루마운틴(Jamaican Blue Mountain), 하와이 코나(Hawaiian Kona), 예멘 모카 마타리(Yemen Mocha Mattari)

'자메이카 블루 마운틴'은 해발고도 2,000m 이상의 고산지대에서 생산되며 훌륭한 산도와 우아한 향, 맛의 균형이 뛰어난 고품질의 커피로 생산량이 극히 소량이므로 초고가에 거래되며 생두를 오크통에 담아 유통하는 것으로 유명하다. '하와이 코나'는 과일의 상큼하고 감미로운 향과 부드러운 맛, 미디엄 바디를 가진 커피로, 최고 등급은 생산량이 매우 적어 고가에 거래된다. '예멘 모카 마타리'는 다크 초콜릿과 독특한 풍미, 강렬한 바디감으로 호평받는 커피이며, 화가 반 고흐가 사랑한 커피로도 유명하다.

03 다음 이미지에 나타난 지리적 표시(Geographical Indication) 산지에서 사용해야 하는 커피 종은 무엇인가?

■ 아라비카(Arabica)

커피에 '카페 데 콜롬비아(Café de Colombia)' 지리적 표시를 사용하기 위해서는 아라비카 종만 사용할 수 있다.

04 물을 끓이는 스토브와 원두 가루를 넣는 바스켓, 하부의 보일러, 그리고 상부의 포트로 이루어져 가열한 물의 증기압을 이용하여 커피를 진하게 추출할 수 있는 브루잉(Brewing) 도구로서, 1933년 이탈리아의 알폰소 비알레티(Alfonso Bialetti)에 의해 만들어진 커피 추출 도구의 명칭은 무엇인가?

■ 모카 포트(Moka Pot) 또는 모카 익스프레스(Moka Express)

모카 포트는 물을 끓이는 스토브(Stove)와 원두 가루를 넣는 바스켓, 하부의 보일러(Boiler), 그리고 상부의 포트(Pot)로 이루어져 증기압을 통해 커피를 추출할 수 있는 도구이다.

05 에스프레소 위에 흰 우유 거품을 올린 모양이 마치 '얼룩'처럼 보인다고 하여 이름 붙여진 이탈리아 커피의 명칭은 무엇인가?

■ 카페 마키아토(Caffe Macchiato)

'마키아토'는 '얼룩'이라는 의미의 이탈리아어로, 카페 마키아토는 갈색의 커피 위에 흰색 우유 거품이 마치 얼룩진 것처럼 보이는데서 유래한 명칭이다.

국가별 와인
_구세계와인

02

01 프랑스

01 프랑스 보르도(Bordeaux)에서는 여러 포도 품종을 블렌딩(Blending)하는 것이 일반적이고 부르고뉴(Bourgogne)에서는 단일품종으로 와인을 만드는 것이 일반적이다.

■ ○

프랑스 보르도에서는 화이트 와인에 세미용(Sémillon), 소비뇽 블랑(Sauvignon Blanc) 포도 품종을 블렌딩하는 경우가 많으며, 레드 와인은 카베르네 소비뇽(Cabernet Sauvignon), 메를로(Merlot), 카베르네 프랑(Cabernet Franc) 등의 여러 품종을 블렌딩하는 경우도 많다. 반면 부르고뉴의 화이트 와인은 샤르도네(Chardonnay) 또는 알리고테(Aligoté) 단일 품종을 사용하고, 레드 와인은 피노 누아(Pinot Noir), 가메(Gamay) 등의 단일 품종을 사용한다.

02 카베르네 소비뇽(Cabernet Sauvignon)은 프랑스 보르도(Bordeaux)가 원산지이지만, 현재는 전 세계적으로 광범위하게 재배되며 적포도 품종 중 높은 타닌(Tannin)을 지니고 있으며, 떫은맛이 강할 뿐만 아니라 오랜 기간 보존할 수 있는 특징을 가지고 있다.

■ ○

03 1855년에 결정된 프랑스 메독(Médoc)의 그랑 크뤼 클라쎄(Grand Cru Classé)는 오늘날까지 순위변동 없이 이어져 내려왔다.

■ X

1973년 샤토 무통 로칠드(Château Mouton Rothschild)가 2등급에서 1등급으로 단 한번의 순위 변동이 있었다.

04 프랑스의 와인 '원산지통제명칭' 규정에 따르면, 라벨에 표기된 지역에서 생산한 포도만 사용하여야 한다. 예를 들어 'Appellation Bordeaux Contrôlleé'라고 표기된 와인은 보르도 지방에서 생산한 포도만 사용한 것이다.

■ ○

05 로마네 콩티(Romanée-Conti)는 피노 누아(Pinot Noir) 100%로 양조한다.

▪ ○

06 논빈티지 샴파뉴(Non-Vintage Champagne)는 여러 해의 와인을 블렌딩하는 것이 일반적이다.

▪ ○

07 샴파뉴(Champagne)를 비롯한 스파클링 와인을 위한 병은 탄산가스 압력을 견딜 수 있도록 두껍고 튼튼한 유리로 만들어져 안전성을 높인다.

▪ ○

08 프랑스 보르도(Bordeaux)에서는 샤르도네(Chardonnay)로 만든 화이트 와인이 유명하다.

▪ X

프랑스 보르도에서는 세미용(Sémillon), 소비뇽 블랑(Sauvignon Blanc) 등의 포도 품종으로 만든 화이트 와인이 유명하다. 샤르도네는 부르고뉴의 청포도 품종이다.

09 프랑스 부르고뉴(Bourgogne)에서는 포도밭을 여러 도멘(Domaine)이 분할 소유하며, 동일한 지역 명칭 와인이라도 소유자나 양조하는 도멘에 따라 가격 차이가 많이 날 수 있다.

▪ ○

10 그르나슈(Grenache)는 프랑스 북부 론(Rhône) 지역의 레드 와인을 만드는 주품종으로 특히 크뤼(Cru) 와인을 만드는 데 쓰이는 유일한 포도 품종이다.

▪ X

프랑스의 북부 론 지역의 크뤼(Cru) 와인을 만드는 대표적인 포도 품종은 시라(Syrah)이다.

11 알퐁스 도데(Alphonse Daudet)의 「마지막 수업」의 배경이 된 프랑스 알자스(Alsace) 지역은 독일 와인의 영향을 많이 받았다.

▪ ○

12 프랑스 보졸레(Beaujolais) 지역은 행정적으로 부르고뉴에 속하며, 주품종으로 피노 누아(Pinot Noir)를 재배한다.

▪ X

보졸레 지역은 행정적으로 부르고뉴에 속하지만 토양이 화강암과 석회암으로 배수가 뛰어나고 약산성을 띠고 있어 이 토양에 적합한 가메(Gamay) 품종을 재배한다.

01 프랑스

13 프랑스 보르도(Bordeaux)의 레드 와인에 사용하는 포도 품종에는 카베르네 소비뇽(Cabernet Sauvignon), 메를로(Merlot), 시라(Syrah), 세 가지 품종이 있으며 프티 베르도(Petit Verdot)와 말벡(Malbec)을 소량 사용한다.

▪ X

프랑스 보르도 레드 와인에 사용하는 포도 품종에는 카베르네 소비뇽, 메를로, 카베르네 프랑(Cabernet Franc), 프티 베르도, 말벡이 있다.

14 샴파뉴(Champagne) 라벨에 블랑 드 블랑(Blanc de Blancs)이라고 표시한 것은 샤르도네(Chardonny)로 만든 것이다.

▪ ○

샴파뉴는 청포도 품종인 샤르도네, 적포도 품종인 피노 누아(Pinot Noir), 피노 뫼니에(Pinot Meunier)로 양조한다. 샤르도네로 만든 샴파뉴는 블랑 드 블랑이라 표기하며 거품이 미세하고 상큼한 향과 맛이 난다. 피노 누아와 피노 뫼니에 두 가지 품종으로 만든 것은 블랑 드 누아(Blanc de Noirs)라고 표기하며 미세한 타닌(Tannin)에 조화로운 향과 맛을 낸다.

15 프랑스 샤블리(Chablis) 와인은 4개의 등급으로 나뉘며, 가장 하위 등급은 샤블리 AOC이다.

▪ X

4개의 등급은 샤블리 그랑 크뤼(Chablis Grand Cru) AOC, 샤블리 프르미에 크뤼(Chablis Premier Cru) AOC, 샤블리(Chablis) AOC, 가장 낮은 등급은 프티 샤블리(Petit-Chablis) AOC이다.

16 프랑스 부르고뉴(Bourgogne)의 AOC 등급 와인은 세 단계로 나뉘는데, 지방 명칭(Regional) AOC 와인, 마을 명칭(Village) AOC 와인, 그랑 크뤼(Grand Cru) AOC 와인으로 나뉜다.

▪ X

지방 명칭 AOC 와인, 마을 명칭 AOC 와인, 프르미에 크뤼(Premier Cru) AOC 와인, 그랑 크뤼 AOC 와인의 네 단계로 나뉜다.

17 프랑스의 메독(Médoc) 지역은 크게 바메독(Bas-Médoc)과 오메독(Haut-Médoc)으로 구분하는데 유명한 그랑 크뤼(Grand Cru) 와인이 많이 생산되는 지역은 오메독이다.

■ ○

프랑스 오메독 지역은 다시 6개의 마을 아펠라시옹(Appellation)으로 나뉘는데 이에 속한 마을은 생테스테프(Saint-Éstephe), 포이약(Pauillac), 생쥴리앙(Saint-Julien), 리스트락(Listrac), 물리(Moulis), 마고(Margaux)이다. 이곳에서 훌륭한 그랑 크뤼 와인들이 대부분 생산되고 있다.

18 프랑스 부르고뉴(Bourgogne)의 마코네(Mâconnais) 지방에서는 화이트 와인만을 생산한다.

■ X

프랑스 부르고뉴의 마코네에서는 레드 와인도 생산된다.

19 프랑스 와인 부르고뉴 알리고테(Bourgogne Aligote)는 생산 지역에 따른 분류로 표기된 것이다.

■ X

프랑스 부르고뉴 알리고테는 포도 품종에 의한 분류로 표기된다.

20 프랑스 보졸레(Beaujolais)에서는 레드 와인 생산량이 많지만 일부는 샤르도네(Chardonnay) 품종으로 화이트 와인을 생산하기도 한다.

■ ○

21 프랑스 샹파뉴(Champagne) 지역에서 병입하여 2차 발효시키는 방법을 메소드 샹프느와즈(Methode Champenoise)라고 하며, 샹파뉴 이외의 지역에서는 이와 똑같은 방식으로 만들더라도 이 문구를 사용할 수 없다.

■ ○

샹파뉴 이외의 지역에서는 메소드 트라디시오넬(Methode Traditionnelle), 메소드 클라시크(Methode Classique) 등으로 표기한다.

22 프랑스 부르고뉴(Bourgogne) 코트 도르(Côte d'Or)는 코트 드 뉘(Côtes de Nuits)와 코트 드 본(Côte de Beaune)을 포괄하는 명칭이다.

■ ○

코트 도르는 두 지역으로 나뉘는데 북쪽에 위치한 곳이 코트 드 뉘 지역이고 그 아래 남쪽에 자리 잡은 곳이 코트 드 본 지역이다.

23 프랑스 보르도(Bordeaux) 지역에서 전통적인 방법(Methode Traditionnelle)으로 생산되는 스파클링 와인은 샹파뉴(Champagne)라 부른다.

■ X

프랑스 보르도에서 생산하는 스파클링 와인은 크레망 드 보르도(Crémant de Bordeaux)이다.

24 보졸레 누보(Beaujolais Nouveau)는 매년 11월 세 번째 수요일 0시를 기해 전 세계에 동시에 출시된다.

■ X

보졸레 누보는 11월 세 번째 목요일 0시를 기해 출시된다.

25 프랑스 쥐라(Jura) 지역에서 와인에 효모막(Flor)이 번식하여 6년간 산화적 숙성을 거쳐 만든 와인을 뱅 존(Vin Jaune)이라고 한다.

■ ○

사바냥(Savagnin) 포도로 와인을 만든 후(알코올 12~13%) 228L 통에 넣고 6년을 두면 와인 표면에 효모막이 형성되어 쉐리(Sherry)와 비슷한 와인이 된다. 이 곳의 토양은 화강암으로 지하 저장고를 만들기 힘들어 주로 반지하 창고를 이용하기 때문에 셀러(Cellar)의 온도 변화가 심하다. 셀러 온도는 8~18℃로 여름에 효모막이 생성됐다가 겨울에 죽는 현상이 반복되며 와인에 특유의 향이 생성된다. 이것을 뱅 존이라고 하는데 쉐리와 다른 점은 알코올을 첨가하지 않는다는 점이다.

26 프랑스 쥐라(Jura)의 뱅 드 파이으(Vin de Paille)는 장기보관이 가능한 스위트 와인으로, 이탈리아의 아파씨멘토(Appassimento) 방식과 유사한 방법으로 양조한다.

■ ○

뱅 드 파이으는 가을철, 포도를 수확한 후 일정 기간 포도송이를 짚으로 된 매트 또는 선반에서 말려 12월경 당분이 농축된 포도송이를 압착하여 만든다. 이탈리아 베네토(Veneto) 지방의 레치오토(Recioto)와 흡사하다.

27 샤토 라피트 로칠드(Château Lafite Rothschild)의 세컨드 와인(Second Wine)은 레 포르 드 라피트(Les Forts de Lafite)이다.

■ X

카뤼아데 드 라피트(Carruades de Lafite)이다.

28 프랑스 루아르(Loire) 지역의 사브니에르(Savenniéres) AOC는 슈냉 블랑(Chenin Blanc)으로 만든 드라이 화이트 와인이다.

■ ○

29 프랑스 론(Rhône) 최초의 뱅 두 나튀렐(Vin Doux Naturel, VDN)은 뮈스카 드 봄므 드 브니즈(Muscat de Beaumes-de-Venise) AOC이다.

■ X

프랑스 론 지방의 최초의 뱅 두 나튀렐은 라스토(Rasteau) AOC이고, 두 번째는 뮈스카 드 봄므 드 브니즈 AOC이다.

30 프랑스 루아르(Loire) 지역의 카르 드 숌(Quart-de-Chaume) AOC는 귀부 포도(Noble Rot)로 만든 스위트 와인이며, 높은 산도를 지닌 와인으로 유명하다.

■ ○

31 푸이 퓌메(Pouilly-Fumé)와 푸이 퓌세(Pouilly-Fuisse)는 같은 지역에서 생산하는 와인으로 포도 품종이 서로 다르다.

■ X

푸이 퓌메는 100% 소비뇽 블랑(Sauvignon Blanc)으로 만드는 루아르(Loire) 지역의 화이트 와인이고, 푸이 퓌세는 100% 샤르도네(Chardonnay)로 만드는 프랑스 부르고뉴 지역의 화이트 와인이다.

32 프랑스 보르도(Bordeaux) 지방의 225L 오크통을 피에스(Pièce)라고 한다.

■ X

프랑스 보르도 지방의 225L 오크통은 바리크(Barrique)라고 하며, 피에스는 228L 오크통으로 부르고뉴 지방에서 사용한다.

33 샤토 스미스 오라피트(Château Smith Haut-Lafite) 와인은 프랑스 보르도(Bordeaux)의 페싹 레오냑(Pessac-Léognan) AOC로 레드 와인만 생산한다.

■ X

샤토 스미스 오라피트에서는 화이트 와인도 생산한다.

34 샤토 오브리옹(Château Haut-Brion) 와인은 프랑스 보르도(Bordeaux)의 페싹 레오냑(Pessac-Léognan) AOC로 레드와 화이트 와인을 생산한다.

■ ○

35 프랑스 소테른(Sauternes) AOC 명칭으로 생산을 할 수 있는 마을은 5곳으로 프레냑(Preignac), 파르그(Fargues), 봄므(Bommes), 바르삭(Barsac), 소테른(Sauternes)이다.

■ ○

36 샤토 라빌 오브리옹(Château Laville Haut-Brion) 와인은 프랑스 보르도(Bordeaux)의 페싹 레오냑(Pessac-Léognan) AOC로 레드 와인만 생산한다.

■ X

화이트 와인만 생산한다.

37 샤토 라 고메리(Château La Gomerie) 와인은 메를로(Merlot) 100%로 만들어진다.

■ ○

38 프랑스 부르고뉴(Bourgogne) 최초의 AOC는 1936년 지정된 모레 생드니(Morey-Saint-Denis)이다.

■ ○

39 라 무톤느(La Moutonne)는 프랑스 샤블리 프르미에 크뤼(Chablis Premier Cru) AOC이다.

■ X

프랑스 샤블리 그랑 크뤼 AOC는 블랑쇼(Blanchots), 부그로(Bougros), 레 클로(Les Clos), 그르누이(Grenouilles), 레 프뢰즈(Les Preuses), 보데지르(Vaudésir), 발뮈(Valmur), 라 무톤느(La Moutonne)가 있으며, 라 무톤느는 공식적인 그랑 크뤼는 아니지만 보데지르와 그르누이 사이에 위치하여 그랑 크뤼 수준으로 통용된다.

40 보쿠팽(Vaucoupin)은 샤블리 그랑 크뤼(Chablis Grand Cru) AOC 명칭이다.

■ X

샤블리 프르미에 크뤼(Chablis Premier Cru)는 몽 드 밀리유(Mont de Milieu), 몽테 드 토네르(Montée de Tonnerre), 푸르숌(Fourchaume), 바이용(Vaillons), 몽맹(Montmains), 코트 드 레셰(Côte de Léchet), 보루아(Beauroy), 볼리노(Vauligneau), 보드베(Vaudevey), 보쿠팽(Vaucoupin), 레 푸르노(Les Fourneaux), 코트 드 보바루쓰(Côte de Vaubarousse), 베르디오(Berdiot), 숌므 드 탈바(Chaume de Talvat), 코트 드 주안(Côte de Jouan), 레 보르갸즈(Les Beauregards)가 있다.

41 프랑스 부르고뉴(Bourgogne) 주브레 샹베르탱(Gevrey-Chambertin) 마을에서 가장 면적이 넓은 그랑 크뤼(Grand Cru) AOC는 샤름 샹베르탱(Charmes Chambertin) AOC이다.

■ ○

주브레 샹베르탱의 그랑 크뤼 AOC는 샹베르탱(Chambertin), 샹베르탱 클로 드 베즈(Chambertin-Clos de Bèze), 샤름 샹베르탱, 마조이에르 샹베르탱(Mazoyères-Chambertin), 샤펠 샹베르탱(Chapelle-Chambertin), 그리오트 샹베르탱(Griotte-Chambertin), 라트리시에레 샹베르탱(Latricières-Chambertin), 마지 샹베르탱(Mazis-Chambertin), 뤼쇼트 샹베르탱(Ruchottes-Chambertin)이 있다.

42 도멘 드 라 로마네 콩티(Domaine de la Romanée-Conti)에서 단독으로 소유하고 있는 포도밭은 로마네 콩티(Romanée-Conti) AOC와 라 로마네(La Romanée) AOC이다.

■ X

로마네 콩티 AOC와 라 타슈(La Tâche) AOC이다.

43 앙보네(Ambonnay)와 투르 쉬르 마른(Tours-sur-Marne)은 샹파뉴(Champagne)의 프르미에 크뤼(Premier Cru) 포도밭이다.

■ X

샹파뉴의 그랑 크뤼(Grand Cru) 포도밭은 보몽 쉬르 벨(Beaumont sur Vesle), 베르즈네(Verzenay), 마이(Mailly), 실르리(Sillery), 베르지(Verzy), 퓌시유(Puisieulx), 앙보네, 루부아(Louvois), 부지(Bouzy), 아이(Aÿ), 투르 쉬르 마른, 크라망(Cramant), 아비즈(Avize), 슈이이(Chouilly), 오제르(Oger), 르 메닐 쉬르 오제르(Le Mesnil sur Oger), 우아리(Oiry) 이다.

44 프레스티지 퀴베(Prestige Cuvée)는 일반적으로 장기간 숙성시킨 빈티지 샴파뉴로 그랑 크뤼(Grand Cru) 포도밭의 최고의 포도로 만든다.

■ ○

45 루이 뢰더러(Louis Roederer)의 프레스티지 퀴베(Prestige Cuvée)는 라 그랑드 안네(La Grande Année)이다.

■ X

루이 뢰더러의 프레스티지 퀴베는 크리스탈(Crystal)이며, 라 그랑드 안네는 볼랭저(Bollinger)의 빈티지 샴파뉴이다.

46 파이퍼 하이직(Piper Heidsieck)의 프레스티지 퀴베(Prestige Cuvée)는 라르(Rare)이다.

■ ○

47 프랑스에서 크레망(Crémant)은 샴파뉴(Champagne) 외에 모든 스파클링 와인의 총칭으로 3기압 이상이며 제조법은 어떤 방식이든 상관없다.

■ X

크레망이 아닌 뱅 무쇠(Vin Mousseux)의 설명이며, 페티앙(Pétillant)은 2기압 정도의 압력이 약한 스파클링 와인이다. 크레망은 샴파뉴보다 조금 압력이 약한 스파클링 와인으로 샴파뉴가 5~6기압인데 비하여 크레망은 3.5~4.0기압이다.

48 프랑스 론(Rhône) 지역의 코트 로티(Côte-Rôtie) AOC의 품종은 시라(Syrah)에 루쌘느(Roussanne)와 마르산느(Marsanne)를 20%까지 블렌딩할 수 있다.

■ X

루쌘느와 마르산느가 아닌 비오니에(Viognier)를 블렌딩한다.

49 프랑스 론(Rhône) 지역의 생조셉(Saint-Joseph) AOC에서는 시라(Syrah)에 루쌘느(Roussanne)와 마르산느(Marsanne)를 10%까지 블렌딩 할 수 있다.

■ ○

50 프랑스 론(Rhône) 지역의 크로즈 에르미타주(Crozes-Hermitage) AOC에서는 시라(Syrah)에 비오니에(Viognier)를 15%까지 블렌딩 할 수 있다.

■ X

비오니에가 아닌 루쌍느(Roussanne)와 마르산느(Marsanne)를 블렌딩해야 한다.

51 프랑스 루아르(Loire) 지역의 푸이 쉬르 루아르(Pouilly-sur-Loire) AOC는 샤쓸라(Chasselas)로 만들며, 소비뇽 블랑(Sauvignon Blanc)을 블렌딩할 수 있다.

■ ○

52 프랑스 알자스(Alsace) 그랑 크뤼(Grand Cru) 와인을 만드는 네 가지 품종은 뮈스카(Muscat), 리슬링(Riesling), 게뷔르츠트라미너(Gewürztraminer), 피노 블랑(Pinot Blanc)이다.

■ X

피노 블랑(Pinot Blanc)이 아닌 피노 그리(Pinot Gris) 품종이다.

53 프랑스 랑그독(Languedoc)에서 최초로 1948년에 지정된 AOC 명칭은 피투(Fitou)이다.

■ ○

54 프랑스 부르고뉴(Bourgogne) 지역의 레 샤르니에르(Les Charnières)는 사비니 레 본(Savigny-Lès-Beaune) AOC의 그랑 크뤼(Grand Cru) 포도밭이다.

■ X

사비니 레 본 지역에 그랑 크뤼 포도밭은 없으며, 레 샤르니에르는 프르미에 크뤼(Premier Cru)이다. 사비니 레 본의 프르미에 크뤼(Premier Cru)로는 오 클루(Aux Clous), 오 푸르노(Aux Fourneaux), 오 그라뱅(Aux Gravains), 오 귀에트(Aux Guettes), 오 세르펜티에르(Aux Serpentières), 바쓰 베르즐레스(Basses Vergelesses), 바타이에르(Bataillère), 샹 슈브레(Champ Chevrey), 라 도미노드(La Dominode), 레 샤르니에르, 레 오 자롱(Les Hauts Jarrons), 레 오 마르코네(Les Hauts Marconnets), 레 자롱(Les Jarrons), 레 라비에르(Les Lavières), 레 마르코네(Les Marconnets), 레 나르방통(Les Narbantons), 레 푸이예(Les Peuillets), 레 루브레트(Les Rouvrettes), 레 탈메트(Les Talmettes), 레 베르즐레스(Les Vergelesses), 프티 고도(Petits Godeaux), 르드레퀼(Redrescul)이 있다.

01 프랑스 보르도(Bordeaux)의 유명한 와인 산지가 아닌 곳은 어디인가?
① 메독(Médoc) ② 그라브(Graves)
③ 보졸레(Beaujolais) ④ 포므롤(Pomerol)

■ ③

보졸레(Beaujolais)는 행정구역상 프랑스 부르고뉴(Bourgogne)에 속한 유명한 와인 산지이다.

02 프랑스 보르도(Bordeaux)에서 재배하는 포도 품종이 아닌 것은 무엇인가?
① 카리냥(Carignan) ② 카베르네 소비뇽(Cabernet Sauvignon)
③ 말벡(Malbec) ④ 메를로(Merlot)

■ ①

카리냥(Carignan)은 프랑스 남부지역에서 재배하는 적포도 품종이다.

03 프랑스 소테른(Sauternes) 지역의 프르미에 그랑 크뤼(Premier Grand Cru) 등급의 스위트 와인은 무엇인가?
① 샤토 라투르(Château Latour) ② 샤토 디켐(Château d'Yquem)
③ 페트뤼스(Petrus) ④ 샤토 마고(Château Margaux)

■ ②

04 프랑스 부르고뉴 지역의 와인은 무엇인가?
① 생테밀리옹(St.-Émilion) ② 에르미타주(Hermitage)
③ 로마네 콩티(Romanée-Conti) ④ 그라브(Graves)

■ ③

05 프랑스 코트 뒤 론(Côtes du Rhône) 지역에 대한 설명으로 올바르지 않은 것은 무엇인가?

① 남부와 북부 두 지역으로 나뉘어진다.
② 북부에서는 레드 와인을 만드는 단일 품종으로 시라(Syrah)를 사용한다.
③ 남부에서는 그르나슈(Grenache), 시라(Syrah), 무르베드르(Mourvedre)를 중심으로 블렌딩한다.
④ 북부의 유명한 와인 산지로는 샤토뇌프 뒤 파프(Châteauneuf-du-Pape), 지공다스(Gigondas) 등이 있다.

■ ④

샤토뇌프 뒤 파프, 지공다스는 남부 론의 유명한 와인 산지이다.

06 프랑스 보르도(Bordeaux)와 부르고뉴(Bourgogne) 와인에 대한 설명으로 올바르지 않은 것은 무엇인가?

① 보르도는 일반적으로 개별 샤토에 따라 등급이 부여된다.
② 부르고뉴는 와인을 양조할 때 블렌딩을 하지 않는 경우가 대부분이다.
③ 보르도는 화이트 와인에 세미용(Sémillon)과 알리고테(Aligoté) 품종 등을 블렌딩한다.
④ 부르고뉴는 일반적으로 포도밭 별로 등급을 매긴다.

■ ③

보르도 화이트 와인 블렌딩에 사용하는 주품종은 세미용과 소비뇽 블랑(Sauvignon Blanc)이며 알리고테는 부르고뉴에서 재배하는 청포도 품종이다.

07 프랑스 3대 로제 와인이 아닌 것은 무엇인가?

① 프로방스의 방돌 로제(Bandol rosé)
② 부르고뉴의 마콩 로제(Mâcon rosé)
③ 남부 론 지역의 타벨 로제(Tavel rosé)
④ 루아르 지역의 로제 당주(Rosé d'Anjou)

■ ②

08 프랑스 소테른(Sauternes) 지역에서 귀부(Noble Rot) 와인을 생산하는 포도 품종이 아닌 것은 무엇인가?

① 뮈스카델(Muscadelle)　② 소비뇽 블랑(Sauvignon Blanc)
③ 세미용(Sémillon)　④ 모스카토(Moscato)

■ ④

09 보졸레 누보(Beaujolais Nouveau)에 대한 설명으로 올바르지 않은 것은 무엇인가?

① 11월 세 번째 목요일 새벽 0시를 기해 전세계에서 동시에 판매된다.

② 보졸레 누보라는 명칭은 일정 기준을 충족시킨 보졸레 지역의 햇 포도주에만 붙일 수 있다.

③ 1년 이상의 오크 숙성과정을 거쳐 여과 후 병입된다.

④ 포도 품종은 가메(Gamay)이다.

■ ③

보졸레 누보는 발효 후 짧은 숙성과정을 거친다.

10 프랑스 메독(Médoc)의 그랑 크뤼 클라쎄(Grand Cru Classé) 1등급 와인에 해당하지 않는 것은 무엇인가?

① 샤토 무통 로칠드(Château Mouton Rothschild)

② 샤토 라피트 로칠드(Château Lafite Rothschild)

③ 샤토 오브리옹(Château Haut-Brion)

④ 샤토 탈보(Château Talbot)

■ ④

11 프랑스 부르고뉴(Bourgogne) AOC 명칭이 아닌 것은 무엇인가?

① 샤블리(Chablis)

② 코트 샬로네즈(Côte Chalonnaise)

③ 코트 드 뉘(Côtes de Nuits)

④ 코트 로티(Côte Rôtie)

■ ④

코트 로티는 북부 론(Rhône) 지역의 AOC 명칭이다.

12 샴파뉴 양조과정 중 데고르주망(Degorgemént)에서 제거된 양만큼의 와인과 당 등을 첨가하는 작업은 무엇인가?

① 르뮈아주(Remuage) ② 퀴베(Cuvée)

③ 도자주(Dosage) ④ 티라주(Tirage)

■ ③

13 프랑스 알자스(Alsace)의 대표 포도 품종은 무엇인가?
   ① 샤르도네(Chardonnay)
   ② 카리냥(Carignan)
   ③ 카베르네 소비뇽(Cabernet Sauvignon)
   ④ 게뷔르츠트라미너(Gewürztraminer)

■ ④

14 프랑스 보르도(Bordeaux)에서 비공식적이고 관습적인 등급을 운용하는 지역은 어디인가?
   ① 포므롤(Pomerol)   ② 메독(Médoc)
   ③ 생테밀리옹(St.-Émilion)   ④ 그라브(Graves)

■ ①

프랑스 보르도 지역에는 메독의 등급(1855년), 소테른의 등급(1855년), 생테밀리옹의 등급(1955년), 그라브의 등급(1959년)이 제정되었으며 포므롤의 등급은 비공식적이고 관습적 등급이다.

15 프랑스 샹파뉴(Champagne)의 주품종이 아닌 것은 무엇인가?
   ① 샤르도네(Chardonnay)   ② 피노 누아(Pinot Noir)
   ③ 피노 뫼니에(Pinot Meunier)   ④ 소비뇽 블랑(Sauvignon Blanc)

■ ④

16 프랑스 루아르(Loire) 지역의 푸이 퓌메(Pouilly-Fumé) AOC와 상세르(Sancerre) AOC의 공통된 포도 품종은 무엇인가?
   ① 샤르도네(Chardonnay)   ② 소비뇽 블랑(Sauvignon Blanc)
   ③ 피노 누아(Pinot Noir)   ④ 뮈스카델(Muscadelle)

■ ②

17 프랑스 와인 산지와 대표적인 포도 품종의 연결이 올바르지 않은 것은 무엇인가?
   ① 보졸레(Beaujolais) - 가메(Gamay)
   ② 보르도(Bordeaux) - 카베르네 소비뇽(Carbernet Sauvignon)
   ③ 알자스(Alsace) - 게뷔르츠트라미너(Gewürztraminer)
   ④ 부르고뉴(Bourgogne) - 세미용(Sémillon)

■ ④

18 프랑스 보르도(Bordeaux) 보르도 메독(Médoc) 지역의 와인 산지가 아닌 곳은 어디인가?
① 본(Beaune)
② 생줄리앙(Saint-Julien)
③ 포이약(Pauillac)
④ 마고(Margaux)

■ ①

19 프랑스 보르도(Bordeaux) 생테밀리옹(Saint-Émilion)의 프르미에 그랑 크뤼 클라쎄(Premier Grand Cru Classé) B등급의 와인이 아닌 것은 무엇인가?
① 샤토 카농(Château Canon)
② 샤토 파비(Château Pavie)
③ 끌로 푸르테(Clos Fourtet)
④ 샤토 발란드로(Château Valandraud)

■ ②

2012년 개정 기준, 샤토 파비는 생테밀리옹의 프르미에 그랑 크뤼 클라쎄 A등급에 해당된다.

20 프랑스 부르고뉴(Bourgogne) 코트 드 뉘(Côte de Nuits) 지역의 그랑 크뤼(Grand Cru) 명칭이 아닌 것은 무엇인가?
① 샹베르탱(Chambertin)
② 로마네 콩티(Romanée-Conti)
③ 뮈지니(Musigny)
④ 코르통(Corton)

■ ④

코르통은 프랑스 부르고뉴 코트 드 본(Côtes de Beaune) 그랑 크뤼 와인이다. 코트 드 본 그랑 크뤼는 코르통(Corton), 몽라셰(Montrachet), 코르통 샤를마뉴(Corton-Charlemagne) 등이 있다.

21 프랑스 쥐라(Jura) 와인에 대한 설명으로 올바르지 않은 것은 무엇인가?
① 뱅 푸(Vin Fou)는 스파클링 와인이다.
② 뱅 드 파이으(Vin de Paille)는 건조한 포도로 장기간 발효하여 4년 이상 숙성 시킨 와인이다.
③ 짙은 색의 레드 와인인 뱅 그리(Vin Gris)를 생산한다.
④ 풀사르(Poulsard), 트루쏘(Trousseau), 사바냥(Savagnin) 품종으로 와인을 양조한다.

■ ③

뱅 그리는 쥐라의 색깔이 옅은 로제(Rosé) 와인이다.

22 프랑스 샤블리(Chablis) 그랑 크뤼(Grand Cru)에 속한 7개 클리마의 명칭으로 올바르지 않는 것은 무엇인가?

① 부그로(Bougros)　　② 레 클로(Les Clos)
③ 그르누이(Grenouilles)　　④ 셰나(Chénas)

■ ④

프랑스 샤블리 그랑 크뤼 AOC는 블랑쇼(Blanchots), 부그로, 레 클로, 그르누이, 레 프뢰즈(Les Preuses), 보데지르(Vaudésir), 발뮈르(Valmur), 라 무톤느(La Moutonne)가 있다. 셰나는 프랑스 보졸레(Beaujolais)의 10개 크뤼(Cru) 중 하나이다.

23 프랑스 샹파뉴(Champagne) 지역에서 스틸 타입의 화이트, 레드, 로제 와인을 만드는 AOC 명칭은 무엇인가?

① 코토 샹프느와즈(Côteaux Champenois)
② 로제 드 리세(Rosé de Riceys)
③ 코트 데 블랑(Côte des Blancs)
④ 오브(Aube)

■ ①

24 프랑스 부르고뉴(Bourgogne) 지역의 코트 드 본(Côte de Beaune)에 대한 설명으로 올바르지 않은 것은 무엇인가?

① 코트 도르(Côte d'Or)의 남쪽에 위치한다.
② 레드 와인만을 생산한다.
③ 유명한 와인으로는 코르통(Corton), 포마르(Pommard) 등이 있다.
④ 그랑 크뤼(Grand Cru) 와인으로는 코르통, 몽라셰(Montrachet) 등이 대표적이다.

■ ②

프랑스 부르고뉴 코트 드 본 지역은 화이트 와인과 레드 와인 모두를 생산한다.

25 프랑스 보르도(Bordeaux)의 스위트 와인 산지와 드라이 와인 산지의 연결로 올바르지 않은 것은 무엇인가?

① 소테른(Sauternes) – 그라브(Graves)
② 그라브(Graves) – 페싹 레오냥(Pessac-Léognan)
③ 바르삭(Barsac) – 보르도(Bordeaux)
④ 세롱(Cérons) – 페싹 레오냥(Pessac-Léognan)

■ ②

②번은 두 지역 모두 드라이 와인을 생산하는 지역이다.
- 스위트 와인 생산지 : 바르삭, 보르도 슈페리에(Bordeaux Superieur), 카디악(Cadillac), 세롱, 소테른 등
- 드라이 화이트 와인 생산지 : 보르도, 코트 드 블라예(Côtes-de-Blaye), 그라브, 페싹 레오냥, 크레망 드 보르도(Crémant de Bordeaux) 등

26 프랑스의 보르도의 그랑 크뤼 와인과 세컨드 와인의 연결로 올바르지 않은 것은 무엇인가?

① 샤토 마고(Château Margaux) – 파비용 루즈 뒤 샤토 마고(Pavillon Rouge du Château Margaux)
② 샤토 라피트 로칠드(Château Lafite Rothschild) – 카뤼아데 드 라피트(Carruades de Lafite)
③ 샤토 오브리옹(Château Haut-Brion) – 샤토 라 미숑 오브리옹(Château La Mission Haut-Brion)
④ 샤토 슈발 블랑(Château Cheval Blanc) – 프티 슈발(Petit Cheval)

■ ③

샤토 오브리옹의 세컨드 와인은 르 클라랑스 드 오브리옹(Le Clarence de Haut-Brion)이다.

27 프랑스 부르고뉴(Bourgogne) 코트 드 뉘(Côtes de Nuits) 지역에 속한 AOC 명칭에 속하지 않는 것은 무엇인가?

① 픽생(Fixin)
② 주브레 샹베르탱(Gevery-Chambertin)
③ 샹볼 뮈지니(Chamboll-Musigny)
④ 볼네(Volnay)

■ ④

볼네는 코트 드 본(Côte de Beaune) 지역에 속한 AOC 명칭이다.

28 프랑스 알자스(Alsace)의 그랑 크뤼(Grand Cru) 와인이 되기 위한 요건이 아닌 것은 무엇인가?
① 지정된 51개의 그랑 크뤼 포도밭에서 수확한 포도로 만들어져야 한다.
② 단일 빈티지(Vintage)여야 한다.
③ 생산량은 55hL/ha 미만으로 한정된다.
④ 네고시앙이 아닌 개별 생산자가 생산한 와인이어야 한다.

■ ④

①, ②, ③번은 2004년 프랑스 알자스가 그랑 크뤼 제도를 개정하면서 제시한 요건들이다. ④번 생산자에 대한 규제 조항은 없다.

29 프랑스 보르도(Bordeaux) 메독(Médoc)의 그랑 크뤼 클라쎄(Grand Cru Classé) 2등급 와인이 아닌 것은 무엇인가?
① 샤토 팔메(Château Palmer)
② 샤토 브랑 캉트낙(Château Brane-Cantenac)
③ 샤토 로장 가시(Château Rauzan-Gassies)
④ 샤토 뒤포르 비방(Château Durfort-Vivens)

■ ①

2등급 와인은 브랑 캉트낙, 코스 데스투르넬(Cos d'Estournel), 뒤크리 보카이유(Ducru Beaucaillou), 뒤포르 비방, 그뤼오 라로즈(Gruaud-Larosé), 라스콩브(Lascombes), 레오빌 바르통(Léoville-Barton), 레오빌 라스카스(Léoville-Las Cases), 레오빌 푸아페레(Léoville-Poyferre), 몽로즈(Montrosé), 피숑 롱그빌 바롱(Pichon-Longueville Baron), 피숑 롱그빌 콩테스 드 라랑드(Pichon Longueville Comtesse de Lalande), 로장 가시, 로장 세글라(Rauzan-Ségla)가 있다. 샤토 팔메는 3등급 와인이다.

30 프랑스 보르도(Bordeaux) 메독(Médoc)의 그랑 크뤼 클라쎄(Grand Cru Classé) 3등급 와인이 아닌 것은 무엇인가?
① 샤토 칼롱 세귀르(Château Calon-Ségur)
② 샤토 베이슈벨(Château Beychevelle)
③ 샤토 캉트낙 브라운(Château Cantenac-Brown)
④ 샤토 라 라귄(Château La Lagune)

■ ②

샤토 베이슈벨은 보르도 생줄리앙(Saint-Julien)의 4등급 와인이다.

31 프랑스 보르도(Bordeaux) 메독(Médoc)의 그랑 크뤼 클라쎄(Grand Cru Classé) 4등급 와인이 아닌 것은 무엇인가?

① 샤토 라퐁 로쉐(Château Lafon-Rochet)
② 샤토 푸제(Château Pouget)
③ 샤토 랑고아 바르통(Château Langoa-Barton)
④ 샤토 프리외레 리신(Château Prieuré-Lichine)

■ ③

샤토 랑고아 바르통은 프랑스 보르도 생줄리앙(Saint-Julien)의 3등급 와인이다.

32 프랑스 보르도(Bordeaux) 메독(Médoc)의 그랑 크뤼 클라쎄(Grand Cru Classé) 5등급 와인이 아닌 것은 무엇인가?

① 샤토 바타이(Château Batailley)
② 샤토 랭쉬 바주(Château Lynch-Bages)
③ 샤토 도작(Château Dauzac)
④ 샤토 마르퀴 드 테름(Château Marquis de Terme)

■ ④

샤토 마르퀴 드 테름은 프랑스 보르도 마고(Margaux) 지역의 그랑 크뤼 클라쎄 4등급 와인이다.

33 프랑스 퓔리니 몽라셰(Puligny-Montrachet) AOC에 속하지 않는 것은 무엇인가?

① 레 르페르(Les Referts)   ② 레 카이유레(Les Caillerets)
③ 레 폴라티에르(Les Folatieres)   ④ 레 뤼쇼트(Les Ruchottes)

■ ④

레 뤼쇼트는 샤싸뉴 몽라셰(Chassagne-Montrachet)의 프르미에 크뤼(Premier Cru) 포도밭이다.

34 프랑스 보졸레(Beaujolais) 10개 크뤼(Cru) 중 가장 늦게 승격된 크뤼 명칭은 무엇인가?

① 줄리에나(Juliénas)   ② 레니에(Régnié)
③ 브루이(Brouilly)   ④ 생타무르(Saint-Amour)

■ ②

셰나(Chénas), 쉬루블(Chiroubles), 플뢰리(Fleurie), 모르공(Morgon), 물랭아방(Moulin-â-Vent)은 1936년에 승격되었고, 브루이(Brouilly), 코트 드 브루이(Côte de Brouilly), 줄리에나는 1938년에, 생타무르는 1946년에, 레니에는 1988년에 열 번째 크뤼로 승격되었다.

35 프랑스 샴파뉴 앙리오(Champagne Henriot)의 프레스티지 퀴베(Prestige Cuvée)는 무엇인가?

① 그랑 밀레짐(Grand Millesime) ② 바카라(Baccarat)
③ 그랑 시에클(Grand Siècle) ④ 라르(Rare)

■ ②

그랑 밀레짐은 고세(Gosset), 그랑 시에클은 로랑 페리에(Laurent-Perrier), 라르는 파이퍼 하이직(Piper Heidsieck)의 프레스티지 퀴베이다.

36 2006년 제정된 AOC로, 프랑스 루아르(Loire) 지역에서 카베르네 프랑(Cabernet Franc)으로 만드는 레드 와인 산지는 어디인가?

① 오를레앙 클레리(Orléans-Cléry)
② 생 니콜라스 드 부르게이(Saint Nicolas de Bourgueil)
③ 쉬농(Chinon)
④ 캥시(Quincy)

■ ①

오를레앙은 2006년 제정된 AOC로 레드, 로제, 화이트 와인을 포함하며 피노 누아(Pinot Noir)와 샤르도네(Chardonnay)를 주품종으로 와인을 만들고 있다. 오를레앙 클레리 AOC는 카베르네 프랑을 주품종으로 만드는 레드 와인 산지로 규모가 더 작다.

37 프랑스 사부아(Savoie) 지역의 포도 품종이 아닌 것은 무엇인가?

① 자케르(Jaquère) ② 알테쓰(Altesse)
③ 마레스텔(Marestel) ④ 몽두즈(Mondeuse)

■ ③

마레스텔은 사부아 지역의 세부 명칭이다.

38 프랑스 프로방스(Provence) 지역의 AOC 명칭이 아닌 것은 무엇인가?

① 카시스(Cassis)
② 코토 드 로방스(Côteaux de l'Aubance)
③ 벨레(Bellet)
④ 팔레트(Pallette)

■ ②

코토 드 로방스는 루아르(Loire) 지역의 AOC 명칭이다.

39 프랑스 코르스(Corse)에서 재배하는 포도 품종이 아닌 것은 무엇인가?

① 시아카렐로(Sciaccarello) ② 니엘뤼치오(Niellucio)
③ 베르멘티노(Vermentino) ④ 시노마브로(Xinomavro)

■ ④

시노마브로는 그리스 전역에서 널리 재배되며 북부에서 레드 와인을 만드는 포도 품종이다.

40 프랑스 보르도(Bordeaux) 그라브(Grave) 지역에서 레드 와인만 생산하는 샤토는 무엇인가?

① 샤토 라빌 오브리옹(Château Laville Haut-Brion)
② 샤토 쿠앵 뤼르통(Château Couhins-Lurton)
③ 샤토 드 피우잘(Château de Fieuzal)
④ 샤토 쿠앵(Château Couhins)

■ ③

41 프랑스 보르도(Bordeaux) 그라브(Grave) 지역에서 화이트 와인만 생산하는 샤토는 무엇인가?

① 샤토 오바이(Château Haut-Bailly)
② 샤토 부스코(Château Bouscaut)
③ 샤토 피우잘(Château Fieuzal)
④ 샤토 라빌 오브리옹(Château Laville Haut-Brion)

■ ④

42 프랑스 소테른(Sauternes) 와인 중 1등급의 와인이 아닌 것은 무엇인가?

① 샤토 카이유(Château Caillou)
② 샤토 쉬뒤로(Château Suduiraut)
③ 샤토 쿠테(Château Coutet)
④ 샤토 드 렌느비뇨(Château de Rayne-Vigneau)

■ ①

샤토 카이유는 바르삭(Barsac)의 그랑 크뤼 클라쎄(Grand Cru Classé) 2등급 와인이다.

43 프랑스 소테른(Sauternes)의 그랑 크뤼 클라쎄(Grand Cru Classé) 2등급 와인이 아닌 것은 무엇인가?

① 샤토 네락(Château Nairac)
② 샤토 라 투르 블랑슈(Château La Tour Blanche)
③ 샤토 다르슈(Château d'Arche)
④ 샤토 드 말르(Château de Malle)

■ ②

샤토 라투르 블랑슈는 소테른의 그랑 크뤼 클라쎄 1등급 와인이다.

44 프랑스 부르고뉴(Bourgogne)에서 1936년 최초의 AOC가 된 지역은 어디인가?

① 마랑주(Marange)
② 모레 생드니(Morey-Saint-Denis)
③ 라두아(Ladoix)
④ 주브레 샹베르탱(Geverey-Chambertin)

■ ②

45 프랑스 샤블리(Chablis) 지역의 그랑 크뤼(Grand Cru) 명칭이 아닌 것은 무엇인가?

① 그르누이(Grenouilles)   ② 보데지르(Vaudésir)
③ 푸르숌(Fourchaume)   ④ 발뮈르(Valmur)

■ ③

푸르숌은 샤블리 프르미에 크뤼(Premier Cru) 명칭이다.

46 프랑스 샤블리(Chablis) 지역의 프르미에 크뤼(Premier Cru) 명칭이 아닌 것은 무엇인가?

① 보쿠팽(Vaucoupin)   ② 바이용(Vaillons)
③ 리스(Lys)   ④ 부그로(Bougros)

■ ④

부그로는 샤블리 그랑 크뤼(Grand Cru) 명칭이다.

47 프랑스 부르고뉴(Bourgogne) 주브레 샹베르탱(Gevrey-Chambertin)의 그랑 크뤼(Grand Cru) 포도밭 중에서 가장 면적이 작은 포도밭은 무엇인가?

① 그리오트 샹베르탱(Griotte-Chambertin)
② 샤펠 샹베르탱(Chapelle-Chambertin)
③ 샹베르탱(Chambertin)
④ 라트리시에레 샹베르탱(Latriciéres-Chambertin)

■ ①

48 프랑스 부르고뉴(Bourgogne)의 도멘 드 라 로마네 콩티(DRC)가 독점한 그랑 크뤼(Grand Cru) 포도밭은 무엇인가?

① 라 로마네(La Romanée)
② 로마네 생비방(Romanée-Saint-Vivant)
③ 라 타슈(La Tâche)
④ 라 그랑 뤼(La Grand-Rue)

■ ③

DRC가 독점한 그랑 크뤼 포도밭은 로마네 콩티(Romanée-Conti)와 라 타슈이다.

49 프랑스 코트 드 본(Côte de Beaune)의 그랑 크뤼(Grand Cru) 포도밭이 아닌 것은 무엇인가?

① 코르통(Corton)
② 코르통 샤를마뉴(Corton-Charlemagne)
③ 샤를마뉴(Charlemagne)
④ 알록스 코르통(Aloxe-Corton)

■ ④

프랑스 부르고뉴 코트 드 본의 그랑 크뤼 포도밭은 몽라셰(Montrache), 코르통, 코르통 샤를마뉴, 샤를마뉴이며, 알록스 코르통은 마을 단위 AOC 명칭이다.

50 프랑스 생산자 몸므쌩(Mommessin)이 단독으로 소유했던 포도밭으로, 2017년 프랑스의 아르테미스(Artémis) 그룹이 인수한 부르고뉴(Bourgogne)의 그랑 크뤼(Grand Cru)는 무엇인가?

① 라 그랑 뤼(La Grande Rue) ② 클로 데 뤼쇼트(Clos des Ruchotte)
③ 클로 데 랑브레(Clos de Lambray) ④ 클로 드 타르(Clos de Tart)

■ ④

51 프랑스 부르고뉴(Bourgogne) 마코네(Mâconnais) 지역의 AOC 명칭이 아닌 것은 무엇인가?
① 생베랑(Saint-Veran)
② 비레 클레쎄(Vire-Cléssé)
③ 부즈롱(Bouzeron)
④ 마콩(Mâcon)

■ ③

프랑스 부르고뉴 마코네의 AOC 명칭으로는 생베랑, 비레 클레쎄, 마콩, 푸이 퓌세(Pouilly-Fuissé), 푸이 로쉐(Pouilly-Loché), 푸이 뱅젤(Pouilly-Vinzelles) 등이 있다.

52 프랑스 샹파뉴(Champagne) 지역에서 코트 데 블랑(Côte des Blancs)에 속한 그랑 크뤼(Grand Cru) 포도밭이 아닌 것은 무엇인가?
① 베르즈네(Verzenay)
② 크라망(Cramant)
③ 아비즈(Avize)
④ 르 메닐 쉬르 오제르(Le Mesnil sur Oger)

■ ①

샹파뉴 코트 데 블랑에 속한 그랑 크뤼 포도밭은 크라망, 아비즈, 르 메닐 쉬르 오제르, 오제르(Oger)가 있으며, 베르즈네는 몽타뉴 드 랭스(Montagne de Reims)에 속한다.

53 프랑스 론(Rhône) 코트 로티(Côte-Rôtie) AOC에서 시라(Syrah)에 비오니에(Viognier) 품종을 블렌딩할 수 있는 최대 비율은 얼마인가?
① 10%
② 15%
③ 20%
④ 25%

■ ③

프랑스 론 지역의 코트 로티에서는 적포도인 시라를 재배하면서 포도밭 사이에 청포도인 비오니에를 심어서 한꺼번에 수확하여 레드 와인을 만든다. AOC 규정에는 비오니에 비율이 20% 이하이지만 보통은 5% 내외를 사용한다. 비오니에는 신맛과 부드러움을 주며 와인의 부케를 강하게 한다.

54 프랑스 론(Rhône) 지역의 뮈스카 봄므 드 브니즈(Muscat de Beaumes-de-Venise)가 AOC로 지정된 해는 언제인가?
① 1935년 ② 1940년
③ 1945년 ④ 1950년

■ ③

55 바이오다이내믹(Biodynamic) 생산방식을 추구하는 와이너리가 아닌 것은 무엇인가?
① 도멘 르루아(Domaine Leroy)
② 엠 샤푸티에(M.Chapoutier)
③ 니콜라 졸리(Nicolas Joly)
④ 이 기갈(E. Guigal)

■ ④

이 기갈은 바이오다이내믹 생산방식을 추구하는 와이너리가 아니다.

56 바이오다이내믹(Biodynamic) 생산방식을 추구하는 와이너리가 아닌 것은 무엇인가?
① 도멘 르루아(Domaine Leroy)   ② 도멘 드 라 로마네 콩티(DRC)
③ 도멘 르플레브(Domaine Leflaive)   ④ 도멘 라피에르(Domaine Lapierre)

■ ④

도멘 라피에르는 유기농 방식으로 와인을 생산한다.

57 프랑스 북부 론 지방 생조셉(Saint-Joseph)의 최초 6개 코뮌으로 올바르지 않은 것은 무엇인가?
① 무브(Mouves)
② 생 장 드 뮈졸(Saint-Jean-de-Muzols)
③ 레 쥐멜(Les Jumelles)
④ 글렁(Glun)

■ ③

생 조셉의 최초 6개 코뮌으로는 글렁, 무브, 생 장 드 뮈졸, 투르농(Tournon), 렁(Lemps), 비옹(Vion)이 있으며, 레 쥐멜은 코트 로티(Côte Rôtie)의 세부 산지이다.

58 프랑스 부르고뉴의 마랑주(Maranges) AOC에 속한 마을이 아닌 것은 무엇인가?
① 샹피니(Sampigny)   ② 데지즈(Dézize)
③ 슈이이(Cheilly)   ④ 샤쎄 르 캉(Chassey-le-Camp)

■ ④

샤쎄 르 캉은 부즈롱(Bouzeron) AOC에 속한 마을이다.

59 프랑스 부르고뉴 샤싸뉴 몽라셰(Chassagne-Montrachet)의 레드 와인 산지가 아닌 것은 무엇인가?
① 엉 비롱도(En Virondot)   ② 모르조(Morgeot)
③ 라 부드리오트(La Boudriotte)   ④ 클로 생 장(Clos Saint-Jean)

■ ①

엉 비롱도는 샤싸뉴 몽라셰에서 화이트 와인을 생산하는 프르미에 크뤼(Premier Cru) 포도밭이다.

60 프랑스 샤블리(Chablis) 지방에서 소비뇽 블랑(Sauvignon Blanc)을 재배하는 AOC 명칭은 무엇인가?
① 페(Fyé)   ② 생브리(Saint-Bris)
③ 밀리(Milly)   ④ 푸앙쉬(Poinchy)

■ ②

페, 밀리, 푸앙쉬는 샤르도네(Chardonnay)를 생산하는 샤블리 AOC이다.

61 프랑스 샹파뉴(Champagne) 지역의 라헤르트 프레르(Laherte Frères)가 생산하는 샹파뉴 'Les 7'에 사용되지 않는 품종은 무엇인가?
① 피노 블랑(Pinot Blanc)   ② 프티 멜리에(Petit Meslier)
③ 아르반(Arbane)   ④ 트레파(Trepat)

■ ④

트레파는 스페인 카탈루냐(Cataluña) 지역에서 로제 스파클링을 생산하는 토착 품종이다.

62 프랑스 부르고뉴(Bourgogne)의 본 로마네 프르미에 크뤼 크로 파랑투(Vosne-Romanée 1er Cru Cros-Parantoux)는 과거 이 식물을 키우던 포도밭으로, 개간 전에 키우던 식물은 무엇인가?
① 브로콜리(Broccoli) ② 아티초크(Artichoke)
③ 콜리플라워(Cauliflower) ④ 펜넬(Fennel)

■ ②

63 프랑스 쥐라(Jura)에서 와인양조에 사용하는 토착 품종이 아닌 것은 무엇인가?
① 사바냥(Savagnin) ② 풀사르(Poulsard)
③ 트루쏘(Trousseau) ④ 알리고테(Aligoté)

■ ④

64 프랑스 론(Rhône) 지역의 샤토뇌프 뒤 파프(Châteauneuf-du-Pape) AOC에서 블렌딩에 허용된 화이트 품종으로 올바르지 않은 것은 무엇인가?
① 픽풀 블랑(Picpoul Blanc) ② 마르산느(Marsanne)
③ 루싼느(Roussanne) ④ 클레레트(Clairette)

■ ②

2019년 기준 샤토뇌프 뒤 파프의 블렌딩에 허용되는 품종으로는 적포도인 그르나슈(Grenache), 시라(Syrah), 무르베드르(Mourvèdre), 쿠누아즈(Counoise), 생소(Cinsault), 뮈스카르댕(Muscardin), 바카레즈(Vaccarese), 픽풀 누아(Picpoul Noir), 테레 누아(Terret Noir), 청포도인 그르나슈 블랑(Grenache Blanc), 루싼느, 클레레트, 부르불랑(Bourboulenc), 클레레트 로제(Clairette Rosé), 그르나슈 그리(Grenache Gris), 피카르댕(Picardin), 픽풀 블랑, 픽풀 그리(Picpoul Gris) 등이 있다.

단답형

01 포도송이가 작고 껍질이 얇아서 빨리 익는 편에 속하고 풀내음과 아스파라거스 등의 향이 난다. 프랑스 보르도(Bordeaux)의 그라브(Grave), 루아르(Loire) 지역에서 많이 재배되며 퓌메 블랑(Fumé Blanc)이라고도 부르는 이 포도 품종은 무엇인가?

■ 소비뇽 블랑(Sauvignon Blanc)

02 포도를 구입하여 와인을 양조하거나, 발효만 끝낸 상태의 와인을 구입하여 숙성시킨 와인을 자신의 상호로 판매하는 업자를 무엇이라 하는가?

■ 네고시앙(Négociant)

03 일반적으로 프랑스에서 와인 숙성 및 저장 창고로 쓰이는 지하 공간을 이르는 명칭은 무엇인가?

■ 카브(Cave)

04 마세라시옹 카르보닉(Maceration Carbonique) 또는 탄산침용법이라는 독특한 양조법으로 만들어지며, 매년 11월 세 번째 목요일에 출시되는 프랑스 와인의 명칭은 무엇인가?

■ 보졸레 누보(Beaujolais Nouveau)

05 프랑스 보르도(Bordeaux)에서 귀부(Noble Rot) 포도로 만든 스위트 와인 산지는 어디인가?

■ 소테른(Sauternes) 또는 바르삭(Barsac)

06 지명이 '자갈'이라는 뜻에서 유래했으며 배수성이 뛰어난 토양으로 프랑스 보르도(Bordeaux)에서 레드 와인과 화이트 와인 모두를 생산하는 지역은 어디인가?

■ 그라브(Grave)

07 프랑스 보르도(Bordeaux)의 생테스테프(Saint-Éstephe)와 생줄리앙(Saint-Julien) 사이에 위치하며 장기숙성이 가능한 풀바디 레드 와인을 생산한다. 그랑 크뤼 클라쎄(Grand Cru Classé) 1등급 5개 중 3개가 속한 이 지역은 어디인가?

■ 포이약(Pauillac)

08 프랑스 보르도(Bordeaux)의 메독(Médoc) 그랑 크뤼 클라쎄(Grand Cru Classé) 1등급 와인 중, 메독 지역에 속하지 않은 샤토는 무엇인가?

■ 샤토 오브리옹(Château Haut-Brion)

09 프랑스 나폴레옹 3세(Napoleon Ⅲ)가 상공회의소와 함께 메독(Médoc)의 그랑 크뤼 클라쎄(Grand Cru Classé)를 공식적으로 발표한 해는 몇 년도인가?

■ 1855년

10 영국에서 프랑스 보르도(Bordeaux) 지방의 가벼운 레드 와인을 지칭하는 용어는 무엇인가?

■ 클라레(Claret)

11 프랑스 보르도(Bordeaux)의 그라브(Grave) 북부 지역에 위치한 와인 산지로, 1987년 AOC로 지정된 명칭은 무엇인가?

■ 페싹 레오냥(Pessac-Léognan)

이 지역은 그라브 전체 포도밭의 1/4을 차지하며, 주로 레드 와인을 생산하고 있다.

12 프랑스 쥐라(Jura) 지역의 뱅 존(Vin Jaune)의 용기로 사용하는 620mL 용량의 와인 병 이름은 무엇인가?

■ 클라블랭(Clavelin)

13 프랑스 부르고뉴(Bourgogne) 지방의 '담으로 둘러싸인 포도밭'을 지칭하는 명칭은 무엇인가?

■ 클로(Clos)

14 다음 설명에 해당하는 프랑스의 와인 산지는 어디인가?

> 보주(Voges) 산맥과 라인(Rhein)강 사이에 위치하며 석회질, 이회암, 화강암, 사암, 모래와 황토 등 매우 다양한 토양 구성을 보이는 산지이다. 대표 적포도 품종은 피노 누아(Pinot Noir)이며, 청포도 품종은 게뷔르츠트라미너(Gewürztraminer), 피노 그리(Pinot Gris), 리슬링(Riesling), 뮈스카(Muscat), 실바너(Sylvaner), 피노 블랑(Pinot Blanc) 등이다. 화이트 와인의 생산 비중이 높은 편이다.

■ 알자스(Alsace)

15 프랑스 보졸레(Beaujolais) 지역 10개의 크뤼(Cru) 중 하나로, 풍차의 의미를 지니고 있는 크뤼(Cru)의 이름을 쓰시오.

■ 물랭 아 방(Moulin-à-Vent)

16 중세시대 해적들의 약탈을 방어하기 위한 요새였던 둥근 형태의 돌탑에서 그 명칭이 유래하였으며 프랑스 포이약(Pauillac) 지역에 위치한 메독(Médoc)의 그랑 크뤼 클라쎄(Grand Cru Classé) 1등급 와인의 이름을 쓰시오.

■ 샤토 라투르(Château Latour)

17 프랑스 보르도(Bordeaux)의 메독(Médoc) 그랑 크뤼 클라쎄(Grand Cru Classé) 2등급 샤토 코스 데스투르넬(Château Cos d'Estournel), 샤토 몽로즈(Château Montrose), 3등급 샤토 칼롱 세귀르(Château Calon-Ségur) 등이 생산되는 지역의 이름을 쓰시오.

■ 생테스테프(Saint-Estéphe)

18 프랑스 부르고뉴(Bourgogne)의 퓔리니 몽라셰(Puligny-Montrachet)와 더불어 몽라셰(Montrachet) 그랑 크뤼(Grand Cru) 와인을 생산하는 지역 명칭은 무엇인가?

■ 샤싸뉴 몽라셰(Chassagne-Montrachet)

19 뱅 드 타블(Vin de Table)과 뱅 드 페이(Vin de Pays) 등급의 대중적인 와인을 주로 생산하며, 뱅 두 나튀렐(Vin doux Naturel, VDN)과 뱅 드 리쾨르(Vin de Liqueur, VDL)로 유명한 프랑스의 와인 산지는 어디인가?

■ 랑그독 루씨용(Languedoc-Roussillon) 또는 루씨용(Roussillon)

20 1936년 프랑스 최초의 AOC로 지정 받았고 뱅 존(Vin Jaune), 뱅 드 파이으(Vin de Paille), 뱅 그리(Vin Gris) 와인으로 유명한 쥐라(Jura) 지역의 AOC 명칭은 무엇인가?

■ 아르부아(Arbois)

21 몽루이(Montlouis), 부브레(Vouvray), 부르게이(Bourgueil), 쉬농(Chinon) AOC를 포함하는 프랑스 루아르(Loire)의 와인 산지 명칭은 무엇인가?

■ 투렌느(Touraine)

22 바이오다이내믹(Biodynamic)의 발생지로 알려져 있으며, 와인 양조가 니콜라 졸리(Nicolas Joly)로 잘 알려진 프랑스 루아르(Loire)의 AOC 명칭은 어디인가?

■ 쿨레 드 세랑(Coulée de Serrant) 또는 사브니에르(Savenniéres)

23 프랑스 보르도(Bordeaux)의 샤토 무통 로칠드(Château Mouton Rothschild)가 농림부 장관의 명으로 메독(Médoc)의 그랑 크뤼 클라쎄(Grand Cru Classé) 2등급에서 1등급으로 승격된 해는 언제인가?

■ 1973년

24 쥐라기 시절에 형성되어 점토, 석회석, 굴 껍질 등으로 구성되며 샤르도네(Chardonnay) 포도재배에 적합한 프랑스 샤블리(Chablis) 지역의 토양을 무엇이라고 하는가?

■ 키메리지안(Kimmeridgien)

25 프랑스 보르도(Bordeaux)의 메독(Médoc) 그랑 크뤼 클라쎄(Grand Cru Classé)의 1등급 와인 중 포이약(Pauillac)에서 생산되는 세 개의 샤토 이름을 쓰시오.

■ 샤토 라피트 로칠드(Château Lafite-Rothschild), 샤토 라투르(Château Latour), 샤토 무통 로칠드(Château Mouton Rothschild)

26 프랑스 보르도의 샤토 무통 로칠드(Château Mouton Rothschild) 1973년 빈티지 라벨의 그림을 그린 화가는 누구인가?

■ 피카소

27 프랑스 루아르(Loire) 지역에서 므뉘 피노(Menu Pineau)와 프티 피노(Petit Pineau)라고도 불리우며, 슈브르니(Cheverny) AOC, 발랑쎄(Valençay) AOC 및 부브레(Vouvray) AOC에 허용되는 청포도 품종은 무엇인가?

■ 아르부아(Arbois)

28 프랑스 쥐라(Jura) 지역에서 포도즙과 프랑슈 콩테(Franche Comté) 지역의 오드비 드 마르(Eau-de-Vie de Marc)를 섞어서 만드는 뱅 드 리쾨르(Vin de Liqueur, VDL)로 1991년에 지정된 AOC 명칭은 무엇인가?

■ 막뱅(Macvin) /막뱅 뒤 쥐라(Macvin du Jura)

29 샤토 마고(Château Margaux)의 세컨드 와인은 무엇인가?

■ 파비용 루즈 뒤 샤토 마고(Pavillon Rouge du Château Margaux)

30 샤토 무통 로칠드(Château Mouton Rothschild)의 세컨드 와인은 무엇인가?

■ 르 프티 무통 드 무통 로칠드(Le Petit Mouton de Mouton Rothschild)

31 샤토 오브리옹(Château Haut-Brion)의 세컨드 와인은 무엇인가?

■ 르 클라란스 드 오브리옹(Le Clarence de Haut-Brion)

32 샤토 오존(Château Ausone)의 세컨드 와인은 무엇인가?

■ 라 샤펠 도존(La Chpelle d'Ausone)

33 샤토 슈발 블랑(Château Cheval Blanc)의 세컨드 와인은 무엇인가?

■ 프티 슈발(Petit Cheval)

34 프랑스 샤블리(Chablis) 그랑 크뤼(Grand Cru) 7개 클리마(Climat)을 쓰시오.

■ 블랑쇼(Blanchots), 부그로(Bougros), 레 클로(Les Clos), 그르누이(Grenouilles), 레 프레즈(Les Preuses), 보데지르(Vaudésir), 발뮈(Valmur)

35 프랑스 부르고뉴(Bourgogne)의 모레 생드니(Morey-Saint-Denis)와 샹볼 뮈지니(Chambolle-Musigny)에 걸쳐있는 그랑 크뤼(Grand Cru) 포도밭은 무엇인가?

■ 본 마르(Bonnes Mares)

36 프랑스 부르고뉴(Bourgogne)의 도멘 드 라 로마네 콩티(Domaine de la Romannée-Conti, DRC)가 독점하는 그랑 크뤼(Grand Cru) 포도밭은 무엇인가?

■ 로마네 콩티(Romanée Conti), 라 타슈(La Tâche)

37 프랑스 부르고뉴(Bourgogne)의 퓔리니 몽라셰(Puligny-Montrachet)에 속한 그랑 크뤼(Grand Cru) 포도밭 명칭을 모두 쓰시오.

■ 몽라셰(Montrachet), 슈발리에 몽라셰(Chevalier-Montrachet), 바타르 몽라셰(Bâtard-Montrachet), 비엔브뉘 바타르 몽라셰(Bienvenue-Bâtard-Montrachet)

38 프랑스 보졸레(Beaujolais)의 10개 크뤼(Cru)를 쓰시오.

■ 생타무르(Saint-Amour), 줄리에나(Juliénas), 브루이(Brouilly), 코트 드 브루이(Côte de Brouilly), 셰나(Chénas), 쉬루블(Chiroubles), 플뢰리(Fleurie), 모르공(Morgon), 물랭아방(Moulin-à-Vent), 레니에(Régnié)

39 프랑스 샹파뉴(Champagne)의 몽타뉴 드 랭스(Montagne de Reims) 지역에 속한 그랑 크뤼(Grand Cru) 포도밭 명칭을 쓰시오.

■ 앙보네(Ambonnay), 아이(Aÿ), 부지(Bouzy), 베르즈네(Verzenay), 베르지(Verzy)

40 뵈브 클리코(Veuve Clicquot)의 프레스티지 퀴베(Prestige Cuvée)의 명칭은 무엇인가?

■ 라 그랑 담(La Grande Dame)

41 프랑스 북부 론(Rhône)에서 비오니에(Viognier) 품종으로 생산하는 모노폴(Monopole) AOC 명칭은 무엇인가?

■ 샤토 그리예(Château Grillet)

42 프랑스 론(Rhône) 지방에서 최초의 뱅 두 나튀렐(Vin Doux Naturel, VDN)을 생산한 AOC 명칭은 무엇인가?

■ 라스토(Rasteau)

43 프랑스 알자스(Alsace)에서는 늦게 수확한 포도로 만든 (A   )와 귀부 포도(Noble Rot)로 만든 (B   ), 전통방식(Methode Traditionnel)으로 만든 스파클링 와인(C   )가 있다. A, B, C를 순서대로 쓰시오.

■ A : 방당주 타르티브(Vendange Tardive), B : 셀렉시옹 드 그랑 노블(Sélection de Grains Nobles), C : 크레망 달자스(Crémant d'Alsace)

44 프랑스 루아르(Loire)의 푸이 퓌메(Pouilly-Fumé) 지역에서 소비뇽 블랑(Sauvignon Blanc)이 블렌딩 될 수 있으며, 샤쓸라(Chasselas)로 만드는 AOC는 어디인가?

■ 푸이 쉬르 루아르(Pouilly-sur-Loire)

45 프랑스 코르스(Corse) 지역에서 유일하게 뱅 두 나튀렐(Vin Doux Naturel, VDN)을 생산하는 AOC 명칭은 무엇인가?

■ 뮈스카 뒤 캡 코르스(Muscat du Cap Corse)

46 프랑스 남서부(Sud-Ouest) 지역에서 귀부 포도(Noble Rot)로 스위트 와인을 생산하는 AOC 명칭은 무엇인가?

■ 몽바지약(Monbazillac)

47 샤토(Château)와 네고시앙(Negociant)을 연결하고, 보르도 와인의 판매와 수출까지 중개하는 업자를 부르는 명칭은 무엇인가?

■ 쿠르티에(Courtier)

48 다음 지도의 빈칸에 해당되는 AOC 명칭과, 해당 지역에서 피노 누아(Pinot Noir)와 블렌딩이 허용된 토착 품종명을 각각 쓰시오.

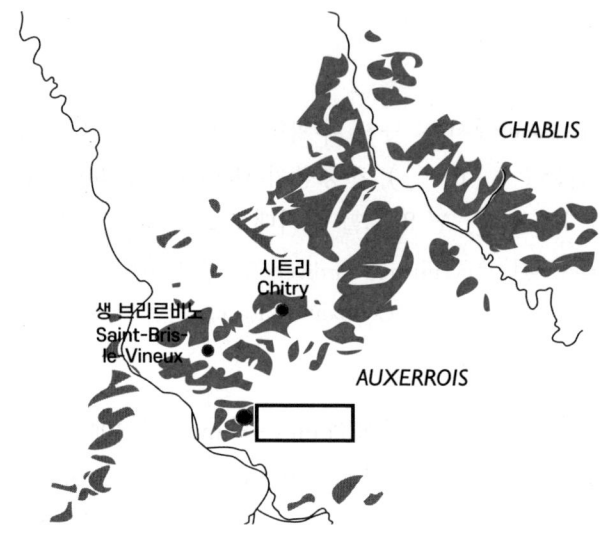

■ 이랑시(Irancy) / 쎄자르(César)

49 프랑스의 샤토 리유쎅(Château Rieussec)과 샤토 나이락(Château Nairac)의 AOC와 등급을 각각 쓰시오.

■ Château Rieussec : 소테른(Sauternes), 프르미에 크뤼(Premier Cru)
　Château Nairac : 바르삭(Barsac), 두지엠므 크뤼(Deuxieme Cru)

50 프랑스 루아르의 코토 뒤 루아(Côteaux du Loir) 지방에서 레드 와인과 로제 와인을 생산하는 토착 품종은 무엇인가?

■ 피노 도니(Pineau d'Aunis)

51 프랑스 부르고뉴에서 재배가 허용된 포도 품종이라면 단일품종 또는 블렌딩으로도 양조 가능하며 레드, 화이트, 스파클링 등 자유로운 스타일로 생산이 가능한 AOC 명칭은 무엇인가?

■ 코토 부르기뇽(Côteaux Bourguignons)

그랑 오디네르(Grand Ordinaire)는 부르고뉴에서 재배가 허용된 품종 내에서 자유로운 방식으로 양조가 가능한 AOC이며 2011년 코토 부르기뇽으로 변경되었다.

52 프랑스 보르도의 메독(Médoc)에 위치한 다음 샤토의 이름 끝에 공통으로 붙는 명칭을 쓰시오.

> 그레씨에(Gressier), 뒤트리치(Dutruch), 라 클로세리(La Closerie), 브라나스(Branas)

■ 그랑 푸조(Grand Poujeaux)

53 프랑스 코르스(Corse)의 대표 포도 품종 3개를 쓰시오.

■ 시아카렐로(Sciaccarello), 베르멘티노(Vermentino) 또는 말부아즈(Malvoise de Corse), 니엘루치오(Nielluccio)

54 프랑스 북서부 낭트(Nante) 주변에 위치한 지역으로 공식적인 와인 산지는 아니지만, 지난 20년 동안 렌(Rennes), 큄페(Quimper), 모를레(Morlaix), 르 퀼로(Le Quillo), 클레게렉(Cléguérec), 생쉴리악(Saint-Suliac), 르 폴고에(Le Folgoët) 등에 소규모 샤토가 생기면서 새로운 와인 산지로 부상하고 있는 지역은 어디인가?

■ 브리타니(Brittany)

55 프랑스 샹파뉴(Champagne) 지방에서 최고의 샤르도네 산지로 유명한 마을 이름 두 곳을 쓰시오.

■ 코트 데 블랑(Côte des Blancs), 코트 드 세잔(Côte de Sézanne)

56 다음 보기의 AOC 명칭이 포함된 프랑스 와인 산지는 어디인가?

> 포르토 베키오(Porto-Vecchio), 피가리(Figari), 사르테느(Sartène), 칼비(Calvi), 아작시오(Ajaccio), 패트리모니오(Patrimonio), 코토 뒤 캡 코르스(Côteaux du Cap Corse)

■ 코르스(Corse)

01 푸이 퓌메(Pouilly-Fumé)와 푸이 퓌쎄(Pouilly-Fuissé)의 생산 지역, 포도 품종, 테루아의 차이점을 비교 설명하시오.

푸이 퓌메는 100% 소비뇽 블랑(Sauvignon Blanc)으로 만들며, 프랑스 루아르(Loire) 지방의 화이트 와인이다. 퓌메(Fumé)는 연기(Smoke)를 뜻하며, 이 이름은 이른 아침 이 지역을 자욱하게 덮은 안개가 아침 햇살에 사라질 때 하얀 연기처럼 피어오르는 광경에서 유래되었다. 푸이 퓌메의 테루아는 키메리지안(Kimmeridgien) 토양이 바탕으로 굴껍질이 많이 포함된 석회질과 진흙이 섞인 테레 블랑쉬(Terre Blanche), 부싯돌(Flint)이 많은 토양인 실렉스(Silex), 석회질의 자갈이 많은 토양인 카일롯떼(Caillottes) 등으로 구성되어 구조감과 산도가 뛰어난 소비뇽 블랑을 생산하는데 적합하다.

반면 푸이 퓌세는 100% 샤르도네(Chardonnay) 품종을 사용해 양조하며, 프랑스 부르고뉴(Bourgogne) 마코네(Maconnais) 지방의 화이트 와인이다. 푸이 퓌세는 산비탈의 이회토 석회암 토양을 기반으로 돌이 많아 포도나무의 성장에 유리하며, 경사면에 위치해 있어 토양이 빨리 따뜻해져 샤르도네를 재배하기 적합한 지역이다.

02 프랑스의 보르도(Bordeaux)와 부르고뉴(Bourgogne) 두 지역의 주품종과 양조방식, 등급 체계, 와인 산업의 특징에 대해 비교 서술하시오.

프랑스 보르도의 적포도 품종으로는 카베르네 소비뇽(Cabernet Sauvignon), 메를로(Merlot), 카베르네 프랑(Cabernet Franc) 등이 있으며, 청포도 품종으로는 소비뇽 블랑(Sauvignon Blanc)과 세미용(Sémillon)이 있다. 이에 비해 프랑스 부르고뉴 적포도 품종은 피노 누아(Pinot Noir)이며, 백포도 품종은 샤르도네(Chardonnay)와 알리고테(Aligoté)가 있다. 양조방식에 있어서 보르도는 일반적으로 두 가지 이상의 포도 품종을 블렌딩하며, 많게는 5가지 품종이 블렌딩에 허용된다. 보르도 지방에서는 와이너리를 가리켜 '샤토(Château)'라고 부르며 양조기술을 중심으로 와인을 생산한다. 반면 부르고뉴는 테루아를 중심으로 단일 품종 와인을 만드는 것이 특징이며, 직접 포도를 재배하고 양조하여 판매하는 와이너리를 '도멘(Domaine)'이라고 한다. 또한 재배된 포도를 매입하여 와인을 양조해서 유통하는 '네고시앙(Negociant)'의 개념이 발달하였다.

03 프랑스 쥐라(Jura) 지방의 와인으로 뱅 존(Vin Jaune), 뱅 드 파이으(Vin de Paille), 그리고 막뱅(Macvin) 와인의 생산방식에 대해 비교 서술하시오.

뱅 존(Vin Jaune)은 10월 말경 사바냥(Savagnin) 포도를 늦수확해서 발효하며, 앙금 분리 후 6~10년 동안 228L 크기의 오크통에서 숙성시키는데 숙성기간 중에 증발한 와인을 보충하지 않아 6년 후에는 와인의 2/3가 남게 된다. 그러면 효모막(Flor)이 와인 표면을 덮어 와인의 지나친 산화를 막고 특유의 풍미를 부여한다. 뱅 드 파이으(Vin de Paille)는 11월 첫서리가 내린 후 포도를 수확하여 포도송이를 매달거나 짚으로 된 매트 위에서 2~3개월 건조시켜 당도를 높인 후 아주 천천히 발효시키고 다시 2~3년을 오크통에서 숙성시킨다. 막뱅은 포도를 수확하고 압착해서 얻은 주스에 50도의 알코올을 1/3 정도 첨가한 일종의 뱅 드 리쾨르(Vin de Liquer, VDL)이며 쥐라에서는 막뱅으로 불린다.

04 프랑스 루아르(Loire)의 부브레(Vouvray) 지역 테루아(Terroir)와 와인 스타일에 대해 서술하시오.

부브레 지역은 루아르 특유의 석회질 해양 퇴적암인 튀포(Tuffeau)를 기반암으로 진흙, 자갈이 섞인 토양으로 뚜렷한 산도를 지닌 화이트 와인 생산에 적합하다. 이 지역은 해양성 기후와 대륙성 기후가 혼합된 테루아를 지니고 날씨가 극도로 변화무쌍하여 빈티지마다 와인의 특징이 천차만별하게 다르다. 부브레 지역에서는 슈냉 블랑(Chenin Blanc)으로 스파클링 와인, 드라이 화이트 와인, 귀부 와인 등 다양한 스타일로 생산하며 화이트 와인임에도 탄탄한 구조와 높은 산도로 장기숙성이 가능하다. 대부분 약간의 단맛을 지닌 드미 섹(Demi Sec) 스타일로 생산되며 귀부균 번식에 적합한 기후로 고품질 스위트 와인을 생산하기도 한다.

02 이탈리아

01 이탈리아 와인 분류에서 비노 로쏘(Vino Rosso)는 레드 와인을 지칭한다.

■ ○

이탈리아어로 로쏘(Rosso)는 붉은색을 뜻하며, 색상에 의한 와인 분류에서 레드 와인을 지칭하는 용어이다.

02 스푸만테(Spumante)는 이탈리아 와인 분류에서 스파클링 와인을 총칭한다.

■ ○

03 산지오베제(Sangiovese)는 이탈리아 토스카나(Toscana)를 비롯한 중부 지역에서 널리 재배하는 대표 적포도 품종이다.

■ ○

산지오베제는 오랜 역사와 더불어 이탈리아 중부 지역을 중심으로 널리 재배되는 품종 중 하나이다.

04 이탈리아 와인의 품질등급 중 가장 상위 등급은 DOCG(Denominazione di Origine Controllata e Garantita)이며, 가장 하위 등급인 VdT(Vino da Tavola)까지 네 단계로 구성되어 있다.

■ ○

1963년에 제정된 이탈리아의 DOC(Denominazione di Origine Controllata) 등급은 와인 산지와 허용된 포도 품종, 최대 수확량 및 숙성 요건에 대한 규정을 명시하였으며, 1980년에 DOCG 등급과 1992년에 IGT(Indicazione Geografica Tipica) 등급이 도입되면서 현재의 와인 품질등급이 정립되었다. VdT는 생산 규제가 많지 않은 하위 등급으로 테이블 와인을 지칭한다.

05 와인 라벨에 기재된 돌체(Dolce)는 '드라이한 맛'을 의미하며 세코(Secco)는 '달콤한 맛'을 나타내는 용어이다.

▪ X

이탈리아 와인에서 돌체는 달콤한 맛, 세코는 드라이한 맛을 의미한다.

06 트레비아노(Trebbiano)는 이탈리아에서 가장 널리 재배하는 대표 청포도 품종 중 하나이다.

▪ ○

트레비아노는 오랜 역사와 더불어 중부 지역을 중심으로 이탈리아 전역에서 가장 널리 재배되는 품종 중 하나이다.

07 이탈리아 와인에서 아파씨멘토(Appassimento)는 수확한 포도를 수주에서 수개월간 건조시켜 포도의 당도를 높이고 풍미를 농축시키는 방식을 의미하며, 이렇게 건조한 포도로 양조한 와인을 파씨토(Passito)라고 한다.

▪ ○

파씨토는 수확한 포도를 건조하는 아파씨멘토 방식으로 양조된 와인을 의미한다. 이러한 방식은 주로 아마로네(Amarone), 레치오토(Recioto), 스포르자토(Sforzato) 타입의 와인 양조에 사용한다.

08 1992년에 도입된 이탈리아의 IGT(Indicazione Geografica Tipica) 와인은 라벨에 명시된 비교적 넓은 범위의 지역에서 생산하기 때문에, 한정된 와인 산지에서 엄격한 규정에 따라 생산하는 DOC(Denominazione di Origine Controllata) 와인에 비해 항상 품질과 가격이 낮게 평가된다.

▪ X

IGT 와인이 DOC 와인에 비해 생산 규정이 엄격하지 않기 때문에 때로는 수퍼 투스칸(Super Tuscan) 와인 생산자처럼 비전통적인 와인 양조자가 DOC 대신 IGT 등급으로 고가의 고품질 와인을 출시하기도 한다.

09 이탈리아에서 리쿠오로소(Liquoroso)는 와인에 브랜디로 주정을 강화하여 잔여 당분을 남기는 와인이다.

▪ ○

리쿠오로소는 이탈리아에서 주정강화 스위트 와인을 지칭하는 용어이다.

10 1872년 바론 베티노 리카솔리(Baron Bettino Ricasoli)는 기존에 주로 사용했던 카나이올로(Canaiolo) 품종 대신 산지오베제(Sangiovese) 품종을 중심으로 한 키안티(Chianti) 와인의 블렌드를 정립하였다.

■ ○

1872년 바론 베티노 리카솔리는 산지오베제 70%, 카나이올로 15%, 말바지아(Malvasia) 10%, 기타 토착 품종 5% 구성의 키안티 와인 블렌드를 정립하였으며, 1996년에 카베르네 소비뇽(Cabernet Sauvignon)을 비롯한 국제 품종의 블렌딩이 20%까지 허용되기 이전까지 DOCG 등급 규정에 영향을 미쳤다.

11 이탈리아 바르바레스코(Barbaresco) DOCG 와인은 세부 지역으로는 라 모라(La Morra), 네이베(Neive), 트레이조(Treiso)와 산 로코 세노 델비오(San Rocco Seno d'Elvio)에서 생산할 수 있다.

■ X

라 모라는 바롤로(Barolo) DOCG 와인의 세부 지역 명칭이다.

12 타우라지(Taurasi) DOCG 와인은 알리아니코(Aglianico) 품종 100%로 양조하며 풍부한 타닌(Tannin)과 견고한 구조를 지닌 풀바디 레드 와인으로 '남부의 바롤로(Barolo)'라고 불린다.

■ X

타우라지는 이탈리아 캄파니아(Campania) 지역의 대표적인 레드 와인으로 알리아니코 품종을 85% 이상 사용하여 양조한다.

13 이탈리아 마르살라(Marsala) 와인의 당도 수준은 세코(Secco), 세미 세코(Semi Secco), 돌체(Dolce) 세 가지로 구분한다.

■ ○

마르살라의 당도는 세 가지로 구분하며, 세코는 리터 당 당분 함유량이 40g 이하이며, 세미 세코는 40~100g, 돌체는 100g 이상이다.

14 이탈리아 시칠리아(Sicilia) 지역의 에트나 로쏘(Etna Rosso) DOC 와인 양조에 사용할 수 있는 네렐로 카푸치오(Nerello Cappuccio) 품종의 최대 비율은 20%이다.

■ ○

에트나 로쏘 DOC는 네렐로 마스칼레제(Nerello Mascalese) 품종 최소 80%와 네렐로 카푸치오 품종 최대 20%를 블렌딩하여 양조하는 레드 와인이다.

15 이탈리아 베네토(Veneto) 지역의 발폴리첼라(Valpolicella) 포도원들은 충적토(Alluvial Soils)가 주를 이루며, 소아베(Soave)의 포도원들을 주로 구성하는 토양은 화산토(Volcanic Soils)이다.

■ ○

발폴리첼라 포도원의 토양은 빙퇴석 자갈과 운석을 포함한 충적토로 이루어졌으며, 소아베 지 지역의 포도밭은 대부분 화산토로 이루어져 있다.

16 1996년부터 키안티 클라시코(Chianti Classico) 와인에 토착 품종인 산지오베제(Sangiovese)와 카나이올로(Canaiolo) 외에도 카베르네 소비뇽(Cabernet Sauvignon), 메를로(Merlot), 시라(Syrah) 등 국제 품종의 블렌딩이 일부 허용되었고, 청포도 품종인 말바지아(Malvasia)와 트레비아노(Trebbiano)의 사용은 전면 금지되었다.

■ X

1996년부터 키안티 클라시코 와인에 국제 품종의 블렌딩이 20%까지 허용되었으나, 청포도 품종의 블렌딩이 금지된 것은 2006년부터이다.

17 DOCG 규정에 따르면, 바롤로 리제르바(Barolo Riserva)는 수확한 날짜로부터 최소 60개월간 숙성해야 하며, 바르바레스코 리제르바(Barbaresco Riserva)는 수확한 날짜로부터 최소 48개월간 숙성한다.

■ X

바롤로 리제르바는 5년 숙성이 의무사항으로 수확한 해 11월 1일부터 최소 62개월간 숙성해야 하며, 바르바레스코 리제르바는 수확한 해 11월 1일부터 최소 50개월간 숙성해야 한다.

18 칸노나우 디 사르데냐(Cannonau di Sardegna) 와인 양조에 사용되는 포도 품종은 지중해 원산의 가르나차(Garnacha) 품종으로 추정된다.

■ ○

DNA 분석 결과 칸노나우(Cannonau)는 스페인의 가르나차 품종과 친족 관계로 밝혀졌다. 오랜 스페인 통치 하에서 가르나차를 비롯하여 카리냥(Carignan), 지로(Giro) 등의 품종이 사르데냐에 유입된 것으로 추정하고 있으나, 최근에는 사르데냐에서 기원전 1,200년부터 재배된 고대 품종이라는 학설도 대두되었다.

19 시로코(Sirocco)는 초여름에 북아프리카에서 지중해를 넘어 남부 이탈리아로 불어오는 덥고 습한 바람으로 시칠리아(Sicilia) 지역의 테루아를 구성하는 요소이다.

▪ ○

초여름 무렵 북아프리카에서 지중해를 넘어 남부 이탈리아로 불어오는 덥고 습한 바람인 시로코는 이탈리아 시칠리아 지역의 포도 재배에 영향을 미치는 기후 요소 중 하나이다.

01 이탈리아의 와인 산지가 아닌 곳은 어디인가?
① 피에몬테(Piemonte)   ② 토스카나(Toscana)
③ 마데이라(Madeira)   ④ 시칠리아(Sicilia)

▪ ③

마데이라는 포르투갈의 와인 산지 명칭이다.

02 이탈리아에서 재배하는 대표적인 적포도 품종이 아닌 것은 무엇인가?
① 네비올로(Nebbiolo)   ② 모스카토(Moscato)
③ 프리미티보(Primitivo)   ④ 산지오베제(Sangiovese)

▪ ②

모스카토는 이탈리아에서 재배하는 청포도 품종이다.

03 이탈리아에서 재배하는 대표적인 청포도 품종이 아닌 것은 무엇인가?
① 산지오베제(Sangiovese)   ② 트레비아노(Trebbiano)
③ 피노 그리지오(Pinot Grigio)   ④ 코르테제(Cortese)

▪ ①

산지오베제는 이탈리아에서 재배하는 적포도 품종이다.

04 이탈리아에서 생산하는 스파클링 와인의 명칭은 무엇인가?
① 샹파뉴(Champagne) ② 스푸만테(Spumante)
③ 젝트(Sekt) ④ 카바(Cava)

■ ②

스푸만테는 이탈리아에서 생산하는 스파클링 와인의 총칭이다.

05 이탈리아에서 DOC 및 DOCG 등급의 와인이 가장 많이 생산되는 지역은 어디인가?
① 피에몬테(Piemonte) ② 롬바르디아(Lombardia)
③ 베네토(Veneto) ④ 토스카나(Toscana)

■ ①

피에몬테 지역은 40여 개가 넘는 DOC 및 DOCG 등급의 와인을 보유한 이탈리아의 대표 와인 산지이다.

06 프랑스의 보졸레 누보(Beaujolais Nouveau)와 마찬가지로 가볍고 신선한 풍미를 지닌 이탈리아의 햇 와인을 지칭하는 용어는 무엇인가?
① 비노 비앙코(Vino Bianco) ② 비노 로쏘(Vino Rosso)
③ 비노 노벨로(Vino Novello) ④ 빈 산토(Vin Santo)

■ ③

비노 비앙코는 화이트 와인, 비노 로쏘는 레드 와인, 빈 산토는 건조한 포도로 양조한 전통적인 스위트 와인을 지칭한다.

07 이탈리아에서 생산하는 스파클링 와인의 명칭이 아닌 것은 무엇인가?
① 프로세코(Prosecco) ② 프란치아코르타(Franciacorta)
③ 소아베(Soave) ④ 아스티(Asti)

■ ③

소아베는 베네토(Veneto) 지역에서 생산되는 화이트 와인의 명칭이다.

08 이탈리아 토스카나(Toscana) 지역에서 생산하는 와인의 명칭이 아닌 것은 무엇인가?
  ① 키안티 클라시코(Chianti Classico)
  ② 브루넬로 디 몬탈치노(Brunello di Montalcino)
  ③ 비노 노빌레 디 몬테풀치아노(Vino Nobile di Montepulciano)
  ④ 몬테풀치아노 다브루쪼(Montepulciano d'Abruzzo)

■ ④

몬테풀치아노 다브루쪼는 이탈리아 남동부에 위치한 아브루쪼(Abruzzo) 지역에서 생산하는 와인이다.

09 이탈리아 와인 양조에 사용하는 포도 품종이 나머지와 다른 하나는 무엇인가?
  ① 바롤로(Barolo)   ② 네비올로 달바(Nebbiolo d'Alba)
  ③ 바르바레스코(Barbaresco)   ④ 돌체토 달바(Dolcetto d'Alba)

■ ④

돌체토 달바는 돌체토(Dolcetto) 품종으로 양조하며, 나머지 와인들은 모두 네비올로(Nebbiolo) 품종으로 양조하는 와인이다.

10 이탈리아 베네토(Veneto) 지역에서 생산하는 와인의 명칭은 무엇인가?
  ① 키안티(Chianti)   ② 발폴리첼라(Valpolicella)
  ③ 돌체토 달바(Dolcetto d'Alba) ④ 가비(Gavi)

■ ②

키안티는 토스카나(Toscana) 지역의 와인이며, 돌체토 달바와 가비는 피에몬테(Piemonte) 지역의 와인이다.

11 수확한 포도를 건조한 후 양조하여 농축된 풍미를 지니며, 알코올 함량이 14~16%에 이르는 드라이 타입의 이탈리아 레드 와인의 명칭은 무엇인가?
  ① 레치오토 디 소아베(Recioto di Soave)
  ② 아마로네 델라 발폴리첼라(Amarone della Valpolicella)
  ③ 로쏘 피체노 수페리오레(Rosso Piceno Superiore)
  ④ 빈 산토 델 키안티(Vin Santo del Chianti)

■ ②

아마로네 델라 발폴리첼라 와인은 베네토(Veneto) 지역에서 건조하여 농축시킨 적포도 품종으로 양조하여 짙은 풍미와 비교적 높은 알코올을 지닌 드라이 타입의 레드 와인이다.

12 기존의 키안티(Chianti) 와인 생산 규정을 따르지 않고 혁신적인 방식을 도입하여 산지오베제(Sangiovese)에 카베르네 소비뇽(Cabernet Sauvignon)과 카베르네 프랑(Cabernet Franc) 품종의 블렌딩으로 안티노리(Antinori)가 1975년에 양조한 수퍼 투스칸(Super Tuscan) 와인은 무엇인가?

① 솔라이아(Solaia) ② 티냐넬로(Tignanello)
③ 오르넬라이아(Ornellaia) ④ 마쎄토(Masseto)

■ ②

1971년 안티노리 후작은 다양한 실험을 통해 기존의 토스카나(Toscana) 와인과 다른 티냐넬로를 출시하였고, 1975년부터 산지오베제 품종에 카베르네 소비뇽과 카베르네 프랑 품종을 블렌딩에 추가하면서, 전통 품종과 국제 품종의 조화를 통해 복합적인 맛과 향, 개성있는 스타일의 와인을 만들어냈다.

13 이탈리아의 스파클링 와인 중 단일 포도 품종으로만 양조하는 것은 무엇인가?

① 프란치아코르타(Franciacorta) ② 아스티(Asti)
③ 람브루스코(Lambrusco) ④ 프로세코(Prosecco)

■ ②

아스티 DOCG 와인은 반드시 모스카토(Moscato) 품종 100%로 양조해야 하며, 나머지 스파클링 와인들은 여러 품종의 블렌딩이 가능하다.

14 이탈리아 피에몬테(Piemonte) 지역에서 생산되는 DOCG 등급의 와인 명칭이 아닌 것은 무엇인가?

① 바르돌리노(Bardolino) ② 바르베라 달바(Barbera d'Alba)
③ 가티나라(Gattinara) ④ 겜메(Ghemme)

■ ①

바르돌리노는 베네토(Veneto) 지역의 와인 명칭이다.

15 이탈리아 토스카나(Toscana) 지역에서 생산하는 DOCG 등급의 와인 명칭이 아닌 것은 무엇인가?

① 카르미냐노(Carmignano)
② 모렐리노 디 스칸사노(Morellino di Scansano)
③ 로에로(Roero)
④ 베르나차 디 산 지미냐노(Vernaccia di San Gimignano)

■ ③

로에로는 피에몬테(Piemonte) 지역의 와인 명칭이다.

16 이탈리아 바롤로(Barolo) DOCG 와인의 세부 지역 명칭이 아닌 것은 무엇인가?

① 몬포르테 달바(Monforte d'Alba)
② 네이베(Neive)
③ 카스틸리오네 팔레토(Castiglione Falleto)
④ 세라룽가 달바(Serralunga d'Alba)

■ ②

네이베는 바르바레스코(Barbaresco) DOCG 와인의 세부 지역 명칭이다.

17 이탈리아 시칠리아(Sicilia)에서 생산하는 DOCG 등급의 와인 명칭은 무엇인가?

① 타우라지(Taurasi)
② 발텔리나 수페리오레(Valtellina Superiore)
③ 팔랑기나(Falanghina)
④ 체라수올로 디 비토리아(Cerasuolo di Vittoria)

■ ④

체라수올로 디 비토리아는 시칠리아에서 생산하는 유일한 DOCG 등급의 와인 명칭이다.

18 이탈리아 마르살라(Marsala) 와인의 숙성 수준에 따른 명칭이 아닌 것은 무엇인가?

① 피네(Fine)   ② 베키오(Vecchio)
③ 수페리오레(Superiore)   ④ 솔레라스(Soleras)

■ ②

마르살라 와인에서 피네는 1년, 수페리오레는 2년, 솔레라스는 5년 숙성을 의미한다. 베키오는 이탈리아어로 '오래된'이라는 뜻을 갖고 있으나, 마르살라의 숙성 표시 명칭으로는 사용되지 않는다.

19 이탈리아 캄파니아(Campania) 지역의 DOCG 와인 명칭이 아닌 것은 무엇인가?

① 알리아니코 델 타부르노(Aglianico del Taburno)
② 타우라지(Taurasi)
③ 그레코 디 투포(Greco di Tufo)
④ 이르피니아(Irpinia)

■ ④

이르피니아 와인은 2005년 DOC 등급을 획득하였으며, 나머지 와인들은 모두 DOCG 등급이다.

20 이탈리아 스파클링 와인 중 양조 시 2차 발효 방식이 다른 것은 무엇인가?

① 알타 랑가(Alta Langa)   ② 아스티(Asti)
③ 프로세코(Prosecco)   ④ 람브루스코(Lambrusco)

■ ①

알타 랑가는 이탈리아 피에몬테(Piemonte) 지역에서 샹파뉴 방식(Champagne Method)으로 양조하는 스파클링 와인의 명칭이며, 아스티, 프로세코, 람브루스코는 대개 샤르마 방식(Charmat Method)으로 양조하는 것이 일반적이다.

21 이탈리아 키안티(Chianti) DOCG 와인의 라벨에 표기되는 7개 세부 지역 명칭이 아닌 것은 무엇인가?

① 콜리 세네지(Colli Senesi)   ② 몬탈바노(Montalbano)
③ 포지본시(Poggibonsi)   ④ 루피나(Rufina)

■ ③

콜리 아레티니(Colli Aretini), 콜리 피오렌티니(Colli Fiorentini), 콜리 세네지, 콜리네 피자네(Colline Pisane), 몬탈바노, 몬테스페르톨리(Montespertoli), 루피나(Rufina)의 7개 세부 지역 명칭의 표기가 가능하다. 포지본시는 키안티 클라시코 DOCG 와인의 세부 지역 명칭이다.

22 이탈리아의 올트레포 파베제 메토도 클라시코(Oltrepo Pavese Metodo Classico) DOCG 와인 양조에 가장 많이 사용하는 포도 품종은 무엇인가?

① 샤르도네(Chardonnay)   ② 피노 비앙코(Pinot Bianco)
③ 피노 그리지오(Pinot Grigio)   ④ 피노 네로(Pinot Nero)

■ ④

올트레포 파베제 메토도 클라시코는 전통적인 샹파뉴 방식(Champagne Method)으로 양조하는 스파클링 와인이다. 피노 네로를 85% 이상 주품종으로 사용하며, 보조 품종으로 피노 그리지오, 피노 비앙코, 샤르도네를 사용한다.

23 이탈리아 마르살라(Marsala)에 대한 설명으로 올바르지 않은 것은 무엇인가?

① 시칠리아(Sicilia) 서쪽 끝에 위치한 같은 이름의 도시에서 그 명칭이 유래하였다.
② 가장 오래된 기록은 1773년에 영국인 존 우드하우스(John Woodhouse)가 브랜디를 첨가한 와인을 트라파니(Trapani) 항구에서 영국으로 보냈다는 내용이다.
③ 색상에 따라 오로(Oro), 루비노(Rubino), 로쏘(Rosso)의 세 종류로 분류한다.
④ 마르살라 루비노(Marsala Rubino)는 적포도 품종에 청포도 품종을 30%까지 블렌딩 할 수 있다.

■ ③

마르살라 와인의 색상은 오로(Oro, 황금색), 암브라(Ambra, 호박색), 루비노(Rubino, 루비색)로 구분한다.

24 이탈리아 와인 양조에 사용하는 포도의 처리 방식이 나머지와 다른 하나는 무엇인가?

① 프리울리 이손조(Friuli Isonzo)
② 토르지아노(Torgiano)
③ 레치오토 디 소아베(Recioto de Soave)
④ 에릭 지비뽀(Eric Zibibbo)

■ ③

레치오토 디 소아베는 아파씨멘토(Appassimento, 포도건조) 기법으로 양조하며, 나머지 와인들은 벤뎀미아 타르디바(Vendemmia Tardiva, 늦수확) 기법으로 양조한다.

25 이탈리아 와인 명칭과 해당되는 주요 품종의 연결이 올바르지 않은 것은 무엇인가?

① 라크리마 디 모로 달바(Lacrima di Morro d'Alba) DOC – 라크리마(Lacrima)
② 파씨토 디 판텔레리아(Passito di Pantelleria) DOC – 모스카토(Moscato)
③ 모렐리노 디 스칸자노(Morellino di Scansano) DOCG – 산지오베제(Sangiovese)
④ 카스텔 델 몬테(Castel del Monte) DOC – 네그로아마로(Negroamaro)

■ ④

카스텔 델 몬테 DOC 와인은 네로 디 트로이아(Nero di Troia) 품종을 65~100% 사용하며, 산지오베제(Sangiovese), 몬테풀치아노(Montepulciano), 피노 네로(Pinot Nero), 알리아니코(Aglianico) 품종을 최대 35%까지 사용할 수 있다.

26 이탈리아 리구리아(Liguria) 지방의 칭퀘 테레(Cinque Terre) DOC 지역에 속한 세부 지역의 명칭이 아닌 것은 무엇인가?
① 코스타 다 세라(Costa da Sera)
② 코스타 데 캄푸(Costa de Campu)
③ 코스타 루씨(Costa Russi)
④ 코스타 다 포자(Costa da Posa)

■ ③

코스타 루씨는 가야(Gaja)가 생산하는 바르바레스코(Barbaresco) DOCG 와인의 포도원 명칭이며, 나머지 명칭은 모두 칭퀘 테레 DOC 와인 라벨에 기재할 수 있는 세부 지역 명칭이다.

27 이탈리아 바르베라 다스티 수페리오레(Barbera d'Asti Superiore) 와인 생산이 허용된 지역으로 와인 라벨에 표기할 수 있는 세부 지역의 명칭이 아닌 것은 무엇인가?
① 니짜(Nizza) ② 콜리 아스티아니(Colli Astiani)
③ 티넬라(Tinella) ④ 콜리 토르토네지(Colli Tortonesi)

■ ④

콜리 토르토네지는 아스티(Asti) 지역이 아닌 알렉산드리아(Alexandria) 인근의 토르토나(Tortona) 언덕에서 생산되는 바르베라, 돌체토(Dolcetto), 크로아티나(Croatina) 적포도 품종과 코르테제(Cortese), 티모라쏘(Timorasso), 모스카토(Moscato), 파보리타(Favorita) 청포도 품종 등에 허용된 DOC 명칭이다.

28 이탈리아 카레마(Carema) DOC 와인 양조에 사용하는 네비올로(Nebbiolo) 클론의 명칭은 무엇인가?
① 람피아(Lampia) ② 피쿠테너(Picutener)
③ 스판나(Spanna) ④ 키아벤나스카(Chiavennasca)

■ ②

피쿠테너는 카레마 지역에서 재배하는 네비올로 클론의 명칭이며, 람피아는 바롤로(Barolo) 와인에 허용된 네비올로 클론 중 하나이다. 스판나는 겜메(Ghemme)와 가티나라(Gattinara) 지역, 키아벤나스카는 발텔리나(Valtellina) 지역에서 불리는 네비올로 품종의 명칭이다.

01 '산기슭'이라는 의미를 가진 이탈리아 북서쪽에 위치한 와인 산지는 어디인가?

■ 피에몬테(Piemonte)

피에몬테는 알프스 산자락에 위치한 와인 산지이며, 이탈리아에서 가장 많은 DOC 및 DOCG 등급의 와인을 보유한 지역이다.

02 이탈리아 브루넬로 디 몬탈치노(Brunello di Montalcino) DOCG 와인 양조에 사용하는 포도 품종은 무엇인가?

■ 산지오베제(Sangiovese)

브루넬로 디 몬탈치노 DOCG와인은 산지오베제를 개량한 브루넬로(Brunello) 품종으로 양조한다.

03 이탈리아 토스카나(Toscana)의 몬탈치노(Montalcino) 지역에서 DOCG 와인 양조에 사용하는 산지오베제(Sangiovese) 품종을 지칭하는 명칭은 무엇인가?

■ 브루넬로(Brunello)

브루넬로는 산지오베제를 개량한 클론으로 브루넬로 디 몬탈치노(Brunello di Montalcino) DOCG 와인 양조에 사용된다.

04 이탈리아 베네토(Veneto) 지역의 대표적인 화이트 와인 소아베(Soave)의 주품종은 무엇인가?

■ 가르가네가(Garganega)

소아베 DOC 와인의 경우 가르가네가 품종 최소 70%에 트레비아노(Trebbiano), 피노 비앙코(Pinot Bianco), 샤르도네(Chardonnay) 품종을 최대 25~30% 사용하여 양조한다.

05 이탈리아 롬바르디아(Lombardia) 지역에서 샴파뉴 방식(Champagne Method)으로 양조하는 대표적인 스파클링 와인의 DOCG 명칭은 무엇인가?

■ 프란치아코르타(Franciacorta)

이탈리아 롬바르디아 지역에서 샴파뉴 방식으로 양조하는 대표적인 스파클링 와인의 명칭이다.

06 이탈리아 발폴리첼라(Valpolicella) 지역에서 아마로네(Amarone) 또는 레치오토(Recioto) 와인을 양조한 후 얻은 포도지게미를 발폴리첼라 와인의 발효 중에 첨가하여 복합적인 풍미를 더하는 양조기법은 무엇인가?

■ 리파쏘(Ripasso)

리파쏘는 이탈리아어로 '다시 통과하는'이란 뜻을 가진다. 아마로네 또는 레치오토 와인 양조 후 얻은 포도지게미를 발효 중인 발폴리첼라 와인에 넣어 다시 발효하는 방식을 의미한다.

07 이탈리아 토스카나(Toscana) 지역과 키안티(Chianti) 포도원의 토양을 주로 구성하는 편암질의 점토(Schistous Clay) 성분의 크고 작은 암석의 명칭은 무엇인가?

■ 갈레스트로(Galestro)

토스카나와 키안티 지역의 포도원은 갈레스트로라고 불리는 편암질의 점토 성분의 크고 작은 암석으로 이루어져 있다.

08 이탈리아의 가야(Gaja)가 피에몬테(Piemonte) 지역에서 생산하는 다르마지(Darmagi) 와인 양조에 사용하는 주품종은 무엇인가?

■ 카베르네 소비뇽(Cabernet Sauvignon)

'다르마지'는 1978년 안젤로 가야가 토착 품종 대신 국제 품종인 카베르네 소비뇽을 포도밭에 식재하자 그의 아버지가 남긴 말로 '유감(what a shame)'이란 의미의 피에몬테 방언이다. 일반적으로 카베르네 소비뇽을 주품종으로 하여 빈티지에 따라 5% 이내의 메를로(Merlot)와 카베르네 프랑(Cabernet Franc) 품종을 블렌딩하며, 6~8개월간 작은 오크 바리크에서 숙성한 후, 12개월간 커다란 오크 캐스크에서 숙성한다.

09 이탈리아 사르데냐(Sardegna) 와인 산지 지도의 1번 지역에서 생산되는 DOCG 와인 명칭은 무엇인가?

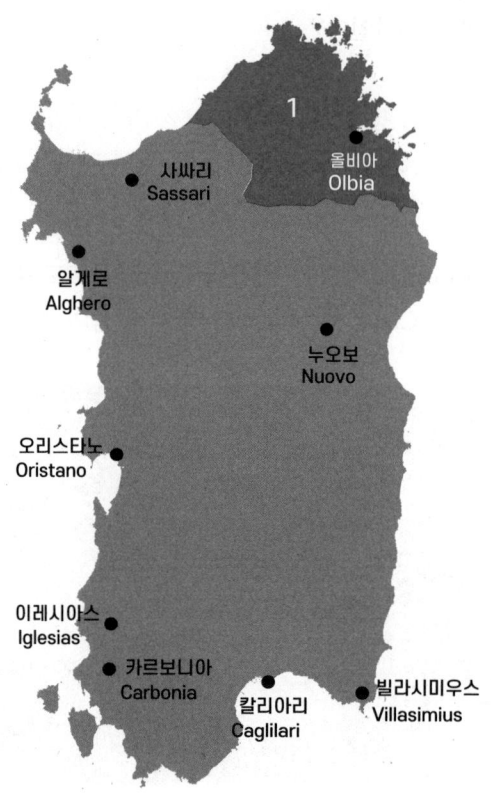

■ 베르멘티노 디 갈루라(Vermentino di Gallura)
사르데냐 북동부의 갈루라(Gallura)와 사싸리(Sassari) 지역, 누오보(Nuovo) 지역에서 전통적인 방식으로 생산한 와인으로 베르멘티노 품종 95~100%로 양조한다. 섬세한 향과 쌉쌀한 뒷맛이 느껴지는 신선한 화이트 와인으로 생선요리에 잘 어울린다.

10 이탈리아 프로세코(Prosecco) DOCG 등급에 포함되는 두 가지 와인 명칭은 무엇인가?

■ 코넬리아노 발도비아데네(Conegliano-Valdobbiadene), 아솔로(Asolo)
프로세코는 생산 지역에 따라 DOC와 DOCG 영역으로 나뉘며, DOCG 등급의 산지에는 고품질의 와인을 생산하는 포도원들이 있는 코넬리아노 발도비아데네 및 아솔로 2개 지역이 포함된다.

11 이탈리아 피에몬테(Piemonte) 지방의 아스티(Asti) 남서쪽에서 아르네이스(Arneis) 주품종의 화이트 와인과 네비올로(Nebbiolo) 주품종의 레드 와인에 부여되는 것으로, 2020년 10월에 DOCG 등급으로 공식 승인된 와인 명칭은 무엇인가?

■ 테레 알피에리(Terre Alfieri)

아스티와 쿠네오(Cuneo) 지역에 걸친 11개 산지에서 생산되며, 라벨에 아르네이스 또는 네비올로 품종명을 기재하려면 해당 포도 품종을 85% 이상 사용해야 한다. 2009년에 DOC 등급으로 지정되었다가 2020년 10월에 DOCG 등급으로 공식 승인되었다.

12 이탈리아 칭퀘 테레(Cinque Terre) 지역에서 아파씨멘토(Appassimento) 방식으로 생산하는 스위트 와인의 DOC 명칭은 무엇인가?

■ 샤케트라(Sciacchetra)

이탈리아 칭퀘 테레 지역에서 아파씨멘토 방식으로 양조한 스위트 와인으로 치즈나 디저트와 조화를 이루는 특산 와인이다.

01 이탈리아의 브루넬로 디 몬탈치노(Brunello di Montalcino) DOCG에 대해 입지 및 테루아, 주품종, 와인 양조 및 스타일을 중심으로 서술하시오.

시에나(Siena)에서 남서쪽으로 약 80km 떨어진 몬탈치노(Montalcino) 마을은 온화하고 건조한 지중해성 기후와 석회질과 모래질 토양에서 완숙된 포도 생산이 가능한 테루아로, 짙은 색상과 견고한 타닌(Tannin)을 지닌 산지오베제 그로쏘(Sangiovese Grosso) 클론의 일종인 브루넬로(Brunello) 품종으로 최소 10년에서 30년까지 장기 숙성이 가능한 와인을 생산한다. 1980년에 DOCG로 지정되었으며, 관련 규정에 따르면 52hl/ha 이하의 수확량이 허용되며, 최소 2년간 오크 숙성 후 최소 4개월 병 숙성 기간을 포함하여 수확연도로부터 5년째 되는 해의 1월 1일 이후 출시 가능하다.

02 이탈리아의 바롤로(Barolo) DOCG에 대해 입지 및 테루아, 주품종, 와인 양조 및 스타일을 중심으로 서술하시오.

피에몬테(Piemonte) 지방의 바롤로 마을을 포함하여 11개의 코뮌(Commune)에서 생산하는 와인이다. 관련 규정에 따르면 언덕에 위치한 포도원에서 생산해야 하며, 계곡의 바닥이나 습한 평지, 일조량이 충분하지 않은 북향의 포도원에서는 생산할 수 없다. 네비올로(Nebbiolo) 품종 100%로 양조하며 최소 18개월의 오크 숙성을 포함하여 최소 3년 이상의 숙성 기간을 거쳐야 하며 알코올 도수는 최소 12.5%이어야 한다. 전통적인 바롤로는 긴 숙성을 통해 비교적 엷은 붉은색을 띠고 타르와 장미와 같은 독특한 풍미를 지니며 뚜렷한 산도와 타닌(Tannin)과 함께 견고한 구조를 지닌 와인이었으나, 현대적인 바롤로는 시음 적기가 비교적 빠르며 잘 익은 과일과 새 오크의 풍미가 풍부한 국제적인 스타일의 와인으로 표현되는 경향이 있다.

03 스페인

01 스페인 와인 라벨에 기재되는 보데가(Bodega)는 와이너리 또는 양조장을 의미한다.

▪ ○

스페인어로 보데가는 '술 저장고'를 의미하며, 주로 와이너리나 양조장을 지칭하는 용어로 와인 라벨에 표기된다.

02 스페인에서 가장 많이 재배하는 적포도 품종은 템프라니요(Tempranillo)이다.

▪ ○

스페인에서 가장 넓은 재배 면적을 차지하는 청포도 품종은 아이렌(Airen)이며, 적포도 품종은 템프라니요가 가장 많이 재배된다.

03 스페인 와인에서는 당도 수준에 따라 세코(Seco)는 스위트 타입, 둘세(Dulce)는 드라이 타입을 의미한다.

▪ X

세코는 드라이 타입, 둘세는 스위트 타입을 의미하는 와인 용어이다.

04 스페인은 세계에서 가장 넓은 포도밭을 가진 국가다.

▪ ○

2020년 기준, 약 966,000ha로 세계 1위의 포도 재배 면적을 가진 국가는 스페인이며, 다음으로는 프랑스와 중국 순으로 넓은 포도밭을 보유하고 있다.

05 스페인 와인에서 벤디미아(Vendimia) 또는 코세차(Cosecha)는 포도의 수확연도(Vintage)를 의미하며, 해당 연도에 수확한 포도를 75% 이상 와인 양조에 사용해야 라벨에 해당 빈티지를 표기할 수 있다.

▪ X

해당 연도에 수확한 포도를 85% 이상 양조에 사용해야 와인 라벨에 해당 빈티지 표기가 가능하다.

06 스페인에서는 샴파뉴 방식(Champagne Method)으로 양조된 스파클링 와인에만 카바(Cava) 명칭이 허용되며, 전체 생산량 중 약 95%를 차지하는 페네데스(Penedès) 지역에 한정된 DO 명칭이다.

▪ X

카바 DO 명칭은 샴파뉴 방식으로 양조된 스파클링 와인에만 허용되며, 다른 양조법으로 생산된 스파클링 와인은 비노 에스푸모소(Vino Espumoso)라고 지칭한다. 그러나 다른 DO 와인과 달리 특정 지역에 한정되지 않으므로 스페인의 다른 지역에서도 생산할 수 있다.

07 스페인 와인의 숙성 규정에서 레세르바(Reserva)의 경우, 레드 와인은 최소 1년의 오크 바리카(Oak Barrica) 숙성을 포함하여 최소 3년간 숙성해야 하며, 화이트 및 로제 와인은 최소 1년의 오크 바리카 숙성을 포함하여 최소 2년간 숙성을 거쳐야 출시할 수 있다.

▪ X

화이트 및 로제 와인의 레세르바 표기는 최소 6개월간의 오크 바리카 숙성을 포함하여 최소 2년간의 숙성 과정을 거쳐야 한다.

08 스페인에서 가장 많이 재배하는 포도 품종은 아이렌(Airen)으로 나바라(Navarra) 지역에서 주로 재배하며 테이블 와인과 브랜디 양조에 주로 사용된다.

▪ X

아이렌 품종은 라만차(La Mancha) 지역에서 주로 재배된다.

09 스페인 쉐리(Sherry)는 오크 바리카(Oak Barrica)에 담긴 서로 다른 연차의 와인을 블렌딩하는 솔레라 방식(Solera System)으로 숙성되는데, 층 별로 쌓아 올린 바리카들 중 가장 바닥에 위치한 단을 '크리아데라(Criadera)'라고 하며, 그 위에 올린 단들을 '솔레라(Solera)'라고 지칭한다.

■ X

쉐리는 솔레라 방식으로 최소 3년간 숙성한 후 최종 단계의 와인만 병입하여 판매된다. 솔레라는 '땅 위에'라는 뜻으로 가장 오래 숙성된 바리카가 가장 바닥에 배치되는 것에서 기원한 것으로 알려져 있다.

10 스페인 와인에서 '엔가라파도 데 오리헨(Engarrafado de Origen)'은 '양조장에서 병입된'이라는 뜻을 가진 용어이다.

■ ○

스페인어로 원산지에서 밀봉한 것을 뜻하며, 즉 와인이 생산된 양조장에서 병입된 것을 의미하는 프랑스어 'Mis en bouteilles au Château'와 동일하게 사용하는 용어이다.

01 스페인 와인 용어와 그 의미의 연결이 올바르지 않은 것은 무엇인가?
① 블랑코(Blanco) – 화이트
② 틴토(Tinto) – 레드
③ 로사도(Rosado) – 로제
④ 비녜도(Viñedo) – 와인

■ ④

비녜도는 스페인어로 '포도밭'을 의미하는 용어이다.

02 스페인에서 널리 재배되는 대표 적포도 품종이 아닌 것은 무엇인가?
① 피노 누아(Pinot Noir)
② 가르나차(Garnacha)
③ 템프라니요(Tempranillo)
④ 모나스트렐(Monastrell)

■ ①

피노 누아는 프랑스 부르고뉴 지역의 대표 품종이며, 나머지 세 품종은 스페인에서 가장 많이 재배되는 적포도 품종들이다.

03 스페인 와인의 품질등급에 속하지 않는 것은 무엇인가?
① DOC(Denominación de Origen Calificada)
② DO(Denominación de Origen)
③ VSC(Vino Sin Crianza)
④ VdlT(Vino de la Tierra)

■ ③

비노 신 크리안사(VSC, Vino Sin Crianza)는 품질등급 체계가 아닌 와인의 숙성 규정과 관련하여 와인 라벨에 기재되는 용어이다.

04 스페인 카바(Cava) 양조에 허용된 청포도 품종이 아닌 것은 무엇인가?
① 파레야다(Parellada)   ② 소비뇽 블랑(Sauvignon Blanc)
③ 마카베오(Macabeo)   ④ 샤렐로(Xarel-lo)

■ ②

파레야다, 마카베오, 샤렐로 품종은 카바 양조에 허용된 토착 품종이며, 국제 품종으로는 샤르도네(Chardonnay)도 허용된다.

05 스페인에서 주로 재배하는 적포도 품종이 아닌 것은 무엇인가?
① 템프라니요(Tempranillo)   ② 가르나차(Garnacha)
③ 모나스트렐(Monastrell)   ④ 투리가 나씨오날(Touriga Nacional)

■ ④

투리가 나씨오날은 포르투갈에서 주로 재배하는 적포도 품종이다.

06 스페인 카탈루냐(Cataluña) 지역에서 2001년에 DOC 등급으로 지정된 와인 산지의 명칭은 무엇인가?
① 리오하(Rioja)
② 페네데스(Penedès)
③ 리베라 델 두에로(Ribera del Duero)
④ 프리오라트(Priorat)

■ ④

토착 품종과 국제 품종의 블렌딩 등 다양한 시도를 통해 신흥 와인 산지로 인정받으며 2001년 DO 등급에서 DOC 등급으로 승격되었다.

07 알바리뇨(Albariño)를 주품종으로 고품질 화이트 와인을 생산하는 스페인 북서부에 위치한 와인 산지는 어디인가?

① 루에다(Rueda)　　② 리아스 바이샤스(Rias Baixas)
③ 리오하(Rioja)　　④ 토로(Toro)

■ ②

알바리뇨는 스페인 북서부에 위치한 리아스 바이샤스 지역 화이트 와인 양조에 주로 사용되는 품종이며, 포르투갈 비뉴 베르데(Vinho Verde) 화이트 와인의 주요 품종이다.

08 이베리아 반도(Iberian Peninsula)에서 주로 재배되는 포도 품종 중 나머지와 다른 한 품종은 무엇인가?

① 아라고네스(Aragonez)　　② 틴타 바로카(Tinta Barroca)
③ 틴토 피노(Tinto Fino)　　④ 틴타 로리스(Tinta Roriz)

■ ②

틴타 바로카는 포트 와인(Port Wine)에 블렌딩되는 포르투갈 품종이며, 나머지는 스페인의 템프라니요(Tempranillo)와 명칭만 다른 동일한 품종들이다.

09 스페인 리베라 델 두에로(Ribera del Duero) DO 와인의 주요 생산자가 아닌 것은 무엇인가?

① 아로칼(Arrocal)
② 베가 시실리아(Vega Sicilia)
③ 도미니오 데 핑구스(Dominio de Pingus)
④ 토레스(Torres)

■ ④

토레스는 스페인 페네데스(Penedès) 지역의 대표 생산자다.

10 스페인 쉐리(Jerez-Xérès-Sherry) DO 와인에 관한 설명으로 올바르지 않은 것은 무엇인가?

① 스페인 남부에 위치한 헤레스(Jerez) 지역은 1932년에 DO 등급으로 지정되었다.
② 팔로미노(Palomino) 품종은 주로 드라이 타입으로 양조되며, 페드로 히메네스(Pedro Ximénez)와 모스카텔(Moscatel) 품종은 스위트 타입으로 양조되는 것이 일반적이다.
③ 피노 쉐리(Fino Sherry)는 가장 드라이하며 플로르(Flor)와 함께 숙성하여 산화도가 낮은 편이다.
④ 올로로소 쉐리(Oloroso Sherry)는 긴 숙성기간으로 인해 산화도가 높으며, 당분을 첨가할 수 있으므로 알코올 도수는 가장 낮은 편이다.

■ ④

올로로소 쉐리는 긴 숙성기간을 통해 산화가 많이 일어나 짙은 색과 풍미를 지니며, 17~22%로 알코올 함량이 가장 높다. 기본적으로 드라이 타입으로 생산되지만, 당분을 별도로 첨가할 경우 크림 쉐리(Cream Sherry)로 명명한다.

11 쉐리(Sherry) 와인 서비스에 적합한 글라스의 명칭은 무엇인가?
① 고블렛(Goblet)   ② 쿠페(Coupe)
③ 플루트(Flute)   ④ 코피타(Copita)

■ ④

코피타는 작은 크기의 화이트 와인 글라스와 유사하지만, 쉐리의 복합적인 향에 좀 더 집중할 수 있도록 좁은 입구를 갖고 있으며 체온 전달을 막기 위한 긴 스템(stem)을 갖고 있는 것이 특징이다.

12 스페인 와인 산지와 주품종의 연결이 올바르지 않은 것은 무엇인가?
① 리오하(Rioja) - 가르나차 블랑카(Garnacha Blanca)
② 루에다(Rueda) - 베르데호(Verdejo)
③ 리아스 바이샤스(Rias Baixas) - 알바리뇨(Albariño)
④ 헤레스(Jerez) - 팔로미노(Palomino)

■ ①

리오하에서 가장 많이 재배하는 청포도 품종은 비우라(Viura)다.

13 스페인 카바(Cava)에 관한 설명으로 올바르지 않은 것은 무엇인가?

① 1872년 보데가 코도르니우(Bodega Codorníu)의 돈 호세 라벤토스(Don José Raventós)는 스페인 최초로 샴파뉴 방식(Champagne Method)으로 양조한 카바를 출시하였다.
② 카바는 카탈루냐(Cataluña) 언어로 와인의 숙성과 보관에 사용되는 저장고(Cellar)를 의미하며, 최소 9개월 이상 숙성 후 출시한다.
③ 로제 타입은 직접 압착(Pressurage direct) 방식을 통해 양조한다.
④ 토착 품종 외에도 국제 품종인 샤르도네(Chardonnay), 피노 누아(Pinot Noir), 수비라(Subirat)가 블렌딩에 허용된다.

■ ③

로제 타입은 단기침용추출하는 세니에(Saignée) 방식으로 양조하며, 적포도 품종인 가르나차(Garnacha), 모나스트렐(Monastrell), 트레파(Trepat), 피노 누아 등이 허용된다.

14 스페인의 베가 시실리아(Vega Sicilia)에서 2019년에 출시한 우니코 레세르바 에스페시알(Unico Reserva Especial) 양조에 블렌딩된 빈티지가 아닌 것은 무엇인가?

① 2006
② 2007
③ 2008
④ 2009

■ ③

2019년에 출시한 와인에는 2006년, 2007년, 2009년 세 개 빈티지가 블렌딩되었다.

15 스페인 쉐리(Jerez-Xérès-Sherry) DO 명칭이 허용되는 '쉐리 삼각지대(Sherry Triangle)'에 속하는 지역이 아닌 곳은 어디인가?

① 헤레스 데 라 프론테라(Jerez de la Frontera)
② 상 사두르니 다누아(Sant Sadurni d'Anoia)
③ 산루카르 데 바라메다(Sanlucar de Barrameda)
④ 엘 푸에르토 데 산타 마리아(El Puerto de Santa Maria)

■ ②

상 사두르니 다누아 마을은 바르셀로나 남쪽의 알트 페네데스(Alt Penedes)에 위치하며 카바(Cava) 생산이 최초로 시작된 마을의 명칭이다.

01 스페인에서 샴파뉴 방식(Champagne Method)으로 양조한 스파클링 와인의 명칭은 무엇인가?

■ 카바(Cava)

카바는 샴파뉴 방식으로 양조한 스파클링 와인에 허용된 DO 명칭이며, 최소 9개월 이상 숙성 후 출시해야 한다. 그 외의 양조 방식으로 생산한 스파클링 와인은 비노 에스푸모소(Vino Espumoso)라고 지칭한다.

02 스페인 에브로(Ebro) 지방의 대표적인 와인 산지로 1870년대 프랑스 보르도(Bordeaux) 와인 양조자들에 의해 뛰어난 품질의 와인 생산 기반이 마련되었으며 1991년 스페인 최초로 DOC 등급으로 지정된 명칭은 무엇인가?

■ 리오하(Rioja)

리오하는 19세기 필록세라(Phylloxera)가 유럽을 강타한 이후 선진 양조 기술의 이전을 통해 근대적인 와인 생산의 중심지로 자리매김하며 스페인을 대표하는 와인 산지가 되었다.

03 쉐리(Sherry)가 생산되는 스페인 남부의 헤레스 데 라 프론테라(Jerez de la Frontera) 지역의 주된 토양으로 가볍고 밝은 색을 띠는 석회질이 풍부하여 포도나무가 뿌리내리기 쉬우며 높은 수분 보유력이 특징인 토양의 명칭은 무엇인가?

■ 알바리사(Albariza)

남부 헤레스 데 라 프론테라 지역의 토양은 석회질의 알바리사로 팔로미노(Palomino) 품종 재배에 적합하며 섬세한 와인의 품질에 기여한다.

04 2003년에 스페인 와인 품질등급 체계에 도입된 명칭으로, 지역 전체에 적용되는 DO 또는 DOC 등급과 달리 특별한 테루아에서 뛰어난 와인을 생산하는 단일 포도원에 적용하는 명칭은 무엇인가?

■ 비노 데 파고(Vino de Pago)

비노 데 파고는 개별 포도원(Vineyard) 또는 에스테이트(Estate)에 적용된다. 2003년에 신설된 이후, 2020년까지 총 19개가 지정되었다.

05 스페인 리베라 델 두에로(Ribera del Duero) 지역에 도미니오 데 핑구스(Dominio de Pingus)를 설립한 와인양조자는 누구인가?

■ 피터 시쎅(Peter Sisseck)

06 2003년 스페인 최초로 비노 데 파고(Vino de Pago)로 지정된 두 지역의 명칭을 쓰시오.

■ 도미니오 데 발데푸사(Dominio de Valdepusa), 핀카 엘레스(Finca Elez)

비노 데 파고는 DO 또는 DOC 등급과 달리 특별한 테루아에서 뛰어난 와인을 생산하는 단일 포도원에 적용하는 명칭으로 2003년에 신설되었으며 카스티야 라만차(Castilla-La Mancha) 지역의 도미니오 데 발데푸사와 핀카 엘레스 포도원이 최초로 지정되었다.

01 스페인의 리오하(Rioja) DOC에 대해 역사적 배경, 입지 및 세부 산지, 테루아, 포도 품종을 중심으로 서술하시오.

리오하는 1991년 스페인 최초의 DOC 등급으로 지정된 와인 산지다. 19세기 필록세라(Phylloxera)가 프랑스의 포도원을 황폐화시켰을 때, 리오하에 온 보르도(Bordeaux)의 와인 상인들이 비록 조건은 다르지만 리오하에서 프랑스와 유사한 종류의 와인을 만들 수 있다는 가능성을 발견했다. 리오하는 프랑스 국경에서 멀지 않은 곳에 위치한 스페인 중북부 에브로 강(Ebro River)의 남쪽 지류인 리오 오하(Rio Oja)의 삼각지에 위치한다. 대륙성 기후로 여름이 길고 뜨거우며 겨울은 비교적 짧지만 추운 편이고, 토양은 철분과 석회질이 섞인 점토로 주로 이루어져 있다. 리오하 지역은 해발고도에 따라 리오하 알타(Alta), 리오하 알라베사(Alavesa), 리오하 바하(Baja)의 세 지역으로 나뉜다. 비교적 서늘한 알타와 알라베사에서는 품질 좋은 템프라니요(Tempranillo)를 주로 재배하고 무더운 바하 지역에서는 마수엘로(Mazuelo)와 가르나차(Garnacha)를 재배하며, 이 세 지역의 와인들을 블렌딩해 와인을 만든다.

02 스페인의 카바(Cava) DO에 대해 역사 및 유래, 포도 품종, 양조 방식을 중심으로 서술하시오.

카바는 카탈루냐(Cataluña) 언어로 와인의 숙성과 보관에 사용되는 저장고(Cellar)를 의미한다. 1872년 보데가 코도르니우(Bodega Codorníu)의 돈 호세 라벤토스(Don José Raventós)는 스페인 최초로 샹파뉴 방식(Champagne Method)으로 양조한 카바를 출시하였다. 샹파뉴 방식으로 양조된 스파클링 와인에 허용된 DO 명칭으로 최소 9개월 이상 숙성 후 출시한다. 다른 DO와 달리 특정 지역에 한정되지 않으나, 페네데스(Penedès) 지역에서 생산되는 카바가 전체 생산량 중 약 95%를 차지한다. 토착 품종인 파레야다(Parellada), 마카베오(Macabeo), 샤렐로(Xarel-lo) 외에도 국제 품종인 샤르도네(Chardonnay), 피노 누아(Pinot Noir), 수비라(Subirat)가 블렌딩에 허용된다. 로제 타입은 단기침용추출하는 세니에(Saignée) 방식으로 양조하며, 적포도 품종인 가르나차(Garnacha), 모나스트렐(Monastrell), 트레파(Trepat), 피노 누아 등이 허용된다.

04 포르투갈

01 쉐리(Sherry), 포트(Port), 마데이라(Madeira) 와인은 포르투갈(Portugal)의 3대 주정강화 와인이다.

■ X

쉐리(Sherry)는 스페인에서 생산하는 주정강화 와인이다.

02 루비 포트(Ruby Port)와 토니 포트(Tawny Port)는 색상의 차이로 구분한 분류이며, 블렌딩 포트(Port)이기 때문에 일반적으로 와인 라벨에 빈티지를 표기하지 않는다.

■ ○

루비 포트와 토니 포트는 숙성 기간의 차이로 인해 각각 붉은색과 황갈색을 띠는 포트 와인이며, 여러 해의 와인이 블렌딩된 것으로 대개 특정 빈티지가 라벨에 기재되지 않는다.

03 1703년에 포르투갈과 영국이 체결한 메수엔 조약(Methuen Treaty)은 포르투갈이 영국으로 포트 와인(Port Wine)과 코르크(Cork) 수출을 확대하는 계기가 되었다.

■ ○

1703년 체결된 메수엔 조약은 포르투갈과 영국 사이에 체결된 군사동맹이자 일종의 자유무역협정으로서 양국 간의 교역이 정례화되었다.

04 포르투갈에서는 1756년에 동북부 도우루 밸리(Douro Valley) 일대를 포트 와인(Port Wine) 생산을 위한 원산지 명칭(DO)으로 지정하였다.

■ ○

1756년 세계 최초로 원산지 규제를 위한 체계를 포트 와인에 도입하였다.

05 포르투갈에서 가장 많이 재배하는 포도 품종은 투리가 나씨오날(Touriga Nacional)이다.

■ X

포르투갈에서 가장 많이 재배하는 포도 품종은 아라고네스(Aragonez)다.

06 포르투갈 다웅(Dao) 지역에서 주로 재배되는 알바리뉴(Alvarinho) 품종은 좋은 산도를 지녀 스파클링 와인 양조에 주로 사용된다.

■ X

다웅 지역에서 스파클링 와인에 양조에 사용되는 품종은 비칼(Bical)이며, 알바리뉴는 비뉴 베르데(Vinho Verde) 화이트 와인 양조에 사용하는 토착 품종이다.

07 콜레이타 마데이라(Colheita Madeira)는 최소 5년간 숙성한 후 출시되는 단일 빈티지의 마데이라 스타일이다.

■ ○

08 프라스케이라 마데이라(Frasqueira Madeira)는 매우 희귀한 고품질 스타일의 마데이라 와인으로서 최소 20년간 오크통에서 숙성한 후 출시할 수 있다.

■ ○

09 포르투갈 와인 라벨에서 가라페이라(Garrafeira)는 최소 2년간 오크통에서 숙성한 후 1년간 병 숙성한 레드 와인 또는 최소 1년간 오크통에서 숙성한 후 6개월간 병 숙성한 화이트 와인에 표기할 수 있는 용어이다.

■ X

가라페이라는 2년간 오크통에서 숙성한 후 1년간 병 숙성한 레드 와인 또는 최소 6개월간 오크통에서 숙성한 후 6개월간 병 숙성한 화이트 와인의 라벨에 표기할 수 있는 와인 용어이다. 품질 좋은 스틸 와인을 주로 가리키지만, 드물게 포트(Port) 스타일로도 양조한다. 가라페이라 포트는 주로 뛰어난 빈티지에 만들어지며 오크통에서 숙성한 후 커다란 유리병에서 20~40년간 숙성한다. 숙성을 마친 후 디캔팅한 가라페이라 와인은 다시 표준 와인병(750mL)에 병입하여 판매한다.

01 포르투갈 와인 용어와 그 의미의 연결이 올바르지 않은 것은 무엇인가?
① 틴투(Tinto) - 붉은색
② 세코(Seco) - 드라이
③ 비뉴(Vinho) - 포도밭
④ 브랑쿠(Branco) - 흰색

■ ③

비뉴는 포르투갈어로 '와인'을 의미하며, '포도밭'을 지칭하는 와인 용어는 퀸타(Quinta)이다.

02 포르투갈 와인의 품질등급 중 테이블 와인(Table Wine)에 해당하는 명칭은 무엇인가?
① VdM(Vinho de Mesa)
② DOC(Denominação de Origem Controlada)
③ VR(Vinho Regional)
④ IPR(Indicação de Proveniencia Regulamentada)

■ ①

포르투갈의 가장 하위 등급인 VdM은 생산자와 포르투갈 원산 정도만 표기되는 테이블 와인 등급에 해당된다. DOC 등급은 가장 엄격한 규정으로 관리된 특정 지역의 품질 와인에 부여되며, IPR과 VR은 지역적 특성을 반영한 와인에 적용된다.

03 포르투갈의 포트 와인(Port Wine)에 사용하는 주요 품종이 아닌 것은 무엇인가?
① 투리가 나씨오날(Touriga Nacional)
② 알바리뉴(Alvarinho)
③ 투리가 프란세사(Touriga Francesa)
④ 틴타 로리스(Tinta Roriz)

■ ②

알바리뉴는 포르투갈에서 재배하는 청포도 품종이다.

04 포르투갈 마데이라(Madeira) 와인 라벨에 표기되는 네 가지 단일 품종과 해당 와인에 대한 설명으로 올바르지 않은 것은 무엇인가?

① 세르씨알(Sercial)은 가볍게 톡 쏘는 드라이 와인으로 식전주에 적합하다.
② 베르델류(Verdelho)는 부드러운 견과 풍미의 미디엄 드라이 와인으로 생선과 육류 요리에 좋다.
③ 틴타 네그라 몰레(Tinta Negra Mole)는 진한 풍미의 미디엄 스위트 와인으로 디저트와 어울린다.
④ 말바지아(Malvasia)는 커피와 캐러멜 풍미의 스위트 와인으로 식후주로 이용한다.

■ ③

틴타 네그라 몰레는 일반 품질의 마데이라에 블렌딩되는 적포도 품종이다.

05 포르투갈의 블렌딩 마데이라(Madeira) 와인 스타일에 대한 설명으로 올바르지 않은 것은 무엇인가?

① 파인스트(Finest)는 명칭 그대로 최상급 마데이라 스타일로 가장 오랜 숙성 기간을 거친다.
② 레인워터(Rainwater)는 3년간 숙성한 가볍고 신선한 풍미를 지닌 마데이라 스타일이다.
③ 리저브(Reserve)는 약 5~10년간 숙성한 마데이라 스타일이다.
④ 엑스트라 리저브(Extra Reserve)는 약 15~50년간 숙성한 마데이라 스타일이다.

■ ①

파인스트 마데이라는 최상급 품질이 아닌, 틴타 네그라(Tinta Negra) 품종으로 약 3년간 숙성한 블렌딩 스타일이다.

06 포르투갈의 비뉴 베르데(Vinho Verde) 화이트 와인에 허용된 품종이 아닌 것은 무엇인가?

① 트라자두라(Trajadura)
② 아린투(Arinto)
③ 베르델류 틴투(Verdelho Tinto)
④ 루레이루(Loureiro)

■ ③

베르델류 틴투는 레드 와인 양조에 허용된 적포도 품종이며, 비뉴 베르데 화이트 와인 양조에는 아린투, 루레이루, 트라자두라, 알바리뉴(Alvarinho), 아잘(Azal) 품종 등이 사용된다.

07 포르투갈의 마데이라(Madeira) 레드 와인에 허용된 품종이 아닌 것은 무엇인가?
① 틴타 네그라 몰레(Tinta Negra Mole)
② 부알(Boal)
③ 바스타르두(Bastardo)
④ 테란테스(Terrantez)

■ ②

부알은 마데이라 화이트 와인에 허용된 네 가지 품종 중 하나이다.

01 1800년대 영국 상인들이 배로 운반할 때 와인의 변질을 방지하기 위해 브랜디를 첨가하여 알코올 도수를 높인 포르투갈의 와인은 무엇인가?

■ 포트 와인(Port Wine)

발효 과정 중에 브랜디를 첨가하여 발효를 중지시켜 양조한 주정강화 와인으로, 와인의 장거리 운송 중 변질을 막기위해 시도했던 것으로 알려져 있다.

02 포르투갈어로 '녹색 와인' 또는 '신선한 와인'이라는 뜻을 갖고 있으며, 아린투(Arinto), 루레이루(Loureiro), 트라자두라(Trajadura) 등의 토착 품종으로 양조한 가볍고 신선한 풍미의 화이트 와인 명칭은 무엇인가?

■ 비뉴 베르데(Vinho Verde)

포르투갈 미뉴(Minho)와 인근 지역에서 생산되며, 낮은 알코올 도수와 가볍고 신선한 풍미가 특징으로 병입 후 숙성하지 않고 곧바로 소비하는 것이 일반적이다.

03 포르투갈의 도우루(Douro) 지역에서 포트(Port) 와인 양조에 주로 사용되었으나, 최근에는 다웅(Dão) 지역의 화강암 고지대에서 드라이 와인의 주품종으로 재배하는 적포도 품종은 무엇인가?

■ 투리가 나씨오날(Touriga Nacional)

투리가 나씨오날은 포르투갈 도우루 지역과 다웅 지역의 대표 포도 품종으로 드라이 스타일은 물론 주정강화 와인에 이르기까지 다양한 스타일로 양조된다.

04 포르투갈에서 L.B.V. 약자로 표기되는 포트(Port) 와인 스타일의 정식 명칭은 무엇인가?

■ 레이트 바틀드 빈티지(Late Bottled Vintage)

'레이트 바틀드 빈티지 포트'는 레이블에 포도 수확연도를 기재하는 빈티지 포트의 일종으로 오크통에서 4년 이상 숙성하기 때문에 다른 빈티지 포트 와인들에 비해 상대적으로 늦게 병입하는 것이 특징이다.

05 포르투갈에서 생산되는 빈티지 포트(Vintage Port) 중에서 단일 포도원(Single Vineyard)에서 재배한 포도로 양조한 포트 와인을 이르는 명칭은 무엇인가?

■ 싱글 퀸타 빈티지 포트(Single Quinta Vintage Port)

퀸타(Quinta)는 포르투갈어로 '포도원'을 의미하는 용어로, 단일 포도원에서 생산하는 단일 빈티지의 와인을 오크통에서 2년 이상 숙성시킨 포트 와인이다.

06 작황이 뛰어난 단일 빈티지의 포도로만 양조하여 최소 7년 이상 오크 숙성을 거쳐 병입한 고급 토니 포트(Tawny Port)의 명칭은 무엇인가?

■ 콜레이타(Colheita)

토니 포트 스타일로 숙성한 단일 빈티지의 고급 포트 와인을 의미한다.

07 포르투갈의 마데이라(Madeira) 와인은 비교적 짧은 기간 동안 가열탱크에서 숙성하는 'A' 방식과 오랜 기간에 걸쳐 가열된 방에서 숙성하는 'B' 방식이 있다. A와 B에 들어갈 올바른 용어를 각각 쓰시오.

■ A-에스투파젬(Estufagem), B-칸테이루(Canteiro)

마데이라 숙성 시 기본적으로 와인의 온도를 높이고 공기에 노출시킨다는 점은 동일하다. 그러나 '에스투파젬'은 에스투파(estufa)라고 불리는 가열이 가능한 스테인리스 스틸 탱크에서 중탕 방식으로 3개월 이상 숙성하는 단기간의 가열 방식이며, 이후 오크통에서 약 2~5년간 숙성 후 병입한다. '칸테이루'는 건물의 다락방과 같은 공간에서 한낮의 뜨거운 열기를 그대로 받으며 오크통에서 수년에 걸쳐 장기간 가열 및 숙성 과정을 거치는 방식이다. 이 때 오크통을 여러 개의 단으로 쌓아 위에서 아래로 위치를 바꾸어 주며 일정 기간 후 최종 병입한다. 칸테이루 방식은 장기 숙성이 필요하므로 고급 블렌딩 마데이라와 빈티지 마데이라에 주로 사용한다.

05 독일

01 독일의 아이스바인(Eiswein)은 동결된 포도를 양조하여 만든 드라이 타입의 와인이다.

▪ X

아이스바인은 추운 날씨에 포도 속에서 동결된 수분을 제거하고 농축된 당분만을 발효시켜 만든 스위트 타입의 와인이다.

02 붉은 과일 풍미와 섬세한 맛이 특징이며 재배 환경에 민감한 피노 누아(Pinot Noir) 품종을 독일에서 부르는 명칭은 슈패트부르군더(Spätburgunder)이다.

▪ ○

피노 누아 품종은 독일에서 슈패트부르군더로 불리며 적포도 품종 중 재배 면적이 가장 넓은 편이다.

03 슈패트부르군더(Spätburgunder) 품종은 독일에서 재배되는 적포도 품종 중 재배 면적이 가장 넓으며 아르(Ahr), 바덴(Baden), 뷔르템베르크(Württemberg) 지역에서 주로 재배된다.

▪ ○

슈패트부르군더는 독일에서 피노 누아(Pinot Noir) 품종을 부르는 명칭이며, 적포도 품종 중에 재배 면적이 가장 넓은 품종으로 아르, 바덴, 뷔르템베르크 등지가 주요 산지이다.

04 립프라우밀히(Liebfraumilch)는 독일 나에(Nahe) 지역에서 주로 생산되는 와인이다.

▪ X

립프라우밀히는 독일 라인헤쎈(Rheinhessen) 지역에서 주로 생산되는 와인이다.

05 독일 와인 라벨 규정에 따르면, 단일 품종의 경우 75% 이상 포함하여야 하며, 여러 품종을 블렌딩한 경우에는 품종의 사용 비율에 따라 순서대로 기재한다.

▪ X

단일 품종의 경우 85% 이상 사용해야 라벨에 기재할 수 있다.

06 독일의 윅슬레(Öchsle)는 포도즙의 비중에 근거하여 당도를 측정하는 단위로 포도즙 1,000mL의 무게가 1,090g일 때, 90 Öchsle 또는 90°Oe로 표시한다.

▪ ○

윅슬레는 비중에 근거한 포도즙의 무게 측정 단위로 독일의 프래디카트(Prädikat)를 결정하기 위한 기준이 된다.

07 독일에서 생산된 모든 와인은 기관의 검사를 거쳐 번호(Amtliche Prüfungsnummer, A.P.Nr)를 부여받으며 검사번호를 와인 라벨에 기재한다.

▪ X

독일의 공인기관 검사는 품질와인(Qualitätswein)이 대상이며, 검사번호는 검사기관, 산지, 생산자, 검사품목, 검사년도를 나타내는 숫자로 구성된다.

08 독일 와인 라벨에 기재하는 굿츠압퓔룽(Gutsabfüllung)은 '생산자 병입(Producer Bottled)'을 의미하는 명칭이다.

▪ X

굿츠압퓔룽은 '포도원 병입(Estate Bottled)'을 의미하는 명칭으로, '생산자 병입'을 의미하는 에어조이거압퓔룽(Erzeugerabfüllung)과 구분되는 개념이다.

09 독일 라인가우(Rheingau) 지역에서 주로 재배하는 도른펠더(Dornfelder)는 교배종으로 짙은 색상과 풍부한 향, 적당한 타닌(Tannin)을 지녀 오크 숙성에도 적합하며 재배 면적이 점차 증가하고 있다.

▪ X

라인가우 지역에서 주로 재배하는 대표 적포도 품종은 슈패트부르군더(Spätburgunder)이며, 도른펠더 품종의 주요 재배 지역은 팔츠(Pfalz)와 라인헤센(Rheinhessen), 나에(Nahe) 등이다.

선택형

01 독일에서 가장 많이 재배되는 청포도 품종은 무엇인가?
① 샤르도네(Chardonnay) ② 리슬링(Riesling)
③ 소비뇽 블랑(Sauvignon Blanc) ④ 모스카토(Moscato)

■ ②

2020년 통계 기준, 독일에서 가장 많이 재배되는 포도 품종은 리슬링으로 전체 포도 재배 면적 중 약 23.3%를 차지한다.

02 '와인 생산자' 혹은 '양조장'을 의미하는 독일어 용어는 무엇인가?
① 샤토(Château) ② 도멘(Domaine)
③ 바인굿(Weingut) ④ 보데가스(Bodegas)

■ ③

독일에서 바인굿은 직접 포도 재배와 양조를 수행하는 와인 생산자를 의미한다. 샤토와 도멘은 프랑스에서 와인 생산자를 지칭하는 용어이며, 보데가스는 스페인에서 와인 양조장을 지칭한다.

03 독일 와인의 색상에 따른 분류 중 레드 와인에 해당하는 용어는 무엇인가?
① 바이쓰 바인(Weiss Wein) ② 로트 바인(Rot Wein)
③ 로제 바인(Rosé Wein) ④ 샤움 바인(Schaum Wein)

■ ②

로트 바인은 레드 와인을 의미하는 독일어 용어이며, 바이쓰 바인은 화이트 와인, 로제 바인은 로제 와인, 샤움 바인은 스파클링 와인을 지칭한다.

04 독일 와인의 당도 기준에 따른 분류 중 '드라이'에 해당하는 용어는 무엇인가?
① 트로켄(Trocken) ② 할프트로켄(Halbtrocken)
③ 파인헤르프(Feinherb) ④ 쥐쓰(Süss)

■ ①

독일 와인에서 드라이 타입에 해당되는 용어는 트로켄이다.

05 독일 와인에서 늦게 수확한(Late Harvest) 포도로 양조하여 좀 더 풍부한 당도와 복합적인 풍미를 가지는 스타일을 지칭하는 프래디카트(Prädikat)는 무엇인가?
　　① 카비넷(Kabinett)　　　　　② 슈패트레제(Spätlese)
　　③ 아우스레제(Auslese)　　　 ④ 아이스바인(Eiswein)

■ ②

슈패트레제는 늦게 수확하여 좀 더 무르익은 상태의 포도로 양조하여 포도의 당도가 높고 풍미가 복합적인 것이 특징이다.

06 독일의 와인 산지 중 전체 생산량에서 레드 와인의 비중이 좀 더 높은 지역은 어디인가?
　　① 모젤(Mosel)　　　　　　② 라인가우(Rheingau)
　　③ 아르(Ahr)　　　　　　　 ④ 팔츠(Pfalz)

■ ③

아르 지역의 레드 와인 생산량은 전체 생산량 중 80% 이상을 차지한다.

07 리슬링(Riesling) 품종에 관한 설명으로 올바르지 않은 것은 무엇인가?
　　① 비교적 추위와 서리에 강한 만생종으로 늦가을까지 천천히 완숙에 이른다.
　　② 에곤 뮐러(Egon Müller)는 대표적인 리슬링 와인 생산자이다.
　　③ 오스트리아와 동유럽 지역에서는 벨쉬리슬링(Welschriesling)으로 지칭한다.
　　④ 독일의 모젤(Mosel), 라인가우(Rheingau), 프랑스의 알자스(Alsace) 등이 대표 산지다.

■ ③

벨쉬리슬링은 DNA 분석을 통해 리슬링 품종과 유전적 관련성이 없는 것으로 확인되었다.

08 독일 모젤(Mosel)의 주요 와인 산지 명칭이 아닌 것은 무엇인가?
　　① 요하니스베르크(Johannisberg)
　　② 베른카스텔(Bernkastel)
　　③ 피스포르트(Piesport)
　　④ 에르덴(Erden)

■ ①

요하니스베르크는 독일 라인가우(Rheingau) 지역의 대표적인 와인 산지이다.

09 독일 와인 산지와 주요 생산자의 연결이 올바르지 않은 것은 무엇인가?
① 모젤(Mosel) – 프리츠 학(Fritz Haag)
② 라인가우(Rheingau) – 슐로스 폴라즈(Schloss Vollards)
③ 나에(Nahe) – 라이츠(Leitz)
④ 프랑켄(Franken) – 퓌르스트(Fürst)

■ ③

라이츠는 독일 라인가우 지역의 와인 생산자이다.

10 단일 포도 품종으로 양조한 품질와인(Qualitätswein) 등급의 로제 와인을 지칭하는 명칭은 무엇인가?
① 바이쓰헵스트(Weissherbst)
② 로트링(Rotling)
③ 바디쉬 로트골트(Badisch Rotgold)
④ 쉴러바인(Schillerwein)

■ ①

독일에서는 다양한 명칭의 로제 와인을 생산하는데, '바이쓰헵스트'는 최소 품질와인 등급으로 단일 포도 품종으로 만들어진 로제 와인을 지칭하며, 나머지 와인들은 모두 청포도와 적포도를 혼합하여 발효하는 로제 색상의 와인들이다.

11 독일에서 단일 포도원(Single Vineyard)을 지칭하는 이름은 무엇인가?
① 안바우게비트(Anbaugebiet)
② 베라이히(Bereich)
③ 그로쓰라게(Grosslage)
④ 아인첼라게(Einzellage)

■ ④

아인첼라게는 단일 포도원을 의미하는 용어이다. 그로쓰라게는 광역 포도원 개념이며, 베라이히는 여러 광역 포도원과 여러 마을을 포함한 포도 재배 지구를 지칭하며, 안바우게비트는 독일의 와인 산지를 통칭한다.

12 독일 와인의 프래디카트(Prädikat)에 따른 최소 포도즙 비중(Öchsle)에 대한 기준 제시가 올바르지 않은 것은 무엇인가?
① Kabinett : 67~82°Oe
② Spätlese : 76~90°Oe
③ TBA : 83~100°Oe
④ Eiswein : 110~128°Oe

■ ③

TBA(Trockenbeerenauslese)의 경우 최소 150~154°Oe 기준에 부합해야 하며, 프래디카트 와인 중 가장 높은 당도 수준을 나타낸다.

13 독일 VDP(Verband Deutscher Prädikatsweingüter und Qualitätsweingüter)의 와인 생산 규정에 관한 설명으로 올바르지 않은 내용은 무엇인가?
① 직접 소유한 포도밭에서 독일 전통 품종만 재배해야 하며 손 수확이 의무적이다.
② 친환경 및 지속가능한 재배 방식을 사용하여 직접 소유한 양조시설에서 양조해야 한다.
③ 생산된 와인은 특정 산지와 품종의 특성이 뚜렷이 표현되어야 한다.
④ 품질 수준을 유지하기 위해 포도밭과 양조기술에 대한 정기검사와 인증이 필요하다.

■ ①

2012년 개정된 규정에 따르면, 직접 소유한 포도밭에서 전체 면적의 80% 이상 전통 품종을 재배해야 한다.

14 독일 나에(Nahe) 지역에서 가장 많이 재배하는 적포도 품종은 무엇인가?
① 슈패트부르군더(Spätburgunder)
② 포르투기저(Portugieser)
③ 도른펠더(Dornfelder)
④ 트롤링거(Trollinger)

■ ③

2020년 통계자료 기준, 나에 지역에서 가장 많이 재배하는 적포도 품종은 도른펠더이다. 독일 전체 포도 재배면적 중 약 9.7%를 차지하며 두 번째로 많이 재배하는 적포도 품종이다.

15 독일 팔츠(Pfalz) 지역의 주요 와인 생산자가 아닌 것은 무엇인가?
① 뷔르클린 볼프(Bürklin-Wolf)
② 페터 야콥 쿤(Peter Jakob Kuhn)
③ 폰 바써만 요르단(Von Bassermann-Jordan)
④ 크리스트만(Christmann)

■ ②

페터 야콥 쿤은 독일 라인가우(Rheingau) 지역의 와인 생산자이다.

01 신선한 과일의 풍미와 뚜렷한 산도와 당도가 조화로운 특징을 지녔으며, 비교적 추위에 강하여 독일의 모젤(Mosel)과 라인가우(Rheingau) 지역을 비롯하여 독일 전역에서 널리 재배하는 대표 청포도 품종은 무엇인가?

■ 리슬링(Riesling)

리슬링은 독일 전역에서 널리 재배하며 가장 많이 재배하는 대표 품종이기도 하다.

02 전통 방식(Traditional Method)으로 만들어지는 독일의 스파클링 와인의 명칭은 무엇인가?

■ 젝트(Sekt)

젝트는 독일에서 대개 '샴파뉴 방식(Champagne Method)'으로 만들어지며, 와인 라벨에는 '전통 방식'이라고 기재할 수 있다.

03 리슬링(Riesling)과 마들렌 로얄(Madeleine Royale) 품종의 교배종으로 부드러운 산도와 향긋한 풍미를 지닌 가벼운 화이트 와인으로 양조된다. 수확량이 많고 기후와 토양에 덜 까다로운 편으로 현재 독일에서 두 번째로 많이 재배되는 청포도 품종은 무엇인가?

■ 뮐러 투르가우(Müller-Thurgau)

뮐러 투르가우는 생산성이 좋은 교배종으로 리슬링 다음으로 독일에서 많이 재배되는 포도 품종이다.

04 독일에서 청포도와 적포도를 혼합하여 함께 발효시켜 로제와 유사한 색상을 띠는 와인 타입을 지칭하는 명칭은 무엇인가?

■ 로트링(Rotling)

05 모젤(Mosel) 지역의 급경사에 위치한 점판암 토양의 포도원에서 생산되며, 풍부한 과일과 특유의 미네랄 풍미가 뛰어난 드라이 타입의 품질와인 등록상표는 무엇인가?

■ 리슬링 에스(Riesling S)

'Riesling S'는 모젤 지역에서 생산되는 드라이한 품질 와인의 등록상표로 해당 생산조건을 만족할 때 조합에서 브랜드 사용 권한을 부여한다.

06 12세기 시토(Citeaux) 수도회가 라인가우(Rheingau) 지역의 하텐하임(Hattenheim)에 조성한 포도밭으로 독일의 '클로 드 부조(Clos de Vougeot)'로 평가받는 포도밭의 명칭은 무엇인가?

■ 슈타인베르크(Steinberg)

01 최근 독일에서 레드 와인의 생산량이 점차 증가하는 배경에 대해 간략히 서술하시오.

첫째, 와인과 건강에 대한 인식이 점차 확산되며 독일 내 레드 와인의 소비량이 증가하면서 레드 와인의 생산량 역시 점진적으로 증가하는데 영향을 주었다.

둘째, 지구온난화 등 급격한 기후 조건의 변화와 함께 포도 재배 환경이 달라지면서 과거에 비해 적포도 품종의 재배 면적이 증가하면서 레드 와인의 생산량이 증가하였다.

셋째, 와인 양조 기술의 발달과 지속적인 연구를 바탕으로 레드 와인의 품질이 향상되면서 레드 와인의 생산과 소비가 모두 증가하는데 긍정적인 영향을 주었다.

02 독일 와인 라벨에 표기되는 '클래식(Classic)' 및 '셀렉션(Selection)'에 대해 간략히 비교 서술하시오.

독일 와인의 '드라이 와인'에 관한 새로운 표시법에 의해 제시된 것으로 EU 위원회의 승인과 독일 국회의 심의를 거쳐 2000년부터 도입되었다. 두 가지 명칭 모두 기본적으로 품질와인(Qualitätswein) 등급 이상의 드라이 와인에 적용하며, 지역을 대표하는 품종으로 선정하되 단일 품종으로 양조하는 것이 기본이다.

클래식(Classic)은 13개 지정된 산지에서 재배한 포도로 양조하며, 알코올 도수는 최소 12%, 잔여당도는 최대 15g의 기준을 충족해야 한다.

셀렉션(Selection)은 13개 지정된 산지 내의 단일포도원에서 재배한 포도로 양조하며 알코올 도수는 최소 12.2%, 잔여당도는 최대 12g의 기준을 충족해야 한다. 또한 손 수확이 의무이고 수확량은 60hl/ha 이하로 유지하며 수확 다음해 9월 1일 이후 병입 가능하다.

03 독일 아르(Ahr) 지역의 와인에 대해 입지 및 테루아, 주품종, 와인 스타일을 중심으로 서술하시오.

독일 와인 산지 중 최북단에 위치하지만 비교적 온화한 기후 조건을 갖고 있어 전체 생산 와인 중 레드 와인이 약 87%에 이른다. 특히 온실효과의 영향을 받는 아르 강 계곡 주변의 경사면에 분포한 돌이 많은 황토와 화산토의 포도원에서 뛰어난 레드 와인을 생산한다. 전체 재배 품종 중 슈패트부르군더(Spätburgunder) 품종이 약 60%를 차지하며, 풍부한 풍미와 부드러운 질감이 매력적인 슈패트부르군더 와인의 주요 산지로 평가받는다. 그 외 가볍고 신선한 풍미의 포르투기저(Portugieser), 리슬링(Riesling), 뮐러 투르가우(Müller-Thurgau) 품종 와인을 주로 생산한다. 다만 포도 재배 면적과 생산 규모가 작은 편으로, 생산된 와인은 주로 지역 및 내수에서 소비된다.

04 프랑켄(Franken) 지역의 와인에 대해 입지 및 테루아, 주품종, 와인 스타일을 중심으로 서술하시오.

독일 와인 산지 중 가장 동쪽에 위치하며, 대부분의 포도밭이 남향으로 마인(Main) 강을 따라 포도 재배에 적합한 언덕의 경사면에 위치한다. 대륙성 기후와 다양한 토질에서 뮐러 투르가우(Müller-Thurgau), 질바너(Silvaner), 바쿠스(Baccus), 케르너(Kerner) 등 교배종들을 주로 재배하며, 전체 생산량 중 화이트 와인이 약 80%를 차지한다. 부드러운 향을 지닌 드라이한 풀바디 와인 스타일이 일반적이며, 납작한 파우치 모양의 '복스보이텔(Bocksbeutel)'이라는 독특한 병을 사용한다.

06 기타유럽

01 츠바이겔트(Zweigelt)는 블라우프랭키쉬(Blaufränkisch)와 생로랑(Saint Laurent)의 교배종으로 오스트리아에서 재배되는 주요 적포도 품종이다.

■ ○

츠바이겔트는 오스트리아에서 재배되는 적포도 품종으로 단일 품종 와인으로 양조되거나, 블라우프랭키쉬 또는 국제 품종들과 블렌딩하여 견고한 구조와 풍부한 풍미를 지닌 레드 와인으로 양조된다.

02 몰도바(Moldova)는 세계에서 유일하게 '와인의 날(Wine Day)'을 국경일로 지정하였으며, 날짜는 매년 10월 첫 번째 토요일과 일요일이다.

■ ○

03 오스트리아에서는 리슬링(Riesling) 품종을 벨쉬리슬링(Welschriesling)으로도 부르며, 스파클링 와인과 스위트 와인 양조에 주로 사용한다.

■ X

벨쉬리슬링은 리슬링과 유사한 이름을 갖고 있으나 유전적 연관성이 없으며, 헝가리의 올라쓰리즐링(Olaszrizling)과 동일한 품종으로 신선하고 가벼운 스타일의 와인으로 양조된다.

04 루마니아 북동부의 몰도바 언덕(Moldovan Hills)에 위치한 코트나리(Cotnari)는 세계적인 명성의 스위트 와인 산지이다.

■ ○

코트나리는 루마니아 북동부의 몰도바 언덕에 위치한 대표 스위트 와인 산지로 과거 러시아의 주요 와인 공급처였으나 최근 세계 시장을 대상으로 변화 중이다.

05 '베오 와인 페어(Beo Wine Fair)'는 매년 불가리아에서 개최되는 국제 와인 박람회이다.

■ X

2010년부터 매년 세르비아 벨그라드(Belgrade) 지역에서 개최되는 국제 와인 박람회이다.

06 헝가리 토카이(Tokaji) 와인 중 싸모로드니(Szamorodni)는 과숙 포도와 귀부(Noble Rot) 포도를 섞어 양조하며, 잔여 당분의 수준에 따라 드라이 스타일의 에데스(Edes)와 스위트 스타일인 싸라스(Szaraz)로 구분하여 라벨에 기재한다.

■ X

싸모로드니 에데스(Szamorodni Edes)는 스위트 스타일의 와인이며 싸모로드니 싸라스(Szamorodni Szaraz)는 드라이 스타일의 토카이 와인이다.

07 스위스 남부의 이탈리아 접경 지대에 위치한 티치노(Ticino) 지역은 메를로(Merlot) 품종의 레드 와인으로 유명한 와인 산지이다.

■ ○

스위스의 티치노 지역은 온화한 지중해성 기후로 메를로 품종이 전체 재배 면적의 약 80%를 차지하며 부드럽지만 어느 정도 숙성이 가능한 레드 와인을 생산한다.

08 2016년 오스트리아의 젝트(Sekt)의 품질등급 체계에 따르면, 클라씩(Klassik) 등급의 경우 전통 방식(Traditional Method)으로 양조하여야 한다.

■ X

그로쓰 리저브(Grosse Reserve)와 리저브(Reserve) 등급은 전통 방식, 즉 샹파뉴 방식(Champagne Method)이 의무사항이나, 클라씩 젝트 등급은 모든 스파클링 와인 양조 방식을 허용한다.

09 조지아(Georgia)에서 주로 재배되는 토착 포도 품종으로는 사페라비(Saperavi), 무줄레툴리(Mujuretuli), 르카치텔리(Rkatzitelli), 키시(Qisi) 등이 대표적이다.

■ ○

사페라비와 무줄레툴리는 적포도 품종이며, 르카치텔리와 키시는 청포도 품종으로 조지아에서 재배되는 주요 토착 품종들이다.

10 슬로베니아 와인의 PGI(Protected Geographical Indication) 명칭은 세 개의 지정된 와인 산지 중 한 지역에서 재배한 포도를 100% 사용해야 한다.

■ X

슬로베니아의 PGI 와인은 해당 와인 지역(Podravje, Posavje, Primorska) 중 한 곳에서 재배한 포도를 85% 이상 사용해야 하며, PDO(Protected Designation of Origin) 와인은 9개의 지정 지역 중 하나의 산지에서 생산된 포도를 100% 사용해야 한다.

01 헝가리 토카이(Tokaji) 와인 양조에 사용하는 주품종은 무엇인가?
① 리슬링(Riesling)   ② 세미용(Semillon)
③ 푸르민트(Furmint)   ④ 피노 그리(Pinot Gris)

■ ③

토카이 와인은 당도와 산도가 높은 품종인 푸르민트로 주로 양조하며, 그 밖에 하르쉬레벨류(Hárslevelű), 뮈스카 오토넬(Muscat Ottonel), 제타(Zéta) 등의 품종을 함께 사용할 수 있다.

02 2,000년 이상의 오랜 역사를 가진 그리스 와인으로 양조 시 송진으로 용기를 밀봉한 전통에서 유래되었으며, 현재는 포도즙을 발효하는 과정에서 알레포(Aleppo) 송진을 첨가하여 독특한 풍미를 부여하는 와인의 명칭은 무엇인가?
① 파트라스(Patras)   ② 사모스(Samos)
③ 빈산토(Vinsanto)   ④ 레치나(Retsina)

■ ④

레치나 와인은 고대 그리스의 와인의 전통에 근거하여 송진을 첨가하여 양조하는 와인이다.

03 다음 포도 품종들이 주로 재배되는 와인 생산국은 어디인가?

> 디미아트(Dymyat) / 미스켓(Misket) / 마브루드(Mavrud) / 감자(Gamza)

① 그리스　　　　　　　　② 스위스
③ 슬로베니아　　　　　　④ 불가리아

■ ④

디미아트와 미스켓은 청포도 품종이며, 마브루드와 감자는 적포도 품종으로 불가리아에서 주로 재배되는 대표 품종들이다.

04 레바논의 샤토 무사르(Chateau Musar) 와인에 사용되는 주요 품종이 아닌 것은 무엇인가?
① 카베르네 소비뇽(Cabernet Sauvignon)
② 메를로(Merlot)
③ 카리냥(Carignan)
④ 생소(Cinsault)

■ ②

샤토 무사르 레드 와인 양조에는 카베르네 소비뇽, 카리냥, 생소 품종이 블렌딩된다.

05 루마니아에서 주로 재배되는 토착 포도 품종이 아닌 것은 무엇인가?
① 페테아스카 알바(Fetească Albă)
② 타마이오아싸 로마네아스카(Tămâioasă Românească)
③ 르카치텔리(Rkatziteli)
④ 그라싸 드 코트나리(Grasă de Cotnari)

■ ③

르카치텔리는 조지아(Georgia) 원산의 포도 품종이다.

06 슬로베니아의 지리적표시(PGI) 명칭이 아닌 것은 무엇인가?
① 포드라브예(Podravje)　　　② 포사브예(Posavje)
③ 프리모르스카(Primorska)　④ 프레크무르예(Prekmurje)

■ ④

프레크무르예는 지리적표시 명칭이 아닌, 포드라브예 지역에 속한 지정원산지(PDO) 명칭이다.

07 오스트리아의 DAC(Districtus Austriae Controllatus) 제도에 관한 설명으로 올바르지 않은 것은 무엇인가?
① 오스트리아 DAC 제도는 2001년에 처음 도입되었다.
② 지역적 특성을 지닌 품질 와인 산지를 인증하는 제도이다.
③ 2022년 기준으로 총 17개의 DAC가 지정되었다.
④ 캄탈(Kamptal) 지역은 최초로 DAC로 지정된 와인 산지이다.

■ ④

오스트리아에서 최초의 DAC로 지정된 지역은 바인피어텔(Weinviertel)이다.

08 스위스 중서부의 보(Vaud), 쥬네브(Genève). 뇌샤텔(Neuchâtel)과 발레(Valais) 등지에서 주로 재배되며 지역에 따라 팡당(Fendant), 구테델(Gutedel)로 불리는 포도 품종은 무엇인가?
① 샤쓸라(Chasselas)
② 질바너(Silvaner)
③ 아르빈(Arvine)
④ 아미네(Amigne)

■ ①

샤쓸라 품종은 스위스 중서부와 발레 지역에서 널리 재배되며 다양한 스타일의 화이트 와인으로 양조되는 대표 청포도 품종이다.

09 헝가리의 에그리 비카베르(Egri Bikavér) 와인에 허용된 포도 품종이 아닌 것은 무엇인가?
① 케크프란코쉬(Kekfrankos)
② 올라쓰리즐링(Olaszrizling)
③ 카베르네 소비뇽(Cabernet Sauvignon)
④ 카다르카(Kadarka)

■ ②

올라쓰리즐링은 화이트 와인에 사용되는 청포도 품종이다.

10 슬로베니아 와인에 관한 설명으로 올바르지 않은 것은 무엇인가?

① 1991년 유고슬라비아에서 독립한 이후 오렌지 와인으로 주목받는 산지이다.
② 재배 면적 중 청포도 품종의 비중이 약 75%를 차지하며 화이트 와인의 생산량이 더 많다.
③ 주품종으로는 페테아스카 알바(Fetească Albă), 페테아스카 네아그라(Fetească Neagră), 타마이오아싸(Tămâăioasă), 그라싸(Grasă) 등이 대표적이다.
④ 생산 지역은 프리모르스카(Primorska), 포드라브예(Podravje), 포사브예(Posavje)로 구분되는 3개의 대산지와 9개의 세부 산지가 있다.

■ ③

슬로베니아의 주품종으로는 레불라(Rebula), 라스키 리즐링(Laski Rizling), 시폰(Sipon), 레포스코(Reforsco) 등이 대표적이다.

11 그리스의 와인 산지와 주요 토착 품종의 연결이 올바르지 않은 것은 무엇인가?

① 산토리니(Santorini) – 아씨르티코(Assyrtiko)
② 네메아(Nemea) – 아요르기티코(Agiorgitiko)
③ 나우싸(Naoussa) – 씨노마브로(Xinomavro)
④ 케팔로니아(Cephalonia) – 말라구지아(Malagousia)

■ ④

케팔로니아 지역에서 재배되는 주품종은 로볼라(Robola), 뮈스카(Muscat), 마브로다프네(Mavrodaphne) 등이며, 말라구지아 품종은 나파코스(Nafpakos)가 원산지로 최근 마케도니아(Macedonia) 지역에서 새로운 스타일의 와인으로 주목받고 있다.

12 와인 생산국과 대표 생산자의 연결이 올바르지 않은 것은 무엇인가?

① 그리스 – 키르 야니(Kir Yianni)
② 오스트리아 – 피흘러(F.X. Pichler)
③ 레바논 – 샤토 무사르(Chateau Musar)
④ 헝가리 – 푸카리(Purcari)

■ ④

푸카리는 몰도바 남동쪽에 위치한 스테판 보다(Stefan-Voda) 지역의 대표 와인 생산자이다.

13 스위스 뇌샤텔(Neuchâtel) 지역에서 피노 누아(Pinot Noir) 품종으로 양조하는 로제 와인의 명칭은 무엇인가?

① 에이으 드 페드리(Oeil-de-Perdrix)　② 에이글(Aigle)
③ 에페쓰(Epesses)　④ 생사포렝(St. Saphorin)

■ ①

'에이으 데 페드리'는 엷은 분홍색을 띠는 '자고새의 눈'에서 유래한 것으로 뇌샤텔 지역의 대표적인 로제 와인 명칭이다.

14 불가리아의 다뉴브 평야(Danubian Plain) 지역에 위치한 세부 와인 산지가 아닌 것은 무엇인가?

① 랴스코베츠(Liyaskovets)　② 스비쉬토브(Svishtov)
③ 플레벤(Pleven)　④ 포두나브리예(Podunavlje)

■ ④

포두나브리예 산지는 크로아티아의 와인 산지이다.

15 크로아티아의 주요 와인 산지와 주요 품종의 연결이 올바르지 않은 것은 무엇인가?

① 딩가츠(Dingač) – 플라바츠 말리(Plavac Mali)
② 달마시아(Dalmatia) – 포십(Pošip)
③ 스트루마 밸리(Struma Valley) – 멜니크(Melnik)
④ 이스트리아(Istria) – 말바지아 이스타르스카(Malvazija Istarska)

■ ③

스트루마 밸리는 불가리아의 남서쪽에 위치한 멜니크 품종의 주요 산지이다.

16 몰도바 와인에 관한 설명으로 올바르지 않은 것은 무엇인가?

① 프랑스의 보르도(Bordeaux), 부르고뉴(Bourgogne)와 거의 비슷한 위도선에 위치한다.
② 전체 포도밭 중 약 60%는 계곡과 경사진 언덕에 위치한다.
③ 전체 생산 와인 중 레드 와인의 비중이 60% 이상을 차지한다.
④ 크리코바(Cricova), 카스텔 미미(Castel Mimi), 라다치니(Radacini) 등이 대표적인 생산자이다.

■ ③

몰도바 와인 중 약 53%가 화이트 와인이며, 레드 와인이 44%, 로제 와인이 3%를 차지한다.

단답형

01 오스트리아에서 가장 많이 재배되는 대표 청포도 품종은 무엇인가?

■ 그뤼너 펠트리너(Grüner Veltliner)

그뤼너 펠트리너는 오스트리아에서 전체 포도밭 면적 중 약 30%를 차지하는 주요 품종으로 생기있는 산도와 과일, 향신료, 미네랄 풍미가 복합적인 화이트 와인을 생산한다.

02 헝가리 토카이(Tokaji) 와인 중 수확한 귀부(Noble Rot) 포도에서 얻은 프리런 주스(Free-Run Juice)로 양조하여 생산량이 매우 적고 높은 당도를 지닌 와인의 명칭은 무엇인가?

■ 에쎈시아(Eszencia)

수확한 귀부 포도에서 자연스럽게 흘러나온 높은 당도의 포도즙을 수개월간 발효 후 숙성하여 출시한다.

03 오스트리아 와인의 품질 등급 중 하나로, 포도의 당도를 높이기 위해 수확 후 밀짚이 깔린 선반에서 건조시킨 포도로 양조하는 와인은 무엇인가?

■ 스트로바인(Strohwein)

스트로바인은 '밀짚 와인'이라는 의미로 포도를 건조시켜 당도를 높이는 프랑스의 뱅 드 파이으(Vin de Paille)와 이탈리아의 아파씨멘토(Appassimento)와 유사한 방식이며, 최소 당도 기준 KMW 25 이상을 충족해야 한다.

04 헝가리 에게르(Eger) 지역에서 생산되는 전통적인 레드 와인으로 '황소의 피(Bull's Blood)'라는 별명을 가지고 있는 와인의 명칭은 무엇인가?

■ 에그리 비카베르(Egri Bikaver)

헝가리 부다페스트(Budapest) 동북쪽에 위치한 에게르 지역에서 선명한 핏빛의 와인색과 짙은 과일 향 및 풍부한 질감의 풀바디 와인을 생산한다.

05 슈타인페더(Steinfeder), 페더슈필(Federspiel), 스마락트(Smaragd)의 세 가지 와인 분류 체계를 갖고 있는 오스트리아의 DAC 명칭은 무엇인가?

■ 바하우(Wachau)

바하우 DAC 지역에서는 와인의 알코올 함량을 기준으로 슈타인페더(최대 11.5%), 페더슈필(11.5~12.5%), 스마락트(최소 12.5%)의 세 가지 스타일로 분류한다.

06 지중해 원산인 품종으로 그리스, 이탈리아, 슬로베니아 등지에서 주로 재배하며, 포르투갈의 마데이라(Madeira) 지역에서 양조된 주정강화 와인의 라벨에는 맘지(Malmsey)로도 표기하는 포도 품종은 무엇인가?

■ 말바지아(Malvasia)

지중해 인근 지역에서 널리 재배되는 대표 청포도 품종으로 가벼운 테이블 와인과 디저트 와인, 주정강화 와인 등에 주로 사용된다.

07 1924년에 바이오다이내믹(Biodynamic) 농법의 개념과 와인 생산 철학을 주창한 오스트리아 출신의 인물은 누구인가?

■ 루돌프 슈타이너(Rudolf Steiner)

오스트리아의 철학자 루돌프 슈타이너는 1924년에 포도 재배를 화학적인 작용에 의지하지 않고, 퇴비 조성과 식물의 생장에 활력을 주는 지구, 해, 달, 태양계의 순환으로 생성되는 에너지로 관리하는 바이오다이내믹 농법의 개념을 제시하였다.

08 스위스 보(Vaud) 지역의 라보 뤼트리(Lavaux-Lutry) AOC에 포함된 그랑 크뤼 명칭 두 개를 쓰시오.

■ 데잘리(Dézaley), 칼라맹(Calamin)

데잘리와 칼라맹은 스위스 보 지역의 라보 뤼트리 AOC 지역에서 생산되는 그랑 크뤼 명칭으로 샤쓸라(Chasselas) 품종으로 양조되는 대표적인 화이트 와인이다.

국가별 와인
_신세계와인

03

01 미국

01 미국에서 비티스 비니페라(Vitis vinifera) 종으로 와인을 양조하는 대표적인 곳은 서부 태평양 연안의 워싱턴(Washington) 주, 오리건(Oregon) 주, 캘리포니아(California) 주이고 생산량은 캘리포니아가 가장 많다.

○

02 미국의 미국포도재배지역(American Viticulture Areas, AVA)은 프랑스의 AOC와 같이 해당 지역에서 재배할 수 있는 품종, 양조 방법, 와인 또는 품질을 규제하는 제도다.

X

미국의 AVA는 포도 재배 지역을 지정하여 구분하는 법으로 와인 품질 규제와 무관하고 양조도 생산자 자율에 맡긴다.

03 미국은 와인 양조용 포도 재배에 관개를 허용하지 않는다.

X

미국 및 대부분의 신세계 와인 산지에서는 관개가 허용된다.

04 미국 연방법의 와인 라벨 표기 규정에 의하면 라벨에 단일 품종으로 표기하기 위해서는 해당 품종을 85% 이상 사용해야 하고 캘리포니아(California)에서도 이를 동일하게 적용한다.

X

미국주류담배세금무역국(US Alcohol and Tobacco Tax and Trade Bureau, TTB)의 연방법에 의하면 단일 품종 라벨 표기 규정은 75% 이상이고 캘리포니아는 TTB 규정인 75%를 그대로 적용한다.

05 미국 연방법에 의하면 라벨에 AVA 명칭을 표기하기 위해서는 해당 AVA에서 생산한 포도를 75% 이상 사용해야 하며, 이 규정은 모든 주에서 동일하게 적용한다.

▪ X

미국주류담배세금무역국(US Alcohol and Tobacco Tax and Trade Bureau, TTB)의 연방법에 의하면 해당 AVA에서 생산된 포도를 85% 이상 사용해야 와인 라벨에 AVA 명칭 표기가 가능하다. 해당 AVA 지역에서 생산된 포도가 75% 이상이면 AVA 명칭이 아니라 주(州, State) 또는 카운티(County) 명칭을 라벨에 표기할 수 있다. 주정부의 규정은 각 주 마다 다른데, 캘리포니아(California)는 85%, 오리건(Oregon)은 95% 이상을 해당 AVA에서 생산해야 라벨에 AVA 명칭을 표기할 수 있다.

06 나파 밸리(Napa Valley), 앤더슨 밸리(Anderson Valley), 러시안 리버 밸리(Russian River Valley) 등의 와인 산지가 있는 곳은 미국의 오리건(Oregon) 주이다.

▪ X

나파 밸리는 나파 카운티(Napa County), 앤더슨 밸리는 멘도치노 카운티(Mendocino County), 러시안 리버 밸리는 소노마 카운티(Sonoma County)에 위치하고 있는 AVA이며 모두 캘리포니아(California) 주에 있다.

07 지도의 AVA들은 미국 와인 산지 중 캘리포니아(California)의 소노마 카운티(Sonoma County)에 위치한다.

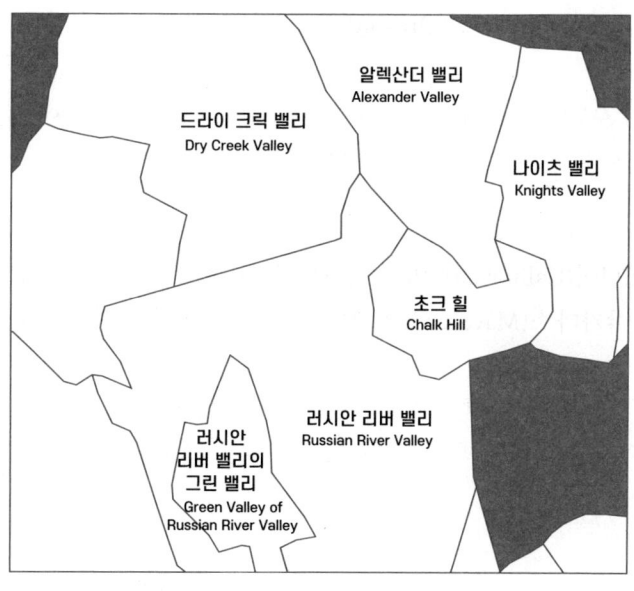

▪ ○

08 컬럼비아 밸리(Columbia Valley)는 미국 워싱턴(Washington) 주에서 가장 큰 와인 산지로 워싱턴 주 전체 와인 생산의 60%를 차지한다.

■ ○

09 미국 오리건(Oregon) 주 규정에 의하면 라벨에 단일 품종으로 표기하기 위해서는 해당 품종을 100% 사용해야 한다.

■ X

오리건 주에서는 피노 누아(Pinot Noir)와 샤르도네(Chardonnay) 등은 라벨에 단일 품종으로 표기하기 위해서는 해당 품종을 90% 이상 사용해야 한다. 연방법인 TTB의 규정대로 75% 이상이면 단일 품종으로 라벨에 표기할 수 있는 품종들도 있다.

10 미국 소노마(Sonoma)에 속하는 AVA인 맥도웰 밸리(McDowell Valley)의 주품종은 시라(Syrah)와 그르나슈(Grenache) 등 프랑스 론(Rhône) 지역의 적포도 품종들이다.

■ ○

맥도웰 밸리는 캘리포니아(California) 멘도치노 카운티(Mendocino County)의 남동쪽에 위치하고 서쪽에는 러시안 강, 동쪽에는 마야카마스(Mayacamas) 산맥이 있으며 1987년 지정된 AVA로 프랑스 론(Rhône) 지역의 적포도 품종들이 좋은 품질로 재배된다.

11 컬럼비아 밸리(Columbia Valley)와 왈라 왈라 밸리(Walla Walla Valley) AVA는 미국 워싱턴(Washington)과 오리건(Oregon) 두 개의 주에 걸쳐 위치한다.

■ ○

컬럼비아 밸리 AVA와 왈라 왈라 밸리 AVA는 워싱턴 주와 오리건 주에 걸쳐 있는 와인 산지들로 주로 워싱턴주에 속하고 오리건 주에 속한 면적은 상대적으로 작다.

12 미국 캘리포니아(California) 와인 산지 중 최초로 AVA로 지정된 나파 밸리(Napa Valley)는 마야카마스(Mayacamas) 산맥 서쪽에 위치한 와인 산지다.

■ X

나파 밸리는 서쪽 마야카마스 산맥과 동쪽 바카 산맥(Vaca Range) 사이의 와인 산지다. 마야카마스 산맥 서쪽에 위치한 캘리포니아의 와인 산지는 소노마(Sonoma)와 멘도치노(Mendocino)다.

13 워싱턴(Washington) 와인 산지는 캘리포니아(California)보다 위도는 높지만 포도생육기간(Growing Season)이 캘리포니아 보다 길다.

▪ X

워싱턴 와인 산지는 캘리포니아보다 포도생육기간(Growing Season) 동안의 일조시간은 평균 2시간이 길지만 겨울이 춥기 때문에 포도생육기간(Growing Season) 자체는 캘리포니아보다 짧다.

14 제프 콘 셀러즈(Jeff Cohn Cellars)와 허쉬 빈야즈(Hirsch Vineyards), 세게지오(Seghesio), 세바스티아니(Sebastiani), 프라이 브러더스(Frei Brothers)는 미국 소노마 카운티(Sonoma County)의 생산자들이다.

▪ ○

15 미국 TTB의 규정에 의하면 와인 라벨에 AVA 명칭을 표기하기 위해서는 해당 AVA에서 생산한 포도를 75% 이상 사용해야 하지만, 캘리포니아(California) 주에서는 해당 AVA에서 생산한 포도를 85% 이상, 오리건(Oregon) 주에서는 100% 해당 AVA에서 생산한 포도를 사용해야 AVA 명칭을 라벨에 표기할 수 있다.

▪ X

와인 라벨에 AVA 명칭 표기를 위한 미국주류담배세금무역국(US Alcohol and Tobacco Tax and Trade Bureau, TTB)의 연방법 기준은 75% 이상, 캘리포니아 주 자체 규정은 85% 이상, 오리건 주 자체 규정은 95% 이상 해당 AVA에서 생산한 포도를 사용해야 한다.

16 미국 캘리포니아(California)와 워싱턴(Washington)에서는 와인 라벨에 주(州, State) 명칭을 표기하기 위해서는 100%가 주에서 생산한 포도여야 한다는 주 자체 규정을 적용하고 있다.

▪ X

미국주류담배세금무역국(US Alcohol and Tobacco Tax and Trade Bureau, TTB)의 연방법에 의하면 와인 라벨에 주 명칭을 표기하기 위해서는 해당 주에서 생산한 포도를 75% 이상 사용해야 한다. 주 자체 규정에 의하면 주 명칭 표기에 캘리포니아는 100% 기준을 적용하고, 워싱턴은 95% 기준을 적용한다.

17 미국 오리건(Oregon)의 윌라메트 밸리(Willamette Valley) 와인 생산의 약 75%가 피노 누아(Pinot Noir)이다.

■ ○

18 피터 마이클 와이너리(Peter Michael Winery)와 오베르(Aubert), 베리테(Vérité)는 소노마 카운티(Sonoma County)와 나파 밸리(Napa Valley)에서 생산한 포도로 와인을 만드는 미국 소노마 카운티의 생산자들이다.

■ ○

19 마리타나 빈야즈(Maritana Vineyards)와 월터 핸젤 와이너리(Walter Hansel Winery)는 미국 캘리포니아(California)의 러시안 리버 밸리(Russian River Valley)의 생산자들이다.

■ ○

20 미국 캘리포니아(California)에서 최초로 태양열과 풍력 발전으로 전기를 공급하고 그린 빌딩 와이너리를 도입한 멘도치노 카운티(Mendocino County)의 생산자로, 캘리포니아 지속가능 와이너리 인증(Certified California Sustainable Winery)을 받았으며, 2011년 콘차 이 토로(Concha Y Toro)가 인수한 와이너리는 파두치 와인 셀러즈(Parducci Wine Cellars)다.

■ X

위 설명 모두에 해당하는 생산자는 페처 빈야즈(Fetzer Vineyards)이다.

01 미국 와인에 대한 설명으로 올바른 것은 무엇인가?
① 와인 생산량이 가장 많은 주는 캘리포니아(California)이다.
② 미국포도재배지역(American Viticultural Areas, AVA)은 각 주 정부에서 지정한다.
③ AVA는 1983년 시행한 이후 변동이 없다.
④ 미국 동부에서는 비티스 라브루스카(Vitis labrusca) 종으로만 와인을 양조한다.

▪①

미국에서 와인 생산량이 가장 많은 주는 캘리포니아다. 미국포도재배지역은 연방정부에서 지정하며, 새로운 AVA가 계속 추가되고 있다.

02 미국 와인 역사에 대한 내용으로 올바르지 않은 것은 무엇인가?
① 캘리포니아(California)에서 와인 산업이 시작된 것은 19세기 초반이다.
② 캘리포니아 와인 산업이 크게 발전한 것은 20세기 초반이다.
③ 로버트 몬다비(Robert Mondavi)는 20세기 후반 캘리포니아 와인 산업의 발전에 크게 기여했다.
④ 미국의 와인 역사는 16세기로 거슬러 올라갈 수 있다.

▪②

19세기 말부터 20세기 초 필록세라(Phylloxera) 피해, 1919~1933년의 금주령, 1939년까지 이어진 경제 대공황, 1939년 발발한 제2차 세계대전으로 미국의 와인 산업은 20세기 초반에서 중반까지 어려움을 겪었다.

03 미국의 와인 잡지로 전문 패널들이 100점 만점 기준으로 와인을 평가하고 매해 연말에 100대 와인(Top 100 Wines)을 선정하여 발표하는 잡지는 무엇인가?
① 와인 스펙테이터(Wine Spectator)
② 디캔터(Decanter)
③ 와인 아틀라스(Wine Atlas)
④ 로버트 파커(Robert Parker)

▪①

디캔터는 영국의 와인 전문 잡지이며, 와인 아틀라스는 영국의 휴 존슨(Hugh Johnson)과 영국의 와인 마스터(Master of Wine) 잰시스 로빈슨(Jancis Robinson)이 공저한 와인 서적이다. 로버트 파커는 미국의 와인 평론가로 미국 와인 잡지인 '더 와인 애드버킷(The Wine Advocate)'의 창시자다.

04 미국 캘리포니아(California) 와인 산업에 대한 설명으로 올바르지 않은 것은 무엇인가?

① 캘리포니아는 미국 전체 와인 생산량의 약 80%를 생산한다.
② 캘리포니아의 와인 양조용 포도재배 기후는 해양성, 지중해성, 대륙성으로 다양하다.
③ 나파 밸리(Napa Valley)는 캘리포니아 전체 와인 생산량의 약 30%를 차지한다.
④ 캘리포니아 와인 산지는 해안과 내륙에 모두 분포한다.

■ ③

05 미국의 와인 산지가 아닌 곳은 어디인가?

① 야키마 밸리(Yakima Valley)
② 알렉산더 밸리(Alexander Valley)
③ 야라 밸리(Yarra Valley)
④ 러시안 리버 밸리(Russian River Valley)

■ ③

야키마 밸리는 워싱턴(Washington) 주 최초의 AVA이고 알렉산더 밸리와 러시안 리버 밸리는 캘리포니아(California) 주 소노마 카운티(Sonoma County)의 AVA이며 야라 밸리는 호주의 빅토리아(Victoria)에 속한다.

06 미국에서 통용되는 와인 스타일의 명칭에 대한 설명으로 올바르지 않은 것은 무엇인가?

① 라벨에 포도 품종 표기가 없는 와인은 제네릭(Generic) 와인이라고 한다.
② 컬트(Cult) 와인은 희소성이 있는 고품질 와인이다.
③ 적포도 품종을 압착하여 껍질 성분을 추출한 로제 와인을 블러쉬(Blush) 와인이라고 한다.
④ 한 가지 품종의 장점을 살려 만든 와인을 메리티지(Meritage) 와인이라고 한다.

■ ④

한 가지 품종의 장점을 살려 만든 와인은 버라이어틸(Varietal) 와인, 보르도(Bordeaux) 품종을 블렌딩하여 만든 와인은 메리티지 와인이라고 한다.

07 미국의 대표적인 컬트(Cult) 와인이 아닌 것은 무엇인가?
① 스크리밍 이글(Screaming Eagle)
② 할란 에스테이트(Harlan Estate)
③ 브라이언 패밀리(Bryant Family)
④ 샤토 르 팽(Château Le Pin)

■ ④

샤토 르 팽(Château Le Pin)과 생테밀리옹(St.-Émilion)의 샤토 발랑드로(Château Valandraud) 등은 프랑스 보르도(Bordeaux)의 대표적인 가라지(Garage) 와인이다.

08 미국 와인 산지 지도의 A, B, C에 해당하는 AVA 명칭을 순서대로 나열한 것은 무엇인가?

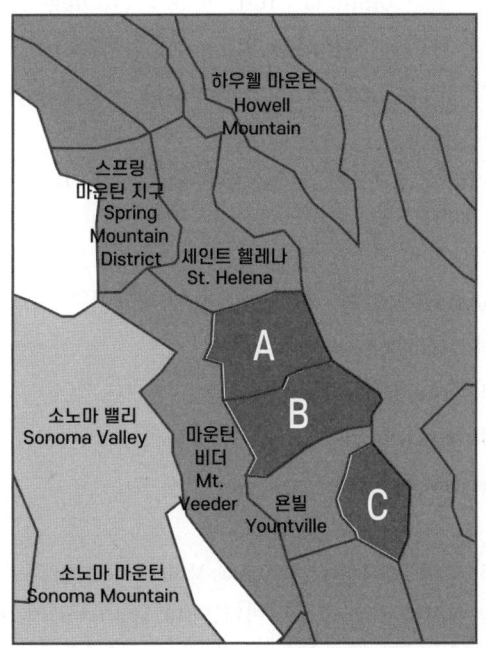

① A : 차일스 밸리(Chiles Valley), B : 아틀라스 피크(Atlas Peak), C : 카네로스(Carneros)
② A : 아틀라스 피크(Atlas Peak), B : 카네로스(Carneros), C : 몬터레이(Monterey)
③ A : 러더포드(Rutherford), B : 오크빌(Oakville), C : 스택스 립 디스트릭트(Stag's Leap District)
④ A : 오크빌(Oakville), B : 러더포드(Rutherford), C : 스택스 립 디스트릭트(Stag's Leap District)

■ ③

09 미국 캘리포니아의 센트럴 코스트(Central Coast) AVA에 속하지 않는 AVA는 무엇인가?
① 몬터레이(Monterey)
② 산 베르나르디노(San Bernardino)
③ 파소 로블스(Paso Robles)
④ 콘트라 코스타(Contra Costa)

■ ②

산 베르나르디노는 사우스 코스트(South Coast)에 속하는 AVA다.

10 미국 와이너리 이름과 위치한 주의 연결이 올바르지 않은 것은 무엇인가?
① 샤토 생미셸(Chateau Ste. Michelle) – 워싱턴(Washington)
② 컬럼비아 크레스트(Columbia Crest) – 오리건(Oregon)
③ 조단 빈야드 앤 와이너리(Jordan Vineyard & Winery) – 캘리포니아(California)
④ 브라더후드 와이너리(Brotherhood Winery) – 뉴욕(New York)

■ ②

샤토 생미셸과 컬럼비아 크레스트는 워싱턴 주의 와이너리다.

11 미국 소노마(Sonoma)에 속한 와이너리는 어디인가?
① 케이머스 빈야즈(Caymus Vineyards)
② 프리마크 아비(Freemark Abbey)
③ 조셉 펠프스(Joseph Phelps)
④ 샤토 생진(Chateau St. Jean)

■ ④

샤토 생진은 1973년 소노마 밸리(Sonoma Valley)에 설립된 와이너리로 생크 세파주(Cinq Cepages) 1996년 빈티지가 와인 스펙테이터(Wine Spectator)의 100대 와인에서 1등을 한 바 있다. 케이머스 빈야즈는 나파 밸리(Napa Valley) 러더포드(Rutherford)의 생산자로 스페셜 셀렉션(Special Selection) 1984년과 1990년 빈티지가 와인 스펙테이터의 100대 와인에서 두 번 1등을 차지했다. 프리마크 아비는 1976년 '파리의 심판'에서 레드와 화이트 모두 10위 이내를 차지한 나파 밸리의 생산자다. 조셉 펠프스는 나파 밸리의 세인트 헬레나(St. Helena)에 위치하고 1974년 캘리포니아(California) 최초의 보르도(Bordeaux) 블렌딩 레드 와인인 인시그니아(Insignia)를 생산하였다.

12 미국 워싱턴(Washington) 주 와인 산지에 대한 설명으로 올바르지 않은 것은 무엇인가?

① 워싱턴은 캘리포니아(California)보다 서늘하여 화이트 와인 생산량이 레드 와인보다 더 많다.
② 워싱턴 주 대부분의 AVA가 위치하는 캐스케이드(Cascade) 산맥 동쪽은 비가 적고 건조하여 관개가 필요하다.
③ 컬럼비아 밸리(Columbia Valley)와 컬럼비아 고지(Columbia Gorge)는 워싱턴 주와 오리건(Oregon) 주에 모두 속한다.
④ 워싱턴 주에서 가장 처음으로 1983년 AVA로 지정 받은 곳은 야키마 밸리(Yakima Valley)다.

■ ①

태평양 연안 북서부의 워싱턴 주는 미국에서 두 번째로 와인 생산량이 많고 레드 와인이 60%, 화이트 와인이 40%를 차지한다. 워싱턴은 푸젯 사운드(Puget Sound) AVA가 위치한 캐스케이드 산맥 서쪽은 비가 많으나 대부분의 AVA는 건조한 산맥 동쪽에 위치하므로 관개시설을 갖추고 있다. 오리건 주와 AVA를 공유하는 지역은 컬럼비아 고지, 컬럼비아 밸리, 왈라 왈라 밸리(Walla Walla Valley)이며, 이중 컬럼비아 고지와 컬럼비아 밸리는 컬럼비아 강을 경계로 두 주로 나뉜다.

13 미국 오리건(Oregon) 주 와인에 대한 설명으로 올바르지 않은 것은 무엇인가?

① 윌라메트 밸리(Willamette Valley) AVA는 오리건에서 와이너리가 가장 밀집된 지역으로 주품종은 피노 누아(Pinot Noir)다.
② 오리건의 기후는 프랑스 보르도(Bordeaux)와 유사하고 대표적인 토양은 키메리지안(Kimmeridgian)이다.
③ 오리건의 서쪽 태평양 연안 산지들의 기후는 캘리포니아(California) 한류의 영향으로 서늘하고 강우량이 확보되는 해양성이다.
④ 오리건 주 남쪽의 AVA로 로그 밸리(Rogue Valley)와 움쿠아 밸리(Umpqua Valley)가 있다.

■ ②

오리건 주는 프랑스 부르고뉴(Bourgogne)의 테루아와 유사하고 해양성 기후다. 키메리지안은 프랑스 샤블리(Chablis)의 토양이고 오리건의 대표적인 토양은 현무암질(Basalt)의 화산토(Volcanic Soils)다.

14 미국의 AVA와 그 속한 주의 연결이 올바르지 않은 것은 무엇인가?
① 푸젯 사운드(Pouget Sound) – 워싱턴(Washington)
② 핑거 레이크스(Finger Lakes) – 뉴욕(New York)
③ 던디 힐즈(Dundee Hills) – 오리건(Oregon)
④ 얌힐 칼톤 디스트릭트(Yamhill-Carlton District) – 캘리포니아(California)

■ ④

얌힐칼톤 디스트릭트는 오리건 윌라메트 밸리(Willamette Valley)에 속한 AVA다.

15 미국의 토착 품종이 아닌 것은 무엇인가?
① 콩코드(Concord)
② 카토바(Catawba)
③ 나이아가라(Niagara)
④ 바스타르도(Bastardo)

■ ④

바스타르도는 포르투갈에서 유래한 비티스 비니페라(Vitis vinifera) 종이다.

16 미국 주요 와이너리 이름과 해당 AVA의 연결이 올바르지 않은 것은 무엇인가?
① 키슬러(Kistler) – 소노마 밸리(Sonoma Valley)
② 파 니엔테(Far Niente) – 오크빌(Oakville)
③ 에라스 와이너리(Erath Winery) – 던디 힐즈(Dundee Hills)
④ 아이리 빈야즈(Eyrie Vineyards) – 산타 크루즈(Santa Cruz)

■ ④

아이리 빈야즈는 오리건(Oregon) 주 윌라메트 밸리(Willamette Valley) AVA에 속한다.

17 미국 와인에 대한 설명으로 올바르지 않은 것은 무엇인가?

① 1979년 샤토 무통 로칠드(Château Mouton Rothschild)와 로버트 몬다비 와이너리(Robert Mondavi Winery)가 합작하여 만든 메리티지(Meritage) 와인은 오퍼스 원(Opus One)이다.
② 1974년 조셉 펠프스(Joseph Phelps)가 생산한 메리티지 와인은 인시그니아(Insignia)다.
③ 1994년 설립된 나파 밸리(Napa Valley)의 시네쿼넌(Sine Qua Non)은 프랑스 론(Rhône) 지방의 품종을 블렌딩한 컬트 와인을 생산한다.
④ 2004년 설립된 나파 밸리의 다나 에스테이츠(Dana Estates)는 한국인이 소유하고 있으며, 로투스 빈야드(Lotus Vineyard) 2007년 빈티지가 로버트 파커(Robert Parker) 100점을 획득하였다.

■ ③

1994년 설립된 시네쿼넌은 캘리포니아 센트럴 코스트(Central Coast)의 산타 바바라(Santa Barbara) AVA에 위치한다.

18 미국 클로 뒤 발(Clos du Val) 와인에 관한 설명으로 올바르지 않은 것은 무엇인가?

① 라벨의 삼미신(三美神)은 그리스 신화에 등장하는 제우스의 딸 아글라이아(Aglaia), 에우프로시네(Euphrosyne), 탈리아(Thalia)로 각각 아름다움, 매력, 즐거움을 상징한다.
② 클로 뒤 발의 포도밭은 나파 밸리(Napa Valley)의 스택스 립 디스트릭트(Stag's Leap District)에 위치한다.
③ 2006년 스티븐 스퍼리어(Steven Spurrier)가 주관한 '파리의 심판' 30주년 블라인드 테이스팅에서 레드 와인 1위를 차지하였다.
④ 클로 뒤 발 와인은 1998년 빌 클린턴(Bill Clinton) 미국 대통령 방한 시 만찬 와인이었다.

■ ③

클로 뒤 발 1972년 빈티지 카베르네 소비뇽(Cabernet Sauvignon) 와인은 스티븐 스퍼리어가 2006년 주관한 '파리의 심판' 30주년 블라인드 테이스팅에서 5위를 차지했다.

01 미국에서 포도 재배 지역(와인 산지)을 구분하기 위해 1983년부터 시행한 원산지 표시 제도는 무엇인가?

■ 미국포도재배지역(American Viticultural Areas, AVA)

미국 AVA 제도는 재배 방법, 양조 방법, 지역별 재배 허용 품종 등에 대한 규정은 없고, 미국주류담배세금무역국(US Alcohol and Tobacco Tax and Trade Bureau, TTB)에서 포도재배지역으로 지정을 허가한다.

02 미국 캘리포니아(California)에서 최초로 AVA로 지정되었고 노스 코스트(North Coast)에 속하며 고품질 와인을 생산하는 와인 산지 명칭은 무엇인가?

■ 나파 밸리(Napa Valley)

캘리포니아 노스 코스트의 나파 밸리는 1983년에 캘리포니아에서 가장 먼저 AVA로 지정되었다.

03 미국 와인 산지 중 캘리포니아(California) 북쪽 태평양 연안에 위치하며 부르고뉴(Bourgogne) 스타일을 표방하는 샤르도네(Chardonnay)와 피노 누아(Pinot Noir) 와인을 생산하는 주는 어디인가?

■ 오리건(Oregon) 주

오리건 주는 프랑스 부르고뉴의 위도와 유사한 북위 45도 정도에 위치하고 북태평양 해류의 영향으로 서늘한 기후다.

04 프랑스 보르도(Bordeaux)에서 사용하는 품종을 블렌딩하여 미국에서 생산한 와인을 일컫는 것으로 버라이어털(Varietal) 와인과 구별되는 와인 스타일의 명칭은 무엇인가?

■ 메리티지(Meritage) 와인

보르도 품종을 블렌딩하여 생산한 와인 스타일을 미국에서 메리티지 와인이라고 하고, 단일 품종으로 생산한 와인을 버라이어털 와인이라고 한다.

05 핑거 레이크스(Finger Lakes), 허드슨 리버(Hudson River), 노스 포크(North Fork) AVA가 속해 있는 미국의 주는 어디인가?

■ 뉴욕(New York) 주

06 미국 캘리포니아(California) 최대 와인 산지이자 이앤제이 갤로 와이너리(E&J Gallo Winery)가 위치한 대지역(Main Region)은 어디인가?

■ 센트럴 밸리(Central Valley)

07 미국 캘리포니아(California) 와인 산지 지도에 A, B, C로 표시된 대지역(Main Region) AVA 명칭을 각각 쓰시오.

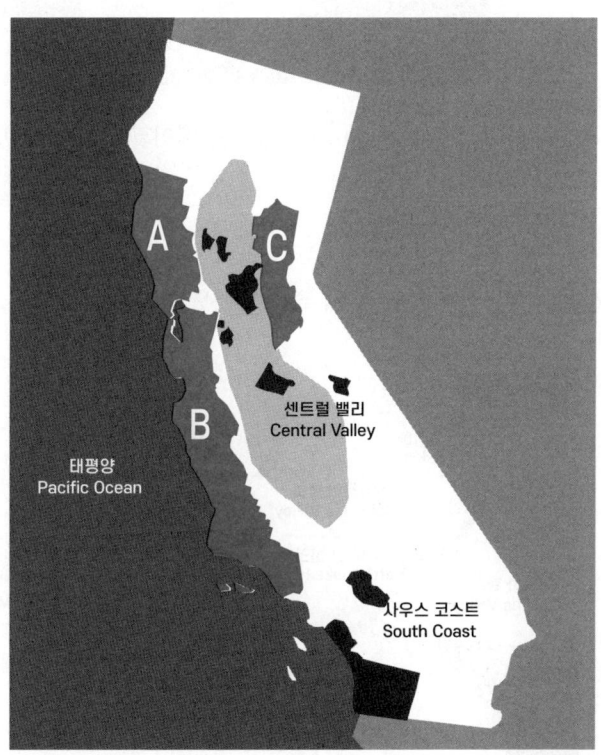

■ A : 노스 코스트(North Coast)
B : 센트럴 코스트(Central Coast)
C : 시에라 풋힐즈(Sierra Foothills)

08 미국 캘리포니아(California) 노스 코스트(North Coast) 와인 산지 지도에 A, B, C로 표시된 AVA 명칭을 각각 쓰시오.

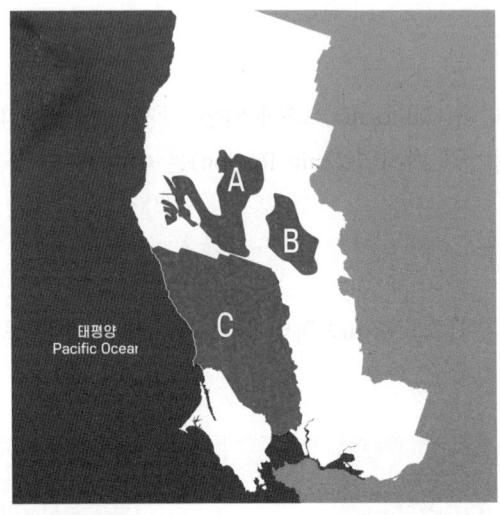

■ A : 멘도치노(Mendocino), B : 클리어 레이크(Clear Lake), C : 소노마(Sonoma)

09 지도의 와인 산지는 미국의 어느 주에 속하는가?

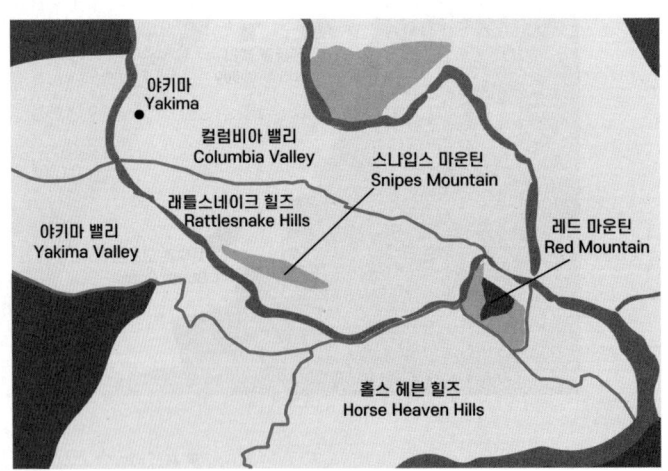

■ 워싱턴(Washington) 주

10 미국 캘리포니아(California) 노스 코스트(North Coast)의 소노마(Sonoma) 와인 산지 지도에 A, B, C, D로 표시된 AVA 명칭을 각각 적으시오.

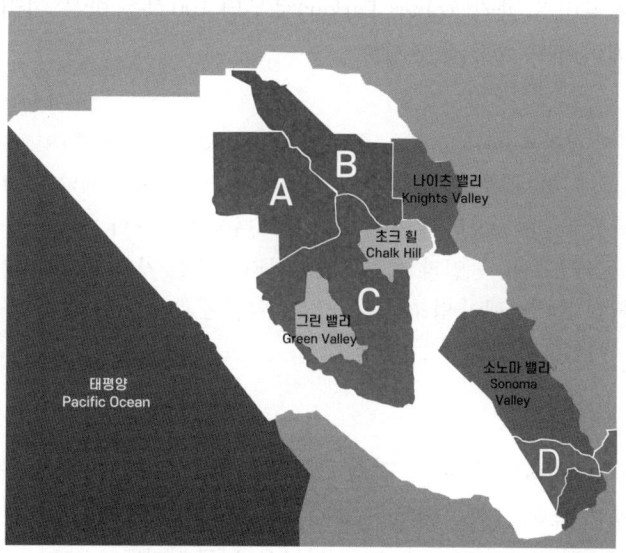

■ A : 드라이 크릭 밸리(Dry Creek Valley), B : 알렉산더 밸리(Alexander Valley), C : 러시안 리버 밸리(Russian River Valley), D : 로스 카네로스(Los Carneros)

11 미국 AVA 중 스네이크 리버 밸리(Snake River Valley)가 속한 두 주(state)를 쓰시오.

■ 오리건(Oregon), 아이다호(Idaho)

12 1979년 프랑스 부르고뉴(Bourgogne)의 로버트 드루엥(Robert Drouhin)이 파리에서 개최한 피노 누아(Pinot Noir) 와인 블라인드 테이스팅에서 2위를 차지한 미국 오리건(Oregon)의 와이너리 이름은 무엇인가?

■ 아이리 빈야즈(Eyrie Vineyards)

오리건 윌라메트 밸리(Willamette Valley)의 아이리 빈야즈 1975년 빈티지의 피노 누아 와인이 1979년 로버트 드루엥이 파리에서 개최한 피노 누아 와인 블라인드 테이스팅에서 2위를 차지했다.

13 '나파(Napa)의 여왕'으로 불리며 그레이스 패밀리 빈야즈(Grace Family Vineyards), 달라 발레(Dalla Valle), 스크리밍 이글(Screaming Eagle), 아뮤즈 부셰(Amuse Bouche)를 양조했으며 로버트 파커(Robert Parker)로부터 100점을 받은 여러 와인을 생산한 미국 여성 와인메이커의 이름을 쓰시오.

■ 하이디 바렛(Heidi Barrett)

하이디 바렛은 캘리포니아(California) 와인 개척자 리차드 피터슨(Richard Peterson)의 딸이며, 1973년 '파리의 심판'에서 화이트 와인 1위를 차지한 샤토 몬텔레나(Chateau Montelena)의 와인메이커 보 바렛(Bo Barrett)의 부인이다. 캘리포니아 주립대학 데이비스 캠퍼스(UC Davis)에서 발효학을 전공하였으며, 독일과 호주의 와이너리 인턴을 거쳐 캘리포니아에서 와인메이커로 경력을 쌓았다. 하이디 바렛이 양조한 달라 발레 와인은 로버트 파커 100점을, 스크리밍 이글 1992년 빈티지는 99점을 받았다.

14 워싱턴(Washington) 주에서 가장 오래된 와이너리인 샤토 생미셸(Chateau Ste. Michelle)의 수석 와인메이커였고, 1998년 미국 와인메이커로서는 최초로 마스터 오브 와인(Master of Wine, MW)에 오른 인물은 누구인가?

■ 밥 베츠(Bob Betz)

01 19세기 중반부터 20세기 중반까지 미국 와인의 발전을 저해한 사건 네 가지에 대해 간단하게 기술하시오.

첫째, 1860년대 필록세라(Phylloxera)가 미국 동부에서 캘리포니아(California)로 전파되어 스페인 선교사들이 재배하던 유럽종(Vitis vinifera) 포도나무들에 피해를 주었고 20세기 초반에 피해가 급증하였다. 둘째로 1919~1933년 금주령 시대, 셋째로 1939년까지의 경제 대공황으로 미국 와인 산업은 침체되었다. 넷째, 제2차 세계대전으로 20세기 중반까지 미국의 와인산업은 발전할 수 없었다.

02 미국의 AVA와 프랑스의 AOC 제도의 명칭과 역사, 규정하는 내용의 차이, 시행 기관을 비교하여 서술하시오.

미국은 1983년부터 미국포도재배지역(American Viticultural Areas, AVA)을 시행하는데, AVA는 포도 재배 지역을 지정하는 것을 주 목적으로 하고 포도 품종, 와인 양조, 와인 품질을 규정하지 않으며 새로운 AVA를 계속 지정하고 있다. AVA 지정 기관은 미국주류담배세금무역국(US Alcohol and Tobacco Tax and Trade Bureau, TTB)이다. 프랑스 와인의 원산지통제명칭 제도인 AOC(Appellation d'Origine Contrôlée)는 1935년부터 프랑스에서 와인의 원산지 표기 통제와 품질 유지를 목적으로 시행했는데, AOC 명칭 표기를 위해서 지켜야 하는 포도 품종과 수확량, 포도 재배 방법, 와인 양조 방법, 와인 스타일, 품질 등급에 대한 규정을 포함한다. AOC의 와인 품질 등급 체계는 AOC, VDQS(Vin Délimités de Qualité Supérieur), VdP(Vin de Pays), VdT(Vin de Table) 순서이고 시행 기관은 국립원산지명칭관리국(Institut National des Appellations d'Origine, Institut National de l'Origine et de la Qualité, INAO)이다.

03 미국 오리건(Oregon) 주 윌라메트 밸리(Willamette Valley)의 지리적 조건과 토양, 기후 등 자연 환경 조건, 이 지역의 테루아(Terroir)가 피노 누아(Pinot Noir) 재배에 적합한 이유, 윌라메트 밸리에 속한 대표적인 AVA 명칭을 서술하시오.

프랑스 부르고뉴(Bourgogne)와 오리건 주의 윌라메트 밸리는 위도가 45도로 동일하며, 습하고 추운 겨울, 봄의 적당한 강우량, 여름의 높은 기온과 큰 일교차, 적당한 일조량 등 기후와 포도 생육기간(Growing Season)이 길다는 점도 유사하다. 윌라메트 밸리는 화산 폭발로 형성된 현무암질(Basalt) 토양과 빙하기에 홍수로 유입된 충적토(Alluvial Soils)가 분포하는 토양으로 다양한 미네랄이 함유되어 있으므로 산도가 높고 풍부한 미네랄과 풍미를 지닌 피노 누아 와인을 생산할 수 있다. 윌라메트 밸리에 속한 AVA로는 던디 힐즈(Dundee Hiils), 에올라 아미티 힐즈(Eola Amity Hills), 얌힐 칼톤 디스트릭트(Yamhill-Carlton District), 체할렘 마운틴즈(Chehalem Mountains), 리본 릿지(Ribbon Ridge), 맥민빌(McMinnville)이 있다.

04 미국 워싱턴(Washington) 주에 대해 입지와 기후, 토양 등 자연 환경 조건과 포도 재배 특징을 쓰고 와인 생산 규모, 품종을 설명하고 대표적인 AVA 명칭을 3개 쓰시오.

워싱턴 주는 태평양 연안에 위치하고 컬럼비아 강 북쪽으로 위도 48도까지 포도를 재배하며 북쪽으로는 캐나다와 국경을 접하고 있다. 기후는 대륙성으로 대표되나 남북으로 뻗은 캐스케이드(Cascade) 산맥의 영향으로 푄(Föhn) 현상이 발생하기 때문에 산맥을 경계로 서쪽은 습한 기후이고 동쪽은 준 사막(Semi-Arid) 기후다. 주 산지들이 분포하는 산맥 동쪽은 건조한 서풍의 영향으로 강우량이 부족하여 관개가 필요하다. 높은 위도임에도 포도생육기간(Growing Season)의 일조량이 풍부하고 일교차가 커서 좋은 품질의 포도를 얻을 수 있다. 겨울은 춥고 건조하여 병충해가 적어서 유기농 또는 바이오다이내믹 포도 재배도 가능하다. 토양은 척박하고 배수가 잘 되는 충적토(Alluvial Soils)인 사토다. 1970년대 초 10개 미만이던 와이너리가 900개 이상으로 증가 추세이며 현재 미국 와인 생산량 2위를 차지한다. 2020년 생산량 통계에 의하면 워싱턴 주의 주요 청포도 품종으로 샤르도네(Chardonnay), 리슬링(Riesling), 소비뇽 블랑(Sauvignon Blanc), 피노 그리(Pinot Gris), 게뷔르츠트라미너(Gewürztraminer), 비오니에(Viognier) 등이 있고, 주요 적포도 품종은 카베르네 소비뇽(Cabernet Sauvignon), 메를로(Merlot), 시라(Syrah), 말벡(Malbec), 카베르네 프랑(Cabernet Franc) 등이다. 캐스케이드 산맥 서쪽 태평양 연안의 푸젯 사운드(Puget Sound) AVA의 매들린 앤지바인(Madeleine Angevine)과 머스캣 카넬리(Muscat Canelli) 품종도 주목할 만 하다. 워싱턴주의 와인 산지는 AVA로 지정된 순으로 야키마 밸리(Yakima Valley, 1983), 왈라 왈라 밸리(Walla Walla Valley, 1984), 컬럼비아 밸리(Columbia Valley, 1984), 푸젯 사운드(Puget Sound, 1995), 레드 마운틴(Red Mountain, 2001), 컬럼비아 고지(Columbia Gorge, 2004) 등 2021년 6월 기준으로 19개의 AVA가 지정되었다.

02 캐나다

01 캐나다 아이스 와인 생산량은 전 세계 1위이고 포도나무에 매달린 채로 언 포도를 −8°C 이하에서 수확해야 하며 보트리티스 시네레아(Botrytis cinerea)에 노출되거나 다른 곰팡이에 손상된 포도는 사용할 수 없다.

▪ ○

02 캐나다의 VQA(Vintners Quality Alliance)에서는 온타리오(Ontario), 브리티시 컬럼비아(British Columbia), 노바 스코샤(Nova Scotia), 퀘벡(Quebec)에 적용된다.

▪ X

캐나다 VQA 시스템으로 관리되는 인증 지구는 온타리오와 브리티시 컬럼비아이며, 퀘벡과 노바 스코샤는 자체 시스템으로 관리된다. 이 중 DVA(Designated Viticultural Area)로 지정된 지역은 모두 온타리오와 브리티시 컬럼비아에 속한다.

03 캐나다 전체 와인 생산의 75%를 생산하는 온타리오(Ontario) 주의 최대 와인 산지는 레이크 이리 노스 쇼어(Lake Erie North Shore)다.

▪ X

온타리오 주는 캐나다 전체 와인의 75%를 생산하고 온타리오의 최대 와인 산지는 나이아가라 페닌슐라(Niagara Peninsula)다.

04 캐나다는 와인의 품질 경쟁력을 높이기 위해 원산지 표시와 재배 품종, 와인 품질에 대하여 1988년 VQA(Vintners Quality Alliance)에서 규정을 제정하였다.

▪ ○

미국-캐나다 자유무역협정을 계기로 VQA에서는 캐나다 와인의 품질과 원산지 보증을 위해 1988년에 규정을 만들어서 시행하고 있고 규정의 내용과 운영은 주(州)별로 달리 하고 있다.

05 캐나다의 VQA(Vintners Quality Alliance) 규정에 의하면 온타리오(Ontario) 주에서 아이스 와인은 비티스 비니페라(Vitis vinifera) 또는 하이브리드(Hybrid) 품종인 비달(Vidal)을 사용해야 한다.

■ ○

01 캐나다의 온타리오(Ontario) 주에 속한 와인 산지명은 무엇인가?
① 오카나간 밸리(Okanagan Valley)
② 시밀카민 밸리(Similkameen Valley)
③ 프레이저 밸리(Fraser Valley)
④ 나이아가라 페닌슐라(Niagara Peninsula)

■ ④

오카나간 밸리, 시밀카민 밸리, 프레이저 밸리는 브리티시 컬럼비아(British Columbia) 주의 와인 산지들이다. 온타리오 주의 와인 산지로는 나이아가라 페닌슐라, 레이크 이리 노스 쇼어(Lake Erie North Shore), 프린스 에드워드 카운티(Prince Edward County)가 있다.

02 캐나다 와이너리가 아닌 것은 무엇인가?
① 펠러 에스테이트(Peller Estate)
② 블루마운틴 빈야드 & 셀러스(Blue Mountain Vineyard & Cellars)
③ 헨리 오브 펠헴 에스테이트(Henry of Pelham Estate)
④ 이니스프리(Innisfree)

■ ④

펠러 에스테이트, 헨리 오브 펠헴 에스테이트는 온타리오(Ontario)에 있는 와이너리이며, 블루마운틴 빈야드 & 셀러스는 브리티시 컬럼비아(British Columbia)에 있다. 이니스프리는 미국 나파 밸리(Napa Valley)의 조셉 펠프스(Joseph Phelps) 와이너리가 생산하는 와인 이름이다.

03 캐나다 와인에 대한 설명으로 올바른 것은 무엇인가?
① 캐나다의 스위트 와인은 모두 아이스 와인이다.
② 온타리오(Ontario) 주에서는 비티스 라브루스카(Vitis labrusca) 종으로 와인을 생산할 수 있다.
③ 와이너리 병입(Estate Bottled)으로 라벨에 표기하려면 해당 와이너리의 포도밭에서 재배된 포도를 100% 사용해야 한다.
④ 라벨에 단일 포도 품종 표기를 하려면 해당 포도 품종을 75% 이상 사용해야 한다.

■ ③

캐나다의 스위트 와인은 아이스 와인과 늦수확(Late Harvest) 와인 형태가 있고 온타리오 주와 브리티시 컬럼비아(British Columbia) 주에서 비티스 라브루스카 종은 허용하지 않으며 라벨에 단일 포도 품종 표기를 하려면 해당 포도 품종을 85% 이상 사용해야 한다.

04 비달(Vidal) 품종에 대한 설명으로 올바른 것은 무엇인가?
① 비달의 정확한 명칭은 비달 그리(Vidal Gris)이다.
② 위니 블랑(Ugni Blanc)과 세이벨 4986(Seibel 4986)의 교배종이다.
③ 껍질이 얇고 산도는 낮으나 서늘한 온도에서도 당도가 높은 포도를 얻을 수 있다.
④ 캐나다에서 주로 귀부 와인으로 양조되는 청포도 품종이다.

■ ②

청포도 품종인 비달의 정확한 명칭은 비달 블랑(Vidal Blanc) 또는 비달 256이다. 비달은 두꺼운 껍질과 높은 산도, 높은 당도가 특징이며 서늘한 기온에서 잘 견디는 품종으로 캐나다의 아이스 와인 양조에 사용한다. 비달은 비티스 비니페라(Vitis vinifera) 종인 위니 블랑 품종과 비티스 라브루스카(Vitis labrusca) 종과 비티스 비니페라 종의 교배종인 세이벨 4986 또는 레이용 도르(Rayon d'Or)를 교배한 품종으로 비티스 라브루스카 종이 25% 섞인 하이브리드 품종이다.

05 캐나다 와인의 역사에 대한 설명으로 올바르지 않은 것은 무엇인가?

① 요한 쉴러(Johann Schiller)는 1811년 캐나다 온타리오(Ontario) 주에 처음으로 유럽 포도종(Vitis vinifera)을 들여와서 심고 와인을 만들었다.
② 저스틴 드 코트나이(Justin de Courtenay)는 가메(Gamay) 품종으로 와인을 만들어서 1867년 파리 박람회에서 수상했다.
③ 온타리오(Ontario) 주 필리 아일랜드(Pelee Island)에 캐나다 최초의 상업용 와이너리가 세워졌다.
④ 브리티시 컬럼비아(British Columbia) 주에서는 1860년대에 찰스 판도시(Charles Pandosy) 신부가 오카나간 밸리(Okanagan Valley)에 처음으로 포도원을 조성했으나 와이너리가 처음 생긴 것은 1930년대다.

■ ①

요한 쉴러가 1811년 캐나다 온타리오(Ontario) 주에 심은 최초의 포도나무는 캐나다의 야생 포도였다.

06 캐나다의 VQA(Vintners Quality Alliance) 규정에 관한 내용으로 올바르지 않은 것은 무엇인가?

① 아이스 와인용 포도는 포도즙의 당도가 35°Brix (153.5 Öchsle) 이상이어야 한다.
② 온타리오(Ontario) 주와 브리티시 컬럼비아(British Columbia) 주 모두 와인 라벨에 단일 품종 및 빈티지를 표기하려면 해당 품종 및 해당 빈티지의 포도를 85% 이상 사용해야 한다.
③ 온타리오 주에서는 DVA(Designated Viticultural Area) 명칭을 와인 라벨에 표기하려면 해당 DVA에서 생산한 포도를 85% 이상 사용해야 한다.
④ 브리티시 컬럼비아 주에서는 DVA 명칭을 와인 라벨에 표기하려면 해당 DVA에서 생산한 포도를 75% 이상 사용해야 한다.

■ ④

라벨에 DVA를 표기하려면 해당 DVA에서 생산한 포도를 온타리오 주에서는 85% 이상, 브리티시 컬럼비아 주에서는 95% 이상 사용해야 한다.

07 캐나다의 DVA(Designated Viticultural Area)인 나이아가라 페닌슐라(Niagara Peninsula)에 대한 설명으로 올바르지 않은 것은 무엇인가?
① 온타리오(Ontario)의 와인 산지 중 생산량이 가장 많고 캐나다 전체 아이스 와인 생산의 90%를 생산한다.
② 남쪽 대서양의 영향으로 수확 전 포도가 성숙할 수 있는 기간을 늘려준다.
③ 리슬링(Riesling) 품종으로 아이스 와인과 스위트 와인, 드라이 와인을 모두 생산한다.
④ 온타리오 호수의 영향으로 이른 봄철 서리의 위험을 피할 수 있다.

■ ②

나이아가라 페닌슐라는 온타리오 호수의 남서쪽, 이리 호수의 북동쪽 반도이고, 반도의 동쪽에는 나이아가라 폭포가 있다. 대서양은 동쪽으로 650km 정도로 멀리 떨어져 있다. 온타리오 호수라는 큰 물의 영향으로 포도나무의 순이 늦게 터서 봄철 서리 피해를 입을 확률이 줄어들고, 가을에는 기온이 늦게 내려가기 때문에 포도생육기간(Growing Season)이 길다.

01 캐나다 브리티시 컬럼비아(British Columbia)의 대표 적포도 품종으로 오카나간 밸리(Okanagan Valley)와 시밀카민 밸리(Similkameen Valley)에서 많이 재배되는 품종은 무엇인가?

■ 메를로(Merlot)

브리티시 컬럼비아 주 대표 적포도 품종은 메를로, 대표 청포도 품종은 샤르도네(Chardonnay)와 피노 그리(Pinot Gris)다.

02 캐나다 온타리오(Ontario)주 와인 산지 지도에서 A와 B에 해당하는 DVA(Designated Viticultural Area) 명칭을 각각 쓰시오.

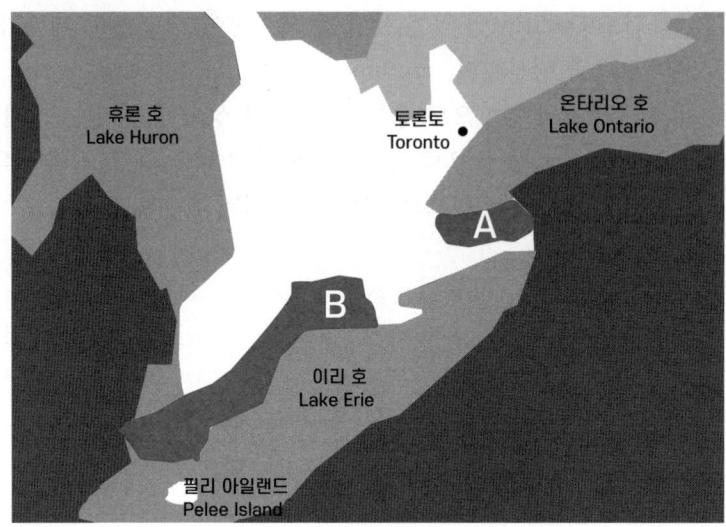

■ A : 나이아가라 페닌슐라(Niagara Peninsula),
B : 레이크 이리 노스 쇼어(Lake Erie North Shore)

온타리오 주에서는 온타리오 호수 북쪽 연안의 프린스 에드워드 카운티(Prince Edward County)와 온타리오 호수와 이리 호수 사이에 동서로 뻗은 나이아가라 페닌슐라, 이리 호수 북쪽 연안인 레이크 이리 노스 쇼어가 DVA로 지정되어 있고 이리 호수의 섬인 필리 아일랜드(Pelee Island)도 세부지역으로 지정되어 있다.

03 브리티시 컬럼비아(British Columbia) 주의 최대 와인 산지로 캐나다 전체 생산량 2위의 와인 산지는 어디인가?

■ 오카나간 밸리(Okanagan Valley)

01
캐나다에서 생산되는 아이스 와인의 역사, 품종, 주요 산지, 수확 시 기온, 포도즙의 당도를 중심으로 기술하시오.

현재 캐나다는 아이스 와인 최대 생산국가다. 1972년 독일 이민자인 발터 하인레(Walter Hainle)가 브리티시 컬럼비아(British Columbia) 주의 오카나간 밸리(Okanagan Valley)에서 처음 생산하였으며, 상업적으로는 1983년 온타리오(Ontario) 주의 필리 아일랜드 와이너리(Pelee Island Winery)와 힐브란트(Hillebrand)에서, 1984년 온타리오의 이니스킬린(Inniskillin) 와이너리에서 생산하였다. 아이스 와인 양조에 허용된 품종들은 비달(Vidal), 리슬링(Riesling), 게뷔르츠트라미너(Gewürztraminer), 카베르네 프랑(Cabernet Franc) 등이다. VQA 규정에 의하면 아이스 와인용 포도즙의 당도는 35°Brix (153.5 Öchsle) 이상이어야 하며 보트리티스 시네레아(Botrytis cinerea) 또는 다른 곰팡이가 번식한 포도는 사용할 수 없고, 기온이 −8°C 이하일 때 손 수확하여 포도의 수분이 결빙된 상태로 착즙해야 한다.

03 칠레

01 칠레는 지리적 조건의 혜택으로 유럽과 미국의 필록세라(Phylloxera) 대유행 시기에 피해를 입지 않았다.

■ ○

칠레는 필록세라 유행 이전에 유럽종(Vitis vinifera) 포도나무를 도입하여 심었고, 동쪽은 안데스 산맥, 서쪽은 남태평양이 있는 지리적으로 격리된 자연환경 덕분에 필록세라 대유행 시기에 포도밭이 피해를 입지 않았다.

02 아콩카구아(Aconcagua)의 남쪽에 위치하며 마이포 밸리(Maipo Valley), 라펠 밸리(Rapel Valley), 쿠리코 밸리(Curicó Valley), 마울레 밸리(Maule Valley)가 속한 칠레의 와인 산지는 센트럴 밸리(Central Valley)이다.

■ ○

03 칠레에서 재배하는 거의 모든 포도나무는 유럽종(Vitis vinifera)과 미국종(Vitis labrusca)을 접붙이기한 것이다.

■ X

칠레는 비티스 라브루스카 뿌리와 접붙이지 않은 비티스 비니페라 포도나무가 보존된 상태의 포도밭이 많다.

04 칠레의 대표 적포도 품종은 카리냥(Carignan)으로, 원산지는 프랑스 보르도(Bordeaux)이고 메를로(Merlot)와 같은 품종이며, 카베르네 소비뇽(Cabernet Sauvignon)보다 맛과 타닌이 부드럽다.

▪ X

문제의 설명에 해당하는 품종은 카르메네르(Carménère)이며, 원산지는 프랑스의 보르도지만 현재 보르도의 주품종은 아니며, 1994년 이후 메를로와는 다른 품종임이 밝혀졌다.

05 미구엘 토레스(Miguel Torres)는 1979년 스페인 와인 명가 보데가스 토레스(Bodegas Torres)에서 투자하여 설립한 칠레의 와이너리다.

▪ ○

06 칠레는 1995년에 라벨 표기 규정을 포함하는 원산지통제명칭 제도인 DO(Denominacion de Origen)를 공식화하였다.

▪ ○

칠레의 DO는 라벨에 원산지, 포도 품종, 빈티지, 병입 등을 표기하는데 필요한 규정을 포함한다.

07 칠레 DO(Denominacion de Origen)에 의하면 와인 산지와 단일 포도 품종, 빈티지의 라벨 표기 기준은 각각 85% 이상을 사용해야 한다.

▪ X

칠레 DO는 해당 원산지의 포도 75% 이상, 해당 포도 품종 75% 이상, 해당 빈티지 75% 이상으로 라벨 표기를 규정한다. 대부분의 생산자는 와인 수출을 위해 위 항목들을 85%로 상향 조정하여 와인을 양조한다.

08 칠레의 카차포알 밸리(Cachapoal Valley)와 콜차구아 밸리(Colchagua Valley)는 센트럴 밸리(Central Valley)의 라펠 밸리(Rapel Valley)에 속한다.

▪ ○

09 마이푸(Maipú)는 칠레 센트럴 밸리(Central Valley)에 속한 와인 산지다.

▪ X

마이푸는 아르헨티나 멘도사(Mendoza)에 속한 와인 산지, 마이포 밸리(Maipo Valley)는 칠레 센트럴 밸리에 속한 와인 산지다

10 에스쿠도 로호(Escudo Rojo)는 프랑스의 로칠드 가문(Rothschild Family)이 칠레에서 생산하는 와인이다.

■ ○

프랑스의 샤토 라피트 로칠드(Château Lafite Rothschild)와 샤토 무통 로칠드(Château Mouton Rothschild)를 소유한 로칠드 가문은 1990년대에 칠레에 투자하여 에스쿠도 로호 와인을 생산하고 있다.

11 칠레 와인의 라벨에 그란 레세르바(Gran Reserva)와 레세르바 에스페샬(Reserva Especial)로 표기되면 오크 숙성을 했음을 의미한다.

■ ○

12 칠레 와인의 라벨에 그란 레세르바(Gran Reserva)와 레세르바 프리바다(Reserva Privada)는 알코올 12% 이상일 때 표기 가능하다.

■ X

그란 레세르바와 레세르바 프리바다는 알코올 12.5% 이상일 때 라벨에 표기 가능하다.

01 칠레에서 재배하는 적포도 품종이 아닌 것은 무엇인가?
① 카르메네르(Carménère)
② 카베르네 소비뇽(Cabernet Sauvignon)
③ 피노 누아(Pinot Noir)
④ 토론텔(Torontel)

■ ④

토론텔 또는 토론테스(Torrontés)는 청포도 품종이고 칠레에서도 재배되지만 아르헨티나의 대표적인 청포도 품종이다.

02 칠레의 와인 산지가 아닌 곳은 어디인가?
① 코킴보(Coquimbo) ② 아콩카구아(Aconcagua)
③ 센트럴 밸리(Central Valley) ④ 산 후안(San Juan)

■ ④

산 후안은 아르헨티나의 와인 산지다.

03 칠레 와인에 대한 설명으로 올바르지 않은 것은 무엇인가?
① 16세기 중반 스페인 선교사들이 포도 재배를 시작했고, 17세기부터 본격적으로 와인 산업이 발전하였다.
② 1800년대 중반에 프랑스에서 들여온 접목하지 않은 비티스 비니페라(Vitis vinifera) 포도나무들이 그대로 재배되는 곳이 많다.
③ 1995년 DO(Denominacion de Origen)를 제정하여 원산지와 포도 품종, 수확연도, 병입 등의 라벨 표기 사항을 규제하고 있다.
④ 20세기 후반에 유럽과 미국의 포도 재배 및 양조 기술을 도입하여 와인을 고급화함으로써 세계 시장에 진출하였다.

■ ①

칠레 와인은 16세기 중반에 스페인 선교사들에 의해 최초의 포도 재배가 이루어진 후 약 300년 동안 뚜렷한 발전이 없었다. 19세기에 와이너리 숫자가 증가하기 시작했으며 20세기 후반 유럽의 양조 기술이 전수되면서 와인 품질이 고급화 되었고 수출을 시작했다. 칠레는 지리적 조건의 혜택으로 필록세라가 유행하지 않았기 때문에 1800년대 중반에 프랑스에서 들여온 뿌리까지 비티스 비니페라인 포도 나무들이 보존되며 재배되고 있는 포도밭이 많다.

04 칠레 와인에 대한 설명으로 올바르지 않은 것은 무엇인가?
① 토양에 구리를 많이 함유하고 있기 때문에 필록세라(Phylloxera)의 번식을 억제한다.
② 포도 생육기인 10월부터 4월까지가 건기이며 일교차가 크기 때문에 양조용 포도 재배에 유리한 기후다.
③ 안데스 산맥과 남태평양의 영향으로 낮의 바닷바람과 밤의 산바람이 더운 기후를 조절해 주므로 포도의 당분과 산도가 균형을 이룬다.
④ 칠레 와인 생산량 중 화이트 와인이 60%, 레드 와인이 40%를 차지한다.

■ ④

칠레의 와인 생산은 레드 와인이 60%, 화이트 와인이 40%이다.

05 칠레의 와인 브랜드 또는 생산자가 아닌 것은 무엇인가?
① 알마비바(Almaviva) ② 몬테스(Montes)
③ 카테나 자파타(Catena Zapata) ④ 코노 수르(Cono Sur)

■ ③

카테나 자파타는 아르헨티나의 생산자다.

06 칠레의 비냐 콘차 이 도로(Viña Concha y Toro)가 생산한 와인이 아닌 것은 무엇인가?
① 돈 멜초(Don Melchor) ② 세냐(Seña)
③ 알마비바(almaviva) ④ 코노 수르(Cono Sur)

■ ②

세냐는 칠레의 비냐 에라주리즈(Viña Errázuriz)와 미국의 로버트 몬다비(Robert Mondavi)의 합작으로 생산한 와인이다.

07 칠레의 포도 재배를 위한 전통적인 관개법은 무엇인가?
① 담수 관개(Ponding Irrigation)
② 살수 관개(Sprinkler)
③ 점적 관개(Drip Irrigation)
④ 중앙 회전식 원형 관개(Center Pivot Irrigation)

■ ①

칠레는 전통적으로 안데스 산맥의 눈 녹은 물을 저류하고 포도밭의 경사를 이용하여 수로를 통해 포도밭의 고랑으로 물을 흘려보내는 담수 관개 및 지표 관개(Surface Irrigation)를 하였으나 현재는 점적 관개 또는 건지 농법(Dry Farming)으로 대체하고 있다.

08 칠레 와인 산지에 대한 설명으로 올바르지 않은 것은 무엇인가?
① 남쪽의 비오 비오 밸리(Bío Bío Valley)는 서늘하며 서리 피해가 있을 수 있는 지역이다.
② 북쪽의 아타카마(Atacama)는 일조량이 풍부하고 건조한 지역이다.
③ 북쪽의 코킴보(Coquimbo)는 바다에 접하여 상대적으로 서늘한 지역이다.
④ 이타타 밸리(Itata Valley)와 말레코 밸리(Malleco Valley)는 센트럴 밸리(Central Valley)에 속하는 지역들이다.

■ ④

이타타 밸리, 비오 비오 밸리, 말레코 밸리는 남쪽의 수르 오 메리디오날(Sur O Meridional)에 속하는 서늘한 지역들이다.

09 칠레 와인 산지의 구분이 올바르지 않은 것은 무엇인가?
① 코킴보(Coquimbo) – 리마리 밸리(Limari Valley), 산 안토니오 밸리(San Antonio Valley)
② 센트럴 밸리(Central Valley) – 마이포 밸리(Maipo Valley), 라펠 밸리(Rapel Valley)
③ 아콩카구아(Aconcagua) – 아콩카구아 밸리(Aconcagua Valley), 카사블랑카 밸리(Casablanca Valley)
④ 수르 오 메리디오날(Sur O Meridional) – 이타타 밸리(Itata Valley), 비오 비오 밸리(Bío Bío Valley)

■ ①

코킴보에 속한 산지로는 엘키 밸리(Elqui Valley), 리마리 밸리, 초아파 밸리(Choapa Valley)가 있고 산 안토니오 밸리는 아콩카구아에 속한 산지다.

10 칠레의 와인 산지 중, 지도 상에 색깔 표시된 지역에 속한 와인 산지가 아닌 것은 무엇인가?

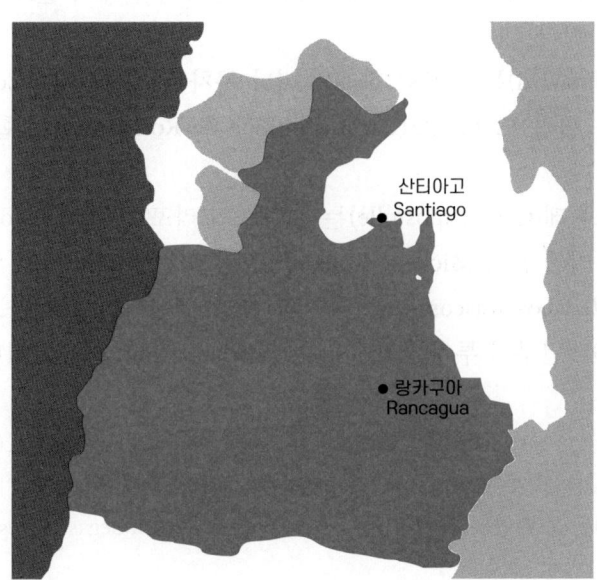

① 라펠 밸리(Rapel Valley)
② 카차포알 밸리(Cachapoal Valley)
③ 아콩카구아 밸리(Aconcagua Valley)
④ 콜차구아 밸리(Colchagua Valley)

■ ③

카차포알 밸리와 콜차구아 밸리는 센트럴 밸리(Central Valley) 중 라펠 밸리에 속한 와인 산지들이다.

11 칠레 와인 산지 명칭을 북쪽부터 남쪽으로 순서대로 나열한 것은 무엇인가?
① 마이포 밸리(Maipo Valley) – 라펠 밸리(Rapel Valley) – 쿠리코 밸리(Curicó Valley) – 마울레 밸리(Maule Valley) – 아콩카구아 밸리(Aconcagua Valley)
② 아콩카구아 밸리(Aconcagua Valley) – 마이포 밸리(Maipo Valley) – 라펠 밸리(Rapel Valley) – 쿠리코 밸리(Curicó Valley) – 마울레 밸리(Maule Valley)
③ 마울레 밸리(Maule Valley) – 아콩카구아 밸리(Aconcagua Valley) – 마이포 밸리(Maipo Valley) – 라펠 밸리(Rapel Valley) – 쿠리코 밸리(Curicó Valley)
④ 쿠리코 밸리(Curicó Valley) – 마울레 밸리(Maule Valley) – 아콩카구아 밸리(Aconcagua Valley) – 마이포 밸리(Maipo Valley) – 라펠 밸리(Rapel Valley)

■ ②

12 칠레의 주요 와인 또는 와이너리에 대한 설명으로 올바르지 않은 것은 무엇인가?
① 몬테스(Montes)에서 생산하는 알파 엠(Alpha M)은 보르도 블렌딩 고급 레드 와인이며, 폴리 시라(Folly Syrah)는 극소량만 생산하여 칠레의 컬트 와인(Cult Wine)으로 불리기도 한다.
② 알마비바(Almaviva)는 1997년 칠레의 비냐 콘차 이 토로(Viña Concha y Toro)와 프랑스의 바롱 필립 드 로칠드(Baron Philippe de Rothschild)가 합작하여 만든 고급 레드 와인이다.
③ 카사 라포스톨레(Casa Lapostolle)는 프랑스의 라포스톨(Lapostolle) 회사가 설립한 와이너리로 미쉘 롤랑(Michelle Rolland)이 양조 컨설팅을 하고 있다.
④ 로스 바스코스(Los Vascos)는 스페인의 유명 생산자인 보데가스 토레스(Bodegas Torres)가 1979년부터 투자한 마울레 밸리(Maule Valley)의 와이너리다.

■ ④

로스 바스코스는 1988년부터 보르도(Bordeaux)의 도멘 바롱 드 로칠드(Domains Barons de Rothschild)가 자본을 투자한 와이너리이고, 마울레 밸리에 위치한 미구엘 토레스(Miguel Torres) 와이너리는 스페인의 와인 명가인 보데가스 토레스(Bodegas Torres)가 1979년부터 투자한 곳이다.

13 칠레의 와인 생산자가 투자한 아르헨티나 와이너리의 연결이 올바르지 않은 것은 무엇인가?

① 비냐 몬테스(Viña Montes) – 카이켄(Kaiken)
② 산타 리타(Santa Rita) – 핀카 델 오리젠(Finca del Origen)
③ 비냐 산 페드로(Viña San Pedro) – 핀카 라 실리아(Finca La Celia)
④ 콘차 이 토로(Concha y Toro) – 트리벤토(Trivento)

■ ②

칠레의 산타 리타는 도냐 파울라(Doña Paula), 산타 캐롤리나(Santa Carolina)는 핀카 델 오리젠에 각각 투자하였다.

14 칠레 와인과 생산자의 연결이 올바르지 않은 것은 무엇인가?

① 돈 막시미아노(Don Maximiano) – 에라주리즈(Errázuriz)
② 클로 아팔타(Clos Apalta) – 카사 라포스톨레(Casa Lapostolle)
③ 카발로 로코(Caballo Loco) – 쿠지뇨 마쿨(Cousiño Macul)
④ 돈 멜초(Don Melchor) – 콘차 이 토로(Concha y Toro)

■ ③

카발로 로코의 생산자는 발디비에소(Valdivieso)고, 쿠지뇨 마쿨이 생산하는 와인은 피니 테레(Finis Terrae)다.

15 카르메네르(Carménère)를 주품종으로 양조한 칠레의 레드 와인은 무엇인가?

① 타이타(Taita)   ② 세냐(Seña)
③ 돈 멜초(Don Melchor)   ④ 퍼플 엔젤(Purple Angel)

■ ④

돈 멜초와 몬테스(Montes)의 타이타, 비냐 에라주리즈(Viña Errázuriz)의 세냐는 보르도 블렌딩, 몬테스 퍼플 엔젤은 카르메네르(Carménère)를 주품종으로 양조한다.

16 카르메네르(Carménère)를 주품종으로 양조한 칠레 와인은 무엇인가?
① 클로 아팔타(Clos Apalta)
② 카르민 데 페우모(Carmin de Peumo)
③ 알마비바(Almaviva)
④ 비녜도 채드윅(Viñedo Chadwick)

■ ②

01 칠레의 와인 산지 동쪽에 남북으로 뻗어 있는 산맥의 이름은 무엇인가?

■ 안데스 산맥(Andes Mountains)

칠레의 와인 산지는 서쪽 태평양 연안과 동쪽 안데스 산맥 사이에 남위 27~39도, 남북으로 1,400km에 걸쳐 좁고 길게 분포한다.

02 19세기에 설립된 칠레의 유서 깊은 와이너리 중 하나로, 소유주인 에두아르도 채드윅(Eduardo Chadwick)이 1995년 미국 나파 밸리(Napa Valley)의 로버트 몬다비(Robert Mondavi)와 손을 잡고 세냐(Seña)를 생산한 이 와이너리의 이름은 무엇인가?

■ 비냐 에라주리즈(Viña Errázuriz)

03 칠레 센트럴 밸리(Central Valley)의 마이포 밸리(Maipo Valley)에 위치하며 알마비바(Almaviva), 돈 멜초(Don Melchor), 카르민 데 페우모(Carmin de Peumo) 등을 생산하는 칠레 생산자의 이름은 무엇인가?

■ 비냐 콘차 이 토로(Viña Concha y Toro)

04 유럽에서 칠레로 도입된 적포도 품종으로 미국 캘리포니아에서는 미션(Mission)으로 불리고 가뭄에 대한 저항이 뛰어나며 과거에는 벌크(Bulk) 와인이나 블렌딩 용으로 사용되었던 이 품종은 무엇인가?

▪ 파이스(País)

파이스는 유럽에서 칠레로 도입된 재배 역사가 오래된 적포도 품종으로 캘리포니아의 미션과 아르헨티나의 크리오야 치카(Criolla Chica)와 동일 품종이며 스페인에서의 품종명은 리스탄 프리에토(Listán Prieto)다. 근래에는 수령이 높은 포도나무에서 수확한 파이스로 고급 와인을 생산하는 시도도 있다.

05 운두라가(Undurraga), 산타 리타(Santa Rita), 쿠지뇨 마쿨(Cousiño Macul), 콘차 이 토로(Concha y Toro) 등의 와이너리가 위치한 칠레 센트럴 밸리(Central Valley)의 대표적인 와인 산지는 어디인가?

▪ 마이포 밸리(Maipo Valley)

센트럴 밸리(Central Valley) 내에는 마이포 밸리, 라펠 밸리(Rapel Valley), 쿠리코 밸리(Curicó Valley), 마울레 밸리(Maule Valley)가 있다. 이 중 마이포 밸리에는 유명 와이너리들이 집중적으로 분포한다.

06 칠레 센트럴 밸리(Central Valley)의 세부지역(Sub-Region) 명칭 4곳을 쓰시오.

▪ 마이포 밸리(Maipo Valley), 라펠 밸리(Rapel Valley), 쿠리코 밸리(Curicó Valley), 마울레 밸리(Maule Valley)

07 칠레의 테노 밸리(Teno Valley)와 론튜 밸리(Lontué Valley) 구역(Zone)을 포함하는 세부지역(Sub-Region) 명칭을 쓰시오.

▪ 쿠리코 밸리(Curicó Valley)

08 칠레의 클라로 밸리(Claro Valley), 론코미야 밸리(Loncomilla Valley), 투투벤 밸리(Tutuvén Valley) 구역(Zone)을 포함하는 세부지역(Sub-Region) 명칭을 쓰시오.

▪ 마울레 밸리(Maule Valley)

09 칠레의 돈 멜초(Don Melchor)와 알마비바(Almaviva)를 생산하는 포도밭이 위치한 곳으로 마이포 밸리(Maipo Valley)에 속한 구역(Zone)은 어디인가?

■ 푸엔테 알토(Puente Alto)

칠레 수도 산티아고 남쪽의 푸엔테 알토(Puente Alto)는 해발 700m 마이포 강이 흐르는 길목에 위치한다. 배수가 잘 되는 충적토(Alluvial Soils)와 큰 일교차, 최적의 일조량이 확보되는 곳으로 돈 멜초와 알마비바가 이곳에서 생산된다.

01 세냐(Seña) 와인에 대하여 기술하시오.

세냐(Seña)는 칠레의 대표 생산자인 비냐 에라주리즈(Viña Errázuriz)와 캘리포니아를 대표하는 와이너리인 로버트 몬다비(Robert Mondavi)가 제휴하여 1995년에 첫 빈티지를 생산한 와인이다. 프랑스 보르도(Bordeaux) 그랑 크뤼 와인들과 이탈리아의 수퍼투스칸 와인의 품질을 겨냥하였고 보르도 품종인 카베르네 소비뇽(Cabernet Sauvignon), 메를로(Merlot), 카베르네 프랑(Cabernet Franc), 프티 베르도(Petit Verdot), 말벡(Malbec), 카르메네르(Carménère) 품종을 블렌딩하여 양조한다. 포도밭은 아콩카구아 밸리(Aconcagua Valley)의 경사지에 위치하고 2000년대 중반부터 바이오다이내믹 농법으로 포도를 재배하며 2004년 베를린 테이스팅(Berlin Tasting)에서 2001년 빈티지 와인이 2등을 차지하였다.

02 칠레의 피스코(Pisco)에 대하여 기술하시오.

칠레의 전통주인 피스코는 포도를 원료로 한 증류주다. DO 규정으로 지정된 산지는 건조한 준사막(Semi-Desert) 기후인 아타카마(Atakama)와 코킴보(Coquimbo) 지역으로 한정되며 주품종은 뮈스카 오브 알렉산드리아(Muscat of Alexandria), 페드로 지메네즈(Pedro Giménez), 오스트리아 뮈스카(Austria Muscat), 핑크 뮈스카(Pink Muscat), 토론텔(Torrontel) 등이다. 증류 후 오크 숙성 여부와 숙성 기간은 다양하다.

04 아르헨티나

OX형

01 아르헨티나는 원산지통제명칭 제도로 DOC(Denominación de Origen Controlado)를 사용하고 있다.

■ ○

아르헨티나는 원산지통제명칭 제도로 DOC를 사용하며 지리적표시제도 IP(Indicación de Procedencia)와 IG(Indicación de Geográfica)를 사용한다.

02 아르헨티나의 대표 적포도 품종으로 말벡(Malbec)과 토론테스(Torrontés)가 있다.

■ X

아르헨티나의 대표 청포도 품종은 토론테스다.

03 멘도사(Mendoza)의 와인 생산은 아르헨티나 전체 생산량의 70% 이상을 차지한다.

■ ○

04 아르헨티나 와인 산지의 테루아(Terroir)는 안데스 산맥의 영향으로 형성되는 건조한 기후와 높은 고도로 요약할 수 있다.

■ ○

05 아르헨티나의 와인 산지는 크게 북부(North)와 쿠요(Cuyo), 파타고니아(Patagonia)로 구분한다.

■ ○

06 아르헨티나에서는 카베르네 소비뇽(Cabernet Sauvignon), 시라(Syrah), 샤르도네(Chardonnay) 등 국제 품종은 재배하지 않는다.

▪ X

아르헨티나에서 말벡(Malbec)은 전체 적포도 품종 중 약 26%를 차지하여 1위이며, 보나르다(Bonarda)는 2위, 카베르네 소비뇽은 3위, 시라는 4위로 많이 재배된다. 청포도 품종 중에서는 토론테스(Torrontés)가 전체 청포도 품종 중 약 37%의 면적으로 가장 많이 재배되고 그 다음으로 샤르도네가 많이 재배된다.

07 살타(Salta) 지역은 아르헨티나는 물론 전 세계에서 가장 고도가 높은 해발 1,500m 이상에 포도밭이 분포한다.

▪ ○

북부(North)의 살타 지역은 아르헨티나 뿐 아니라 전 세계에서 가장 고도가 높은 포도 재배 지역으로 해발 1,750~3,111m에 포도밭이 분포하며, 이 중 카파야테 밸리(Cafayate Valley)에서는 뛰어난 품질의 토론테스(Torrontés)와 말벡(Malbec) 품종이 재배된다.

08 아르헨티나의 포도밭은 고도가 높은 지역에 위치하여 일교차가 크기 때문에 포도의 당분과 산 축적의 균형에 유리하다.

▪ ○

아르헨티나의 고도가 높은 와인 산지는 낮 동안의 풍부한 일조량, 높은 고도로 인한 기온 조절 효과 및 큰 일교차로 당분과 산 축적이 균형을 이룬 좋은 품질의 포도를 얻을 수 있다.

09 아르헨티나의 후후이(Jujuí/Jujuy), 살타(Salta), 카타마르카(Catamarca), 투쿠만(Tucumán) 지역이 속한 주(Province)는 쿠요(Cuyo)다.

▪ X

후후이, 살타, 카타마르카, 투쿠만 지역이 속한 주는 북부(North)이다.

10 아르헨티나의 라 팜파(La Pampa), 네우켄(Neuquén), 리오 네그로(Rio Negro) 지역이 속한 주(Province)는 쿠요(Cuyo)다.

▪ X

라 팜파, 네우켄, 리오 네그로가 속한 주는 파타고니아(Patagonia)이다.

01 전 세계 재배 면적의 대부분이 아르헨티나에 분포하는 청포도 품종은 무엇인가?
① 토론테스(Torrontés)
② 말벡(Malbec)
③ 바르베라(Barbera)
④ 베르멘티노(Vermentino)

■ ①

토론테스는 전 세계 재배 면적의 95%가 아르헨티나에 분포하는 청포도 품종으로 살타(Salta)가 대표 산지이고 라 리오하(La Rioja)와 멘도사(Mendoza)의 우코 밸리(Uco Valley)도 주요 산지다.

02 프랑스 남서부 카오르(Cahors) 원산의 품종으로 프랑스 보르도(Bordeaux)에서도 재배하는 아르헨티나의 대표 적포도 품종은 무엇인가?
① 토론테스(Torrontés)
② 말벡(Malbec)
③ 타나(Tannat)
④ 카르메네르(Carménère)

■ ②

토론테스는 아르헨티나의 대표 청포도 품종이고 타나는 프랑스 남부의 마디랑(Madiran)의 대표 적포도 품종이며 카르메네르는 칠레의 대표 적포도 품종이다.

03 아르헨티나의 와인 산지가 아닌 곳은 어디인가?
① 멘도사(Mendoza)
② 산 후안(San Juan)
③ 라 리오하(La Rioja)
④ 마데라(Madera)

■ ④

마데라는 미국 캘리포니아(California)의 와인 산지이다.

04 아르헨티나의 와인 산지에 대한 설명으로 올바른 것은 무엇인가?
① 안데스 산맥 서쪽 기슭에 위치한다.
② 고도가 낮은 계곡 바닥(Valley Floor)의 유기물이 풍부한 충적토(Alluvial Soils)가 분포한 지역에 좋은 포도밭이 위치한다.
③ 안데스 산맥에서 불어오는 서풍의 영향으로 덥고 건조한 기후이나, 고도가 높은 곳은 서늘하고 일교차가 크다.
④ 강우량이 풍부하여 관개는 필요 없다.

■ ③

아르헨티나의 와인 산지는 안데스 산맥 동쪽 기슭에 분포하고 북부(North)는 위도가 30도 이하로 기온이 높다. 대다수 좋은 포도밭은 해발 1,000m 이상의 고원 지대에 위치하고 토양은 유기물은 적고 미네랄은 풍부한 충적토이다. 북부는 해발 1,000~3,000m, 멘도사(Mendoza)의 우코밸리(Uco Valley)는 해발 2,200m에도 포도밭이 분포한다. 아르헨티나의 와인 산지는 안데스 산맥 너머에서 불어오는 건조하고 따뜻한 서풍의 영향으로 덥고 건조한 기후이나 높은 고도에 포도밭이 위치하기 때문에 서늘하고 일교차가 커서 좋은 품질의 포도 재배가 가능하다. 강우량은 부족해서 안데스 산맥에서 흘러 내리는 빙하수나 강물을 포도밭의 관개에 사용한다.

05 아르헨티나에서 포도밭에 미치는 피해가 가장 심각하며 빈번하게 일어나는 부정적인 기상 현상은 무엇인가?
① 봄의 서리   ② 포도 성숙기의 우박
③ 포도 성숙기의 비   ④ 겨울 포도나무 냉해

■ ②

아르헨티나에서는 우박의 피해를 최소화하기 위해 포도밭을 서로 다른 위치로 분산시키거나 포도나무 위에 금속망을 쳐서 우박 피해를 줄이려고 노력한다.

06 아르헨티나의 청포도 품종이 아닌 것은 무엇인가?
① 페드로 지메네스(Pedro Giménez)
② 토론테스 리오하노(Torrontés Riojano)
③ 모스카텔 데 알레한드리아(Moscatel de Alejandría)
④ 크리오야 치카(Criolla Chica)

■ ④

페드로 지메네스, 토론테스 리오하노, 모스카텔 데 알레한드리아는 아르헨티나 청포도 품종이다. 크리오야 치카는 엷은 색 껍질의 적포도 품종으로 칠레에서는 파이스(País), 미국에서는 미션(Mission)이라 불린다.

07 아르헨티나 와인 역사 및 산업에 대한 설명으로 올바르지 않은 것은 무엇인가?
① 16세기 중반 아르헨티나에 가장 먼저 전해진 유럽종(Vitis vinifera)은 파이스(País)다.
② 16세기 중반에 스페인 선교사 후안 세드론(Juan Cedrón) 신부가 유럽종을 들여와서 아르헨티나 최초의 포도원을 설립하였다.
③ 16세기 중반 프랑스 농학자 미구엘 푸제(Miguel A. Pouget)가 말벡(Malbec) 품종을 도입하였고 포도 재배 기술도 아르헨티나에 전수했다.
④ 20세기 중반까지 품질보다는 생산량을 우선으로 하였으며 와인은 거의 모두 자국에서 소비하였다.

■ ③

16세기 중반 스페인 선교사 후안 세드론 신부는 유럽종인 파이스를 들여와서 심고 아르헨티나 최초의 포도원을 설립하였고, 19세기 중반 아르헨티나 정부에서 프랑스 농학자 미구엘 푸제를 초청하여 말벡 품종을 도입하였으며, 포도 재배 기술도 전하도록 하였다. 이 시기는 유럽 포도원이 필록세라(Phylloxera) 피해를 입던 시기였기에, 뒤이어서 스페인과 이탈리아에서 필록세라를 피해서 아르헨티나에 온 사람들이 포도원을 설립하고 와인을 양조하였다. 아르헨티나는 1990년대 초반까지 유럽 국가들을 제외하고 와인을 가장 많이 생산하는 나라였으나 대부분 자국에서 소비하였고, 1990년대 중반 이후에 외국 자본과 현대적인 양조 기술의 도입으로 품질을 고급화하여 수출을 하기 시작하였다.

08 아르헨티나의 포도 품종 중 재배 면적이 넓은 순서대로 올바르게 나열한 것은 무엇인가?
① 적포도 품종 : 말벡(Malbec) – 보나르다(Bonarda) – 카베르네 소비뇽(Cabernet Sauvignon)
② 적포도 품종 : 말벡(Malbec) – 템프라니요(Tampranillo) – 카베르네 소비뇽(Cabernet Sauvignon)
③ 청포도 품종 : 샤르도네(Chardonnay) – 토론테스(Torrontés) – 페드로 지메네스(Pedro Giménez)
④ 청포도 품종 : 토론테스(Torrontés) – 소비뇽 블랑(Sauvignon Blanc) – 샤르도네(Chardonnay)

■ ①

적포도 품종은 말벡, 보나르다, 카베르네 소비뇽, 시라(Syrah), 템프라니요 순서이고, 청포도 품종은 페드로 지메네스, 토론테스 리오하노(Torrontés Riojano), 샤르도네, 모스카텔 데 알레한드리아(Moscatel de Alejandría), 소비뇽 블랑 순서다.

09 아르헨티나 와인 생산자가 아닌 것은 무엇인가?

① 아차발 페레(Achaval Ferrer)   ② 카테나 자파타(Catena Zapata)
③ 트라피체(Trapiche)   ④ 산 페드로(San Pedro)

■ ④

산 페드로는 칠레의 생산자다.

10 아르헨티나의 와인 산지 중 지도 상에 색깔로 표시된 지역에 속한 와인 산지가 아닌 것은 무엇인가?

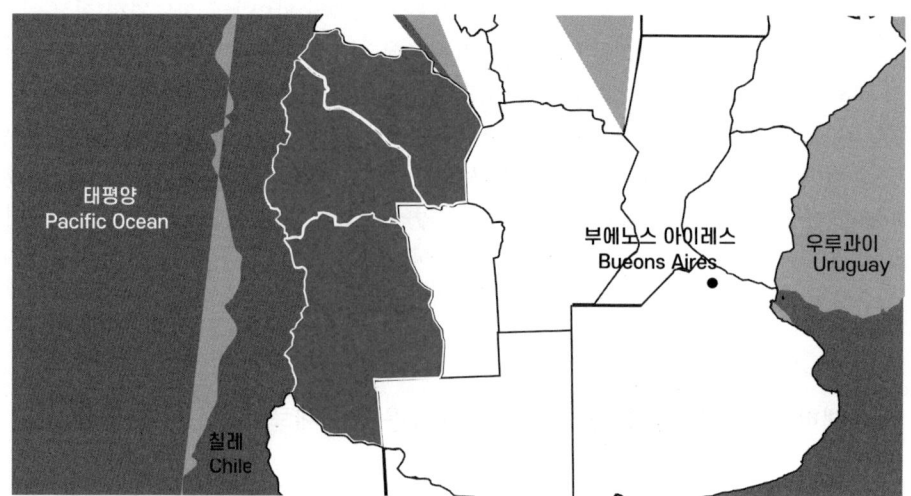

① 라 리오하(La Rioja)   ② 멘도사(Mendoza)
③ 산 후안(San Juan)   ④ 산타 로사(Santa Rosa)

■ ④

쿠요(Cuyo) 주에는 라 리오하, 산 후안, 멘도사가 속해 있고 산타 로사는 라 팜파(La Pampa)의 주도다.

11 아르헨티나 멘도사(Mendoza) 지역에 속하지 않은 와인 산지는 어디인가?

① 카파야테 밸리(Cafayate Valley)   ② 우코 밸리(Uco Valley)
③ 루한 데 쿠요(Luján de Cuyo)   ④ 마이푸(Maipú)

■ ①

카파야테 밸리는 북부(North)의 살타(Salta) 지역에 속해 있다.

12 아르헨티나 와이너리와 지역의 연결이 올바르지 않은 것은 무엇인가?

① 보데가스 라 리오하(Bodegas La Rioja) – 라 리오하(La Rioja)
② 카테나 자파타(Catena Zapata) – 루한 데 쿠요(Luján de Cuyo)
③ 트라피체(Trapiche) – 살타(Salta)
④ 카이켄(Kaiken) – 멘도사(Mondeza)

■ ③

트라피체는 멘도사 지역에 있다. 멘도사 지역의 유명 와이너리로는 카이켄, 트라피체, 카테나 자파타, 알타 비스타(Alta Vista), 클로 데 로스 시에테(Clos de Los Siete) 등이 있다.

13 아르헨티나 와인 산지와 대표 품종의 연결로 올바르지 않은 것은 무엇인가?

① 루한 데 쿠요(Luján de Cuyo) – 말벡(Malbec)
② 마이푸(Maipú) – 카베르네 소비뇽(Cabernet Sauvignon)
③ 투푼가토(Tupungato) – 슈냉 블랑(Chenin Blanc)
④ 카파야테 밸리(Cafayate Valley) – 토론테스(Torrontés)

■ ③

멘도사(Mendoza) 투푼가토의 대표 청포도 품종은 샤르도네(Chardonnay)이다. 멘도사의 루한 데 쿠요의 대표 적포도 품종은 말벡이고, 자갈 토양인 마이푸는 카베르네 소비뇽과 시라(Syrah)가 대표 품종이며, 살타(Salta)의 카파야테 밸리의 대표 품종은 토론테스와 말벡이다.

14 와인 리스트에 기입된 아래 아르헨티나 와인의 밑줄 친 부분의 정보로 올바른 것은 무엇인가?

> Alta Vista Malbec Single Vineyard Alizarine, _____ Mendoza, Argentina 2004

① La Consulta, Valle de Uco
② Tunuyan, Valle de Uco
③ Las Compuertas, Luján de Cuyo
④ Perdriel, Luján de Cuyo

■ ③

문제의 와인은 멘도사(Mendoza) 지역의 루한 데 쿠요(Luján de Cuyo) 지구에 속한 마을인 라스 콤푸에르타스(Las Compuertas)에서 생산하는 와인이다.

01 아르헨티나 와인 산지의 기온과 고도, 습도 등 포도 재배 환경에 큰 영향을 미치며, 깨끗한 빙하수를 제공함으로써 관개시스템의 수원(水原) 역할을 하는 산맥은 무엇인가?

■ 안데스 산맥(Andes Mountains)

02 라 리오하(La Rioja)와 산 후안(San Juan), 멘도사(Mendoza)가 속한 주(Province)는 어디인가?

■ 쿠요(Cuyo)

03 아르헨티나의 와인 산지 중 DOC(Denominación de Origen Controlado)로 지정된 두 곳의 명칭을 쓰시오.

■ 루한 데 쿠요(Luján de Cuyo)와 산 라파엘(San Rafael)

현재 DOC는 루한 데 쿠요와 산 라파엘 두 곳으로 모두 멘도사(Mendoza)에 속한다.

04 아르헨티나 와인 산지 중 고도는 상대적으로 높지 않으나 가장 남쪽에 위치하여 기후가 서늘하고 피노 누아(Pinot Noir) 재배에 적합한 주(Province)는 어디인가?

■ 파타고니아(Patagonia)

리오 네그로(Rio Negro)와 네우켄(Neuquén) 지역이 속한 파타고니아 주는 고도는 높지 않으나 위도가 높고 대서양 연안이라서 서늘하며 대표 품종은 피노 누아이다.

05 아르헨티나의 주요 와인 산지의 지역(Region) 명칭을 포도 재배 면적이 넓은 순서대로 3개를 쓰시오.

■ 멘도사(Mendoza) > 산 후안(San Juan) > 라 리오하(La Rioja)

아르헨티나에서 포도 재배 면적이 넓은 지역은 적포도와 청포도 모두 멘도사, 산 후안, 라 리오하 순서이다.

06 아르헨티나에서 '뜨겁고 건조한 서풍'을 뜻하는 와인 산지 명칭은 무엇인가?

■ 존다(Zonda)

07 아르헨티나의 보데가 카테나 자파타(Bodega Catena Zapata)의 해발 1,450m에 조성된 아드리아나(Adrianna) 포도밭이 위치한 투푼가토(Tupungato) 내의 지구(District) 명칭은 무엇인가?

■ 괄타라리(Gualtallary) 또는 괄타라리 알토(Gualtallary Alto)

보데가 카테나 자파타는 1992년 멘도사(Mendoza) 지역 우코 밸리(Uco Valley)의 투푼가토에 위치한 지구인 괄타라리에 해발 1,450m의 아드리아나 포도밭을 조성하였고, 이곳에서 재배한 포도로 뛰어난 품질의 말벡(Malbec)과 샤르도네(Chardonnay) 와인을 생산한다.

08 아래 지구(District)가 속한 아르헨티나 와인 산지의 지역(Region) 명칭과 주(Province) 명칭을 쓰시오.

1) 카파야테 밸리(Cafayate Valley)

■ 살타(Salta) < 북부(North)

2) 피암발라(Fiambalá)

■ 카타마르카(Catamarca) < 북부(North)

3) 파마티나 밸리(Famatina Valley)

■ 라 리오하(La Rioja) < 쿠요(Cuyo)

4) 존다(Zonda)와 페데르날 밸리(Pedernal Valley)

■ 산 후안(San Juan) < 쿠요(Cuyo)

5) 루한/마이푸(Luján/Maipú)

■ 멘도사(Mendoza) < 쿠요(Cuyo)

6) 우코 밸리(Uco Valley)와 투푼가토(Tupungato)

■ 멘도사(Mendoza) < 쿠요(Cuyo)

7) 산 카를로스(San Carlos)와 산 라파엘(San Rafael)

■ 멘도사(Mendoza) < 쿠요(Cuyo)

아르헨티나의 주요 와인 산지는 아래와 같다.

주(Province)	지역(Region)	지구(District)
북부 (North)	후후이(Jujui/Jujuy)	
	살타(Salta)	카파야테 밸리(Cafayate Valley) 엘 아레날(El Arenal) 몰리노스(Molinos)
	카타마르카(Catamarca)	피암발라(Fiambalá)
	투쿠만(Tucumán)	
쿠요 (Cuyo)	라 리오하(La Rioja)	파마티나 밸리(Famatina Valley) 탈람파야(Talampaya)
	산 후안(San Juan)	툴룸 밸리(Tulum Valley) 우윰(Ullum) 페데르날 밸리(Pedernal Valley) 존다 밸리(Zonda Valley) 칼린가스타(Calingasta)
	멘도사(Mendoza)	우코 밸리(Uco Valley) – 투푼가토(Tupungato) 투누얀(Tunuyán), 산 카를로스(San Carlos) 루한 데 쿠요(Luján de Cuyo) 마이푸(Maipú) 북부 멘도사(Mendoza North) 동부 멘도사(Mendoza East) 남부 멘도사(Mendoza South) – 산 라파엘(San Raphael)
파타고니아 (Patagonia)	라 팜파(La Pampa) 네우켄(Neuquén) 리오 네그로(Rio Negro)	

01 아르헨티나에서 주로 사용하는 포도나무 수형관리(Vine Training) 방식인 페르골라(Pergola) 방식에 대해 설명하고, 아르헨티나에서 이런 방식을 적용하는 이유를 쓰시오.

포도 나무의 덩굴손(Tendrils)이 타고 자랄 수 있도록 구조물을 설치하여 나무의 형태를 관리하는 방식 중 하나인 페르골라 방식은 아르헨티나에서는 파랄(Parral) 방식으로 부른다. 이 방식은 포도나무 밑둥(Trunk)의 키가 높고 가지들은 수평으로 자라서 지붕 형태를 만들며 포도는 캐노피(Canopy)의 그늘에 맺히게 된다. 아르헨티나에서는 높은 기온으로 인한 지열로부터 포도를 보호하기 위해 파랄 방식으로 수형을 관리한다.

02 아르헨티나가 필록세라(Phylloxera)로부터 피해를 입지 않았던 이유 세 가지를 쓰시오.

아르헨티나의 와인 산지는 안데스 산맥 동쪽 기슭에 위치하여 지리적으로 고립되어 있고, 아르헨티나의 주요 토양인 모래토양에서는 필록세라가 잘 번식하지 못하고 담수 관개(Ponding Irrigation)를 하는 경우 포도나무의 뿌리가 물에 잠기기 때문에 필록세라가 뿌리에 피해를 입히지 못한다.

03 아르헨티나의 테루아(Terroir)에 대해 안데스 산맥의 영향과 포도밭의 고도, 기후, 일조량 사이의 관계를 중심으로 설명하시오.

아르헨티나 와인 산지의 테루아는 안데스 산맥의 영향으로 형성되는 건조한 기후와 높은 고도로 요약할 수 있다. 안데스 산맥 동쪽 기슭인 아르헨티나의 와인 산지는 안데스 산맥을 넘으면서 푄(Föhn)현상에 의해 건조하고 더워진 서풍의 영향으로 덥고 건조한 기후다. 특히, 북부(North) 지역은 위도가 30도 이하로 기온이 높다. 따라서, 아르헨티나에서는 고도가 높은 지역에 위치하여 낮 동안의 풍부한 일조량, 기온 조절 효과, 큰 일교차를 기대할 수 있고 당분과 산도의 균형이 좋으며 풍미 성분이 농축된 포도를 재배할 수 있는 포도밭이 좋은 테루아다. 많은 포도밭들의 고도가 해발 1,000m 이상이고 북부는 해발 1,000~3,000m, 멘도사(Mendoza)의 우코 밸리(Uco Valley)는 해발 2,200m 까지에 이른다. 포도밭의 고도가 높으면 서리와 우박의 피해가 있을 수 있는데, 특히 아르헨티나에서는 우박이 포도 열매에 심각한 피해를 주고 빈번하게 일어나는 기상 현상이다. 우박의 피해를 줄이기 위해 포도밭 위에 금속 재질의 그물을 씌우는데, 이 그물은 지나친 일조량을 조절해주는 효과도 있다. 안데스 산맥의 기슭에 위치한 포도밭들은 오후에 서쪽에서 강하게 쪼이는 햇빛을 안데스 산맥의 그늘이 막아줄 수 있다.

04 아르헨티나 와인 산지 중 산 후안(San Juan)에 대해 입지와 포도 재배 및 와인 생산 규모, 테루아, 품종, 세부 산지를 중심으로 설명하시오.

산 후안은 아르헨티나 와인 산지 중 중부인 쿠요(Cuyo)에 속하고 멘도사(Mendoza)의 북쪽에 위치하는 와인 생산 지역(Region)이다. 과거 벌크(Bulk) 화이트와 로제 와인, 주정강화 와인, 브랜디 생산 지역이었으나 현재 와인 품질이 크게 향상되었다. 아르헨티나 전체 포도 재배 면적 및 와인 생산량은 멘도사에 이어 2위다. 산 후안의 고도는 해발 550m 이상이고 기후는 연 평균 강우량 약 150mm, 연평균 기온 17℃, 일교차가 크고 일조량이 풍부하며 안데스 산맥에서 불어오는 바람인 존다(Zonda)의 영향으로 온화하고 건조한 기후다. 산 후안 강과 하찰(Jáchal) 강으로 흘러내리는 안데스 산맥의 눈 녹은 물로 관개를 한다. 토양은 충적토(Alluvial Soils)로 자갈이 섞인 사토다. 주요 적포도 품종은 말벡(Malbec)과 카베르네 소비뇽(Cabernet Sauvignon), 시라(Syrah)고, 주요 청포도 품종은 샤르도네(Chardonnay)와 모스카텔 데 알레한드리아(Moscatel de Alejandría), 토론테스(Torrontés)다. 산 후안에 속하는 와인 생산 지구(District)로는 고도가 가장 낮은 곳에 위치한 툴룸 밸리(Tulum Valley)와 가장 높은 페데르날 밸리(Pedernal Valley)를 비롯하여 존다 밸리(Zonda Valley), 우윰(Ullum), 칼린가스타(Calingasta)가 있다.

05 호주

01 호주에서 가장 큰 와인 산지인 사우스 오스트레일리아(South Australia)에서 쉬라즈(Shiraz)의 최대 산지는 바로싸 밸리(Barossa Valley)이다.

○

02 호주 와인은 단일 포도 품종을 80% 이상 사용해야만 포도 품종명을 와인 라벨에 표기할 수 있다.

X

단일 포도 품종 85% 이상을 사용하여야 라벨에 포도 품종명을 기재할 수 있다.

03 호주 와인은 빈티지를 라벨에 표기하기 위해서 해당 빈티지를 100% 사용하여야 한다.

X

호주 와인 규정에 의하면 빈티지를 표기하기 위해서는 85% 이상 해당 빈티지를 사용하여야 한다.

04 쉬라즈(Shiraz)는 호주를 대표하는 적포도 품종으로 원산지가 바로싸 밸리(Barossa Valley)이다.

X

프랑스가 원산지인 시라(Syrah)를 호주에서는 쉬라즈라고 부른다.

05 호주 쿠나와라(Coonawarra) 지역의 토양은 테라 로싸(Terra Rossa)이다.

○

사우스 오스트레일리아(South Australia)의 쿠나와라는 석회암이 혼합된 붉은색의 구멍이 많은 토양인 테라 로싸로 이루어져 있어 견고한 카베르네 소비뇽(Cabernet Sauvignon) 와인 생산에 적합하다.

06 호주의 지리적 표시제(Geographical Indications, GI)에 의하면 해당 GI의 포도를 85% 이상 사용하여야만 라벨에 지역명을 표기할 수 있다.

■ ○

호주의 GI는 1993년에 제정되었으며 지역명을 단독 표기하는 경우에는 85% 이상 그 지역 포도를 사용하여야 한다.

07 웨스턴 오스트레일리아(Western Australia)의 마가렛 리버(Margaret River)는 해양성 기후로 호주에서 가장 서늘하며 스파클링 와인 산지로 유명하다.

■ X

마가렛 리버는 같은 주의 스완 밸리(Swan Valley)보다 서늘한 해양성 기후를 가지고 있으며 카베르네 소비뇽(Cabernet Sauvignon), 리슬링(Riesling), 세미용(Sémillon), 베르델호(Verdelho), 샤르도네(Chardonnay) 등을 주로 생산한다. 호주에서 제일 서늘한 지역은 태즈매니아(Tasmania)이며, 스파클링 와인으로 유명하다.

08 호주 사우스 오스트레일리아(South Australia)의 쉬라즈(Shiraz) 최대 산지는 애들레이드 힐즈(Adelaide Hills)이다.

■ X

사우스 오스트레일리아의 쉬라즈 최대 산지는 바로싸 밸리(Barossa Valley)이다. 애들레이드 힐즈에서는 카베르네 소비뇽(Cabernet Sauvignon), 피노 누아(Pinot Noir), 쉬라즈 와인을 생산한다.

09 호주에서 가장 역사가 오래된 와인 산지는 사우스 오스트레일리아(South Australia)의 바로싸 밸리(Barossa Valley)이다.

■ X

뉴 사우스 웨일즈(New South Wales)의 헌터 밸리(Hunter Valley)는 호주에서 가장 오래된 와인 산지이며 세미용(Sémillon) 와인으로 유명하다. 1825년에 첫 포도나무를 심었다고 전해진다.

10 사우스 오스트레일리아(South Australia)는 하디스(Hardys), 로즈마운트(Rosemount), 펜폴즈(Penfolds) 등 대형 와이너리들이 밀집한 호주 최대의 와인 산지다.

■ X

사우스 오스트레일리아는 하디스, 펜폴즈, 피터 레만(Peter Lehman), 세펠트(Seppelt), 울프 블라스(Wolf Blass), 윈스(Wynns), 얄룸바(Yalumba) 등 대형 와이너리들이 밀집한 호주 최대의 와인 산지이며 로즈마운트는 뉴 사우스 웨일즈(New South Wales) 지역의 와이너리다.

11 웨스턴 오스트레일리아(Western Australia)의 주요 와인 산지로는 퍼스 힐즈(Perth hills), 마가렛 리버(Margaret River), 그레이트 서던(Great Southern) 등이 있다.

■ ○

남서부에 위치한 웨스턴 오스트레일리아에는 퍼스 힐즈, 마가렛 리버, 그레이트 서던을 비롯하여 필(Peel), 스완 밸리(Swan Valley), 블랙우드 밸리(Blackwood Valley), 지오그라프(Geographe), 만지멉(Manjimup), 펨버튼(Pemberton) 등이 있다. 특히 마가렛 리버는 웨스턴 오스트레일리아의 가장 중요한 와인산지로 부티크 와이너리가 많은 것으로 유명하다. 케이프 멘텔(Cape Mentelle), 르윈 에스테이트(Leeuwin Estate) 모스 우드(Moss Wood) 등의 와이너리가 있다.

12 호주에서 와인 생산량이 가장 많은 산지는 대규모 와이너리들이 밀집한 뉴 사우스 웨일즈(New South Wales)이다.

■ X

호주의 와인 생산량이 가장 많은 산지는 사우스 오스트레일리아(South Australia), 뉴 사우스 웨일즈, 빅토리아(Victoria), 웨스턴 오스트레일리아(Western Australia) 순이다.

13 호주 뉴 사우스 웨일즈(New South Wales) 지역에서는 세미용(Sémillon), 샤르도네(Chardonnay), 베르델호(Verdelho)를 많이 재배한다.

■ ○

14 호주 최초의 샤르도네(Chardonnay) 와인은 1971년 헌터 밸리(Hunter Valley)의 티렐스(Tyrell's)가 생산한 배트 47 피노 샤르도네(Vat 47 Pinot Chardonnay)이다.

■ ○

15 호주 와인의 라벨에 4~5가지 포도 품종이 표기된 경우는 각 포도 품종을 10% 이상 사용하여야 한다.

■ X

라벨에 2~3가지 품종이 표기된 경우에는 각 품종을 20% 이상, 4~5가지 품종이 표기된 경우에는 각 품종을 5% 이상 사용하여야 한다.

16 호주 최초의 와인은 18세기 말 초대 총독 아서 필립(Arthur Phillip) 대령의 명령으로 생산되었다.

■○

17 호주의 마가렛 리버(Margaret River)에서 1970년대에 최초로 와인을 생산한 와이너리는 모스 우드(Moss Wood)다.

■X

마가렛 리버에서 최초로 와인을 생산한 와이너리는 바스 펠릭스(Vasse Felix)다.

18 호주 클레어 밸리(Clare Valley) 지역의 유명 리슬링 와인 생산자는 그로셋(Grosset), 킬리카눈(Kilikanoon), 팀 아담스(Tim Adams), 페탈루마(Petaluma) 등이 있다.

■○

19 호주에는 라벨에 표기하는 내용을 검증하는 LIP(Labelling Integrity Program)라는 방식이 있는데, 산지, 포도 품종, 빈티지 등의 표기에 신뢰성을 부여하는 시스템이다.

■○

20 호주에서는 늦수확하여 당도가 높은 포도를 사용하여 오래 전부터 생산한 감미로운 풍미를 지닌 스위트 와인을 '스티키즈(Stickies)'라고 부른다.

■○

01 호주의 와인 산지가 아닌 곳은 어디인가?
① 뉴 사우스 웨일즈(New South Wales)
② 빅토리아(Victoria)
③ 멘도사(Mendoza)
④ 사우스 오스트레일리아(South Austrailia)

▪ ③

멘도사는 아르헨티나의 와인 산지이다.

02 호주에서 생산하는 주품종이 아닌 것은 무엇인가?
① 쉬라즈(Shiraz)
② 카베르네 소비뇽(Carbernet Sauvignon)
③ 세미용(Sémillon)
④ 토론테스(Torrontes)

▪ ④

토론테스는 아르헨티나의 아로마틱한 토착 청포도 품종이다.

03 호주의 와인 산지가 아닌 곳은 어디인가?
① 바로싸 밸리(Barossa Valley)
② 리베라 델 두에로(Rivera del Duero)
③ 헌터 밸리(Hunter Valley)
④ 애들레이드 힐즈(Adelaide Hills)

▪ ②

리베라 델 두에로는 스페인의 와인 산지이다.

04 호주의 와인 산지 중 세미용(Sémillon)의 주요 산지는 어디인가?
① 태즈매니아(Tasmania)　　② 헌터 밸리(Hunter Valley)
③ 클레어 밸리(Clare Valley)　　④ 맥라렌 베일(McLaren Vale)

▪ ②

뉴 사우스 웨일즈(New South Wales)의 헌터 밸리는 세미용과 쉬라즈(Shiraz) 와인으로 유명하다.

05 호주의 사우스 오스트레일리아(South Australia)에 포함된 와인 산지가 아닌 곳은 어디인가?
① 바로싸 밸리(Barossa Valley) ② 헌터 밸리(Hunter Valley)
③ 맥라렌 베일(McLaren Vale) ④ 쿠나와라(Coonawarra)

■ ②

헌터 밸리는 뉴 사우스 웨일즈(New South Wales)에 있는 와인산지이다.

06 호주의 와이너리가 아닌 것은 무엇인가?
① 얄룸바(Yalumba) ② 베린저(Beringer)
③ 펜폴즈(Penfolds) ④ 투 핸즈(Two Hands)

■ ②

베린저(Beringer)는 미국 캘리포니아 나파 밸리(Napa Valley)의 와이너리다.

07 호주에서 리슬링(Riesling) 품종의 주요 산지는 어디인가?
① 태즈매니아(Tasmania) ② 헌터 밸리(Hunter Valley)
③ 클레어 밸리(Clare Valley) ④ 맥라렌 베일(McLaren Vale)

■ ③

사우스 오스트레일리아(South Austrailia)의 클레어 밸리는 에덴 밸리(Eden Valley)와 함께 리슬링으로 유명하다.

08 호주 와인에 대한 설명으로 올바르지 않은 것은 무엇인가?
① 18세기 말에 와인의 역사가 시작되어 1820년대부터 본격적으로 와인을 생산하였다.
② 여러 품종을 라벨에 표기할 경우 혼합 비율이 높은 품종부터 표기한다.
③ 태즈매니아(Tasmania)에서는 피노 누아(Pinot Noir), 리슬링(Riesling), 샤르도네(Chardonnay)로 품질 좋은 스파클링 와인을 생산한다.
④ 대다수 와이너리는 전통적으로 대를 잇는 소규모 가족경영을 고수하고 있다.

■ ④

과거에는 가족경영을 하였으나 현재 다른 신세계 와인 생산국과 마찬가지로 기업이 합병하여 대부분 거대기업이 시장을 장악하고 있으며 작은 와이너리는 16% 정도에 불과하다.

09 호주의 야라 밸리(Yarra Valley)에 대한 설명 중 올바르지 않은 것은 무엇인가?
① 뉴 사우스 웨일즈(New South Wales)에 속해 있다.
② 고품질 피노 누아(Pinot Noir) 와인으로 유명하다.
③ 1838년에 최초로 포도나무가 심어졌다.
④ 멜버른(Melbourne) 동쪽 교외에 위치하며 스파클링 와인 산지로 유명하다.

■ ①

야라 밸리는 빅토리아의 가장 유명한 와인 산지이다.

10 호주 빅토리아(Victoria)에 포함된 와인 산지가 아닌 곳은 어디인가?
① 야라 밸리(Yarra Valley)
② 루더글렌(Rutherglan)
③ 굴번 밸리(Goulburn Valley)
④ 스완 밸리(Swan Valley)

■ ④

스완 밸리는 웨스턴 오스트레일리아(Western Australia)에 속한 와인 산지다.

11 호주 와이너리와 산지의 연결이 올바르지 않은 것은 무엇인가?
① 헨쉬케(Henschke) – 에덴 밸리(Eden Valley)
② 르윈 에스테이트(Leeuwin Estate) – 야라 밸리(Yarra Valley)
③ 토브렉(Torbreck) – 바로싸 밸리(Barossa Valley)
④ 린드만(Lindemans) – 쿠나와라(Coonawara)

■ ②

르윈 에스테이트는 마가렛 리버(Magaret River) 지역에 있다.

12 호주의 빅토리아(Victoria)에 속한 와인 산지는 어디인가?
① 킹 밸리(King Valley)
② 리버랜드(Riverland)
③ 힐탑스(Hilltops)
④ 쿠나와라(Coonawarra)

■ ①

리버랜드, 쿠나와라는 사우스 오스트레일리아(South Australia), 힐탑스는 뉴 사우스 웨일즈(New South Wales)에 속한 와인 산지다.

13 1991년 처음 만들어진 이후 주기적으로 재평가를 지속하고 업데이트하여 시장의 현실과 변화를 가장 잘 반영하였다는 평을 받는 호주의 프리미엄 와인 등급 체계는 무엇인가?

① 랭턴즈 등급(Langton's Classification)
② 호주 등급(Australian Classification)
③ 울워스 등급(Woolwoth's Classification)
④ 호주와인협회 등급(Wine Australia's Classification)

■ ①

호주 프리미엄 와인 등급 체계로 자리잡은 랭턴즈 등급은 1988년 스튜어트 랭턴(Stewart Langton)이 멜버른(Melbourne)에서 창립하였고, 1991년 마스터 오브 와인(Master of Wine, MW) 앤드류 카이야드(Andrew Caillard)가 참여하였다.

14 지도 상에 표시된 지역의 와이너리가 아닌 것은 무엇인가?

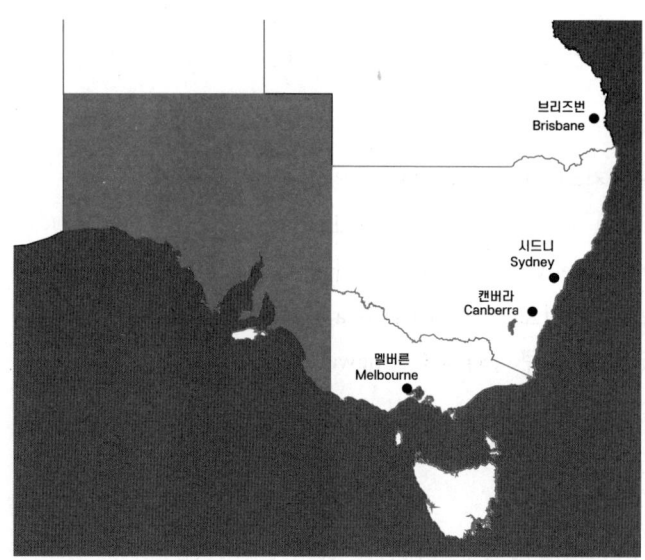

① 로즈마운트(Rosemount)   ② 피터 레만(Peter Lehmann)
③ 펜폴즈(Penfolds)   ④ 울프 블라스(Wolf Blass)

■ ①

로즈마운트는 뉴 사우스 웨일즈(New South Wales) 지역의 와이너리다. 표시된 지역에 해당하는 사우스 오스트레일리아(South Australia)에는 하디스(Hardys), 펜폴즈, 피터 레만, 세펠트(Seppelt), 울프 블라스, 윈스(Wynns), 얄름바(Yalumba) 등 대형 와이너리가 많이 위치한다.

15 호주 빅토리아(Victoria)에 대한 내용으로 올바르지 않은 것은 무엇인가?
① 대륙의 남단에 위치하여 서늘한 기후이다.
② 벤디고(Bendigo)에서는 장기 숙성용 레드 와인을 생산한다.
③ 절롱(Geelong)에서는 서늘한 기후에서 피노 누아(Pinot Noir)를 생산한다.
④ 야라 밸리(Yarra Valley)는 온화한 기후로 카베르네 소비뇽(Cabernet Sauvignon)을 생산한다.

■ ④

야라 밸리는 서늘한 기후로 피노 누아의 명산지이다.

16 호주 빅토리아(Victoria) 지역에서 달콤한 주정강화 와인을 만드는 품종은 무엇인가?
① 뮈스카델(Muscadelle) ② 푸르민트(Furmint)
③ 베르델호(Verdelho) ④ 팔로미노(Palomino)

■ ①

토카이(Tokay)로 알려져 있는 호주의 달콤한 주정강화 와인 토파크(Topaque)는 헝가리의 스위트 와인 토카이(Tokaji)와는 다르며, 주로 빅토리아 지역에서 뮈스카델로 만든다.

17 소유 형태가 다른 호주의 와인 생산자는 무엇인가?
① 펜폴즈(Penfolds) ② 클라렌든 힐즈(Clarendon Hills)
③ 린드만(Limdemans) ④ 로즈마운트(Rosemount)

■ ②

클라렌든 힐즈는 중소 규모의 가족경영 와이너리다.

18 호주 마가렛 리버(Margaret River)의 세부지역으로 올바르지 않은 것은 무엇인가?
① 얄링업(Yallingup) ② 카번업(Carbunup)
③ 윌리아브럽(Wilyabrup) ④ 블랙우드 밸리(Blackwood Valley)

■ ④

블랙우드 밸리는 스완 밸리(Swan Valley)의 세부지역이다.

19 호주의 와이너리와 주정강화 와인의 연결로 올바르지 않은 것은 무엇인가?
  ① 울프 블라스(Wolf Blass) - 클락타워 토니 포트(Clocktower Tawny Port)
  ② 샤토 레이넬라(Chateau Reynella) - 올드 케이브 토니 포트(Old Cave Tawny Port)
  ③ 다렌버그(d'Arenberg) - 노스탤지어 20년 토니 포트(Nostalgia Twelve-year-old Tawny Port)
  ④ 펜폴즈(Penfolds) - 그랜드파더 토니 포트(Grandfather Tawny Port)

■ ①

클락타워 토니 포트는 얄룸바(Yalumba)의 주정강화 와인이다.

20 호주의 전통적인 화이트 와인 산지였던 마가렛 리버(Margaret River)에서 카베르네 소비뇽(Cabernet Sauvignon)으로 레드 와인을 생산한 초창기의 와이너리로 올바르지 않은 것은 무엇인가?
  ① 석피즐(Suckfizzle)
  ② 맥헨리(McHenry)
  ③ 마운트 랑기 기란(Mount Langi Ghiran)
  ④ 호넨(Hohnen)

■ ③

마운트 랑기 기란은 야라 밸리(Yarra Valley)에서 쉬라즈(Shiraz)로 유명한 생산자이다.

01 호주를 대표하는 적포도 품종으로 프랑스 론(Rhône)에서 전래된 품종을 호주에서는 무엇이라 부르는가?

■ 쉬라즈(Shiraz)

02 호주 사우스 오스트레일리아(South Australia)를 대표하는 와인으로 막스 슈베르트(Max Schubert)에 의해 1951년부터 생산되었으며 2001년 호주 문화재로 등재된 국보급 와이너리와 와인의 명칭을 각각 쓰시오.

■ 펜폴즈 그랜지(Penfolds Grange)

펜폴즈 그랜지는 1951년에 와인 메이커인 막스 슈베르트에 의해 만들어졌으며 존 뒤발(John Duval)에 의해 오늘날의 명성을 얻게 되었다.

03 호주 웨스턴 오스트레일리아(Western Austrailia)의 주요 와인 산지로 보르도(Bordeaux)와 흡사한 기후 조건을 지니며 케이프 멘텔(Cape Mentelle), 르윈 에스테이트(Leeuwin Estate), 모스 우드(Moss Wood) 등의 와이너리가 위치한 와인 산지는 어디인가?

■ 마가렛 리버(Margaret River)

04 호주에서 가장 서늘한 지역으로 피노 누아(Pinot Noir), 리슬링(Riesling), 샤르도네(Chardonnay)로 품질 좋은 스파클링 와인을 생산하는 곳은 어디인가?

■ 태즈매니아(Tasmania)

05 사우스 오스트레일리아(South Austrailia)에서 가장 서늘한 지역으로 테라 로싸(Terra Rossa) 토양에서 카베르네 소비뇽을 생산하는 호주의 와인 산지는 어디인가?

■ 쿠나와라(Coonawarra)

06 호주 바로싸 밸리(Barossa Valley)에서 생산하는 GSM 블렌딩에 들어가는 품종 세 가지를 쓰시오.

■ 그르나슈(Grenache), 쉬라즈(Shiraz), 무르베르드(Mourvèdre)

07 호주의 프리미엄 와인 등급 체계로 1988년 스튜어트 랭턴(Stewart Langton)이 창립하고 1991년 마스터 오브 와인(Master of Wine, MW) 앤드류 카이야드(Andrew Caillard)가 참여한 후 주기적으로 재평가를 지속하고 업데이트하여 시장 현실과 변화를 가장 잘 반영하였다는 평을 받고 있는 호주의 등급 체계는 무엇인가?

■ 랭턴즈 등급(Langton's Classification)

08 호주의 펜폴즈 그랜지(Penfolds Grange)와 헨쉬케 힐 오브 그레이스(Henschke Hill of Grace)에 이어 프리미엄 와인 계보를 잇는 와이너리이며, 카니발 오브 러브(Carnival of Love) 2012년 빈티지로 2014년 와인 스펙테이터(Wine Spectator) 100대 와인 중 2위를 기록했던 와이너리 이름은 무엇인가?

■ 몰리두커(Mollydooker)

몰리두커는 사우스 오스트레일리아(South Australia)의 맥라렌 베일(McLaren Vale)에 위치한 호주를 대표하는 프리미엄급 와이너리이다.

09 호주 마가렛 리버(Margaret River) 지역에서 샤르도네(Chardonnay)로 프리미엄 화이트 와인인 아트 시리즈(Art Series)를 생산하는 와이너리를 쓰시오.

■ 르윈 에스테이트(Leeuwin Estate)

10 호주에서 투리가(Touriga)와 살타나(Saltana)를 교배하여 개발한 적포도 품종의 이름은 무엇인가?

■ 타랜고(Tarrango)

11 파이퍼스 브룩(Pipers Brook), 무릴라 에스테이트(Moorilla Estate), 힘스커크(Heemskerk) 등이 생산되는 호주의 와인 산지는 어디인가?

■ 태즈매니아(Tasmania)

12 호주 태즈매니아(Tasmania) 파이퍼스 리버(Pipers River)에 속하며 기후가 온화하여 카베르네 소비뇽(Cabernet Sauvignon), 메를로(Merlot) 품종을 재배하는 지역은 어디인가?

■ 타마르 밸리(Tamar Valley)

13 1980년대 후반부터 호주 바로싸(Barossa) 지역에 있는 록포드(Rockford) 와이너리에서 일하기 시작하여 그의 이름을 내건 쓰리 리버즈 쉬라즈(Three Rivers Shiraz)를 선보인 후 2006년 부터 '쉬라즈 프로젝트(Shiraz Project)'를 진행하고 있는 호주의 대표적인 와인메이커는 누구인가?

■ 크리스 링랜드(Chris Ringland)

14 호주의 빅토리아(Victoria) 지역에서 오래된 가족경영 와이너리 형태로 운영되며 뮈스카(Muscat) 주정강화 와인으로 유명한 빈칸에 들어갈 와인 산지는 어디인가?

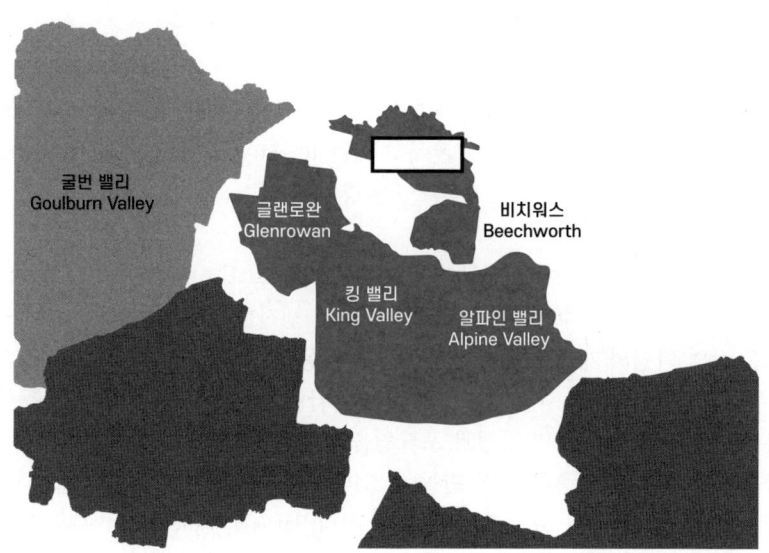

■ 루더글랜(Rutherglen)

01 호주 와인의 랭턴즈 등급(Langton's Classification)에 대해 설명하시오.

1988년 스튜어트 랭턴(Stewart Langton)에 의해 멜버른(Melbourne)에서 창립되었으며, 이듬해 호주 출신의 마스터 오브 와인(Master of Wine, MW)이며 와인 저술가인 앤드류 카이야드(Andrew Caillard)가 공동으로 운영하기로 하여 호주 고급 와인 시장의 새로운 리더로 자리잡게 되었다. 랭턴즈 등급 체계는 호주 정부가 공인하는 공식적인 기구는 아니지만 호주의 프리미엄 와인 전체를 평가하며, 5년을 주기로 재평가한다. 1991년도에 제1판이 나온 이후 계속해서 프리미엄 와인의 숫자가 증가하고 있으며 Exceptional, Outstanding, Excellence의 세 가지 범주로 나뉜다.

02 호주 펜폴즈 그랜지(Penfolds Grange)의 탄생배경과 양조가를 중심으로 서술하시오.

펜폴즈(Penfolds)의 첫 포도 농원은 1844년 서호주 매길(Magill)에 닥터 크리스토퍼 로슨(Dr. Christopher Rawson)이 설립하였다. 펜폴즈는 설립 후 백년 이상을 대부분 호주 양조장과 같이 평범한 주정강화 와인과 브랜디를 생산하여 그 대부분을 영국에 수출하였다. 1950년 펜폴즈 와인 양조 책임자인 맥스 슈베르트(Max Schubert)는 유럽의 주요 포도 재배지와 포도주 양조 지역을 방문하며 새로운 기술을 습득하였다. 그리고 당시 역사가 오래된 프랑스 와인 학교에서 아직 견고하고 굉장한 부케와 맛을 보존하고 있는 40~50년 숙성된 보르도(Bordeaux) 와인들의 시음과 평가의 경험은 평범하다고 할 수 있는 당시의 호주 와인을 향상시켜야겠다는 신념을 지닌 계기가 된다.

맥스 슈베르트는 프랑스에서 귀국하여 영감을 가지고 최소한 20년의 보존 기간과 보르도에서 생산한 와인과 비교할 수 있는 호주 레드 와인을 생산할 것을 결정하였다. 고급 범주에 속하는 새로운 상업 와인의 개발은 품질과 원재료의 유용성, 표준의 유지 및 공급의 연속성 등의 조건이 부합해야 했다. 맥스 슈베르트는 충분히 공급이 가능한 쉬라즈(Shiraz) 품종을 선택하고 올바른 생산절차와 함께 지역 특성과 포도원을 결합시켜 선택에 충분히 주의를 기울인다면 그가 원하는 와인의 유형과 종류를 잘 만들 수 있다고 생각하였다. 그리고 필요시에는 향과 특성을 향상 시키기 위한 균형 요소로서 바로싸 밸리(Barossa Valley)에서 수확한 카베르네 소비뇽(Cabernet Sauvignon)과 말벡(Malbec) 등을 블렌딩 해야 한다고 생각했다.

1951년 빈티지를 시작으로 첫 상업용 그랜지 에르미타주(Grange Hermitage)는 1952년 빈티지로 1955년 출하하였지만 경영진의 혹평을 받으며 생산 중단 명령을 받게 된다. 하지만 1960년 빈티지와 함께 공식적 생산을 다시 시작할 때까지 그는 비밀리에 와인을 계속 만들었다. 1955년 빈티지의 펜폴즈 그랜지는 와인의 진정한 맛은 시간과 함께 탄닌이 부드러워지고 전체적인 맛에 깊이와 세련미가 더해짐에 있다는 것을 증명했다. 1962년 시드니 대회에서 금메달 수상을 시작으로 펜폴즈 그랜지 와인은 1970년대까지 금메달 50개 이상을 수상하였다. 1984년 맥스 슈베르트는 와인 산업에의 그의 헌신으로 Member of the Order of Australia가 되었고 1988년에는 디캔터 올해의 인물(Men of the year)로 선정되며 국제적인 인정을 받았다. 펜폴즈 그랜지는 2001년 호주 사우스 오스트레일리아(South Australia) 주정부로부터 호주의 국가문화유산으로 지정받게 되고 오늘날 호주를 대표하는 프리미엄 와인이 되었다.

03 호주 쿠나와라(Coonawara) 지역의 테루아(Terroir), 주품종, 포도 재배의 주요 위험 요소를 기술하고 주요 와이너리를 3개 이상 쓰시오.

쿠나와라는 사우스 오스트레일리아(South Australia)에 위치하여 기후가 비교적 온화한 지역으로 카베르네 소비뇽(Cabernet Sauvignon) 재배에 이상적이다. 또한 '테라 로싸(Terra Rossa)'로 불리우는 석회암이 혼합된 붉은색의 구멍이 많은 토양으로 구성되어 견고한 카베르네 소비뇽 와인 생산에 적합하다. 봄철의 서리와 수확철의 비 등의 포도 재배 위험 요소가 있다. 주요 와이너리로는 발네이브스(Balnaves), 보웬(Bowen), 홀릭(Hollick), 카트눅(Katnook), 레콘필드(Leconfield), 페탈루마(Petaluma), 마젤라(Majella), 파커(Parker), 펜리(Penley), 라이밀(Rymill), 제마(Zema) 등이 있다.

06 뉴질랜드

01 뉴질랜드에서 가장 많이 재배하는 품종은 소비뇽 블랑(Sauvignon Blanc)이다.

▪ ○

뉴질랜드 전체 재배 면적 중 소비뇽 블랑 품종이 약 70%를 차지한다.

02 뉴질랜드에서는 고급 와인의 이미지 형성을 위해 대다수 생산자들이 스크류캡보다 코르크 마개 사용을 선호한다.

▪ X

2000년대 이래 뉴질랜드 와인 생산자들은 지속적으로 스크류캡을 사용했으며, 현재 95% 이상의 뉴질랜드 와인에 스크류캡을 사용하고 있다.

03 뉴질랜드에서 가장 많이 재배하는 품종은 소비뇽 블랑(Sauvignon Blanc)이며, 두 번째로 많이 재배하는 품종은 피노 누아(Pinot Noir)다.

▪ ○

2020년 기준, 뉴질랜드에서 가장 많이 재배하는 품종은 소비뇽 블랑(약 25,000ha)이며, 다음은 피노 누아(약 5,600ha), 샤르도네(Chardonnay, 약 3,200ha) 순이다.

04 1819년 뉴질랜드 북섬의 오클랜드(Auckland) 지역에 유럽의 포도 묘목이 처음 식재되었으며, 남섬의 말보로(Marlborough) 지역에서는 소비뇽 블랑(Sauvignon Blanc) 품종이 재배되기 시작하였다.

▪ X

뉴질랜드 남섬의 말보로 지역에서 소비뇽 블랑 품종을 재배한 것은 1970년대 이후이다.

05 뉴질랜드 남섬의 센트럴 오타고(Central Otago) 지역에서 가장 널리 재배하는 주요 적포도 품종과 청포도 품종은 피노 누아(Pinot Noir)와 샤르도네(Chardonnay)이다.

■ X

2021년 기준, 센트럴 오타고 지역의 전체 포도 재배 면적 중 가장 넓은 면적을 차지하는 품종은 피노 누아(1,555ha)이며, 다음은 피노 그리(Pinot Gris)이다.

06 뉴질랜드에 현존하는 가장 오래된 포도원은 1851년 북섬의 오클랜드(Auckland) 지역에 조성된 미션 에스테이트 와이너리(Mission Estate Winery)이다.

■ X

1851년에 혹스 베이(Hawke's Bay) 지역에 설립된 미션 에스테이트 와이너리는 뉴질랜드에서 가장 오랜 역사를 가진 생산자로 현재까지 운영 중이다.

07 뉴질랜드 마틴보로(Martinborough) 지역은 자갈과 모래가 섞인 점토가 주를 이루며, 센트럴 오타고(Central Otago) 지역은 편암과 자갈, 모래가 섞인 충적토로 이루어져 있다.

■ ○

마틴보로와 센트럴 오타고 지역은 토양의 구성은 서로 다르지만 특색 있는 고품질 피노 누아(Pinot Noir) 와인을 생산하는 대표 지역이다.

08 뉴질랜드 와인은 2006년에 도입된 지리적표시(Geographical Indication, GI)에 따라 2007년 빈티지부터 라벨에 빈티지를 표기할 경우 해당 빈티지에 생산한 포도를 최소 75% 사용해야 한다.

■ X

GI 규정에 따라 품종, 빈티지, 원산지를 와인의 라벨에 표기하기 위해서는 해당 항목별로 최소 85%의 포도를 사용하여 양조해야 한다.

09 뉴질랜드에 최초로 양조용 포도나무를 식재한 사람은 영국인 선교사 사무엘 마스덴(Samuel Marsden)이다.

■ ○

1819년 영국인 선교사 사무엘 마스덴이 뉴질랜드 북섬의 케리케리(Kerikeri) 지역에 처음으로 양조용 포도를 식재한 것으로 알려져 있다.

10 뉴질랜드는 와인 산업에 지속가능성 프로그램을 도입한 최초의 국가로 1995년 '뉴질랜드 지속가능한 포도재배(Sustainable Winegrowing New Zealand™)' 프로그램이 상업적인 와인 생산 영역 전체에 적용되었으며, 현재 프로그램에 의해 인증된 포도원이 90% 이상을 차지한다.

2021년 기준, 뉴질랜드의 96%의 포도원이 '뉴질랜드 지속가능한 포도재배' 프로그램 인증을 통해 운영되며, 뉴질랜드 유기농 포도재배자(Organic Winegrowers New Zealand) 기구를 통해 유기농 인증을 획득한 생산자도 약 10%를 차지한다.

11 1970년대 뉴질랜드에서 소비뇽 블랑(Sauvignon Blanc) 품종을 상업적인 규모로 처음 생산한 곳은 오클랜드(Auckland)의 마투아 밸리(Matua Valley) 와이너리다.

뉴질랜드 소비뇽 블랑은 1974년 오클랜드 스완슨(Swanson)에 위치한 마투아 밸리 와이너리 부지에서 최초로 판매 가능한 수량이 생산되었다.

12 뉴질랜드의 소비뇽 블랑(Sauvignon Blanc) 와인 스타일이 대중적인 인기와 명성을 갖게 된 것은 몬타나(Montana) 와이너리가 말보로(Marlborough) 지역에서 소비뇽 블랑을 재배한 이후이다.

몬타나 와이너리는 말보로에서 소비뇽 블랑 와인을 생산하면서 1980년대 중반까지 뉴질랜드의 소비뇽 블랑 스타일로 명성을 얻었다.

13 1978년 와이헤케(Waiheke) 섬에 처음으로 포도나무를 심은 사람은 골드워터 골디(Goldwater Goldie)이다.

14 뉴질랜드는 2001년 스크류캡 이니셔티브(Screwcap Initiative)를 도입하였으며, 현재 생산하는 와인병에 스크류캡을 90% 이상 사용한다.

01 뉴질랜드 남섬에 위치한 소비뇽 블랑(Sauvignon Blanc) 품종의 와인 산지는 어디인가?
① 오클랜드(Auckland) ② 기스본(Gisborne)
③ 혹스 베이(Hawke's Bay) ④ 말보로(Marlborough)

▪ ④

말보로는 남섬에 위치한 소비뇽 블랑 품종의 주요 산지로 전체 생산량의 약 88%를 차지한다.

02 뉴질랜드의 대표 와인 생산자가 아닌 것은 무엇인가?
① 클라우디 베이(Cloudy Bay) ② 몬타나(Montana)
③ 킴 크로포드(Kim Crawford) ④ 옐로우 테일(Yellow Tail)

▪ ④

옐로우 테일은 호주의 와인 생산자다.

03 뉴질랜드 와인 산지에 대한 설명으로 올바르지 않은 것은 무엇인가?
① 강한 햇빛과 서늘한 해풍의 영향을 받는 지중해성 기후이다.
② 북섬의 기온은 온난하지만 강우량이 많고 습한 편이다.
③ 남섬은 비교적 서늘하지만 일조 시간이 길고 강우량이 적어 건조한 편이다.
④ 남섬은 뉴질랜드 전체 포도원 면적의 약 82%를 차지한다.

▪ ①

뉴질랜드는 해양성 기후대에 속한다.

04 뉴질랜드 북섬에 위치한 와인 산지가 아닌 곳은 어디인가?
① 넬슨(Nelson) ② 와이라라파(Wairarapa)
③ 혹스 베이(Hawke's Bay) ④ 기스본(Gisborne)

▪ ①

넬슨은 뉴질랜드 남섬에 위치한 와인 산지다.

05 뉴질랜드에서 포도 재배 면적이 가장 넓은 산지는 어디인가?
　① 기스본(Gisborne)　　② 혹스 베이(Hawke's Bay)
　③ 말보로(Marlborough)　　④ 센트럴 오타고(Central Otago)

■ ③

2020년 기준, 뉴질랜드에서 포도 재배 면적이 가장 넓은 산지는 말보로(약 27,800ha)이며, 혹스 베이(약 5,030ha), 센트럴 오타고(약 1,900ha) 순이다.

06 다음 라벨의 와인과 잘 어울리지 않는 페어링 음식은 무엇인가?

　① 그린 샐러드　　② 양갈비 스테이크
　③ 그린 홍합찜　　④ 염소젖 치즈

■ ②

소비뇽 블랑(Sauvignon Blanc)의 풋풋하고 신선한 과일과 식물적인 향미가 신선한 채소, 각종 해산물과 좋은 조화를 이루며, 비릿한 풍미를 지닌 염소젖 치즈와도 전통적인 조합으로 알려져 있다.

07 최근 뉴질랜드 와인 생산 경향에 관한 설명으로 올바르지 않은 것은 무엇인가?
　① 스크류캡 사용
　② 프랑스 보르도(Bordeaux) 적포도 품종의 재배 면적 증가
　③ 캐노피 관리(Canopy Management)
　④ 지속가능한 농법(Sustainable Agriculture) 도입

■ ②

2012~2021년 사이 카베르네 소비뇽(Cabernet Sauvignon), 메를로(Merlot), 카베르네 프랑(Cabernet Franc), 말벡(Malbec) 등 보르도 적포도 품종의 재배 면적은 감소 추세를 나타낸다.

08 뉴질랜드 남섬에 위치한 와인 산지와 주품종의 연결이 올바르지 않은 것은 무엇인가?
① 말보로(Marlborough) – 소비뇽 블랑(Sauvignon Blanc)
② 넬슨(Nelson) – 소비뇽 블랑(Sauvignon Blanc)
③ 와이파라(Waipara) – 피노 누아(Pinot Noir)
④ 센트럴 오타고(Central Otago) – 메를로(Merlot)

■ ④

센트럴 오타고는 뉴질랜드에서 두 번째로 피노 누아 품종을 많이 재배하는 주요 산지다.

09 뉴질랜드 북섬에 위치한 와인 산지와 주품종의 연결이 올바르지 않은 것은 무엇인가?
① 오클랜드(Auckland) – 피노 그리(Pinot Gris)
② 기스본(Gisborne) – 샤르도네(Chardonnay)
③ 혹스 베이(Hawke's Bay) – 소비뇽 블랑(Sauvignon Blanc)
④ 와이라라파(Wairarapa) – 피노 누아(Pinot Noir)

■ ①

오클랜드에서는 카베르네 소비뇽(Cabernet Sauvignon), 메를로(Merlot), 카베르네 프랑(Cabernet Franc) 등의 품종을 주로 재배하며 보르도(Bordeaux) 스타일의 레드 와인을 생산하고, 샤르도네 품종으로 화이트 와인을 생산한다.

10 1970년대 뉴질랜드 말보로(Marlborough) 지역에 소비뇽 블랑(Sauvignon Blanc) 포도나무를 식재한 초창기 생산자로서 상업적 성공과 인지도를 얻게 된 와이너리는 어디인가?
① 마투아 밸리(Matua Valley)
② 몬타나(Montana)
③ 킴 크로포드(Kim Crawford)
④ 실레니(Sileni)

■ ②

1970년대 몬타나 와이너리(현재 브랑콧 에스테이트, Brancott Estate)가 말보로 지역에 소비뇽 블랑 품종을 심으면서 뉴질랜드의 소비뇽 블랑 와인은 인지도와 상업성을 갖게 되었다.

11 뉴질랜드 혹스 베이(Hawke's Bay)에 관한 설명으로 올바르지 않은 것은 무엇인가?
① 뉴질랜드에서 두 번째로 넓은 재배 면적을 가진 와인 산지다.
② 재배 비중이 가장 높은 포도 품종은 샤르도네(Chardonnay)다.
③ 가을비, 서리, 곰팡이 감염으로 인한 질병 등이 포도 재배의 위험 요소다.
④ 미션 에스테이트(Mission Estate), 브룩필즈 빈야즈(Brookfields Vineyards), 처치 로드 와인즈(Church Road Wines) 등이 대표적인 와인 생산자다.

■ ②

혹스 베이에서 가장 많이 재배되는 포도 품종은 소비뇽 블랑(Sauvignon Blanc)이며, 다음은 샤르도네, 메를로(Merlot) 순이다.

12 뉴질랜드에서 피노 누아(Pinot Noir) 품종의 재배 면적이 가장 넓은 산지는 어디인가?
① 혹스 베이(Hawke's Bay)   ② 와이라라파(Wairarapa)
③ 말보로(Marlborough)   ④ 센트럴 오타고(Central Otago)

■ ③

2020년 기준, 뉴질랜드에서 피노 누아 재배 면적이 가장 넓은 산지는 말보로(약 2,700ha)이며, 센트럴 오타고(약 1,600ha), 와이라라파(약 530ha) 순이다.

13 뉴질랜드 와인 생산자 중 지리적표시(Geographical Indications, GI)가 나머지와 다른 하나는 무엇인가?
① 킴 크로포드(Kim Crawford)   ② 마투아(Matua)
③ 펠튼 로드(Felton Road)   ④ 클로 앙리(Clos Henri)

■ ③

펠튼 로드는 센트럴 오타고(Central Otago) 지역에 위치하며, 나머지는 모두 말보로(Marlborough) 지역의 와인 생산자다.

14 2016년 기준 뉴질랜드의 지리적표시(Geographical Indications, GI)에 의한 분류에서 북섬에 속한 명칭이 아닌 것은 무엇인가?
① 쿠무(Kumeu)   ② 와이타키 밸리(Waitaki Valley)
③ 마타카나(Matakana)   ④ 와이헤케 아일랜드(Waiheke Island)

■ ②

뉴질랜드의 지리적표시(GI)는 2006년에 제정되어 2007년 시행되었으며, 2016년에 수정 법안이 통과되면서 총 18개의 지역이 등록되었다. 와이타키 밸리는 남섬의 노스 오타고(North Otago)에 위치한 GI이며, 나머지는 모두 북섬에 속한 GI이다.

15 뉴질랜드 센트럴 오타고(Central Otago)의 최북단 와나카(Wanaka) 지역에 위치한 와이너리가 아닌 것은 무엇인가?
① 리폰(Rippon)　　　　　　　② 펠튼 로드(Felton Road)
③ 아키투(Akitu)　　　　　　　④ 모드 와인즈(Maude Wines)

▪ ②

펠튼 로드는 와나카 지역이 아닌 밴녹번(Bannockburn) 지역에 위치한 대표적인 와인 생산자다.

01 세계적인 명성의 소비뇽 블랑(Sauvignon Blanc) 와인으로 알려졌으며, 뉴질랜드 남섬에 위치한 최대 와인 산지는 어디인가?

▪ 말보로(Marlborough)

말보로 지역은 1980년대부터 본격적으로 뉴질랜드 소비뇽 블랑 와인의 명성을 이끌며, 현재 소비뇽 블랑 품종 전체 생산량의 약 88%를 차지하는 대표 와인 산지다.

02 1985년 데이비드 호넨(David Hohnen)과 케빈 쥬드(Kevin Judd)가 설립한 곳으로 말보로(Marlborough)의 소비뇽 블랑(Sauvignon Blanc) 품종의 새로운 가능성을 보여주며, 뉴질랜드 소비뇽 블랑의 세계적인 명성을 이끌었던 와이너리의 이름은 무엇인가?

▪ 클라우디 베이(Cloudy Bay)

호주 케이프 멘텔(Cape Mentelle)의 창립자 데이비드 호넨과 양조자 케빈 쥬드가 1985년 뉴질랜드 말보로 지역에 설립한 클라우디 베이에서 생산한 신선한 매력의 소비뇽 블랑 와인이 세계적인 찬사를 받으며 뉴질랜드를 대표하는 와인으로 자리매김하였다.

03

1980년 말콤 아벨(Malcom Abel)이 도멘 드 라 로마네 콩티(Domain de la Romanée-Conti)에서 들여온 포도 묘목을 뉴질랜드 마틴보로(Martinborough) 지역의 자갈이 많은 포도원에 식재하여 생산한 와인으로 IWSC(International Wine & Spirit Competition)를 비롯한 각종 대회에서 수상하며, 뉴질랜드 피노 누아(Pinot Noir) 와인의 잠재력을 보여주었던 와이너리의 이름은 무엇인가?

■ 아타 랑기(Ata Rangi)

1980년에 설립된 마틴보로 지역의 대표 생산자로 아타 랑기가 생산한 1999년 빈티지 피노 누아 와인이 영국의 IWSC에서 세계 최고의 피노 누아로 선정되면서 뉴질랜드 피노 누아 와인의 우수한 품질을 인정받았다.

04

지도에 제시된 세부 산지들을 포함하는 뉴질랜드 와인 산지의 명칭은 무엇인가?

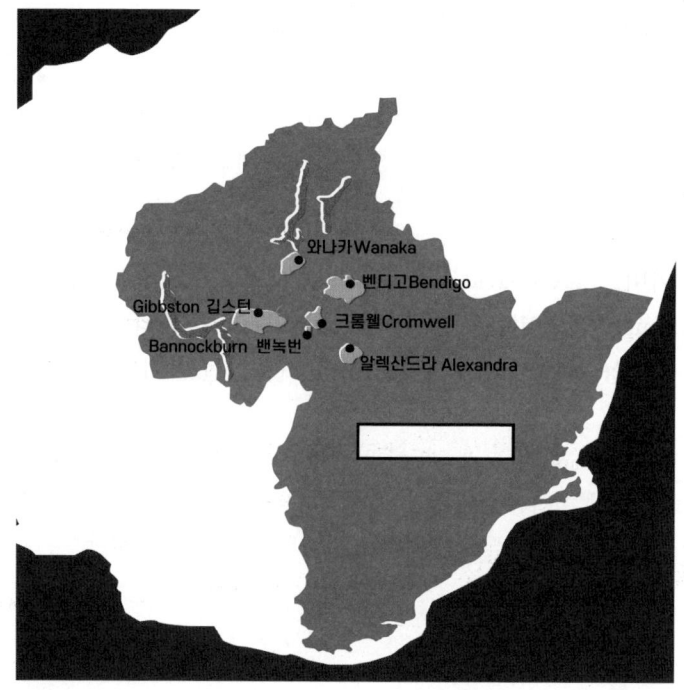

■ 센트럴 오타고(Central Otago)

뉴질랜드 남단에 위치한 센트럴 오타고 지역은 밴녹번(Bannockburn), 깁슨(Gibbston), 벤디고(Bendigo) 등의 세부 산지에서 고품질 피노 누아(Pinot Noir) 와인을 생산한다.

05 1998년 뉴질랜드 혹스 베이(Hawke's Bay)에 테리 피바디(Terry Peabody)가 설립하였으며, 2006년에는 와인 스펙테이터(Wine Spectator) 잡지에서 TOP 100 와인 중 96위로 선정한 와인을 생산한 와이너리의 명칭은 무엇인가?

■ 크래기 레인지(Craggy Range)

크래기 레인지는 1998년 혹스 베이 지역에 처음 설립된 가족경영 와이너리로, 10여 년간 전세계 와인 산지를 조사한 후, 뉴질랜드에 정착하였다. 마스터 오브 와인(Master of Wine, MW) 스티브 스미스(Steve Smith)가 포도 재배 및 관리 책임자로 합류하면서 뉴질랜드의 각 산지별 특성에 따라 적절한 포도 품종을 선별하여 재배하였다. 1999년 첫 빈티지의 와인을 생산한 이래 뉴질랜드의 테루아(Terroir)를 우아하게 표현한 품질 와인으로 세계적인 명성을 얻었다.

07 남아프리카공화국

01 남아프리카공화국에서 가장 많이 재배하는 품종은 피노타주(Pinotage)다.

▪ X

2020년 통계 기준, 남아프리카공화국에서 가장 많이 재배되는 포도 품종은 슈냉 블랑(Chenin Blanc)이며, 피노타주는 남아프리카공화국에서 개발한 교배종으로 재배 면적은 전체 생산량 중 약 7%를 차지한다.

02 남아프리카공화국의 스텔렌보쉬(Stellenbosch), 팔(Paarl), 엘진(Elgin)은 건조한 지중해성 기후의 코스탈 지역(Coastal region)에 속한 대표 와인 산지다.

▪ X

엘진은 바다에 인접한 서늘한 지중해성 기후의 오버베르그(Overberg) 지역에 속한 와인 산지다.

03 남아프리카공화국에서 스파클링 와인 양조에 사용하는 기법인 메소드 캡 클라시크(Method Cap Classique)는 병입 2차 발효를 거치는 전통 방식(Traditional Method)을 지칭하는 용어이다.

▪ ○

남아프리카공화국에서 병입 2차 발효를 거치는 방식을 '메소드 캡 클라시크'라고 지칭한다. 소비뇽 블랑(Sauvignon Blanc)과 슈냉 블랑(Chenin Blanc) 품종을 스파클링 와인 양조에 주로 사용하였으나, 최근 샹파뉴의 주품종인 샤르도네(Chardonnay), 피노 누아(Pinot Noir), 피노 뫼니에(Pinot Meunier)의 블렌딩이 증가하는 추세다.

04 1973년에 도입된 남아프리카공화국의 원산지와인(Wine of Origin, WO) 규정에 의하면, 원산지 명칭을 와인 라벨에 표기하기 위해서는 해당 지역에서 재배한 포도를 85% 이상 사용해야 한다.

■ ○

1973년에 제정된 원산지와인(WO) 규정은 와인 산지를 지역(Region), 구역(District), 구(Ward)로 분류한다. 규정에 따르면 라벨에 관련 정보를 기재하기 위해서는 품종 및 빈티지는 해당 품종과 해당 연도에 수확한 포도를 85% 이상, 지역 명칭은 해당 지역에서 재배한 포도를 100% 사용해야 한다.

01 남아프리카공화국에서 가장 많이 재배하는 청포도 품종이며, 프랑스 루아르(Loire) 원산으로 알려져 있는 포도 품종은 무엇인가?
① 샤르도네(Chardonnay)　　② 소비뇽 블랑(Sauvignon Blanc)
③ 슈냉 블랑(Chenin Blanc)　　④ 뮈스카데(Muscadet)

■ ③

슈냉 블랑은 2020년 통계 기준, 남아프리카공화국의 전체 포도 재배 면적 중 약 19%를 차지하며 가장 많이 재배되는 포도 품종이다.

02 남아프리카공화국의 와인 생산자가 아닌 것은 무엇인가?
① 니더버그(Nederburg)
② 빌라 마리아(Villa Maria)
③ 페어뷰(Fairview)
④ 클라인 콘스탄시아(Klein Constantia)

■ ②

빌라 마리아는 뉴질랜드의 와인 생산자이다. 나머지는 남아프리카공화국의 와인 생산자들로 페어뷰와 니더버그는 웨스턴 케이프(Western Cape)의 팔(Paarl) 지역, 클라인 콘스탄시아는 콘스탄시아(Constantia) 지역에 위치한다.

03 남아프리카공화국 와인 산지와 그에 관한 설명으로 올바르지 않은 것은 무엇인가?

① 스텔렌보쉬(Stellenbosch) – 전체 생산량의 약 15%를 차지하며, 최상급 양조장들이 밀집한 고품질 레드 와인 산지다.
② 팔(Paal) – 전통적인 레드 와인 산지로 1918년에 설립된 KWV의 본부가 위치한다.
③ 콘스탄시아(Constantia) – 과거 스위트 와인 명산지에서 최근 드라이한 화이트 와인 산지로 변모하고 있다.
④ 엘진(Elgin) – 전체 생산량의 약 45%를 차지하며 벌크 와인, 주정강화 와인, 브랜디를 주로 생산한다.

■ ④

엘진은 서늘한 지중해성 기후의 오버베르그(Overberg) 지역에 속하며 섬세하며 균형감이 뛰어난 와인을 생산하는 와인 산지다.

04 1655년 동인도회사의 총독이었던 얀 반 리벡(Jan van Riebeeck)이 남아프리카공화국 케이프(Cape) 지역에 포도밭을 조성하면서 와인 생산을 위한 포도 재배가 시작된 것으로 알려져 있는데, 당시 식재한 포도 품종이 아닌 것은 무엇인가?

① 샤르도네(Chardonnay)
② 세미용(Sémillon)
③ 슈냉 블랑(Chenin Blanc)
④ 팔로미노(Palomino)

■ ①

기록에 따르면 1655년 동인도회사의 총독이었던 얀 반 리벡이 케이프 지역에 포도원을 조성하였고 Groendruif(Sémillon), Fransdruif(Palomino), Steen(Chenin blanc) 품종의 묘목을 처음 식재한 것으로 알려져 있다.

단답형

01 남아프리카공화국의 대표 청포도 품종으로 현지에서는 '스틴(Steen)'으로도 불리는 품종의 명칭은 무엇인가?

■ 슈냉 블랑(Chenin blanc)

케이프(Cape) 지역에 최초로 식재된 포도 품종 중 하나로 오랫동안 '스틴'으로 불리다가 1963년에 슈냉 블랑 품종으로 공식 확인되었다.

02 1925년 남아프리카공화국에서 개발한 피노타주(Pinotage) 품종의 교배에 사용된 두 가지 포도 품종의 명칭을 각각 적으시오.

■ 피노 누아(Pinot Noir), 생소(Cinsault)

피노타주는 피노 누아와 생소 품종의 교배를 통해 탄생한 남아프리카공화국의 대표 품종이다.

03 남아프리카공화국에서 피노타주(Pinotage) 품종과 카베르네 소비뇽(Cabernet Sauvignon), 메를로(Merlot), 쉬라즈(Shiraz) 등 국제 품종의 블렌딩을 통해 와인의 개성과 품질을 높이고, 피노타주 품종의 잠재력을 세계적으로 인정받는 계기를 마련한 와인 블렌드의 명칭은 무엇인가?

■ 케이프 블렌드(Cape Blend)

베이어스클루프(Beyerskloof) 와이너리에 의해 세계적인 인지도를 얻게 된 케이프 블렌드는 법적으로 요구되는 엄격한 규정은 없지만, 일반적으로 피노타주 품종 30~70% 정도에 카베르네 소비뇽, 메를로, 쉬라즈 등 다양한 국제 품종을 블렌딩한다.

04 남아프리카공화국 콘스탄시아(Constantia) 지역에서 생산되는 스위트 와인으로 18~19세기 유럽에서 명성을 얻었던 와인의 명칭은 무엇인가?

■ 뱅 드 콘스탄스(Vin de Constance)

현재는 생산 규모가 다소 감소하였지만, 18~19세기 유럽의 왕족과 귀족에게 찬사를 받았던 고급 스위트 와인이다.

01 남아프리카공화국의 원산지와인(Wine of Origin, WO) 규정에 대해 간략히 서술하시오.

1973년에 제정된 원산지와인(WO) 규정은 와인 산지를 지역(Region), 구역(District), 구(Ward)로 분류한다. 규정에 따르면 라벨에 관련 정보를 기재하기 위해서는 품종 및 빈티지는 해당 품종과 해당 연도에 수확한 포도를 85% 이상, 지역 명칭은 해당 지역에서 재배한 포도를 100% 사용해야 한다.

02 남아프리카공화국의 테루아(Terroir)에 대해 간략히 서술하시오.

아프리카 대륙의 최남단에 위치한 남아프리카공화국의 내륙은 고온과 연 강우량 200~400mm 정도로 건조하여 척박한 자연환경이지만, 품질 와인 산지가 대부분 분포한 해안 지역은 벵겔라(Benguela) 한류의 영향으로 지중해성 기후의 특성을 보인다. 여름은 비교적 서늘하고 겨울은 온난한 편이며, 연 강우량 약 1,000mm로 다소 많은 편이다. 산과 계곡의 낮은 경사지에 포도원이 위치하지만, 품질 와인을 생산하기 위해서는 해발 500~600m 고도의 가파른 경사지에 입지하는 것이 유리하다. 토양의 경우 화강암, 자갈, 모래, 충적토, 편암 등이 다양하게 혼재되어 있다.

08 아시아

01 한국와인 양조에 사용하는 주품종으로는 청포도 품종의 세이벨(Seibel), 청수, 적포도 품종의 캠벨 얼리(Campbell Early), 거봉 등이 있다.

▪ ○

한국와인 양조에 사용하는 주요 청포도 품종은 세이벨, 청수 등이 있으며 적포도 품종은 캠벨 얼리와 머스캣 베일리 에이(Muscat Bailey A, MBA), 거봉 등이 있다.

02 한국에 처음 포도주가 소개된 것은 고려 충렬왕 11년(1285년)으로 원나라 황제가 고려 왕에게 포도주를 보냈다는 기록이 있다.

▪ ○

03 한국 최초의 국산 와인은 1969년 주식회사 파라다이스가 포도를 원료로 생산한 '파라다이스' 와인이다.

▪ X

최초의 국산와인은 1969년에 사과로 생산한 파라다이스 와인이다.

04 한국에서 재배한 포도로 생산한 두산주류의 마주앙은 1977년 로마의 교황청으로부터 승인을 받아 아시아 국가 가운데 최초로 천주교 미사주로 봉헌되었다.

▪ ○

05 일본에서는 1186년 야마나시현(山梨県)의 아메미야 카게유(雨宮勘解由)가 야생 포도를 처음 발견하여 재배하였다는 설이 있다.

◾ ○

06 토착 포도 품종이 없는 중국은 일찍이 서양과 교류를 통하여 국제 포도 품종을 육성하였다.

◾ X

중국에는 다양한 토착 포도 품종들이 있다.

07 일본에서 와인 양조용 포도로 가장 많이 사용되는 적포도 품종은 콩코드(Concord)이다.

◾ X

일본 국세청 통계자료에 의하면, 2022년 기준 일본에서 와인 양조용 포도로 가장 많이 사용되는 순서로는, 적포도 품종은 머스캣 베일리 에이(Muscat Bailey A, MBA), 콩코드, 메를로(Merlot), 캠벨 얼리(Campbell Early) 순이며, 청포도 품종은 고슈(甲州), 나이아가라(Niagara), 델라웨어(Delaware), 샤르도네(Chardonnay) 순이다.

08 일본의 홋카이도(北海道)는 독일과 유사한 한랭한 기후대로 주요 포도 품종으로는 케르너(Kerner), 뮐러 투르가우(Müller-Thurgau)가 유명하다.

◾ ○

09 캠벨 얼리(Campbell Early)는 미국에서 개발된 품종으로 현재 한국에서 많이 재배되는 포도 품종이다.

◾ ○

10 일본의 와인 생산에 관한 규정에서는 보당을 절대 허용하지 않는다.

◾ X

일본은 각 현(県)마다 독립적인 규정을 적용하고 있는데 일반적으로 보당을 허용하고 있다.

11 고슈(甲州) 품종은 일본 고유의 포도 품종으로 2010년 6월 일본의 와인 양조용 포도로써 국제와인기구인 OIV(International Organisation of Vine and Wine)에 정식 등록되었다.

■○

고슈 품종은 2010년 6월에, 머스캣 베일리 에이(Muscat Bailey A, MBA) 품종은 2013년 10월에, 야마사치(山幸) 품종은 2020년 11월에 국제와인기구인 OIV에 등록되었다.

12 1877년, 일본 야마나시현(山梨県)의 츠치야 타츠노리(土屋龍憲)와 타카노 마사나리(高野正誠)는 프랑스 보르도(Bordeaux)에서 양조를 배운 후 대일본 야마나시 포도주 회사(大日本山梨葡萄酒会社)에서 본격적으로 와인 양조를 시작하였다.

■○

13 우즈베키스탄 소그디아나(Sogdiana)의 와인 산지인 타슈켄트(Tashkent)에는 130년 역사를 가진 호브렌코(Khovrenko) 와이너리가 위치한다.

■X

호브렌코 와이너리가 위치한 와인 산지는 타슈켄트(Tashkent)가 아닌 사마르칸트(Samarkand)이다.

14 우즈베키스탄 사마르칸트(Samarkand)에서는 토착 포도 품종인 굴랴칸도스(Gulyakandoz), 쉬린(Shirin), 카베르네 리커노(Kabernet likernoe) 등을 사용하여 다양한 종류의 디저트 와인을 생산한다.

■○

15 카자흐스탄 아싸 밸리(Assa Valley)의 포도밭은 해발 1,000m 이상의 고도에 위치하여 일교차가 매우 크며, 토양은 화강암, 모래 등으로 구성되어 있다.

■○

16 조선시대 문헌인 「양주방(釀酒方)」에 기록된 포도주 양조법에 따르면 포도를 발효시켜 양조하는 현재의 와인 양조법과 비슷하다.

■X

「양주방(釀酒方)」에 기록된 포도주 양조법은 누룩, 밥, 포도즙을 혼합하여 발효하는 방식이다.

17 일본의 츠치야 타츠노리(土屋龍憲)는 미국종인 베일리(Bailey)와 유럽종인 뮈스카 함부르크(Muscat Hamburg)를 교배하여 머스캣 베일리 에이(Muscat Bailey A, MBA) 품종을 육종하였다.

■ X

머스캣 베일리 에이는 가와카미 젠베에(川上善兵衛)에 의해 개량된 품종이다.

18 일본에서 뮈스카 오브 알렉산드리아(Muscat of Alexandria)와 고슈 산자쿠(甲州三尺)를 교배시켜 만든 포도 품종은 네오 뮈스카(Neo Muscat)다.

■ ○

19 일본의 주요 와인 산지인 야마나시현(山梨県)의 토양은 화강암, 안산암의 풍화로 형성된 부식토 및 모래토양으로 배수가 잘 되는 특징이 있다.

■ ○

20 중국 닝샤(Ningxia) 산지의 최초 와이너리는 위췐(Yuquan) 와이너리이다.

■ ○

위췐 와이너리는 황양탄(huangyangtan) 지역에 1984년 설립되었고, 약 3,000모(1모=666.67m²)의 포도밭에서 연간 약 4,000톤의 와인을 생산하는 현대화된 양조장이다.

21 중국에 최초로 와인을 수출한 국가는 프랑스다.

■ ○

22 중국에서 포도 재배 면적이 가장 넓은 와인 산지는 닝샤(Ningxia) 산지이다.

■ X

신장(Xinjiang) 산지가 1위로 면적은 36,700ha이고, 2위는 닝샤 산지로 34,000ha이다.

선택형

01 포도를 원료로 양조한 한국와인의 생산량이 가장 많은 지역은 어디인가?
① 경기도 ② 전라북도
③ 경상북도 ④ 충청북도

■ ④

충청북도가 전국 생산량의 약 40%를 차지하며 대표 와인 산지로 영동이 있다.

02 우리나라 농촌진흥청에서 세이벨(Seibel) 9110과 힘로드 시들리스(Himrod Seedless)를 교배한 포도 품종으로 대부도, 안동, 영천 등지에서 주로 재배하며, 한국을 대표하는 청포도 품종은 무엇인가?
① 두누리 ② 청포랑
③ 세이벨 ④ 청수

■ ④

청수는 1965년 농촌진흥청에서 세이벨 9110과 힘로드 시들리스를 교배하여 1993년 선발 및 등록된 품종으로, 과일향이 풍부하고 산도가 높은 화이트 와인을 생산한다.

03 한국와인 역사에 관한 내용으로 올바르지 않은 것은 무엇인가?
① 1285년 고려 충렬왕 11년에 원나라 황제가 포도주를 보낸 기록이 있다.
② 조선 후기에 저술된 「양주방(釀酒方)」에는 포도주 양조방법이 기술되어 있다.
③ 1901년 앙투안 공베르(Antoine Gombert) 신부가 프랑스에서 포도묘목 30여 종을 처음 가져와 경기도 안성에 재배하여 미사주를 양조하였다.
④ 1894년 프랑스 출신의 르페브르(Lefevre)가 중국 텐진(天津)에서 유럽종의 포도나무를 가져와 서울 용산 신학교에서 재배하였다.

■ ③

우리나라에 포도 묘목을 도입한 사람은 르페브르이며, 앙투안 공베르 신부는 미사주를 위해 1901년 용산 신학교의 포도 묘목 중 머스캣 함부르크(Muscat Hamburg), 블랙 함부르크(Black Hamburg) 품종을 경기도 안성에 심었다고 한다.

04 일본와인에 관한 설명으로 올바르지 않은 것은 무엇인가?

① 718년 나라시대(奈良時代)의 교키(行基) 스님이 대선사(大善寺)를 건립하면서 발견한 포도나무를 재배하기 시작했다는 설이 있다.
② 1549년 선교사 프란시스코 자비에르(Francisco de Xavier)가 가고시마(鹿兒島)에 입항하여 틴타슈(Tintashu)를 헌상한 기록이 있다.
③ 1989년 주세법이 종가세로 개정되면서 와인산업에 획기적인 변화를 가져왔다.
④ 일본의 대표 와인 산지로는 야마나시(山梨), 홋카이도(北海道), 나가노(長野), 야마가타(山形) 등이 있다.

■ ③

일본은 주세법으로 종량세를 취하고 있다.

05 일본와인에 관한 설명으로 올바르지 않은 것은 무엇인가?

① 일본의 대표적인 청포도 품종인 고슈(甲州)는 비티스 비니페라(Vitis vinifera)로 껍질은 핑크색을 띤다.
② 일본와인을 생산하는 와이너리가 가장 많은 지역은 야마나시현(山梨縣)이다.
③ 일본의 홋카이도(北海道)는 독일과 유사한 한랭한 기후대로 주요 포도 품종으로는 케르너(Kerner), 뮐러 투르가우(Müller-Thurgau)가 유명하다.
④ 일본에서 와인 양조용 포도로 가장 많이 사용되는 적포도 품종은 캠벨 얼리(Campbell Early)이다.

■ ④

일본에서 와인 양조용 포도로 가장 많이 사용되는 적포도 품종은 머스캣 베일리 에이(Muscat Bailey A, MBA)이다.

06 중국의 북서부에 위치한 가장 오래되고 가장 넓은 와인 산지로 피노 누아(Pinot Noir), 리슬링(Riesling), 샤르도네(Chardonnay) 포도 품종으로 유명한 곳은 어디인가?

① 허베이(Hebei)   ② 닝샤(Ningxia)
③ 신장(Xinjiang)   ④ 산둥(Shandong)

■ ③

07 다음 지도는 중국의 주요 와인 산지를 표시한 것이다. A와 B에 들어갈 알맞은 와인 산지는 어디인가?

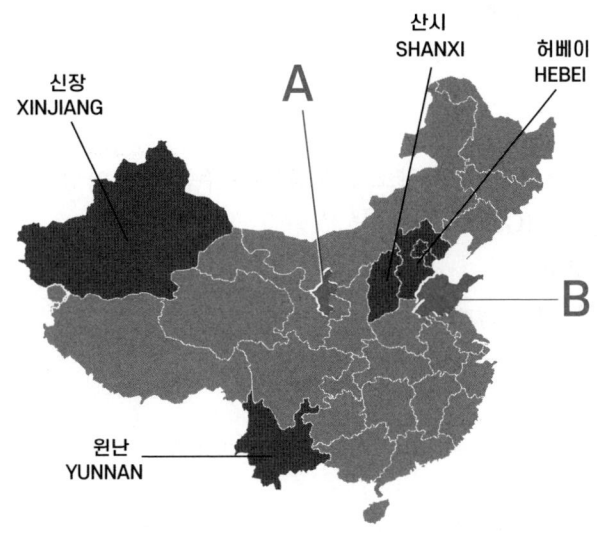

■ A : 닝샤(Ningxia), B : 산둥(Shandong)

08 경기도 안산시 대부도에서 캠벨 얼리(Campbell Early) 품종으로 'M5610' 와인을 생산하는 와이너리는 어디인가?
① 와인코리아
② 그린영농조합
③ 오미로제
④ 안산포도주

■ ②

안산시 대부도에 설립된 그린영농조합은 2000년대 초반부터 와인을 생산하여 2003년 9월 '그랑 꼬또(Grand Coteau)'라는 브랜드의 와인을 출시하였다. 현재 생산되는 와인으로는 M5610, 랑 와인, 청수와인 등이 있다.

09 일본에서 역사가 가장 오래된 와이너리로 1966년 국제와인대회에서 일본와인 최초로 금상을 수상한 와이너리는 어디인가?
① 샤토 메르시앙(Château Mercian)
② 샤토 사카오리(Chateau Sakaori)
③ 만즈 와이너리(Manns Winery)
④ 엑스트라 와이너리(Extra Winery)

■ ①

일본 야마나시현(山梨県)에 위치하고 있는 샤토 메르시앙은 일본 최초의 와이너리로 야마나시현의 유형문화재로도 지정되어 있다. 고슈(甲州) 품종이 이 지역의 주품종이지만 샤토 메르시앙은 고품질의 메를로(Merlot) 와인으로도 유명하다.

10 일본에서 가장 북쪽에 위치한 와인 산지는 어디인가?
① 야마나시현(山梨県) ② 홋카이도(北海道)
③ 나가노현(長野県) ④ 야마가타현(山形県)

■ ②

11 우즈베키스탄에서 와인 양조에 사용되는 주품종이 아닌 것은 무엇인가?
① 굴랴칸도스(Gulyakandoz)
② 쉬린(Shirin)
③ 아씨르티코(Assyrtiko)
④ 카베르네 리커노(Kabernet likernoe)

■ ③

아씨르티코는 그리스 산토리니(Santorini)의 대표 포도 품종이다.

12 우즈베키스탄 와인과 관련있는 두가지 내용으로 짝지어진 것은 무엇인가?
① 사마르칸트(Samarkand) – 메르시앙(Mercian)
② 산토리(Suntory) – 메르시앙(Mercian)
③ 사마르칸트(Samarkand) – 호브렌코(Khovrenko)
④ 산토리(Suntory) – 호브렌코(Khovrenko)

■ ③

13 카자흐스탄 와인에 대한 설명으로 올바르지 않은 것은 무엇인가?
① 1959년 고고학자들이 알마티(Almaty)로부터 20km 떨어진 키프로스(Kipros)에서 와인의 흔적을 찾았다.
② 카자흐스탄 와인 부흥은 '제이눌라 카킴즈하노브(Zeinulla Kakimzhanov)'가 주도하였다.
③ 포도 품종은 리슬링(Riesling), 샤르도네(Chardonnay), 사페라비(Saperavi), 쉬라즈(Shiraz) 등을 재배한다.
④ 텐산(Tian Shan) 산맥에 둘러싸여 해발 2,500m에 위치한 아싸 밸리(Assa valley)는 카자흐스탄의 수도인 아스타나(Astana)의 동쪽에 위치한다.

■ ④

아싸 밸리는 알마티(Almaty)의 동쪽에 위치한다.

14 1995년 국제소믈리에협회(Association de la Sommellerie Internationale, ASI)가 주최한 '세계 베스트 소믈리에 대회(Best Sommelier of the World)'에서 아시아인 최초로 우승한 인물은 누구인가?
① 타니 노부히데(Nobuhide Tani)　　② 사토 유이치(Youichi Sato)
③ 타사키 신야(Shinya Tasaki)　　④ 이시다 히로시(Hiroshi Ishida)

■ ③

타사키 신야는 1995년 일본 도쿄(東京)에서 개최된 국제소믈리에협회 주최의 '세계 베스트 소믈리에 대회'에서 우승하였다.

15 지도 상에 표시된 A 지역의 와인 산지에 위치한 와이너리가 아닌 것은 무엇인가?

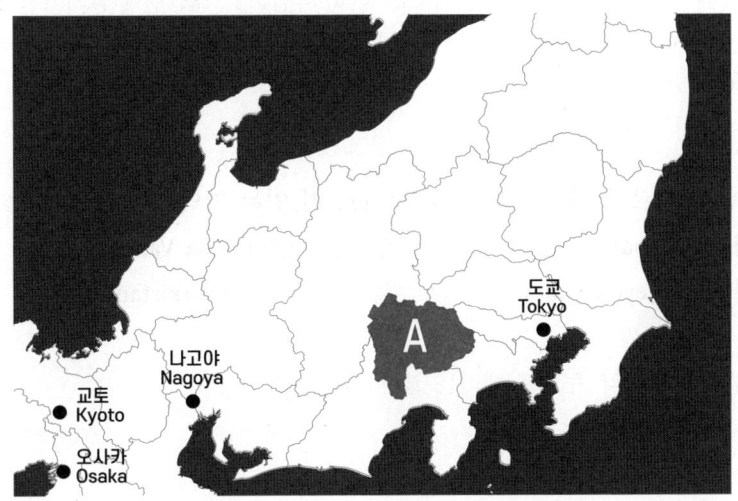

① 샤토 사카오리(Chateau Sakaori)
② 산토리 토미노오카 와이너리(Suntory Tomi no Oka Winery)
③ 샤토 메르시앙(Château Mercian)
④ 타카야시로 와이너리(Takayashiro Winery)

■ ④

지도에 표시된 와인 산지는 야마나시현(山梨県)이며, 타카야시로 와이너리는 나가노현(長野県)에 위치한다.

16 프랑스의 코냑 회사 레미 마르탱(Remy Martin)이 중국에 설립한 중·불 합작회사이며, 화이트 와인으로 유명한 와이너리의 이름은 무엇인가?
① 그레이트 월(Great Wall) ② 다이너스티(Dynasty)
③ 드래곤 실(Dragon Seal) ④ 그레이스(Grace)

■ ②

17 중국 '창청(Changcheng/Great Wall) 와인'의 산지가 아닌 곳은 어디인가?
① 허베이 사청(Hebei Shacheng)   ② 허베이 창리(Hebei Changli)
③ 산둥 펑라이(Shandong Penglai) ④ 산둥 옌타이(Shandong Yantai)

■ ④

산둥성 옌타이 지역의 대표 와인은 '장위(Changyu) 와인'으로 1892년에 말레이시아의 화교인 장비스(Zhang Bishi, 張弼士)가 유럽에서 유학을 마치고 돌아오면서 150그루의 비티스 비니페라(Vitis vinifera) 종을 들여와 재배하면서 시작되었다.

18 카자흐스탄의 아르바 와이너리(Arba Winery)가 있는 지역은 어디인가?
① 아스타나(Astana)   ② 아싸 밸리(Assa Valley)
③ 레이다 밸리(Leyda Valley) ④ 투르키스탄(Turkistan)

■ ②

라펠 밸리, 레이다 밸리, 쿠리코 밸리는 칠레의 와인 산지다.

01 우리나라 농촌진흥청에서 세이벨(Seibel) 9110과 힘로드 시들리스(Himrod Seedless)를 교배한 포도 품종으로 대부도, 안동, 영천 등지에서 주로 재배하며 한국을 대표하는 청포도 품종은 무엇인가?

■ 청수

청수는 1965년 농촌진흥청에서 세이벨 9110과 힘로드 시들리스를 교배하여 1993년 선발 및 등록된 품종으로, 과일향이 풍부하고 산도가 높은 화이트 와인을 생산한다.

02 1987년 대선주조가 경남 함안에서 재배한 샤르도네(Chardonnay) 품종으로 양조한 한국 최초의 정통 스파클링 와인은 무엇인가?

■ 그랑쥬아(Grandjoie)

03 한국와인을 대상으로 품평하는 행사인 '한국와인대상'을 2014년부터 개최해 온 충청북도의 대표 와인 산지는 어디인가?

■ 영동

04 유럽종 비티스 비니페라(Vitis vinifera)로 포도알은 큰 편이고 껍질은 핑크색을 띠는 일본의 대표 청포도 품종은 무엇인가?

■ 고슈(甲州)

청포도 품종인 고슈는 일본 야마나시현(山梨縣)에 있는 도시 이름에서 유래되었다.

05 고후(甲府) 분지 인근 구릉지에 기반을 두고 출발한 일본와인 산업의 중심지는 어디인가?

■ 야마나시현(山梨縣)

야마나시현(山梨縣)은 1300년대부터 포도를 재배한 역사를 지니고 있으며 생산량도 일본에서 가장 많다. 고슈(甲州) 품종으로 양조한 화이트 와인이 유명하며 국제 와인 시음회에서 수상한 그레이스(Grace) 와이너리, 샤토 메르시앙(Château Mercian) 등이 위치하고 있다.

06 '용의 눈'에서 유래한 이름으로 포도 껍질은 게뷔르츠트라미너(Gewürztraminer)처럼 엷은 분홍색을 띠며 중국에서 800년 이상 재배한 포도 품종은 무엇인가?

■ 룽옌(Dragon Eye, 龙眼)

07 2008년 중국 북경 올림픽 공식 와인이자 아시아 와인 트로피에서 다수의 메달을 획득한 중국 산둥(Shandong)에 위치한 와이너리는 어디인가?

■ 쥔딩(Junding, 君顶) 와이너리

08 1985년 (주)진로에서 한국과 프랑스 연구진에 의해 생산된 보르도(Bordeaux) 스타일의 와인 이름은 무엇인가?

■ 샤토 몽블르(Château Montbleu)

샤토 몽블르는 리슬링(Riesling)과 세이벨(Seibel)을 주품종으로 사용하여 진로에서 개발한 보르도 스타일 와인이다.

09 일본의 가와카미 젠베에(川上善兵衛)에 의해 품종 개량되었으며, 베일리(Bailey)와 뮈스카 함부르크(Muscat Hamburg)를 교배한 품종으로 우리나라 영천에서도 많이 사용되는 적포도 품종은 무엇인가?

■ 머스캣 베일리 에이(Muscat Bailey A, MBA)

머스캣 베일리 에이는 미국종인 베일리와 유럽종인 뮈스카 함부르크를 교배한 품종으로, 캠벨얼리(Campbell Early), 거봉과 함께 한국의 주요 적포도 품종이다.

10 일본에서 130년 이상의 역사를 가진 와이너리로 5대째 오너인 키다 시게키(Shigeki Kida)가 운영하는 오렌지 와인으로 유명한 와이너리는 어디인가?

■ 루미에르(Lumière) 와이너리

11 중국 북서부에 위치한 대표적인 와인 산지 세 곳의 지역 명칭을 쓰시오.

■ 신장(Xinjiang), 간쑤(Gansu), 닝샤(Ningxia)

12 1915년 아시아 와인 최초로 파나마 태평양 국제 박람회(Panama-Pacific International Exposition)의 품평회에 참가하여 금상을 수상한 중국 와이너리의 이름은 무엇인가?

■ 창위(Changyu)

13 우즈베키스탄의 호브렌코(Khovrenko) 와이너리가 위치한 와인 산지는 어디인가?

■ 사마르칸트(Samarkand)

14 일본에서 최초로 지리적표시제 GI(Geographical Indication)를 도입한 와인 산지는 어디인가?

■ 야마나시(山梨, Yamanashi)

GI Yamanashi는 2013년도부터, GI Hokkaido는 2018년도부터 지정되었다.

15 2015년 류블라냐 국제 와인 콩쿠르에서 금상을 수상한 '기쿄가하라(桔梗ケ原) 메를로(Merlot) 2011' 와인을 생산한 일본의 와이너리는 어디인가?

■ 샤토 메르시앙(Château Mercian)

16 중국 옌타이(Yantai)에 위치한 장위(Changyu) 와인의 창립연도와 창업자의 이름은 무엇인가?

■ 1892년, 장비스(Zhang Bishi, 張弼士)

17 중국을 여행한 마르코 폴로(Marco Polo)가 「동방견문록(東方見聞錄)」에서 '포도밭이 많고 포도주를 판매하고 있다'고 기록한 지역은 어디인가?

■ 산시(Shanxi)

18 중국 쑹화(Songhua)강 인근의 자오허(Jiaohe)에 위치하며 독일 스톡(Storck) 와이너리의 양조기술을 도입하여 아이스 와인 등을 생산하는 와이너리는 어디인가?

■ 화란더(Hualande)

19 중국 북부지역에서 주목받고 있는 신흥 와인 산지로 카베르네 소비뇽(Cabernet Sauvignon), 카베르네 게르니쉬트(Cabernet Gernischt), 메를로(Merlot), 샤르도네(Chardonnay) 등의 국제 품종으로 고품질 와인을 생산하여 국제와인품평회 등을 통해 세계적으로 인정받고 있는 와인 산지는 어디인가?

■ 닝샤(Ningxia)

20 중국 신장(Xinjiang) 산지의 대표 청포도 품종 중 두가지를 적으시오.

■ 샤르도네(Chardonnay), 리슬링(Riesling)

신장 산지의 대표 포도 품종으로는 적포도 품종인 카베르네 소비뇽(Cabernet Sauvignon), 메를로(Merlot), 피노 누아(Pinot Noir), 시라(Syrah), 가메(Gamay), 그르나슈(Grenache)가 있고, 청포도 품종으로 샤르도네, 리슬링, 피노 블랑(Pinot Blanc) 등이 있다.

21 2011년 'Decanter World Wine Award'에서 10파운드 이상 가격대로 프랑스 보르도(Bordeaux) 레드와인 부문에서 트로피를 수상한 중국 닝샤(Ningxia)의 허란 칭 슈에(He Lan Qing Xue) 와이너리에서 생산하는 와인명은 무엇인가?

■ 지아 베이 란(Jia Bei Lan)

22 1867년 러시아 상인 페르부쉰(Pervushin)이 우즈베키스탄에서 처음으로 와이너리를 설립한 와인 산지는 어디인가?

■ 타슈켄트(Tashkent)

23 우즈베키스탄 사마르칸트(Samarkand) 지역에서 가장 오래된 와이너리이며 1927년부터 본격적으로 와인을 생산한 와이너리는 어디인가?

■ 호브렌코(Khovrenko) 와이너리

24 카자흐스탄 정부의 전직 장관을 지낸 제이눌라 카킴즈하노브(Zeinulla Kakimzhanov)가 2006년 아싸 밸리(Assa Valley)에 설립한 와이너리의 이름은 무엇인가?

■ 아르바(Arba) 와이너리

01 한국와인의 생산 역사를 1960년대에서 1980년대까지 출시되었던 와인을 중심으로 연대별로 간략히 기술하시오.

1969년 출시된 사과로 만든 '애플와인 파라다이스'가 최초의 과실주 와인이며, 1974년 해태 주조의 '노블 와인', 1977년 두산주류의 '마주앙'이 출시되었다. 이후로 1984년 금복주의 '두리앙', 1985년 진로의 '샤토 몽블르', 1987년 대선주조의 스파클링 와인인 '그랑쥬아'가 생산되었다.

02 우리나라 청포도 품종인 청수에 대해 기술하시오.

청수 품종은 우리나라 농촌진흥청에서 세이벨(Seibel) 9110과 힘로드 시들리스(Himrod Seedless)를 교배하여 1993년 선발 및 등록된 품종으로, 대부도, 안동, 영천 등지에서 주로 재배하며 과일향이 풍부하고 산도가 높은 화이트 와인을 생산한다.

03 일본의 와인 기업인 샤토 메르시앙(Château Mercian)에 대하여 역사, 지역, 품종, 대표 와인을 포함하여 설명하시오.

1877년 야마나시(山梨) 카츠누마(勝沼)에 샤토 메르시앙의 전신이라고 할 수 있는 '대일본 야마나시 포도주 회사(大日本山梨葡萄酒会社)'가 창립되고, 1949년부터 감미료 등을 섞지 않은 본격(本格) 와인 제1호 브랜드 '메르시앙'이 탄생하였다. 1966년 '메르시앙 1962' 와인이 국제 와인 콩쿠르에서 금상을 수상했고, 1970년부터 '샤토 메르시앙' 와인 시리즈가 생산되었다. 1976년에는 '현대 일본 와인의 아버지'라고 불리는 아사이 쇼고(浅井昭吾)가 유럽종의 도입을 주장한 것을 계기로 나가노현(長野県) 시오지리시(塩尻市) 기쿄가하라(桔梗ヶ原)에 메를로(Merlot) 품종을 재배하기 시작했다. 1998년, 프랑스 보르도(Bordeaux) 샤토 마고(Château Margaux)의 총지배인 겸 최고 양조 책임자인 폴 퐁탈리에(Paul Pontallier)가 양조 어드바이저로 취임하였다. 그리고 2003년부터 보르도 대학과 공동으로 '고슈(甲州) 프로젝트'를 수행하여 고슈 와인의 품질 개발에 기여하였다. 2010년 카츠누마 와이너리를 리뉴얼하고, 2018년 기쿄가하라 와이너리를 오픈, 2019년 나가노현 우에다시(上田市)에 마리코(椀子) 와이너리를 오픈하였다. 재배하는 포도 품종으로는 고슈, 샤르도네(Chardonnay), 세이벨(Seibel), 카베르네 소비뇽(Cabernet Sauvignon), 메를로, 머스캣 베일리 에이(Muscat Bailey A, MBA) 등이 있다. 대표 와인으로는 '샤토 메르시앙 죠노히라 오르투스(Château Mercian 城の平 Ortus)', '샤토 메르시앙 기쿄가하라 메를로 시그니쳐(Château Mercian 桔梗ヶ原 Merlot Signature)', '샤토 메르시앙 마리코 빈야드 옴니스(Château Mercian Mariko Vineyard Omnis)' 등이 있다.

04 중국 장위(Changyu) 와이너리의 역사와 수상 경력에 대하여 설명하시오.

장위는 현대 중국와인의 역사라고 할 수 있는 산둥(Shandong) 옌타이(Yantai)에 위치한 와이너리이며, 1892년에 중국 근대화를 이끈 장비스(Zhang Bishi, 張弼士)에 의해 설립되었다. 중국 내에서 가장 많은 생산량을 자랑하며, 1915년 미국 샌프란시스코(San Francisco)에서 개최된 '파나마 태평양 국제 박람회(Panama-Pacific International Exposition)'의 와인 품평회에서 금상을 수상한 경력이 있다.

05 중국의 주요 와인 산지인 닝샤(Ningxia)의 입지, 기후, 토양을 포함하여 테루아에 대해 설명하시오.

닝샤의 포도밭은 남북으로 150km에 걸쳐 길게 뻗어 있으며, 서쪽의 허란 마운틴(Helan Mountain)은 강한 바람을 막아주고 동쪽의 황허(Huanghe)강은 포도밭의 관개에 이용된다. 고도가 높은 북쪽은 충적토양으로 이루어져 있고 남쪽의 평야지대는 점토로 이루어져 있다. 겨울에는 영하 40℃까지 내려가기 때문에 흙으로 포도나무를 덮어 보호한다. 일조량이 풍부하고 강우량이 적어 건조한 기후이다.

기출문제

04

사단법인 한국국제소믈리에협회 시행
와인 영 소믈리에 자격검정 필기시험 문제

※ 다음 문제를 읽고 O 또는 X로 답하시오. (OX유형 : 배점 각 1점/총 10점)

01 적포도 품종으로는 레드 와인만 양조할 수 있고, 화이트 와인은 양조할 수 없다.

02 로마네 콩티(Romanee-Conti)는 피노 누아(Pinot Noir) 100%로 양조한다.

03 이탈리아 와인의 품질등급 중 가장 상위 등급은 DOCG(Denominazione di Origine Controllata e Garantita)이며, 가장 하위 등급인 VdT(Vino da Tavola)까지 네 단계로 구성되어 있다.

04 멘도사(Mendoza)의 와인 생산은 아르헨티나 전체 생산량의 70% 이상을 차지한다.

05 호주에서 가장 큰 와인 산지인 사우스 오스트레일리아(South Australia)에서 쉬라즈(Shiraz)의 최대 산지는 바로싸 밸리(Barossa Valley)이다.

06 스페인 와인 라벨에 기재되는 보데가(Bodega)는 와이너리 또는 양조장을 의미한다.

07 쉐리(Sherry), 포트(Port), 마데이라(Madeira) 와인은 포르투갈(Portugal)의 3대 주정강화 와인이다.

08 디오니소스(Dionysos)는 '와인은 신이 인간에게 내려준 최고의 선물'이라고 주장하였다.

09 젖산 발효(Malolactic Fermentation)는 젖산균의 작용으로 사과산이 젖산으로 변하여 와인의 신맛이 부드러워지는 와인 양조 과정이다.

10 미국의 미국포도재배지역(American Viticulture Areas, AVA)은 프랑스의 AOC와 같이 해당 지역에서 재배할 수 있는 품종, 양조 방법, 와인 또는 품질을 규제하는 제도다.

※ 다음 문제를 읽고 정답을 선택하시오. (선택형: 배점 각 3점, 총 75점)

01 와인을 테이스팅 할 때, 입안에서 느껴지는 무게감을 나타내는 용어는 무엇인가?
① 아로마(Aroma) ② 균형(Balance)
③ 바디(Body) ④ 여운(Finish)

02 유럽의 와인을 생산하는 대부분의 포도 품종들은 어떤 종(種)에 속하는가?
① 비티스 라브루스카(Vitis labrusca)
② 비티스 베르란디에리(Vitis berlandieri)
③ 비티스 비니페라(Vitis vinifera)
④ 비티스 리파리아(Vitis riparia)

03 와인 생산국과 대표 품종의 연결이 올바르지 않은 것은 무엇인가?
① 이탈리아 – 산지오베제(Sangiovese)
② 아르헨티나 – 말벡(Malbec)
③ 뉴질랜드 – 소비뇽 블랑(Sauvignon Blanc)
④ 한국 – 고슈(Koshu)

04 참치 또는 연어 요리와 어울리지 않는 와인은 무엇인가?
① 보졸레 누보(Beaujolais Nouveau) ② 로제 와인
③ 풀바디 레드 와인 ④ 라이트바디 레드 와인

05 최상의 저장용 셀러의 조건이 아닌 것은 무엇인가?
① 60~70% 습도 ② 12~13℃의 일정한 온도
③ 김치를 보관중인 김치냉장고 ④ 직사광선 차단

06 가장 낮은 온도로 서비스하는 와인은 무엇인가?
① 레드 와인 ② 화이트 와인
③ 로제 와인 ④ 스파클링 와인

07 이탈리아에서 생산하는 스파클링 와인의 명칭은 무엇인가?
① 샹파뉴(Champagne) ② 스푸만테(Spumante)
③ 젝트(Sekt) ④ 카바(Cava)

08 호주에서 생산하는 주품종이 아닌 것은 무엇인가?
① 쉬라즈(Shiraz)
② 카베르네 소비뇽(Carbernet Sauvignon)
③ 세미용(Semillon)
④ 토론테스(Torrontes)

09 뉴질랜드 남섬에 위치한 소비뇽 블랑(Sauvignon Blanc) 품종의 와인 산지는 어디인가?
① 오클랜드(Auckland)
② 기스본(Gisborne)
③ 혹스 베이(Hawke's Bay)
④ 말보로(Marlborough)

10 와인을 뜻하는 용어로 올바르지 않은 것은 무엇인가?
① 비티스(Vitis)
② 뱅(Vin)
③ 바인(Wein)
④ 비뉴(Vinho)

11 국가별 스파클링 와인을 일컫는 용어로 올바르지 않은 것은 무엇인가?
① 프랑스 – 뱅 무쐬(Vin Mousseux)
② 스페인 – 카바(Cava)
③ 독일 – 젝트(Sekt)
④ 이탈리아 – 크레망(Cremant)

12 프랑스 보르도(Bordeaux)의 유명한 와인 산지가 아닌 곳은 어디인가?
① 메독(Medoc)
② 그라브(Graves)
③ 보졸레(Beaujolais)
④ 포므롤(Pomerol)

13 프랑스 코트 뒤 론(Cotes du Rhone) 지역에 대한 설명으로 올바르지 않은 것은 무엇인가?
① 남부와 북부 두 지역으로 나뉘어진다.
② 북부에서는 레드 와인을 만드는 단일 품종으로 시라(Syrah)를 사용한다.
③ 남부에서는 그르나슈(Grenache), 시라(Syrah), 무르베드르(Mourvedre)를 중심으로 블렌딩한다.
④ 북부의 유명한 와인 산지로는 샤토뇌프 뒤 파프(Chateauneuf-du-Pape), 지공다스(Gigondas) 등이 있다.

14 매년 유명한 화가의 그림을 와인 라벨 디자인으로 채택하는 와인은 무엇인가?
① 샤토 무통 로칠드(Chateau Mouton Rothschild)
② 샤토 라피트 로칠드(Chateau Lafite Rothschild)
③ 오퍼스 원(Opus One)
④ 로버트 몬다비(Robert Mondavi)

15 프랑스 보르도(Bordeaux)와 부르고뉴(Bourgogne) 와인에 대한 설명으로 올바르지 않은 것은 무엇인가?
① 보르도는 일반적으로 개별 샤토에 따라 등급이 부여된다.
② 부르고뉴는 와인을 양조할 때 블렌딩을 하지 않는 경우가 대부분이다.
③ 보르도는 화이트 와인에 세미용(Semillon)과 알리고테(Aligote) 품종 등을 블렌딩한다.
④ 부르고뉴는 일반적으로 포도밭 별로 등급을 매긴다.

16 이탈리아에서 DOC 및 DOCG 등급의 와인이 가장 많이 생산되는 지역은 어디인가?
① 피에몬테(Piemonte)   ② 롬바르디아(Lombardia)
③ 베네토(Veneto)   ④ 토스카나(Toscana)

17 독일에서 가장 많이 재배되는 청포도 품종은 무엇인가?
① 샤르도네(Chardonnay)   ② 리슬링(Riesling)
③ 소비뇽 블랑(Sauvignon Blanc) ④ 모스카토(Moscato)

18 칠레의 와인 산지가 아닌 곳은 어디인가?
① 코킴보(Coquimbo)   ② 아콩카구아(Aconcagua)
③ 센트럴 밸리(Central Valley) ④ 산 후안(San Juan)

19 '와인 생산자' 혹은 '양조장'을 의미하는 독일어 용어는 무엇인가?
① 샤토(Chateau)   ② 도멘(Domaine)
③ 바인굿(Weingut)   ④ 보데가스(Bodegas)

20 와인 라벨에 표기되는 내용 중, 건강과 관련되지 않은 것은 무엇인가?
① 임산부 알코올 섭취에 대한 경고
② 1일 적정 섭취량 권고 표시
③ 이산화황(SO_2) 사용 여부
④ 가정용, 업소용 구분 표시

21 미국 와인에 대한 설명으로 올바른 것은 무엇인가?
① 와인 생산량이 가장 많은 주는 캘리포니아(California)이다.
② 미국포도재배지역(American Viticultural Areas, AVA)은 각 주 정부에서 지정한다.
③ AVA는 1983년 시행한 이후 변동이 없다.
④ 미국 동부에서는 비티스 라브루스카(Vitis labrusca) 종으로만 와인을 양조한다.

22 칠레 와인에 대한 설명으로 올바르지 않은 것은 무엇인가?
① 16세기 중반 스페인 선교사들이 포도 재배를 시작했고, 17세기부터 본격적으로 와인 산업이 발전하였다.
② 1800년대 중반에 프랑스에서 들여온 접목하지 않은 비티스 비니페라(Vitis vinifera) 포도나무들이 그대로 재배되는 곳이 많다.
③ 1995년 DO(Denominacion de Origen)를 제정하여 원산지와 포도 품종, 수확연도, 병입 등의 라벨 표기 사항을 규제하고 있다.
④ 20세기 후반에 유럽과 미국의 포도 재배 및 양조 기술을 도입하여 와인을 고급화함으로써 세계 시장에 진출하였다.

23 전 세계 재배 면적의 대부분이 아르헨티나에 분포하는 청포도 품종은 무엇인가?
① 토론테스(Torrontes) ② 말벡(Malbec)
③ 바르베라(Barbera) ④ 베르멘티노(Vermentino)

24 뉴질랜드의 대표 와인 생산자가 아닌 것은 무엇인가?
① 클라우디 베이(Cloudy Bay) ② 몬타나(Montana)
③ 킴 크로포드(Kim Crawford) ④ 옐로우 테일(Yellow Tail)

25 남아프리카공화국에서 가장 많이 재배하는 청포도 품종이며, 프랑스 루아르(Loire) 원산으로 알려져 있는 포도 품종은 무엇인가?
① 샤르도네(Chardonnay) ② 소비뇽 블랑(Sauvignon Blanc)
③ 슈냉 블랑(Chenin Blanc) ④ 뮈스카데(Muscadet)

※ 다음 문제를 읽고 정답을 답하시오. (단답형 : 배점 각 3점, 총 15점)

01 와인의 색은 주로 녹색이 서린 담황색이고 깎은 잔디, 부싯돌, 아스파라거스, 구즈베리, 백향과(패션 프루트) 등의 향이 특징적이며 껍질이 얇은 품종으로 프랑스의 보르도(Bordeaux), 루아르(Loire)와 뉴질랜드에서 많이 재배되고 미국 캘리포니아(California)에서 '퓌메 블랑(Fume Blanc)'으로 라벨에 표기하기도 하는 품종은 무엇인가?

02 와인은 포도 품종과 와인 양조를 통해 특성과 스타일이 결정되지만 같은 품종 또는 같은 클론(Clone)이라도 포도 재배 지역이 다르면 기후와 토양 차이로 포도의 특성이 다를 수 있다. 각 포도 재배 지역의 기후와 토양 등을 뜻하는 말은 무엇인가?

03 와인과 음식의 조화를 의미하며 프랑스어로 '결혼'의 의미를 지닌 용어는 무엇인가?

04 이탈리아 브루넬로 디 몬탈치노(Brunello di Montalcino) DOCG 와인 양조에 사용하는 포도 품종은 무엇인가?

05 스페인에서 샴파뉴 방식(Champagne Method)으로 양조한 스파클링 와인의 명칭은 무엇인가?

사단법인 한국국제소믈리에협회 시행
와인 영 소믈리에 자격검정 필기시험 모범답안

Ⅰ. OX 문제(1점/총 10점)

01 X
02 ○
03 ○
04 ○
05 ○
06 ○
07 X
08 X
09 ○
10 X

Ⅱ. 선택형 문제(3점/총 75점)

01 ③   06 ④   11 ④   16 ①   21 ①
02 ③   07 ②   12 ③   17 ②   22 ①
03 ④   08 ④   13 ④   18 ④   23 ①
04 ③   09 ④   14 ①   19 ③   24 ④
05 ③   10 ①   15 ③   20 ④   25 ③

Ⅲ. 단답형 문제(3점/총 15점)

01 소비뇽 블랑(Sauvignon Blanc)
02 테루아(Terroir)
03 마리아주(Mariage)
04 산지오베제(Sangiovese)
05 카바(Cava)

사단법인 한국국제소믈리에협회 시행
와인 인터미디에이트 소믈리에 자격검정 필기시험 문제

※ 다음 문제를 읽고 O 또는 X로 답하시오. (OX유형: 배점 2점/총 30점)

01 올드 빈티지 와인의 디캔팅(Decanting)에는 크고 넓은 디캔터(Decanter) 보다는 입구가 좁고 크기가 작은 디캔터가 좋다.

02 기원전 3,000년경 이집트에서는 포도 재배와 양조 기술이 발전하여 왕족과 귀족은 물론 서민 계층에 이르기까지 대중적으로 널리 와인을 소비하였다.

03 알코올 발효와 젖산 발효(Malolactic Fermentation)는 레드 와인과 화이트 와인에서 필수적으로 거치는 양조 과정이다.

04 포도 재배 조건 중 일조량은 당도와 산도에 영향을 준다. 즉 일조량이 적으면 당도가 떨어지고 산도가 높으며, 일조량이 많으면 당도가 높고 산도가 낮다.

05 같은 식재료라 할지라도 소스와 조리방법 등에 의해 페어링되는 와인이 달라질 수 있다.

06 슈패트부르군더(Spatburgunder) 품종은 독일에서 재배되는 적포도 품종 중 재배 면적이 가장 넓으며 아르(Ahr), 바덴(Baden), 뷔르템베르크(Wurttemberg) 지역에서 주로 재배된다.

07 몰도바(Moldova)는 세계에서 유일하게 '와인의 날(Wine Day)'을 국경일로 지정하였으며, 날짜는 매년 10월 첫 번째 토요일과 일요일이다.

08 일본의 홋카이도(北海道)는 독일과 유사한 한랭한 기후대로 주요 포도 품종으로는 케르너(Kerner), 뮐러 투르가우(Muller-Thurgau)가 유명하다.

09 보트리티스 시네레아(Botrytis cinerea)는 아침과 저녁의 습도와 낮의 일조량이 확보되는 지역에서 포도 껍질에 번식하며, 카베르네 소비뇽(Cabernet Sauvignon)과 같은 껍질이 두꺼운 적포도 품종에 주로 많이 발생한다.

10 뉴질랜드에서 가장 많이 재배하는 품종은 소비뇽 블랑(Sauvignon Blanc)이며, 두 번째로 많이 재배하는 품종은 피노 누아(Pinot Noir)다.

11 프렌치 패러독스(French Paradox)는 프랑스인이 미국인보다 동물성지방의 섭취가 많음에도 불구하고 비만이 적은 것을 말한다.

12 샹파뉴(Champagne) 라벨에 블랑 드 블랑(Blanc de Blancs)이라고 표시한 것은 샤르도네(Chardonny)로 만든 것이다.

13 와인 라벨에 기재된 돌체(Dolce)는 '드라이한 맛'을 의미하며 세코(Secco)는 '달콤한 맛'을 나타내는 용어이다.

14 이탈리아 와인에서 아파씨멘토(Appassimento)는 수확한 포도를 수주에서 수개월간 건조시켜 포도의 당도를 높이고 풍미를 농축시키는 방식을 의미하며, 이렇게 건조한 포도로 양조한 와인을 파씨토(Passito)라고 한다.

15 멘도사(Mendoza)의 와인 생산은 아르헨티나 전체 생산량의 70% 이상을 차지한다.

※ 다음 문제를 읽고 정답을 선택하시오. (선택형: 배점 2점/총 50점)

01 와인의 오크 숙성에 대한 설명으로 올바르지 않은 것은 무엇인가?
① 바닐린(Vanillin)과 타닌(Tannin)이 오크통에서 와인으로 우러나온다.
② 숙성 도중 미세한 양의 와인이 증발하고 산소가 들어갈 수 있다.
③ 오크 숙성을 거친 와인은 바닐라, 커피, 토스트, 나무 등 향을 갖게 된다.
④ 오크통의 크기가 클수록 와인은 오크의 영향을 더 많이 받는다.

02 남아프리카공화국의 와인 생산자가 아닌 것은 무엇인가?
① 니더버그(Nederburg)
② 빌라 마리아(Villa Maria)
③ 페어뷰(Fairview)
④ 클라인 콘스탄시아(Klein Constantia)

03 와인병에 관한 역사적인 사실로 올바르지 않은 것은 무엇인가?
　① 로마 시대에는 유리그릇을 일상적으로 사용하였다.
　② 17세기부터 단단한 유리의 생산과 코르크 마개의 사용으로 와인 유리병이 보급되었다.
　③ 와인병은 와인의 장기 보관과 장거리 운송을 가능하게 하여 무역을 통한 수출시장을 확대시켰다.
　④ 와인병의 모양과 색깔은 와인 생산국과 지역의 전통에 따라 차이가 있다.

04 미세기후(Microclimate)를 결정하는 요인이 아닌 것은 무엇인가?
　① 안개　　　　　　　　　② 포도밭의 상대습도
　③ 캐노피 관리　　　　　　④ 포도밭의 거름

05 와인의 향 표현 중 곰팡이 냄새를 의미하는 용어는 무엇인가?
　① Earthy　　　　　　　　② Moldy
　③ Nutty　　　　　　　　 ④ Rough

06 양조용 포도 재배에 적합한 자연 환경 요건으로 올바르지 않은 것은 무엇인가?
　① 연평균 기온 10~20℃
　② 연일조량 1,250~1,500시간
　③ 연강우량 500~800mm
　④ 토양은 배수가 잘 되는 기름진 땅

07 와인 산지와 대표 품종의 연결이 올바르지 않은 것은 무엇인가?
　① 프랑스 보졸레(Beaujolais) - 가메(Gamay)
　② 독일 모젤(Mosel) - 리슬링(Riesling)
　③ 미국 캘리포니아(California) - 진판델(Zinfandel)
　④ 프랑스 부르고뉴(Bourgogne) - 세미용(Semillon)

08 치즈와 와인 페어링이 올바르게 짝지어진 것은 무엇인가?
　① 까망베르(Camembert) - 라이트바디 레드 와인
　② 모짜렐라(Mozzarella) - 풀바디 레드 와인
　③ 블루 치즈(Blue Cheese) - 드라이 레드 와인
　④ 크림 치즈(Cream Cheese) - 주정강화 와인

09 코르크에 대한 설명으로 올바르지 않은 것은 무엇인가?
① 와인의 병마개로 사용되며 외부의 공기를 차단해 준다.
② 온도의 변화에도 수축하거나 쉽게 부풀어 오르지 않는다.
③ 장기 보관용 와인의 코르크 길이는 단기 보관용에 비하여 짧다.
④ 25~30년 이상의 올드 빈티지 와인은 코르크를 교체하는 경우도 있다.

10 프랑스 보르도(Bordeaux) 보르도 메독(Medoc) 지역의 와인 산지가 아닌 곳은 어디인가?
① 본(Beaune)
② 생줄리앙(Saint-Julien)
③ 포이약(Pauillac)
④ 마고(Margaux)

11 포르투갈 와인의 품질등급 중 테이블 와인(Table Wine)에 해당하는 명칭은 무엇인가?
① VdM(Vinho de Mesa)
② DOC(Denominacao de Origem Controlada)
③ VR(Vinho Regional)
④ IPR(Indicacao de Proveniencia Regulamentada)

12 독일 와인에서 늦게 수확한(Late Harvest) 포도로 양조하여 좀 더 풍부한 당도와 복합적인 풍미를 가지는 스타일을 지칭하는 프래디카트(Pradikat)는 무엇인가?
① 카비넷(Kabinett)
② 슈패트레제(Spatlese)
③ 아우스레제(Auslese)
④ 아이스바인(Eiswein)

13 이탈리아에서 생산하는 스파클링 와인의 명칭이 아닌 것은 무엇인가?
① 프로세코(Prosecco)
② 프란치아코르타(Franciacorta)
③ 소아베(Soave)
④ 아스티(Asti)

14 레스토랑의 한 테이블에 동석한 4명의 고객에게 와인 서비스를 할 때, 올바른 순서는 무엇인가?

| a : 50세 여성 | b : 60세 남성 | c : 55세 남성 | d : 30세 여성(호스트) |

① d-a-b-c
② d-a-b-c-d
③ a-d-b-c
④ a-d-b-c-a

15 세계 3대 귀부(Noble Rot) 와인이 아닌 것은 무엇인가?
① 헝가리 토카이(Tokaji)
② 캐나다 아이스와인(Icewine)
③ 독일 트로켄베렌아우스레제(Trockenbeerenauslese)
④ 프랑스 소테른(Sauternes)

16 샴파뉴 양조과정 중 데고르주망(Degorgement)에서 제거된 양만큼의 와인과 당 등을 첨가하는 작업은 무엇인가?
① 르뮈아주(Remuage)   ② 퀴베(Cuvee)
③ 도자주(Dosage)   ④ 티라주(Tirage)

17 프랑스 루아르(Loire) 지역의 푸이 퓌메(Pouilly-Fume) AOC와 상세르(Sancerre) AOC의 공통된 포도 품종은 무엇인가?
① 샤르도네(Chardonnay)   ② 소비뇽 블랑(Sauvignon Blanc)
③ 피노 누아(Pinot Noir)   ④ 뮈스카델(Muscadelle)

18 뉴질랜드 북섬에 위치한 와인 산지가 아닌 곳은 어디인가?
① 넬슨(Nelson)   ② 와이라라파(Wairarapa)
③ 혹스 베이(Hawke's Bay) ④ 기스본(Gisborne)

19 이탈리아 토스카나(Toscana) 지역에서 생산하는 와인의 명칭이 아닌 것은 무엇인가?
① 키안티 클라시코(Chianti Classico)
② 브루넬로 디 몬탈치노(Brunello di Montalcino)
③ 비노 노빌레 디 몬테풀치아노(Vino Nobile di Montepulciano)
④ 몬테풀치아노 다브루쪼(Montepulciano d'Abruzzo)

20 스페인에서 주로 재배하는 적포도 품종이 아닌 것은 무엇인가?
① 템프라니요(Tempranillo)   ② 가르나차(Garnacha)
③ 모나스트렐(Monastrell)   ④ 투리가 나씨오날(Touriga Nacional)

21 미국의 와인 잡지로 전문 패널들이 100점 만점 기준으로 와인을 평가하고 매해 연말에 100대 와인(Top 100 Wines)을 선정하여 발표하는 잡지는 무엇인가?
① 와인 스펙테이터(Wine Spectator)   ② 디캔터(Decanter)
③ 와인 아틀라스(Wine Atlas)   ④ 로버트 파커(Robert Parker)

22 미국의 대표적인 컬트(Cult) 와인이 아닌 것은 무엇인가?
① 스크리밍 이글(Screaming Eagle) ② 할란 에스테이트(Harlan Estate)
③ 브라이언 패밀리(Bryant Family) ④ 샤토 르 팽(Chateau Le Pin)

23 칠레 와인에 대한 설명으로 올바르지 않은 것은 무엇인가?
① 토양에 구리를 많이 함유하고 있기 때문에 필록세라(Phylloxera)의 번식을 억제한다.
② 포도 생육기인 10월부터 4월까지가 건기이며 일교차가 크기 때문에 양조용 포도 재배에 유리한 기후다.
③ 안데스 산맥과 남태평양의 영향으로 낮의 바닷바람과 밤의 산바람이 더운 기후를 조절해 주므로 포도의 당분과 산도가 균형을 이룬다.
④ 칠레 와인 생산량 중 화이트 와인이 60%, 레드 와인이 40%를 차지한다.

24 아르헨티나의 와인 산지에 대한 설명으로 올바른 것은 무엇인가?
① 안데스 산맥 서쪽 기슭에 위치한다.
② 고도가 낮은 계곡 바닥(Valley Floor)의 유기물이 풍부한 충적토(Alluvial Soils)가 분포한 지역에 좋은 포도밭이 위치한다.
③ 안데스 산맥에서 불어오는 서풍의 영향으로 덥고 건조한 기후이나, 고도가 높은 곳은 서늘하고 일교차가 크다.
④ 강우량이 풍부하여 관개는 필요 없다.

25 호주의 사우스 오스트레일리아(South Australia)에 포함된 와인 산지가 아닌 곳은 어디인가?
① 바로싸 밸리(Barossa Valley) ② 헌터 밸리(Hunter Valley)
③ 맥라렌 베일(McLaren Vale) ④ 쿠나와라(Coonawarra)

※ **다음 문제를 읽고 정답을 답하시오. (단답형: 배점 각 2점/총 20점)**

01 올드 빈티지 와인의 병 밑에 가라앉은 침전물을 분리하기 위해 와인을 다른 용기에 옮겨 따르는 작업을 무엇이라고 하는가?

02 프랑스 보르도(Bordeaux)에서 사용하는 품종을 블렌딩하여 미국에서 생산한 와인을 일컫는 것으로 버라이어털(Varietal) 와인과 구별되는 와인 스타일의 명칭은 무엇인가?

03 흰꽃, 감귤류, 핵과류, 석유 등 향이 특징적이고 산도와 미네랄 풍미가 와인에 구조감을 부여하며, 독일의 라인강과 모젤강 유역에서 많이 재배하는 대표 청포도 품종은 무엇인가?

04 와인 품질 보존과 양조 과정에서 와인의 산화방지, 오염균의 번식 억제 효과를 위해 와인 양조 과정과 병입 시점에 사용하는 첨가물은 무엇인가?

05 주로 내추럴와인에서 나타나는 마굿간 냄새, 말안장 냄새, 쥐오줌 냄새는 어떤 미생물로부터 기인하는가?

06 우리나라 농촌진흥청에서 세이벨(Seibel) 9110과 힘로드 시들리스(Himrod Seedless)를 교배한 포도 품종으로 대부도, 안동, 영천 등지에서 주로 재배하며 한국을 대표하는 청포도 품종은 무엇인가?

07 '샤토(Chateau)에서 병입한'이라는 의미의 프랑스어 용어를 쓰시오.

08 수령이 높은 포도나무인 올드 바인(Old Vine)을 뜻하는 프랑스어는 무엇인가?

09 스페인 에브로(Ebro) 지방의 대표적인 와인 산지로 1870년대 프랑스 보르도(Bordeaux) 와인 양조자들에 의해 뛰어난 품질의 와인 생산 기반이 마련되었으며 1991년 스페인 최초로 DOC 등급으로 지정된 명칭은 무엇인가?

10 사우스 오스트레일리아(South Austrailia)에서 가장 서늘한 지역으로 테라 로싸(Terra Rossa) 토양에서 카베르네 소비뇽을 생산하는 호주의 와인 산지는 어디인가?

사단법인 한국국제소믈리에협회 시행
와인 인터미디에이트 소믈리에 자격검정 필기시험 모범답안

Ⅰ. OX 문제(2점/총 30점)

01 ○	06 ○	11 X
02 X	07 ○	12 ○
03 X	08 ○	13 X
04 ○	09 X	14 ○
05 ○	10 ○	15 ○

Ⅱ. 선택형 문제(2점/총 50점)

01 ④	06 ④	11 ①	16 ③	21 ①
02 ②	07 ④	12 ②	17 ②	22 ④
03 ①	08 ①	13 ③	18 ①	23 ④
04 ④	09 ③	14 ②	19 ④	24 ③
05 ②	10 ①	15 ②	20 ④	25 ②

Ⅲ. 단답형 문제(2점/총 20점)

01 디캔팅(Decanting)
02 메리티지(Meritage) 와인
03 리슬링(Riesling)
04 이산화황(SO_2, SulfurDioxide) 또는 아황산염(Sulfite)
05 브레타노미세스(Brettanomyces) 효모
06 청수
07 미 장 부테이으 오 샤토(Mise en Bouteille au Chateau)
08 비에이으 빈느(Vieille Vignes)
09 리오하(Rioja)
10 쿠나와라(Coonawarra)

사단법인 한국국제소믈리에협회 시행
와인 어드밴스드 소믈리에 자격검정 필기시험 문제

※ 다음 문제를 읽고 O 또는 X로 답하시오. (OX유형 : 배점 1점/총 18점)

01 기원전 1,700년경 고대 바빌로니아의 문헌인 「기르가메쉬(Gilgamesh)」에는 와인에 대한 기록이 처음 등장하며 술이 언급된 현존하는 가장 오래된 문헌이다.

02 포도에 귀부(Noble Rot)를 일으키는 곰팡이인 보트리티스 시네레아(Botrytis cinerea)는 습도가 높은 기후에서 잘 발생하고, 청포도 품종보다는 적포도 품종에 더 쉽게 번식한다.

03 포도 재배에서 열매 성숙기에 강우량이 많으면 포도의 산도는 상대적으로 내려가서 포도의 당도에 대한 산도의 비율은 낮아진다.

04 코달리(Caudalie)는 와인을 삼키거나 뱉은 후에 입안에서 향이 지속되는 시간을 측정하는 단위이다.

05 올드 빈티지 와인의 디캔팅(Decanting)에는 크고 넓은 디캔터(Decanter) 보다는 입구가 좁고 크기가 작은 디캔터가 좋다.

06 1991년 미국 CBS의 방송 '60minutes'에서 프랑스인이 미국인보다 동물성지방의 섭취가 많음에도 불구하고 심장질환에 의한 사망률이 낮은 이유는 프랑스인의 와인 소비량이 많기 때문이라는 것이 널리 알려지는 계기가 되었다.

07 여러 포도 품종이나 빈티지의 와인, 서로 다른 포도밭의 포도, 서로 다른 숙성을 거친 와인 등을 블렌딩(Blending)하는 것을 프랑스어로 아쌍블라주(Assemblage)라고 한다.

08 프랑스 쥐라(Jura)의 뱅 드 파이으(Vin de Paille)는 장기보관이 가능한 스위트 와인으로, 이탈리아의 아파씨멘토(Appassimento) 방식과 유사한 방법으로 양조한다.

09 프랑스 보르도(Bordeaux) 지방의 225L 오크통을 피에스(Piece)라고 한다.

10 이탈리아 바르바레스코(Barbaresco) DOCG 와인은 세부 지역으로는 라 모라(La Morra), 네이베(Neive), 트레이조(Treiso)와 산 로코 세노 델비오(San Rocco Seno d'Elvio)에서 생산할 수 있다.

11 스페인에서는 샴파뉴 방식(Champagne Method)으로 양조된 스파클링 와인에만 카바(Cava) 명칭이 허용되며, 전체 생산량 중 약 95%를 차지하는 페네데스(Penedes) 지역에 한정된 DO 명칭이다.

12 독일의 욉슬레(Ochsle)는 포도즙의 비중에 근거하여 당도를 측정하는 단위로 포도즙 1,000mL의 무게가 1,090g일 때, 90 Ochsle 또는 90°Oe로 표시한다.

13 미국 오리건(Oregon) 주 규정에 의하면 라벨에 단일 품종으로 표기하기 위해서는 해당 품종을 100% 사용해야 한다.

14 로크포르(Roquefort) 치즈는 소테른(Sauternes) 와인과 잘 어울린다.

15 칠레 DO(Denominacion de Origen)에 의하면 와인 산지와 단일 포도 품종, 빈티지의 라벨 표기 기준은 각각 85% 이상을 사용해야 한다.

16 살타(Salta) 지역은 아르헨티나는 물론 전 세계에서 가장 고도가 높은 해발 1,500m 이상에 포도밭이 분포한다.

17 와인병 바닥의 움푹 들어간 부분을 콜러레트(Collerette)라고 한다.

18 몰도바(Moldova)는 세계에서 유일하게 '와인의 날(Wine Day)'을 국경일로 지정하였으며, 날짜는 매년 10월 첫 번째 토요일과 일요일이다.

※ 다음 문제를 읽고 정답을 선택하시오. (선택형: 배점 2점/총 48점)

01 한국의 와인 역사에 대한 설명으로 올바른 것은 무엇인가?
① 1969년 생산된 '파라다이스' 와인은 포도를 원료로 한 최초의 국산 와인이다.
② 1985년 출시된 '샤토 몽블르'는 ㈜와인코리아에서 생산한 와인이다.
③ 1987년 대선주조에서 생산한 '그랑쥬아'는 캠벨 얼리로 양조한 정통 스파클링 와인이다.
④ 1970년대 정부에서는 식량부족을 이유로 과실주를 장려하였다.

02 이탈리아 피에몬테(Piemonte)에서 스위트 스파클링 와인 양조에 사용하는 품종은 무엇인가?
① 브라케토(Brachetto)　② 네비올로(Nebbiolo)
③ 바르베라(Barbera)　④ 돌체토(Dolcetto)

03 와인의 알코올 발효에 대한 설명으로 올바르지 않은 것은 무엇인가?
① 포도의 당분이 효모에 의해 알코올로 전환되는 과정이다.
② 알코올과 함께 이산화탄소가 발생한다.
③ 당분 함량 대비 생성되는 최대 알코올의 비율은 약 50%이다.
④ 효과적으로 알코올 발효가 일어나려면 발효가 끝날 때까지 산소를 많이 공급해줘야 한다.

04 음식과 와인의 페어링에 대한 설명으로 올바르지 않은 것은 무엇인가?
① 와인의 타닌(Tannin)은 육류의 단백질과 결합하여 수렴성을 상쇄시킨다.
② 산도가 높은 음식은 산도가 낮은 와인의 맛을 밋밋하게 만든다.
③ 음식의 염도는 산도 높은 와인의 날카로움을 상쇄시킨다.
④ 스위트 와인에는 그보다 더 당도가 높은 디저트가 어울린다.

05 스파클링 와인 서비스를 위한 잔은 무엇인가?
① 포트(Port)　② 플루트(Flute)
③ 코피타(Copita)　④ 고블렛(Goblet)

06 와인 구매와 보관에 관한 설명으로 올바르지 않은 것은 무엇인가?
① 레스토랑에서는 고객의 선호도, 가격조건, 수급상황 등을 고려하여 와인을 준비해야 한다.
② 입고된 와인은 효율적 판매와 제공을 위해 음식 메뉴별로 분류해 보관해야 한다.
③ 와인 숙성에 적합한 장소에 보관해야 한다.
④ 판매될 와인을 사전에 테이스팅하여 와인의 특성을 파악해 두는 것이 좋다.

07 이탈리아 피에몬테(Piemonte) 지역에서 생산되는 DOCG 등급의 와인 명칭이 아닌 것은 무엇인가?
① 바르돌리노(Bardolino)　② 바르베라 달바(Barbera d'Alba)
③ 가티나라(Gattinara)　④ 겜메(Ghemme)

08 영화 제목과 영화 속의 와인에 대한 연결로 올바르지 않은 것은 무엇인가?
① 필라델피아(Philadelphia) – 도멘 생미셸(Domaine Ste. Michelle)
② 니키타(La Femme Nikita) – 태탱저(Taittanger)
③ 바베트의 만찬(Babette's Feast) – 뵈브 클리코(Veuve Clicquot)
④ 와인 미라클(Bottle Shock) – 스택스 립 와인 셀러스(Stag's Leap Wine Cellars)

09 1991년 처음 만들어진 이후 주기적으로 재평가를 지속하고 업데이트하여 시장의 현실과 변화를 가장 잘 반영하였다는 평을 받는 호주의 프리미엄 와인 등급 체계는 무엇인가?
① 랭턴즈 등급(Langton's Classification)
② 호주 등급(Australian Classification)
③ 울워스 등급(Woolwoth's Classification)
④ 호주와인협회 등급(Wine Australia's Classification)

10 알바리뇨(Albarino)를 주품종으로 고품질 화이트 와인을 생산하는 스페인 북서부에 위치한 와인 산지는 어디인가?
① 루에다(Rueda)   ② 리아스 바이샤스(Rias Baixas)
③ 리오하(Rioja)   ④ 토로(Toro)

11 프랑스의 샤토(Chateau)와 같은 의미로 와인 라벨에 사용하는 용어로 올바르지 않은 것은 무엇인가?
① 카스텔로(Castello)   ② 슐로스(Schloss)
③ 카스티야(Castilla)   ④ 카스티요(Castillo)

12 프랑스 부르고뉴(Bourgogne)의 포도밭 관련 용어에 대한 설명으로 올바르지 않은 것은 무엇인가?
① 클리마(Climat)란 기후라는 의미로, 동일한 테루아를 갖는 포도밭의 특정 구역을 뜻한다.
② 모노폴(Monopole)은 단일 포도밭의 포도로 생산한 와인일 경우 라벨에 표기한다.
③ 크뤼(Cru)는 특정 포도밭, 그 포도로 생산한 와인, 포도밭의 등급 등을 뜻한다.
④ 클로(Clos)는 포도밭의 경계를 담으로 표시했던 것에서 유래한 용어로, 구획되어진 특정 포도밭을 뜻한다.

13 프랑스 부르고뉴(Bourgogne) 코트 드 뉘(Cote de Nuits) 지역의 그랑 크뤼(Grand Cru) 명칭이 아닌 것은 무엇인가?
① 샹베르탱(Chambertin)   ② 로마네 콩티(Romanee-Conti)
③ 뮈지니(Musigny)   ④ 코르통(Corton)

14 프랑스 보르도(Bordeaux) 메독(Medoc)의 그랑 크뤼 클라쎄(Grand Cru Classe) 2등급 와인이 아닌 것은 무엇인가?
① 샤토 팔메(Chateau Palmer)
② 샤토 브랑 캉트낙(Chateau Brane-Cantenac)
③ 샤토 로장 가시(Chateau Rauzan-Gassies)
④ 샤토 뒤포르 비방(Chateau Durfort-Vivens)

15 이탈리아의 스파클링 와인 중 단일 포도 품종으로만 양조하는 것은 무엇인가?
① 프란치아코르타(Franciacorta) ② 아스티(Asti)
③ 람브루스코(Lambrusco) ④ 프로세코(Prosecco)

16 포르투갈의 포트 와인(Port Wine)에 사용하는 주요 품종이 아닌 것은 무엇인가?
① 투리가 나씨오날(Touriga Nacional)
② 알바리뉴(Alvarinho)
③ 투리가 프란세사(Touriga Francesa)
④ 틴타 로리스(Tinta Roriz)

17 2,000년 이상의 오랜 역사를 가진 그리스 와인으로 양조 시 송진으로 용기를 밀봉한 전통에서 유래되었으며, 현재는 포도즙을 발효하는 과정에서 알레포(Aleppo) 송진을 첨가하여 독특한 풍미를 부여하는 와인의 명칭은 무엇인가?
① 파트라스(Patras) ② 사모스(Samos)
③ 빈산토(Vinsanto) ④ 레치나(Retsina)

18 루마니아에서 주로 재배되는 토착 포도 품종이 아닌 것은 무엇인가?
① 페테아스카 알바(Fetească Albă)
② 타마이오아싸 로마네아스카(Tămaioasă Romanească)
③ 르카치텔리(Rkatziteli)
④ 그라싸 드 코트나리(Grasă de Cotnari)

19 전 세계 재배 면적의 대부분이 아르헨티나에 분포하는 청포도 품종은 무엇인가?
① 토론테스(Torrontes) ② 말벡(Malbec)
③ 바르베라(Barbera) ④ 베르멘티노(Vermentino)

20 미국 와이너리 이름과 위치한 주의 연결이 올바르지 않은 것은 무엇인가?
① 샤토 생미셸(Chateau Ste. Michelle) - 워싱턴(Washington)
② 컬럼비아 크레스트(Columbia Crest) - 오리건(Oregon)
③ 조단 빈야드 앤 와이너리(Jordan Vineyard & Winery) - 캘리포니아(California)
④ 브라더후드 와이너리(Brotherhood Winery) - 뉴욕(New York)

21 칠레 와인 산지 명칭을 북쪽부터 남쪽으로 순서대로 나열한 것은 무엇인가?
① 마이포 밸리(Maipo Valley) - 라펠 밸리(Rapel Valley) - 쿠리코 밸리(Curico Valley) - 마울레 밸리(Maule Valley) - 아콩카구아 밸리(Aconcagua Valley)
② 아콩카구아 밸리(Aconcagua Valley) - 마이포 밸리(Maipo Valley) - 라펠 밸리(Rapel Valley) - 쿠리코 밸리(Curico Valley) - 마울레 밸리(Maule Valley)
③ 마울레 밸리(Maule Valley) - 아콩카구아 밸리(Aconcagua Valley) - 마이포 밸리(Maipo Valley) - 라펠 밸리(Rapel Valley) - 쿠리코 밸리(Curico Valley)
④ 쿠리코 밸리(Curico Valley) - 마울레 밸리(Maule Valley) - 아콩카구아 밸리(Aconcagua Valley) - 마이포 밸리(Maipo Valley) - 라펠 밸리(Rapel Valley)

22 뉴질랜드 남섬에 위치한 와인 산지와 주품종의 연결이 올바르지 않은 것은 무엇인가?
① 말보로(Marlborough) - 소비뇽 블랑(Sauvignon Blanc)
② 넬슨(Nelson) - 소비뇽 블랑(Sauvignon Blanc)
③ 와이파라(Waipara) - 피노 누아(Pinot Noir)
④ 센트럴 오타고(Central Otago) - 메를로(Merlot)

23 남아프리카공화국 와인 산지와 그에 관한 설명으로 올바르지 않은 것은 무엇인가?
① 스텔렌보쉬(Stellenbosch) - 전체 생산량의 약 15%를 차지하며, 최상급 양조장들이 밀집한 고품질 레드 와인 산지다.
② 팔(Paal) - 전통적인 레드 와인 산지로 1918년에 설립된 KWV의 본부가 위치한다.
③ 콘스탄시아(Constantia) - 과거 스위트 와인 명산지에서 최근 드라이한 화이트 와인 산지로 변모하고 있다.
④ 엘진(Elgin) - 전체 생산량의 약 45%를 차지하며 벌크 와인, 주정강화 와인, 브랜디를 주로 생산한다.

24 일본와인에 관한 설명으로 올바르지 않은 것은 무엇인가?

① 일본의 대표적인 청포도 품종인 고슈(甲州)는 비티스 비니페라(Vitis vinifera)로 껍질은 핑크색을 띤다.

② 일본와인을 생산하는 와이너리가 가장 많은 지역은 야마나시현(山梨県)이다.

③ 일본의 홋카이도(北海道)는 독일과 유사한 한랭한 기후대로 주요 포도 품종으로는 케르너(Kerner), 뮐러 투르가우(Muller-Thurgau)가 유명하다.

④ 일본에서 와인 양조용 포도로 가장 많이 사용되는 적포도 품종은 캠벨 얼리(Campbell Early)이다.

※ 다음 문제를 읽고 정답을 답하시오. (단답형: 배점 각3점, 총18점)

01 1976년 5월 24일 프랑스 파리에서 스티븐 스퍼리어(Steven Spurrier)가 주최한 프랑스 와인과 캘리포니아 와인의 블라인드 테이스팅 행사는 예상을 뒤엎는 놀라운 결과를 단독 보도했던 시사주간지「타임(Time)」에 의해 전 세계에 알려졌다. 이후 캘리포니아 와인의 세계적인 명성을 가져오게 된 이 사건은 당시 타임지 기사의 제목으로 불리며 널리 알려졌는데, 이것은 무엇인가?

02 프랑스 남서부 마디랑(Madiran)의 토착 품종으로 우루과이를 비롯한 남미 대륙에서도 많이 재배하는 적포도 품종은 무엇인가?

03 포도나무의 수형관리 방식(Vine Training System) 중 프랑스 코트 뒤 론(Cotes du Rhone) 지역 등 일조량이 많고 건조하며 바람도 강한 지역에서 많이 적용하는 방식은 무엇인가?

04 주로 내추럴와인에서 나타나는 마굿간 냄새, 말안장 냄새, 쥐오줌 냄새는 어떤 미생물로부터 기인하는가?

05 쥐라기 시절에 형성되어 점토, 석회석, 굴 껍질 등으로 구성되며 샤르도네(Chardonnay) 포도재배에 적합한 프랑스 샤블리(Chablis) 지역의 토양을 무엇이라고 하는가?

06 중국 북서부에 위치한 대표적인 와인 산지 세 곳의 지역 명칭을 쓰시오.

※ 다음 문제를 읽고 정답을 서술하시오. (서술형 배점: 각 8점, 총 16점)

01 포도 재배에 영향을 주는 요소 중의 하나라고 할 수 있는 토양 중, 진흙과 자갈이 많은 토양이 포도 및 와인 특성에 미치는 영향을 비교하여 설명하시오.

02 화이트 와인과 레드 와인의 적정 시음 온도가 다른 이유를 쓰시오.

사단법인 한국국제소믈리에협회 시행
와인 어드밴스드 소믈리에 자격검정 필기시험 모범답안

Ⅰ. OX 문제(1점/총18점)

01 ○	06 ○	11 X	16 ○
02 X	07 ○	12 ○	17 X
03 X	08 ○	13 X	18 ○
04 ○	09 X	14 ○	
05 ○	10 X	15 X	

Ⅱ. 선택형 문제(2점/총48점)

01 ④	06 ②	11 ③	16 ②	21 ②
02 ①	07 ①	12 ②	17 ④	22 ④
03 ④	08 ④	13 ④	18 ③	23 ④
04 ④	09 ①	14 ①	19 ①	24 ④
05 ②	10 ②	15 ②	20 ②	

Ⅲ. 단답형 문제(3점/총18점)

01 파리의 심판(Judgement of Paris)

02 타나(Tannat)

03 고블렛(Goblet) 또는 덤불(Bush)

04 브레타노미세스(Brettanomyces) 효모

05 키메리지안(Kimmeridgien)

06 신장(Xinjiang), 간쑤(Gansu), 닝샤(Ningxia)

Ⅳ. 서술형 문제(8점/총16점)

01 자갈이 많은 토양은 낮에 자갈이 열을 흡수하고 밤에 열을 천천히 방출하므로 포도나무가 생육에 필요한 열을 더 많이 확보할 수 있기 때문에 포도의 당분 축적에 유리하고 타닌(Tannin)이 많고 알코올 도수가 높은 상대적으로 무거운 바디의 와인을 생산할 수 있다. 진흙이 많은 토양은 일반적으로 배수가 느려서 토양의 수분이 토양 온도를 낮추기 때문에 포도의 성숙이 지연되어 산(Acids) 축적에 유리하고 와인은 타닌이 적고 알코올 도수가 낮은 상대적으로 가벼운 바디를 나타낸다.

02 화이트 와인의 경우 온도가 너무 높으면 알코올이 두드러지고 가벼운 향이 휘발해서 생동감이 없어지고 밋밋해지며, 레드 와인이 너무 차면 타닌(Tannin)의 쓴맛이 더 강하고 거칠게 느껴지며 부케가 발산되지 않는다. 일반적으로 와인은 온도가 낮으면 신선하고 생동감있게 느껴지며, 쓴맛과 수렴성이 강해지는 반면, 온도가 높으면 향 발산이 잘되고 알코올은 두드러지나 전반적으로 부드러운 미감을 갖는다. 보통 스파클링 와인은 6~8℃, 화이트 와인은 9~14℃, 레드 와인은 13~18℃의 온도에서 제공된다.

사단법인 한국국제소믈리에협회 시행
와인 마스터 소믈리에 자격검정 필기시험 문제

※ 다음 문제를 읽고 O 또는 X로 답하시오. (OX유형 : 배점 1점/총 18점)

01 포도나무는 꺾꽂이를 통해 번식시키는데, 이 과정을 반복하면 포도나무가 테루아(Terroir)에 적응하면서 같은 품종이라도 특성이 조금씩 다른 클론(Clone)을 형성할 수 있으며, 이런 현상은 포도 재배에서 부정적인 현상이다.

02 러시아 고고학자들에 의해 기원전 약 6,000년 이전의 것으로 추정되는 포도의 씨가 발굴된 이후, 현재까지 조지아(Georgia)는 가장 오래된 포도 재배 지역으로 여겨진다.

03 프랑스 론(Rhone) 지역의 코트 로티(Cote-Rotie) AOC의 품종은 시라(Syrah)에 루쌍느(Roussanne)와 마르산느(Marsanne)를 20%까지 블렌딩할 수 있다.

04 DOCG 규정에 따르면, 바롤로 리제르바(Barolo Riserva)는 수확한 날짜로부터 최소 60개월간 숙성해야 하며, 바르바레스코 리제르바(Barbaresco Riserva)는 수확한 날짜로부터 최소 48개월간 숙성한다.

05 국제식품규격위원회(Codex)에서는 와인, 주스 등 다양한 식품에 포함된 이산화황(SO_2)이 10ppm이상일 경우 반드시 표시하도록 강제하고 있는데 이것은 알레르기를 유발시킬 수 있기 때문이다.

06 우리술 제조에서 덧술이란 본 담금에 앞서 술의 안정적인 발효를 위해 효모를 배양하여 증식시킨 것을 말한다.

07 스페인 쉐리(Sherry)는 오크 바리카(Oak Barrica)에 담긴 서로 다른 연차의 와인을 블렌딩하는 솔레라 방식(Solera System)으로 숙성되는데, 층 별로 쌓아 올린 바리카들 중 가장 바닥에 위치한 단을 '크리아데라(Criadera)'라고 하며, 그 위에 올린 단들을 '솔레라(Solera)'라고 지칭한다.

08 포르투갈에서 가장 많이 재배하는 포도 품종은 투리가 나씨오날(Touriga Nacional)이다.

09 슬로베니아 와인의 PGI(Protected Geographical Indication) 명칭은 세 개의 지정된 와인 산지 중 한 지역에서 재배한 포도를 100% 사용해야 한다.

10 칠레 와인의 라벨에 그란 레세르바(Gran Reserva)와 레세르바 프리바다(Reserva Privada)는 알코올 12% 이상일 때 표기 가능하다.

11 아르헨티나의 라 팜파(La Pampa), 네우켄(Neuquen), 리오 네그로(Rio Negro) 지역이 속한 주(Province)는 쿠요(Cuyo)다.

12 호주에서는 늦수확하여 당도가 높은 포도를 사용하여 오래 전부터 생산한 감미로운 풍미를 지닌 스위트 와인을 '스티키즈(Stickies)'라고 부른다.

13 비티스 비니페라(Vitis vinifera)에 속하는 품종과 비티스 리파리아(Vitis riparia)에 속하는 품종을 서로 교배하여 얻은 품종은 크로스(Cross) 품종이다.

14 조선시대 문헌인「양주방(釀酒方)」에 기록된 포도주 양조법에 따르면 포도를 발효시켜 양조하는 현재의 와인 양조법과 비슷하다.

15 독일 라인가우(Rheingau) 지역에서 주로 재배하는 도른펠더(Dornfelder)는 교배종으로 짙은 색상과 풍부한 향, 적당한 타닌(Tannin)을 지녀 오크 숙성에도 적합하며 재배 면적이 점차 증가하고 있다.

※ 다음 문제를 읽고 정답을 선택하시오. (선택형: 배점 2점/총 50점)

01 바이오다이내믹(Biodynamic) 생산방식을 추구하는 와이너리가 아닌 것은 무엇인가?
① 도멘 르루아(Domaine Leroy)   ② 도멘 드 라 로마네 콩티(DRC)
③ 도멘 르플레브(Domaine Leflaive)   ④ 도멘 라피에르(Domaine Lapierre)

02 지구 온난화에 의한 기후 변화와 관련된 설명으로 올바르지 않은 것은 무엇인가?
① 20세기 동안 유럽 대륙의 기온이 2~5°C 상승하였고 미국 캘리포니아(California)와 호주, 남부 유럽의 강우량이 증가하였다.
② 산지별로 재배를 허용하는 품종을 교체하거나 같은 품종이라 해도 달라진 품종 특성에 따른 와인 스타일의 변화를 시도한다.
③ 서늘한 기후의 대표 지역인 독일 모젤(Mosel)지역에서 아이스 와인을 생산하지 못하는 일이 발생한다.
④ 온실가스의 이산화탄소가 포도나무에 피해를 입히는 병충해의 종류를 변화시킨다.

03 와인 양조 중 이산화황(SO₂)의 사용과 관련한 설명으로 올바르지 않은 것은 무엇인가?
① 청포도 착즙 후 첨가하여 주스의 갈변을 막는다.
② 와인이 산소와 많이 접촉하는 양조 과정에서 첨가하여 와인 성분의 산화를 막는다.
③ 주스나 와인의 산도가 높아서 pH가 낮으면 첨가량을 늘려야 한다.
④ 젖산 발효(Malolactic Fermentation)가 끝난 후 첨가하여 잔존하는 젖산균을 죽인다.

04 포도 재배와 토양의 관계에 관한 설명으로 올바르지 않은 것은 무엇인가?
① 화강암질(Granite) 토양은 칼슘과 마그네슘이 상대적으로 부족하여 포도의 산도가 상대적으로 낮다.
② 토양에 진흙이 적당히 섞이면 토양의 수분 함량이 유지되어 포도나무에 적절히 물을 공급해 줄 수 있다.
③ 현무암질(Basalt) 토양은 칼슘과 마그네슘이 풍부하여 뿌리의 물 흡수를 방해할 수 있다.
④ 토양의 칼륨은 포도의 산 축적을 증가시킨다.

05 프랑스 샹파뉴(Champagne)에서 재배한 포도를 구입해서 와인을 양조하는 형태의 샹파뉴 생산자를 일컫는 용어는 무엇인가?
① 레콜탕 마니퓔랑(Recoltant Manipulant, RM)
② 코페라티브 드 마니퓔랑(Cooperative de Manipulation, CM)
③ 네고시앙 마니퓔랑(Negociant Manipulant, NM)
④ 소시에테 드 레콜탕(Societe de Recoltants, SR)

06 와인 오크통의 용량을 큰 것부터 작은 것으로 올바르게 나열한 것은 무엇인가?
① 톤노(Tonneau) - 바리크(Barrique) - 피에스(Piece)
② 톤노(Tonneau) - 푸드르(Poudre) - 바리크(Barrique)
③ 푸드르(Poudre) - 톤노(Tonneau) - 피에스(Piece)
④ 푸드르(Poudre) - 바리크(Barrique) - 톤노(Tonneau)

07 포도 착즙 후 남은 찌꺼기를 발효시켜서 증류한 술 또는 와인을 압착한 후 남은 찌꺼기를 증류한 술이 아닌 것은 무엇인가?
① 마르(Marc)
② 바가세이라(Bagaceira)
③ 그라파(Grappa)
④ 피스코(Pisco)

08 독일 VDP(Verband Deutscher Pradikatsweinguter und Qualitatsweinguter)의 와인 생산 규정에 관한 설명으로 올바르지 않은 내용은 무엇인가?
① 직접 소유한 포도밭에서 독일 전통 품종만 재배해야 하며 손 수확이 의무적이다.
② 친환경 및 지속가능한 재배 방식을 사용하여 직접 소유한 양조시설에서 양조해야 한다.
③ 생산된 와인은 특정 산지와 품종의 특성이 뚜렷이 표현되어야 한다.
④ 품질 수준을 유지하기 위해 포도밭과 양조기술에 대한 정기검사와 인증이 필요하다.

09 필록세라(Phylloxera)에 관한 역사적인 사실로 올바르지 않은 것은 무엇인가?
① 1863년 영국과 프랑스 남부 지방에서 필록세라 감염 사례가 처음 보고되었다.
② 1868년 국가위원회는 녹황색 진딧물을 포도밭 전멸의 원인으로 지목하고 '필록세라 바스타트릭스(Phylloxera vastatrix)'라는 이름을 붙였다.
③ 1870년 프랑스 정부는 필록세라 퇴치법으로 접목법(Grafting)을 프랑스 전역에서 시행하는 법안을 통과시켰다.
④ 1880년대 프랑스의 와인 생산량은 필록세라로 인해 이전 생산량의 절반까지 감소했다.

10 몰도바 와인에 관한 설명으로 올바르지 않은 것은 무엇인가?
① 프랑스의 보르도(Bordeaux), 부르고뉴(Bourgogne)와 거의 비슷한 위도선에 위치한다.
② 전체 포도밭 중 약 60%는 계곡과 경사진 언덕에 위치한다.
③ 전체 생산 와인 중 레드 와인의 비중이 60% 이상을 차지한다.
④ 크리코바(Cricova), 카스텔 미미(Castel Mimi), 라다치니(Radacini) 등이 대표적인 생산자이다.

11 니혼슈(日本酒)에서 지역별 대표 주조호적미(酒造好適米)의 연결로 올바르지 않은 것은 무엇인가?
① 나가노현(長野縣) – 미야마니시키(美山錦)
② 야마가타현(山形縣) – 오마치(雄町)
③ 효고현(兵庫縣) – 야마다니시키(山田錦)
④ 니가타현(新潟縣) – 고햐쿠만고쿠(五百万石)

12 프랑스 샤블리(Chablis) 지방에서 소비뇽 블랑(Sauvignon Blanc)을 재배하는 AOC 명칭은 무엇인가?
① 페(Fye)
② 생브리(Saint-Bris)
③ 밀리(Milly)
④ 푸앙쉬(Poinchy)

13 이탈리아 마르살라(Marsala)에 대한 설명으로 올바르지 않은 것은 무엇인가?
① 시칠리아(Sicilia) 서쪽 끝에 위치한 같은 이름의 도시에서 그 명칭이 유래하였다.
② 가장 오래된 기록은 1773년에 영국인 존 우드하우스(John Woodhouse)가 브랜디를 첨가한 와인을 트라파니(Trapani) 항구에서 영국으로 보냈다는 내용이다.
③ 색상에 따라 오로(Oro), 루비노(Rubino), 로쏘(Rosso)의 세 종류로 분류한다.
④ 마르살라 루비노(Marsala Rubino)는 적포도 품종에 청포도 품종을 30%까지 블렌딩 할 수 있다.

14 이탈리아 와인 명칭과 해당되는 주요 품종의 연결이 올바르지 않은 것은 무엇인가?
① 라크리마 디 모로 달바(Lacrima di Morro d'Alba) DOC - 라크리마(Lacrima)
② 파씨토 디 판텔레리아(Passito di Pantelleria) DOC - 모스카토(Moscato)
③ 모렐리노 디 스칸자노(Morellino di Scansano) DOCG - 산지오베제(Sangiovese)
④ 카스텔 델 몬테(Castel del Monte) DOC - 네그로아마로(Negroamaro)

15 스페인 카바(Cava)에 관한 설명으로 올바르지 않은 것은 무엇인가?
① 1872년 보데가 코도르니우(Bodega Codorniu)의 돈 호세 라벤토스(Don Jose Raventos)는 스페인 최초로 샴파뉴 방식(Champagne Method)으로 양조한 카바를 출시하였다.
② 카바는 카탈루냐(Cataluna) 언어로 와인의 숙성과 보관에 사용되는 저장고(Cellar)를 의미하며, 최소 9개월 이상 숙성 후 출시한다.
③ 로제 타입은 직접 압착(Pressurage direct) 방식을 통해 양조한다.
④ 토착 품종 외에도 국제 품종인 샤르도네(Chardonnay), 피노 누아(Pinot Noir), 수비라(Subirat)가 블렌딩에 허용된다.

16 포르투갈의 마데이라(Madeira) 레드 와인에 허용된 품종이 아닌 것은 무엇인가?
① 틴타 네그라 몰레(Tinta Negra Mole)
② 부알(Boal)
③ 바스타르두(Bastardo)
④ 테란테스(Terrantez)

17 1995년 국제소믈리에협회(Association de la Sommellerie Internationale, ASI)가 주최한 '세계 베스트 소믈리에 대회(Best Sommelier of the World)'에서 아시아인 최초로 우승한 인물은 누구인가?
① 타니 노부히데(Nobuhide Tani) ② 사토 유이치(Youichi Sato)
③ 타사키 신야(Shinya Tasaki) ④ 이시다 히로시(Hiroshi Ishida)

18 미국 주요 와이너리 이름과 해당 AVA의 연결이 올바르지 않은 것은 무엇인가?
① 키슬러(Kistler) – 소노마 밸리(Sonoma Valley)
② 파 니엔테(Far Niente) – 오크빌(Oakville)
③ 에라스 와이너리(Erath Winery) – 던디 힐즈(Dundee Hills)
④ 아이리 빈야즈(Eyrie Vineyards) – 산타 크루즈(Santa Cruz)

19 음식과 와인의 페어링 사례로 어울리지 않는 것은 무엇인가?
① 학센(Haxen) – 독일 모젤(Mosel) 와인
② 하몽(Jamon) – 스페인 비뉴베르데(Vinho Verde) 와인
③ 달팽이(Escargot) – 프랑스 샤블리(Chablis) 와인
④ 푸아그라(Foie gras) – 프랑스 소테른(Sauternes) 와인

20 미국 와인에 대한 설명으로 올바르지 않은 것은 무엇인가?
① 1979년 샤토 무통 로칠드(Chateau Mouton Rothschild)와 로버트 몬다비 와이너리(Robert Mondavi Winery)가 합작하여 만든 메리티지(Meritage) 와인은 오퍼스 원(Opus One)이다.
② 1974년 조셉 펠프스(Joseph Phelps)가 생산한 메리티지 와인은 인시그니아(Insignia)다.
③ 1994년 설립된 나파 밸리(Napa Valley)의 시네쿼넌(Sine Qua Non)은 프랑스 론(Rhone) 지방의 품종을 블렌딩한 컬트 와인을 생산한다.
④ 2004년 설립된 나파 밸리의 다나 에스테이츠(Dana Estates)는 한국인이 소유하고 있으며, 로투스 빈야드(Lotus Vineyard) 2007년 빈티지가 로버트 파커(Robert Parker) 100점을 획득하였다.

21 캐나다의 VQA(Vintners Quality Alliance) 규정에 관한 내용으로 올바르지 않은 것은 무엇인가?
  ① 아이스 와인용 포도는 포도즙의 당도가 35°Brix (153.5 Ochsle) 이상이어야 한다.
  ② 온타리오(Ontario) 주와 브리티시 컬럼비아(British Columbia) 주 모두 와인 라벨에 단일 품종 및 빈티지를 표기하려면 해당 품종 및 해당 빈티지의 포도를 85% 이상 사용해야 한다.
  ③ 온타리오 주에서는 DVA(Designated Viticultural Area) 명칭을 와인 라벨에 표기하려면 해당 DVA에서 생산한 포도를 85% 이상 사용해야 한다.
  ④ 브리티시 컬럼비아 주에서는 DVA 명칭을 와인 라벨에 표기하려면 해당 DVA에서 생산한 포도를 75% 이상 사용해야 한다.

22 칠레 와인과 생산자의 연결이 올바르지 않은 것은 무엇인가?
  ① 돈 막시미아노(Don Maximiano) – 에라주리즈(Errazuriz)
  ② 클로 아팔타(Clos Apalta) – 카사 라포스톨레(Casa Lapostolle)
  ③ 카발로 로코(Caballo Loco) – 쿠지뇨 마쿨(Cousino Macul)
  ④ 돈 멜초(Don Melchor) – 콘차 이 토로(Concha y Toro)

23 아르헨티나 와이너리와 지역의 연결이 올바르지 않은 것은 무엇인가?
  ① 보데가스 라 리오하(Bodegas La Rioja) – 라 리오하(La Rioja)
  ② 카테나 자파타(Catena Zapata) – 루한 데 쿠요(Lujan de Cuyo)
  ③ 트라피체(Trapiche) – 살타(Salta)
  ④ 카이켄(Kaiken) – 멘도사(Mondeza)

24 2016년 기준 뉴질랜드의 지리적표시(Geographical Indications, GI)에 의한 분류에서 북섬에 속한 명칭이 아닌 것은 무엇인가?
  ① 쿠무(Kumeu)   ② 와이타키 밸리(Waitaki Valley)
  ③ 마타카나(Matakana)   ④ 와이헤케 아일랜드(Waiheke Island)

25 1655년 동인도회사의 총독이었던 얀 반 리벡(Jan van Riebeeck)이 남아프리카공화국 케이프(Cape) 지역에 포도밭을 조성하면서 와인 생산을 위한 포도 재배가 시작된 것으로 알려져 있는데, 당시 식재한 포도 품종이 아닌 것은 무엇인가?
  ① 샤르도네(Chardonnay)   ② 세미용(Semillon)
  ③ 슈냉 블랑(Chenin Blanc)   ④ 팔로미노(Palomino)

※ 다음 문제를 읽고 정답을 답하시오. (단답형: 배점 각 2점, 총 20점)

01 1924년에 바이오다이내믹(Biodynamic) 농법의 개념과 와인 생산 철학을 주창한 오스트리아 출신의 인물은 누구인가?

02 수확한 포도의 산도가 너무 낮은 경우 일부 지역에서는 유기산을 첨가하는데, 이 때 첨가하는 유기산은 무엇인가?

03 프랑스 샹파뉴(Champagne) 지방에서 최고의 샤르도네 산지로 유명한 마을 이름 두 곳을 쓰시오.

04 파이퍼스 브룩(Pipers Brook), 무릴라 에스테이트(Moorilla Estate), 힘스커크(Heemskerk) 등이 생산되는 호주의 와인 산지는 어디인가?

05 이탈리아 칭퀘 테레(Cinque Terre) 지역에서 아파씨멘토(Appassimento) 방식으로 생산하는 스위트 와인의 DOC 명칭은 무엇인가?

06 중국 북부지역에서 주목받고 있는 신흥 와인 산지로 카베르네 소비뇽(Cabernet Sauvignon), 카베르네 게르니쉬트(Cabernet Gernischt), 메를로(Merlot), 샤르도네(Chardonnay) 등의 국제 품종으로 고품질 와인을 생산하여 국제와인품평회 등을 통해 세계적으로 인정받고 있는 와인 산지는 어디인가?

07 지중해 원산인 품종으로 그리스, 이탈리아, 슬로베니아 등지에서 주로 재배하며, 포르투갈의 마데이라(Madeira) 지역에서 양조된 주정강화 와인의 라벨에는 맘지(Malmsey)로도 표기하는 포도 품종은 무엇인가?

08 워싱턴(Washington) 주에서 가장 오래된 와이너리인 샤토 생미셸(Chateau Ste. Michelle)의 수석 와인메이커였고, 1998년 미국 와인메이커로서는 최초로 마스터 오브 와인(Master of Wine, MW)에 오른 인물은 누구인가?

09 1998년 뉴질랜드 혹스 베이(Hawke's Bay)에 테리 피바디(Terry Peabody)가 설립하였으며, 2006년에는 와인 스펙테이터(Wine Spectator) 잡지에서 TOP 100 와인 중 96위로 선정한 와인을 생산한 와이너리의 명칭은 무엇인가?

10 13세기부터 벨기에 브뤼셀(Brussels)과 인근 지역에서 발전하였으며, 야생 효모로 천천히 발효시켜 '야생 맥주(Wild Beer)' 또는 특유의 시큼한 맛으로 인해 '사워 맥주(Sour Beer)'라고도 부르는 맥주의 명칭은 무엇인가?

※ 다음 문제를 읽고 정답을 서술하시오. (서술형 배점: 각 10점, 총 50점)

01 포도원에서 포도나무의 가지치기(Pruning)는 1년에 2회 실시한다. 각 시기별로 가지치기의 목적을 서술하시오.

02 와인과 치즈의 조화에 대해 설명하시오.

03 미세기후(Microclimate)가 무엇인지 쓰고 미세기후를 만드는 테루아의 요소들과 포도 재배 기술, 미세기후가 포도와 와인의 어떤 것들에 영향을 주는지를 쓰시오.

04 독일 와인 라벨에 표기되는 '클래식(Classic)' 및 '셀렉션(Selection)'에 대해 간략히 비교 서술하시오.

05 적당한 기온과 일조량, 일교차가 포도 나무의 광합성과 호흡의 균형, 포도의 당분 및 산 축적에 미치는 영향과 그 원리를 서술하시오.

사단법인 한국국제소믈리에협회 시행
와인 마스터 소믈리에 자격검정 필기시험 모범답안

Ⅰ. OX 문제(2점/총 30점)

01 X   06 X   11 X
02 ○   07 X   12 ○
03 X   08 X   13 X
04 X   09 X   14 X
05 ○   10 X   15 X

Ⅱ. 선택형 문제(2점/총 50점)

01 ④   06 ③   11 ②   16 ②   21 ④
02 ①   07 ④   12 ②   17 ③   22 ③
03 ③   08 ①   13 ③   18 ④   23 ③
04 ③   09 ③   14 ④   19 ②   24 ②
05 ③   10 ③   15 ③   20 ③   25 ①

Ⅲ. 단답형 문제(2점/총 20점)

01 루돌프 슈타이너(Rudolf Steiner)
02 주석산(Tartaric Acid)
03 코트 데 블랑(Cote des Blancs), 코트 드 세잔(Cote de Sezanne)
04 태즈매니아(Tasmania)
05 샤케트라(Sciacchetra)
06 닝샤(Ningxia)
07 말바지아(Malvasia)
08 밥 베츠(Bob Betz)
09 크래기 레인지(Craggy Range)
10 람빅(Lambic)

Ⅳ. 서술형 문제(10점/총 50점)

01 첫째, 포도 수확을 끝낸 후 겨울에 실시하는 가지치기는 이듬해의 포도 수확량을 조절함으로써 포도와 와인의 품질을 향상시키기 위한 것이다. 겨울 가지치기는 수형관리 방식(Vine Training System)에 따라 스퍼 프루닝(Spur Pruning), 케인 프루닝(Cane Pruning), 헤드 프루닝(Head Pruning) 등으로 구분하고 이에 따라 지지 구조물(Trellis)도 달라진다.

둘째, 여름에 실시하는 가지치기는 열매를 덮고 있는 잎의 밀집도를 조정하여 포도나무의 일조량과 통풍, 병충해 위험을 조절하고 포도 수확량의 2차적인 조절을 통해 목표로 하는 포도의 품질과 성숙도를 달성하는 것을 목적으로 한다. 즉, 포도생육기간(Growing Season) 중 포도나무의 영양 생장과 생식 생장의 균형을 통해 좋은 품질의 포도를 수확하기 위한 것으로 캐노피 관리(Canopy Management)가 주축을 이루며 좋지 않은 품질의 포도송이를 솎아내는 작업과 수확작업의 편의성도 염두에 두고 진행한다.

02 연성치즈는 가볍게 톡 쏘는 화이트 와인이나 로제 와인, 가벼운 영 레드 와인과 어울리며, 크림이 많은 치즈는 산도가 강한 와인과 잘 어울린다. 경성치즈는 타닌(Tannin)이 풍부한 레드 와인과 어울린다. 치즈 역시 음식과 마찬가지로 특정 지역 와인에는 그 지역 치즈가 잘 어울린다.

03 미세기후는 주변 환경과 다른 국소지역의 기후를 뜻하며 미세기후가 다른 경우 포도와 와인 특성이 달라질 수 있다. 같은 기후를 가진 같은 포도밭이라도 포도밭의 고도와 방향, 경사도, 안개와 상대습도 등 물의 영향, 일교차, 바람의 온도와 통과 방향, 토양의 입자와 조성, 포도나무의 캐노피 관리(Canopy Management) 등에 차이가 있는 경우 실제 포도나무의 재배 환경이 달라질 수 있다. 미세기후가 다르면 포도의 당분과 산, 풍미 성분, 색소 등 열매의 성분이 달라지고 포도 수확 시기에 영향을 주며 그에 따라 와인의 알코올과 산도, 색, 풍미, 바디, 숙성 잠재력과 품질이 달라질 수 있다.

독일 와인의 '드라이 와인'에 관한 새로운 표시법에 의해 제시된 것으로 EU 위원회의 승인과 독일 국회의 심의를 거쳐 2000년부터 도입되었다. 두 가지 명칭 모두 기본적으로 품질와인(Qualitatswein) 등급 이상의 드라이 와인에 적용하며, 지역을 대표하는 품종으로 선정하되 단일 품종으로 양조하는 것이 기본이다.

04 클래식(Classic)은 13개 지정된 산지에서 재배한 포도로 양조하며, 알코올 도수는 최소 12%, 잔여당도는 최대 15g의 기준을 충족해야 한다.

셀렉션(Selection)은 13개 지정된 산지 내의 단일포도원에서 재배한 포도로 양조하며 알코올 도수는 최소 12.2%, 잔여당도는 최대 12g의 기준을 충족해야 한다. 또한 손 수확이 의무이고 수확량은 60hl/ha 이하로 유지하며 수확 다음해 9월 1일 이후 병입 가능하다.

05 좋은 품질의 포도를 얻기 위해서는 적당한 온도와 일조량이 반드시 필요하고 일교차가 있는 것이 유리하다. 포도나무는 햇빛이 있는 낮에는 광합성을 통해 당분과 산, 풍미 등 여러 가지 성분들을 생성하여 축적함과 동시에 호흡을 통해 당분을 분해하고, 밤에는 광합성이 일어나지 않으므로 당분을 소모하는 호흡만 일어난다. 광합성과 호흡은 최적 온도 범위가 있는데, 일조량이 지나치면 기온이 너무 올라가서 광합성 관련 효소의 활성이 감소하기 때문에 광합성 효율이 낮아질 수 있고, 포도 성숙기의 기온이 너무 높으면 유기산 분해 효소가 활성화되어 유기산이 분해되므로 산 축적에 불리하다. 일교차가 커서 밤 기온이 낮으면 밤 동안의 호흡량이 감소하여 성분들의 분해가 감소하므로 낮 동안 포도에 축적된 성분들을 유지할 수 있다. 따라서 일조량이 많고 기온이 지나치게 높고 일교차가 적은 기후는 포도의 성분 축적에 불리하다. 적당한 기온과 일조량, 큰 일교차는 광합성 효율은 높고 성분의 분해는 감소하기 때문에 포도 성분의 축적에 유리하다.

Questionnaire 2021
ASI Certification Exam

01 Which of the following does not belong to the DO Catalunya?
(Incorrect answers will yield a 50% penalty on the points of the question.)

    Calatayud   Tarragona

    Conca de Barberá   Plá de Bages

    Costers del Segre   Montsant

02 State the three main regulations of the Ron de Venezuelan DOC.

- 1. Forbids the alteration of the mixture of rum by use of substances that provide artificial color, flavor or aroma.
- 2. A minimum of two years spent aging in white oak barrels
- 3. At least 40% anhydrous alcohol
- 4. none of the raw materials are mixed with molasses nor alcohol from other countries

03 Which official body inherited the regulation of the trading of wine from the BATF in the USA?

TTB (Alcohol and Tobacco Tax and Trade Bureau)

*BATF is Bureau of Alcohol, Tobacco, Firearms and Explosives

04 What are the following parameters required by Canadian law for an Icewine?

Minimum alcoholic content — 7% abv
Maximum alcoholic content — 14.9% abv
Minimum sugar residue — Min. 100g/L

05 Mention the three major VQA in the Ontario region, Canada

- Prince Edward County
- Niagara Peninsula
- Lake Erie North Shore

06 Name the three sub-regions of DO Porto and say which one of them has the warmest and driest climate.

Baixo Corgo, Cima Corgo, Douro Superior

07 What was the first harvest in which Chilean producers obtained permission to label a wine as Carmenere?

Viña Carmen in 1998

08 Indicate the name of the AOP/AOC on this map

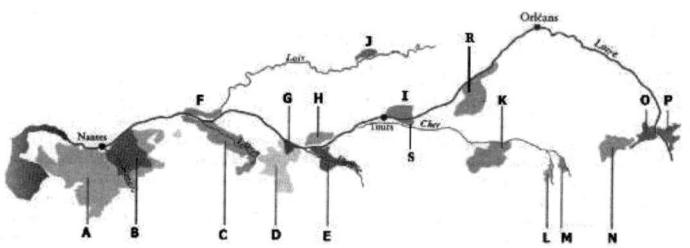

A	Muscadet
B	Muscadet Sèvre et Maine
C	Coteaux du Layon
D	Saumur
E	Chinon
F	Savennières
G	Saumur Champigny
H	Bourgueil
I	Vouvray
J	Jasnières
K	Valençay
L	Reuilly
M	Quincy
N	Menetou-Salon
O	Sancerre
P	Pouilly-Fumè
R	Cour-Cheverny
S	Montlouis-sur-Loire

09 Rapel Valley is formed by two valleys, say which are they.

Cachapoal and Colchagua

10 Name five characteristics of rice suitable for sake brewing.

Large size grain (large white cores)

Low protein content

High water absorption rate (high solubility during the brewing process)

High enzyme digestibility of steamed rice grains

Low cracking ratio during polishing

11 Give the name of the style or each of the following teas:

Tea name's	Tea Style
Gyokuro	Green Tea
Bai Hao Yin Zhen	White Tea
Lung Chin	Green Tea
JunshanYinzhen	Yellow Tea
Sikkim	Black Tea
Assam	Black Tea
Sencha	Green Tea
MengdingHuangya	Yellow Tea

12 In which State of Australia is each of the following wine regions located?

Wine Regions	State
Mornington Peninsula	Victoria
Hunter Valley	New South Wales
Granite Belt	Queensland
Riverland	South Australia
Eden Valley	South Australia
Yarra Valley	Victoria
Great Southern	Western Australia
Goulburn Valley	Victoria
Swan District	Western Australia
Kangaroo Island	South Australia

13 Give the name of the first person who made wine in New Zealand.

James Busby (in 1833)

14 In which country are the following wineries located?

Wineries	Country
Monsoon Valley	Thailand
Hatten Wines	Indonesia
Mars Winery	Japan
Shandong Taila Winery	China
Aythaya Vineyard	Myanmar
PB Valley Winery	Thailand
Silver Heights Vineyard	China
Coco Farm & Winery	Japan
Sula Vineyards	India
Jade Vineyard	China

15 What is the name of the most popular and the most produced saké brewing rice known as "King of sake rice"?

Yamada Nishiki

16 What is the name of the island state located south of Australia where most of the vineyards are located round Launceston in the north or Hobart in the South and on the East coast around Bicheno.

Tasmania

17 Please establish an order to serve the following wines for a diner :

5	Kanonkop, Paul Sauer, Stellenbosch 2015
6	Domaine des Baumard, Grand Cru, Quarts de Chaume 2006
4	Jacques Tissot, Arbois, Poulsard 2014
7	Ferreira, Doña Antonia, 20 Year Old
2	Bisci, Vigneto Fogliano, Verdicchio di Matelica 2016
1	Agrapart, Vénus 2010
3	Paul Jaboulet Aine, Chevalier de Sterimberg, Hermitage, 2015

18 Match the following wines with the cheeses in the chart :

Masi, Recioto della Valpolicella Classico Angelorum, 2012

André & Michel Quenard, Les Terrasses, Chignin-Bergeron, 2016

André et Mireille Tissot, Château Chalon Vin Jaune 2010

Argyros, Assyrtiko, 2016

Château La Tour Blanche 2003

CHEESE	WINE
Abondance	André & Michel Quenard, Les Terrasses, Chignin-Bergeron, 2016
Gorgonzola	Masi, Recioto della Valpolicella Classico Angelorum, 2012
Roquefort	Château La Tour Blanche, 2003
Feta	Argyros, Assyrtiko, 2016
Comté	André et Mireille Tissot, Château Chalon Vin Jaune, 2010

19 Name three official climats of Morgon

Cote de Py

Les Charmes

Les Micouds

Others: Douby, Grand Cras, Conrcelette

20 Which of the following is not a village of Margaux? (Incorrect answers will yield a 50% penalty on the question.)

Arsac — Labarde — Cantenac — Soussans — Loupiac

21 On which white wine appellation do you find a soil named ARZELLE?

Condrieu

22 Name all three French AOP with Clairette in the appellation name

Clairette du Languedoc

Clairette de Die

Clairette de Bellegarde

23 Specify the name of the Province where each of these IG are located (Mendoza, Buenos Aires, Chubut, La Rioja, Jujuy, Salta)

IG	PROVINCE
Cafayate — Valle de Cafayate	Salta
Chapadmalal	Buenos Aires
Famatina	La Rioja
Los Chacayes	Mendoza
Quebrada de Humahuaca	Jujuy
Trevelin	Chubut

24 In which country do you find the wine regions of Zaccar and Medea?
Algeria

25 What is Boukha?
A distilled beverage produced from figs (Eau de Vie)

26 What sweet wine is produced on the island in the picture?

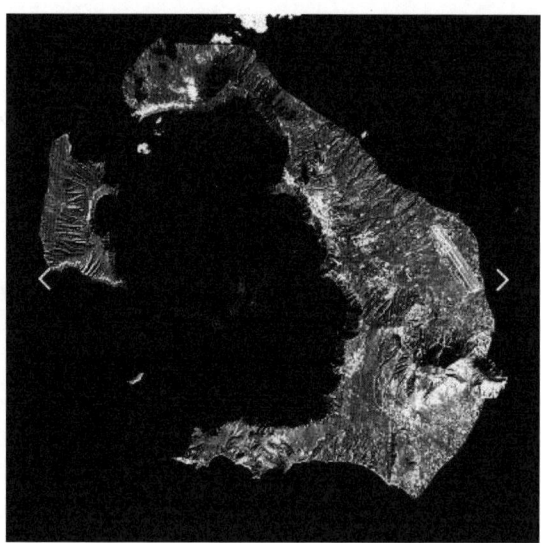

Vinsanto from Santorini

27 Give a synonym for the following names:

Sams	Carignan
Steen	Chenin Blanc
Riesling Italico	Welschriesling
Mataro	Mourvedre
Pineau de la Loire	Chenin Blanc
Listan	Palomino
Aragonez	Tempranillo

28 What are the three sub varieties of Torrontés in Argentina?

Torrontés Riojano

Torrontés Sanjuanino

Torrontés Mendocino

29 What is the altitude of the Bekaa plain where most of Lebanon's vineyards are located?

Average 950m

30 In which country each of the following wines is elaborated?

Chateau Nuzun	Turkey
Chapel Down	England
Vilafonté	South Africa
Benjamin Bridge	Canada
Grosset	Australia
Gosset	France
Bründlmayer	Austria
Ixsir	Lebanon
Dominus	USA
Pingus	Spain
Angelus	France
La Ferme Rouge	Morocco

31 On this Map please name the different wine producing appellations

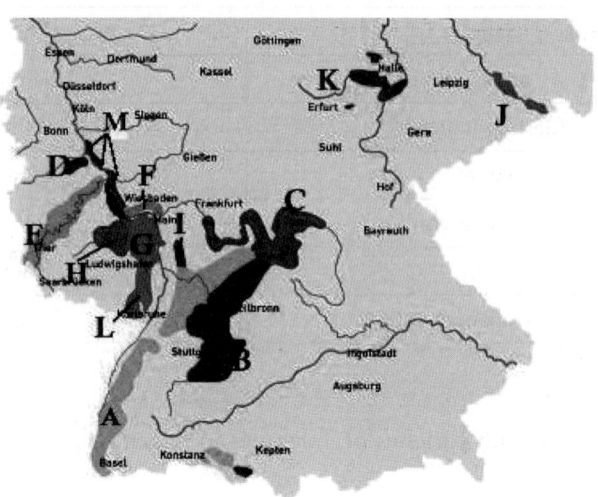

A	Baden
B	Württemberg
C	Franken
D	Ahr
E	Mosel
F	Rheingau
G	Rheinhessen
H	Nahe
I	Hessische Bergstrasse
J	Sachsen
K	Saale-Unstrut
L	Pfalz
M	Mittelrhein

32 Name four indigenous varieties in Russia that can produce wine with controlled appellation of origin.

Answers
Krasnostop(Red)
Tsymlyansky(Red)
Sibirkovy(White)
Kokur(White)

33 Fill in the six blank spaces below :

White Cultivar	Greek PDO/ Island	Name of the connected Sea zone to this PDO
Assyrtiko	Santorini	Aegean Sea
Robola, Tsaoussi, Muscat	Cephalonia	Ionian Sea
Muscat Blanc	Samos	Aegean Sea
Vidiano, Vilana, Liatiko, Kotsifali	Peza/Crete	Cretan Sea

34 Find the intruder.

Fetească Alba

Fetească Regola

Tămîjasă Romănească

Galbeña

Rosioară

35 In ancient Greece was established the professional term OINOHOOS. How is it well known globally nowadays?

Sommelier

36 Name the biggest wine region of Georgia

Kakheti

37 What is a PIWI wine

A short term for Pilzwilderstandsfähig. It means the wines from fungus-resistant grape varieties.

38 What appellation is located South of the Sierra of Cantabria

Rioja

39 What is the most planted grape in Montilla Moriles?

Pedro Ximenez

40 In 2021 in Champagne, what is the most planted grape?
Incorrect answers will yield a 50% penalty on the points of the question

a. Pinot Noir
b. Pinot Meunier
c. Arbane
d. Chardonnay

41 What is the name of the Chinese Wine Estate of the Domaine Baron de Rothschild(Lafite) launched in 2019, and where is it located?

Domaine Long Dai

42 In the Cohiba range, which one of these cigars is the longest.
(A wrong answer will attract a penalty of 50% of the question)

a. Panatelas
b. Robustos
c. Lanceros
d. Esquisitios

43 Where is Rogue Valley Located

Oregon, USA

44 What is the average annual rainfall in Blenheim. A wrong answer will bring 50% penalty on this question.

a. 500 mm
b. 700 mm
c. 950 mm
d. 1250 mm

45 What is the name of the traditional bottle from Franken?

Bocksbeutel

46 What is "Cerdon"?

Subzone of Bugey AOP. It produces Methode Ancestral wine from Gamay and Poulsard

47 Please name the 5 Grands Crus Classés in 1855 from Saint Estèphe, and indicate their ranking in the 1855 classification.

Wine Producer	Classification
Château Cos d'Estournel	2nd
Château Montrose	2nd
Château Calon-Segur	3rd
Château Lafon-Rochet	4th
Château Cos Labory	5th

48 Please allocate each distillery to its region:

Highlands, Speyside, Lowlands, Islay, Campbeltown, Islands, or NA(N/A means the distillery is not from these above mentioned regions)

Bowmore	Islay
Aberlour	Speyside
Bunnahabhain	Islay
Jameson	N/A(Dublin, Ireland)
Ardmore	Highlands
Glengyle	Campbeltown
Talisker	Islands
Lagavulin	Islay

49 How is called the Pomace spirit made in the following countries?

Chacha	Georgia
Marc	France
Grappa	Italy
Tsipouro	Greece
Bagaceira	Portugal
Rakia	Serbia

50 What is Brouillis?

The distillate that is collected during the first distillation. It is typically about 30% alcohol by volume. Also known as "low wine"

51 What are the two villages who can claim the AOP Bonnes Mares?

Chambolle Musigny

Morey Saint Denis

52 What is Macvin?

It is a term used in Jura indicating Vin de Liqueur/Mistelle

53 You serve Manzanilla La Gitana by the glass, by 7cl pours, only at lunch, to all your VIP clients. You are full at every service. You can seat 12 clients in the VIP room. You are open Monday to Friday full day, and Saturday night. What is the minimum number of bottles you need to have in stock every week?

6 bottles

54 hat is/are the grape(s) used to produced AOP Château Chalon?

Savagnin

55 What are the Wards contained within the Cape Town Wine of Origin District?

Constantia, Durbanville, Hout Bay, Philadelphia

56 How many times, at the minimum, Armagnac is distilled to get the appellation Bas-Armagnac.

Continuous Still — Once

57 What is the most recently declared DOCG from Piemonte?

Terre Alfieri DOCG

58 What is a Tenaz?

Port tongs

59 What is Bentonite, and what is its purpose

Bentonite is a type of clay. This is fining agent that used particularly for white wines to remove proteins.

60 What are the three natural acids mostly found in grape juice

Tartaric acid, Malic acid, and Citric acid

61 What are R110, P1103 , 3309C, SO4?

Type of rootstocks

62 Give 5 scales to measure the must concentration in sugar

Brix, Baumè, Öchsle, KMW, Balling

63 What is an orange wine?

This is a wine which has orange color. It is from white grapes which are fermented with a skin.

64 What is the maximum liqueur de tirage added to a Méthode Ancestrale before its bottle fermentation? In gram per litre or in percentage.

No liqueur de tirage.

65 How many bottles of 75cl can be bottled from one Tonneau of Bordeaux Supérieur AOP?

1,200 Bottles

66 What seashell is the traditional pairing for the Guinness Beer?

Oyster

67 You took over the beverage management of a restaurant, and you find a stock of Krug Grande Cuvée NV in different places and fridge. What is the easiest way to assess the age or freshness of these bottles?

Look at the edition number. If the numbers are same check a Krug ID on Internet or Krug APP.

68 Which French author, born in 1846, created the concept of "brigade" for the restaurants?

Georges Auguste Escoffier

69 Which Appellation you will first find following the Rhone river from its sources that is partly planted with the offspring of Dureza and Mondeuse blanche.

Valais(Isère)

70 How many half bottles can you get out of a Champagne Salmanazar?

9L (24 bottles)

71 Please find the producers from these cuvées:

Comtes de Champagne	Taittinger
Tignanello	Antinori
Bin 389	Penfolds
Vin de Constance	Klein Constantia
La Turque	E. Guigal
Le Pavillon	M. Chapoutier
Le Cigare Volant	Bonny Doon
La Grande Rue	Francois Lamarche
Dona Antonia	Ferreira
Grans Muralles	Torres

72 Explain each dish and suggest one wine pairing per each traditional dish. Each wine suggested must come from a different ASI continent.

Dish Name	Description of the Dish	Suggested wine
Ossobuco Milanese	A classic braised dish of veal shanks with vegetables, white wine, and broth.	Seghesio Old Vine Zinfandel, Sonoma(USA) or Beyerskloof Faith, Stellenbosch(South Africa)
White Fish Ceviche	A Peruvian(South American) seafood dish made from fresh raw fish cured in citrus juice and spices.	Alta Vista Premium Torrontes, Salta, (Argentina) or Tabali, Talinay Sauvignon Blanc, Limari Valley(Chile)
Peking Duck with its traditional sauce, spring onions and pancakes	A Chinese dish of roasted duck served with Chinese pancakes, spring onions, and hoisin sauce.	Silver Heights Vineyards, Marselan, Ningxia(China) or Hualande Aromatic White Wine, Jilin(China)
Traditional raclette	A traditional cheese dish of the Alpin region(Switzerland or Savoie of France) heated cheese and scraped off the melted part, and served with boiled potatoes.	Henri Badoux, Aigle Les Murailles, Vaud(Switzerland) or Domaine Chevallier Bernard, Roussette De Savoie Cru Marestel, Savoie(France)

73 You purchase a case of 6 bottles of Kanonkop Pinotage 2017 for USD 252 excluding tax per case. You want to sell the bottles by the glass. In servings of 10cl. The current currency rate is 16 Rands for 1 USD. When you sell wine by the glass you apply a margin of 400%. You local VAT/GTS is 10%. How much will you price the glass of Kanonkop Pinotage 2016, inclusive of tax, excluding service and gratuities, in USD.

33 USD

74 Where on the vine do the grapes arise?
 a. On Last year's cane.
 b. On older permanent wood.
 c. On the shoot formed every year.
 d. On the spur from last year.

75 What is 'Tendone'?

a. A trellising system/Un système de palissage/Un sistema de enrejado.

b. An ancient pruning technique.

c. A chemical weed killer.

d. A harvesting machine.

76 Which of the following treatments lowers the pH of a wine?

a. Addition of potassium bicarbonate.

b. addition of tartaric acid.

c. Addition of lactic bacteria.

d. Addition of saccharomyces brettanomyces.

77 The malolactic fermentation is widely practiced. Which of the following are true?

1. It preserves the primary aromas.
2. By the addition of sulphur dioxide, it can be blocked.
3. It is carried out by a special yeast strain.
4. It is responsible for the buttery and creamy flavours in a white wine

   a. 1 and 2 only.

   b. 2 and 4 only.

   c. 2, 3 and 4 only.

   d. 1, 3 and 4 only.

78 A typical wine made of whole-bunch, carbonic macerated grapes is…(Incorrect answers will yield a 50% penalty on the points of the question.)

a. Petit Chablis

b. Beaujolais Nouveau

c. Barbaresco

d. Napa Valley Zinfandel

79 The German VDP labelling term "Grosses Gewähs" means the wine is…(Incorrect answers will yield a 50% penalty on the points of the question).

a. dry or sweet from the best vineyard.

b. Aged in large, old oak.

c. dry from a "Grosse Lage".

d. made of a noble grape variety.

80 What is the name of the rosé wine made of Pinot Noir produced by the lake of Neuchâtel in Switzerland? (Incorrect answers will yield a 50% penalty on the points of the question).

a. Oeil de Perdrix.
b. Dôle rosé.
c. Rosé de Neuchâtel.
d. Pinot noir rosé de Neuchâtel.

81 What are the three latest DAC declared in Austria?

Carnuntum (2019), Wachau (2020), and Ruster Aubruch (2020)

82 What is the name of the cross-border designation of origin in both Belgium and the Netherlands? (Incorrect answers will yield a 50% penalty on the points of the question)

a. Hageland
b. Haspengouw
c. Côtes de Sambre et Meuse
d. Maasvallei

83 Write down all the Belgium Trappist Beers.

Westmalle

Westvleteren

Achel

Chimay

Orval

Rochefort

84 Which Appellations wines in Veneto are entitled to the term "Recioto"?

Recioto di Soave, Recioto della Valpolicella, Recioto di Gambellara

85 Which grapes are used in majority for the "Oltrepò Pavese DOCG" appellation?

Pinot Noir, Chardonnay, (Pinot Grigio, Riesling)

86 List five municipalities (villages) in which the DOCG Barolo is produced.

Barolo, Castiglione Falletto, Serralunga d'Alba

Monforte d'Alba, La Morra

87 Which of the following wines from Piedmont is not a DOCG?

Ghemme – Brachetto D'Acqui - Bramaterra

88 What are the sub-areas of the DOCG "Valtellina Superiore"?

Valgella, Inferno, Maroggia, Sassella, Grumello

89 What are the two Prosecco DOCG appellations?

Conegliano-Valdobbiadene Prosecco DOCG

Asolo Prosecco DOCG

90 Please indicate the names of the ASI Best Sommelier of the World contest winners for:

Best Sommelier of the World ASI 1995	Shinya Tasaki
Best Sommelier of the World ASI 2000	Olivier Poussier
Best Sommelier of the World ASI 2007	Andreas Larsson
Best Sommelier of the World ASI 2010	Gerard Basset
Best Sommelier of the World ASI 2019	Marc Almert

91 The wine-growing areas of: Langhe-Roero and Monferrato, Cinque Terre, Colline del Prosecco, Valpolicella, have obtained important recognition worldwide. Which one?

UNESCO World Heritage

92 Who and in which year defined the Chianti blend?

Bettino Ricasoli in 1874

93 What are the three methods used to remove the fruit, clean and then dry the coffee beans?

Natural(Dry) Process, Washed(Wet) Process, Pulped Natural Process

94 What is the ICO?

International Coffee Organization

95 Write the name of three Italian volcanoes that gave rise to the DOCs of the wines produced on their slopes.

Etna, Vesuvio, Vulture

96 Please name the following DO and their specific sub region

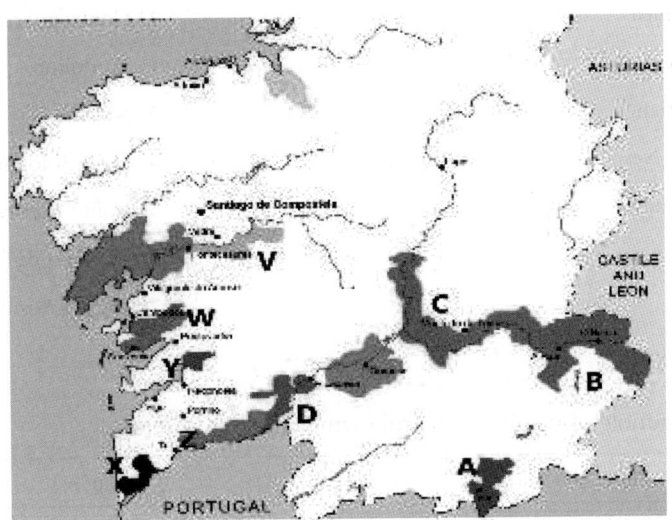

A	Monterrei
B	Valdeorras
C	Ribeira Sacra
D	Ribeiro
V+W+X+Y+Z	Rias Baixas
V	Ribera do Ulla
W	Val do Salnes
X	O Rosal
Y	Soutomaior
Z	Condado do Tea

97 Albeisa is···. (wrong answer carries a 50% penalty) :

☐ A white vine variety

☐ A typical bottle of the Langhe (Piedmont)

☐ A vine parasite

☐ A red vine variety

98 Link between them the correct vine varieties with the DOC wine they originated.

A) Albana Bianca   4   1) Controguerra
B) Petit Rouge   7   2) Bardolino
C) Pecorino Bianco   1   3) Alcamo
D) Rondinella Nero   2   4) Colli Bolognesi
E) Schioppettino   5   5) Colli Orientali del Friuli
F) Syrah Nero   3   6) Moscato di Pantelleria
G) Zibibbo   6   7) Valle d'Aosta

99 Indicate the country of origin of the following mineral waters:

Super Nariwa	Japan
San Pellegrino	Italy
Bling H₂O	USA
Perrier	France
Ogo	Netherlands
Royal Deeside	UK
Carpatica	Romania
Apollinaris	Germany
Vöslauer	Austria

100 What Area Produces 90% Mexican wines?

Baja California

참고문헌

고재윤(2020), 『와인 커뮤니케이션』, 세경북스
고재윤, 성혜진, 안준환, 정미란, 홍정화(2017), 『와인 소믈리에 자격검정 예상문제집』, 세경북스
김준철 외 4인 공저(2009), 『와인 양조학』, 백산출판사
김준철(2019), 『와인』, 백산출판사
로드 필립스 저, 윤철희 옮김(2015), 『알코올의 역사 : 인류의 가장 오랜 발명품』, 연암서가
로버트 파커 주니어 저, 손진호, 이효정, 김명경, 문은실, 장유미 공역(2007), 『로버트 파커의 보르도 와인』, 바롬웍스
로버트 파커 주니어 저, 오상용 역(2008), 『The Greatest Wine』, 바롬웍스
마이클 슈스터 저, 손진호, 이효정 공역(2007), 『와인 테이스팅의 이해』, 바롬웍스
마크 드레지 저, 최영은 역(2023), 『맥주 테이스팅 코스』, 시그마북스
실뱅 피티오, 장-샤를 세르방 저, 박재화, 이정욱 공역(2009), 『부르고뉴 와인』, 바롬웍스
이기중(2010), 『(한눈에 보는 세계맥주 73가지) 맥주 수첩』, 우듬지
장 니콜라스 윈트젠스 외 저, 최익창 옮김(2015), 『커피생두 : 커피 재배, 가공, 물류 및 제반 연구를 위한 가이드북』, 커피리브레
장 루이 스파르몽, 장 클로드 콜랭, 크리스티앙 드글라 저, 김주경 옮김(2000), 『맥주』, 창해ABC북
조지 M. 태버 저, 손진호 옮김(2009), 『파리의 심판』, 하서
케빈 즈렐리 저, 정미나 역(2020), 『와인 바이블』, 한스미디어
휴 존슨, 잰시스 로빈슨(2020), 『월드 아틀라스 와인』, 그린쿡
Christopher Fielden(2004), 『Exploring Wines and Spirits』, Wine & Spirit Education Trust
David Wondrich(2021), 『The Oxford Companion to Spirits and Cocktails』, Oxford University Press
Eddie Ludlow(2019), 『Whiskey : A Tasting Course : A new way to Think—and Drink—Whiskey』, DK
Ente Mostra Vini – Enoteca Italiana(2008), 『이탈리아 토착품종으로의 여행』, Italian Trade Commission of Seoul
Garrett Oliver(2012), 『The Oxford Companion to Beer』, Oxford University Press
Italian Trade Commission of Seoul(2007), 『Carta Vini DOC DOCG』, Italian Trade Commission of Seoul
Jancis Robinson(2015), 『The Oxford Companion to Wine』, Oxford University Press
Johnson, Hugh, and Jancis. Robinson(2005), 『The World Atlas of Wine』, Mitchell Beazley
Librairie Larousse(2009), 『Larousse Gastronomique : The World's Greatest Culinary Encyclopedia, Completely Revised and Updated』, Clarkson Potter
Madeline Pucktte, Justin Hammack 저, 차승은 역(2020), 『와인 폴리』, 영진닷컴
Oz Clarke, Margaret Rand(2015), 『Grapes & Wines : A comprehensive guide to varieties and flavours』, Pavilion Books
Robinson, Jancis(2006), 『The Oxford Companion to Wine』, Oxford University Press

Roger B. Boulton, Vernon L. Singleton, Linda F. Bisson, Ralph E. Kunkee(1999), 『principles and Practices of Winemaking』, Springer

Stevenson, Tom(2005), 『The Sotheby's Wine Encyclopedia』, National Geographic

www.austrianwine.com

www.awri.com

www.bordeaux.com

www.bourgogne-wines.com

www.chateaumercian.com

www.chateautourdestermes.com

www.chianticlassico.com

www.decanter.com

www.discovercaliforniawines.com

www.evineyardapp.com

www.foodswinesfromspain.com

www.fps.ucdavis.edu

www.germanwines.de

www.inao.gouv.fr

www.insideburgundy.com

www.langhevini.it

www.nta.go.jp

www.nzwine.com

www.oiv.int

www.refractometer.eu

www.sca.coffee

www.swisswine.ch

www.trappist.be

www.wineaustralia.com

www.winefolly.com

www.wine-searcher.com

www.wineserver.ucdavis.edu

www.winesofargentina.org

www.winesofcanada.ca

www.winesofchile.com

www.winesofgreece.org

www.winesofhungary.hu

www.winesofportugal.com

www.wosa.co.za

부록

05

KISA (Korea International Sommelier Association)
사단법인 한국국제소믈리에협회 소개

(사)한국국제소믈리에협회(KISA: Korea International Sommelier Association)는 국제소믈리에협회(ASI)의 회원국으로 한국을 대표하는 단체이며 1997년에 정식회원국으로 가입된 한국 유일의 협회이다. 2002년 5월2일에 정식으로 창립총회를 개최하여 비영리 협회로서 국내 소믈리에들의 자질 향상과 와인·전통주·먹는샘물·티(茶) 문화정착에 목적을 두고 있다.

(사)한국국제소믈리에협회는 협회의 목적을 달성하기 위하여 소믈리에의 육성 및 전통주·와인·워터·티(茶)·사케 교육과 연수를 실시하고 있으며, 전통주·와인·워터·티(茶)에 관한 연구, 회원 상호간 정보 교류, 와인에 관한 홍보 및 와인 애호가를 위한 와인소개 등 국내 와인관련 다양한 사업을 진행중이다. 또한 국제소믈리에협회(ASI)와의 교류, 국내외 국제소믈리에 경기대회 시행 및 참여, 국내 민간등록 소믈리에 자격인증제도 시행, 소믈리에 자격증 소유자의 전문적인 보수교육, 전통주·와인·워터·티(茶) 관련 연구사업 및 와인 문화보급, 전통주·와인과 관련된 식품위생과 식당의 위생환경 지도, 와인관련 출판사업, 국제 와인 소믈리에 학술대회 등 기타 협회의 발전에 필요한 제반적인 사업을 전개하고 있다.

■ KISA 소믈리에 자격검정

(사)한국국제소믈리에협회는 연 4회 소믈리에 자격검정을 시행하고 있으며 시험 부문은 와인 소믈리에, 전통주 소믈리에, 워터 소믈리에, 티 소믈리에, 한국와인 소믈리에, 사케 소믈리에의 6개 부문으로 구성된다. 시행과 관련된 세부 일정 및 내용은 협회 홈페이지(www.winekisa.com)에서 확인할 수 있다.

■ 한국 국가대표 소믈리에 경기대회

(사)한국국제소믈리에협회는 한국 국가대표 소믈리에 경기대회를 통해 한국을 대표하는 최고 소믈리에를 선발하여 국제소믈리에협회(ASI)에서 시행하는 세계 베스트 소믈리에 대회와 아시아·오세아니아 소믈리에 대회에 한국의 국가대표로 출전시키고 있다. 소믈리에 경기대회는 매년 1회 개최되고 있으며 한국 국가대표 부문 대회 외에도 대학생 소믈리에 대회, 국가대표 워터 소믈리에 대회, 국가대표 티 소믈리에 대회, 국가대표 전통주 소믈리에 대회, 포르투갈 소믈리에 대회, 뉴질랜드 소믈리에 대회, 대전시민 소믈리에 대회 등 다양한 부문의 대회가 시행된다. 대회의 세부 일정 및 내용은 협회 홈페이지(www.winekisa.com)에서 확인할 수 있다.

ASI (The Association de la Sommellerie Internationale)
국제소믈리에협회 소개

국제소믈리에협회(Association de la Sommellerie Internationale, ASI)는 세계적인 와인 전문 공인기관이며 국제적인 비영리협회이다. 1969년에 설립되어 현재 66개국의 회원들로 구성되어 있으며 전문적인 소믈리에 양성에 목적을 두고 있다. (사)한국국제소믈리에협회(KISA)는 1999년에 정식 가입된 한국 회원국의 유일한 기관이며, 아시아에서는 일본, 중국, 인도네시아, 말레이시아, 싱가포르 등이 가입되어 있다. 국제소믈리에협회의 본부는 프랑스 파리에 위치해 있으며 세계 소믈리에 올림픽 경기를 통해 최정상 소믈리에를 선발하는 대회 조직을 갖추고 'The World Best Sommelier Contest'를 매 3년마다 공식적으로 개최하며 후원하고 있다.

국제소믈리에협회는 세계 베스트 소믈리에 경기대회 뿐만 아니라 유럽, 미주, 아시아·오세아니아 대륙별 소믈리에 경기대회를 시행하고 있으며, 전세계 국가별 회원국을 운영하면서 다양한 프로모션 및 소믈리에 교육 프로그램 등을 통해 소믈리에의 직업적 전문성 증진에 목적을 두고 활동하고 있다. 와인, 스피릿 등 전반적인 음료 관련 이벤트에 참여하는 ASI 회원국을 지원하며 각국의 전통주를 계승·발전시키고 홍보하기 위해 전세계 소믈리에들에게 해당국가의 전통음식과 전통주를 소개하는 업무를 한다.

고재윤 박사

경희대학교 호텔관광대학 고황 명예교수
경희대학교 관광대학원 와인·소믈리에학과 학과장
(사)한국국제소믈리에협회 회장
(사)한국서비스경영학회 회장
베를린 와인 트로피, 아시아 와인 트로피 심사위원장
프랑스 보르도, 부르고뉴, 포르투갈 와인 기사 작위
한국 국가대표 소믈리에 경기대회 총괄집행위원장
와인커뮤니케이션 저자

정영경 박사

(사)한국국제소믈리에협회 사무국장
경희대학교 관광대학원 와인·소믈리에학과 겸임교수
경희대학교 일반대학원 조리외식경영학 박사
베를린와인트로피, 아시아와인트로피 심사위원
소믈리에타임즈 칼럼니스트

홍연 박사

(사)한국국제소믈리에협회 교육본부장/사무차장
(사)한국국제소믈리에협회 자격검정위원
서울여자대학교 식품과학 박사
前 경희대학교 관광대학원 강사
前 UC Davis 와인양조학과 연구원

이효정 박사

경희대학교 관광대학원 와인·워터·티 마스터소믈리에 전문가과정 강사
국제소믈리에협회(ASI) Sommelier Diploma Course 강사
(사)한국국제소믈리에협회 와인자격검정위원
경희대학교 일반대학원 조리외식경영학 박사
이탈리아 Università degli Studi di Scienze Gastronomiche 석사

최윤진 박사

(사)한국국제소믈리에협회 부회장
경희대학교 일반대학원 조리외식경영학 박사
경희대학교 관광대학원 와인소믈리에학과 외래교수
2008 한국국가대표소믈리에경기대회 3위
비노진컴퍼니 대표

와인 소믈리에
자격검정 예상문제집

초 판 | 2017년 1월 10일 발행
제2판 | 2023년 6월 20일 발행
지은이 | 고재윤 · 정영경 · 홍연 · 이효정 · 최윤진
펴낸이 | 이은경
펴낸곳 | (주)세경북스
주 소 | 서울특별시 서초구 신반포로3길 8, 606호(반포동 반포프라자)
전 화 | 02-596-3596
팩 스 | 02-596-3597
신 고 | 제2013-000189호

저자와의
협의 하에
인지를
생략함

정가 : 25,000원
본 출판사의 동의 없이 내용을 복제하거나 전산장치에 저장 · 전파할 수 없습니다.
Printed in Korea
ISBN : 979-11-5973-357-4 13590